張大可
韓兆琦等 注譯

新譯資治通鑑（三十五）

唐紀七十一—七十七

三民書局

國家圖書館出版品預行編目資料

新譯資治通鑑(三十五)／張大可,韓兆琦等注譯.——
初版三刷.——臺北市：三民，2024
冊；　公分.——(古籍今注新譯叢書)

ISBN 978-957-14-6239-4 (全套:精裝)
1. 資治通鑑 2. 注釋

610.23　　105022920

古籍今注新譯叢書

新譯資治通鑑(三十五)

注譯者｜張大可　韓兆琦等
創辦人｜劉振強
發行人｜劉仲傑
出版者｜三民書局股份有限公司(成立於1953年)

三民網路書店
https://www.sanmin.com.tw

地址｜臺北市復興北路386號　(復北門市)　(02)2500-6600
臺北市重慶南路一段61號(重南門市)　(02)2361-7511

出版日期｜初版一刷2017年1月
初版三刷2024年5月
全套不分售
ISBN｜978-957-14-6239-4

新譯資治通鑑 目次

第三十五冊

卷第二百五十五

唐紀七十一

起玄黓攝提格（壬寅　西元八八二年）五月，盡閼逢執徐（甲辰　西元八八四年）五月，凡二年有奇。

【題解】本卷記事起西元八八二年五月，迄西元八八四年五月，載述史事凡二年又一個月。當唐僖宗中和二年五月至中和四年五月。此時期是唐王朝進剿黃巢最緊要的階段。黃巢入都建號，但全國藩鎮不奉偽號。西川、淮南、嶺南、河北天子鞭長莫及的地區，藩鎮互相攻伐，大大小小軍閥林立，一片混戰。環黃巢所據關中節鎮，依然奉唐朝僖宗皇帝號令，勤王之師四集，沙陀李克用為諸軍之冠，是討滅黃巢的主力軍。當李克用進軍關中，黃巢部眾已有離異之心。黃巢部將，獨當一面的同州防禦使朱溫降唐，賜名全忠，授宣義節度使，此為黃巢衰敗的標誌。僖宗不明重用降將，為後梁代唐張本。李克用光復長安，黃巢東竄，為禍河南數十州，圍困陳州近一年。又是李克用進討，解陳州之圍，再敗黃巢於汴州，黃巢全軍覆沒，逃竄兗州。朱全忠忌功，欲暗殺李克用，未果，從此朱李交惡。宦官田令孜挾持僖宗幸蜀之功，得寵專權，外結四川陳敬瑄，唐王室舊禍未已，新禍方興，國無寧日矣。

僖宗惠聖恭定孝皇帝中之下

中和二年（壬寅　西元八八二年）

五月，以湖南❶觀察使❷閔勗權充❸鎮南❹節度使❺。勗屢求於湖南建節❻，朝廷恐諸道觀察使效之，不許。先是，王仙芝❼寇掠江西❽，高安❾人鍾傳❿聚蠻獠⓫，依山為堡，眾至萬人。仙芝陷撫州⓬而不能守，傳入據之，詔即以為刺史⓭。至是，又逐江西觀察使高茂卿，據洪州。朝廷以勗本江西牙將⓮，故復置鎮南軍，使勗領之，若傳不受代⓯，令勗因而討之。勗知朝廷意欲鬬兩盜⓰使相斃，辭不行。

加淮南⓱節度使高駢⓲兼侍中⓳，罷其鹽鐵轉運使⓴，駢既失兵柄㉑，又解利權㉒，攘袂大詬㉓，遣其幕僚顧雲草表自訴㉔，言辭不遜㉕，其略曰：「是陛下不用微臣，固非微臣有負陛下。」又曰：「姦臣㉖未悟，陛下猶迷，不思宗廟㉗之焚燒，不痛園陵㉘之開毀。」又曰：「王鐸㉙僨軍之將㉚，崔安潛㉛在蜀貪黷㉜，豈二儒士能戢彊兵㉝！」又曰：「今之所用，上至帥臣，下及裨將㉞，以臣所料，悉可坐擒。」又曰：「無使百代有抱恨之臣，千古留刮席之恥㉟。臣但慮[1]寇生東土，劉氏復興㊱，即軹道之災㊲，豈獨往日！」又曰：「今賢才在野，憸人㊳滿朝，致陛下為亡國之君，此子等計將安出！」上命鄭畋㊴草詔切責㊵之，其略曰：

「綰利[41]則牢盆[42]在手，主兵則都統[43]當權，直至京北、京西[44]神策諸鎮，悉在指揮之下，可知董制[45]之權，而又貴作司徒[46]，榮為太尉[47]。以為不用，如何為用乎？」又曰：「朕緣久[48]付卿兵柄，不能翦蕩元凶，自天長[49]漏網過淮[50]，不出一兵襲逐，奄殘京國[51]，首尾三年[52]。廣陵之師[53]，未離封部，忠臣積望[54]，勇士興譏[55]，所以擢用元臣[56]，誅夷巨寇[57]。」又曰：「從來倚仗[58]之意，一旦控告[59]無門，凝睇[60]東南，惟增悽惻[61]！」又曰：「謝玄破苻堅於淝水[62]，裴度平元濟於淮西[63]，未必儒臣[64]不如武將。」又謂[2]：「宗廟焚燒，園陵開毀，龜玉毀櫝[65]，誰之過歟！」又曰：「『姦臣未悟』之言，何人肯認！『陛下猶迷』之語，朕不敢當！」又曰：「卿尚不能縛黃巢於天長，安能坐擒諸將[66]！」又曰：「卿云劉氏復興，不知誰為魁首？比朕於劉玄、子嬰，何太誣罔！」又曰：「況天步[67]未傾，皇綱[68]尚整，三靈[69]不昧[70]，百度[71]俱存，君臣之禮儀，上下之名分，所宜遵守，未可墮陵[72]。朕雖沖人[73]，安得輕侮！」駢臣節既虧，自是貢賦遂絕。

【章旨】以上為第一段，寫閔勗、高駢跋扈不臣。

【注釋】❶湖南　方鎮名，置觀察使。唐代宗廣德二年（西元七六四年）置，治所衡州。大曆四年（西元七六九年）徙治潭州，在今湖南長沙。唐僖宗中和三年（西元八八三年）更號為欽化軍節度使。❷觀察使　官名，即觀察處置使，掌考察州縣官員政績，後亦兼理民事，所轄地區即為一道。不設節度使之處，即以觀察使掌理一州政務。❸權充　代理；兼領。❹鎮南　方鎮名，即江南西道，置觀察使；唐懿宗咸通六年（西元八六五年）升江南西道觀察使為鎮南軍節度使。唐僖宗乾符元年（西元八七四年）廢鎮南節度使，復為江南西道觀察使。治所洪州，在今江西南昌。咸通六年，閔勗據洪州，懿宗授節閔勗，欲使之與鍾傳相爭，兩敗俱傷。❺節度使　官名，總攬一區軍、民、財政，所轄州數不等，轄區內刺史均為其下屬。肅宗至德以後，天下用兵，中原刺史亦受節度使之號。❻建節　設置節度使。節度使受命之日，賜之旌節，行則建節符，樹六纛。此指閔勗要求朝廷升湖南觀察使為湖南節度使。❼王仙芝　（？—西元八七八年）唐末義軍領導者之一。傳見《新唐書》卷二百二十五。❽江西　即江南西道。❾高安　縣名，縣治在今江西高安。❿鍾傳　（？—西元九〇六年）官至鎮南節度使。傳見《新唐書》卷一百九十、《舊五代史》卷十七、《新五代史》卷四十一。⓫蠻獠　指當時南方的少數民族仡佬族。⓬撫州　州名，治所臨川，在今江西臨川。撫州至洪州二百四十里。⓭刺史　官名，州的行政長官。⓮牙將　節度使府的副將、偏將。⓯受代　卸任離職，接受新官接代。這裡指接受管理。因鍾傳已接管了洪州，只是刺史，今置節度使由閔勗去接管，位在鍾傳之上，故此處受代是指受管理。⓰兩盜　此指閔勗和鍾傳。其時閔勗據潭州為觀察使，要挾朝廷加官為節度使；鍾傳擅據洪州，不受朝廷號令，故稱兩盜。唐僖宗以鍾傳所據之洪州復置鎮南軍節度使，而使閔勗兼任，加鍾傳為江西團練使，挑動兩人相鬥，以坐收漁人之利。閔勗辭不受，則無以要挾朝廷為節度使，鍾傳遂領鎮南節度使，聽受朝命。此計一石兩鳥，兩鎮遂安。⓱淮南　方鎮名，唐肅宗至德元載（西元七五六年）置，治所揚州，在今江蘇揚州。⓲高駢　（？—西元八八七年）淮南節度使兼江淮鹽鐵轉運使、諸道行營都統。傳見《舊唐書》卷一百八十二、《新唐書》卷二百二十四。⓳侍中　官名，門下省長官，職司宰相。方鎮將領加侍中，只是一種榮銜。⓴鹽鐵轉運使　掌江淮鹽鐵運輸及稅收。㉑兵柄　兵權。㉒利權　財權。僖宗於這年春正月罷高駢都統，失其督率諸道之兵權；今又罷鹽鐵轉運使，是解其財權。㉓攘袂大詬　指高駢暴跳大罵。攘袂，捋袖伸臂，發怒的樣子。朝廷給高駢加官侍中，使其就虛職而免除其轉運使實職，故高駢發狂怒罵。㉔草表自訴　書寫章奏，自我剖白。㉕言辭不遜　指高駢所上奏章，言語犯上，失人臣禮。㉖姦臣　高駢所指奸臣為王鐸、崔安潛。㉗宗廟　指唐皇室祖廟。㉘園陵　指唐皇帝諸陵。此指僖宗廣明元年（西元八八〇年）十二月，黃巢攻入長安，宗廟與皇陵遭兵火之災。㉙王鐸　（？—西元八八四年）字昭範，時為中書令。僖宗解除高駢諸道行營都統，以王鐸代行，規復兩京。傳見《舊唐書》卷一百六十四、《新唐書》卷一百八十五。㉚僨軍之將　敗軍之將。此指乾符六年（西元八七九年），王鐸為南面行營招討都統，守江陵，為黃巢所敗。㉛崔安潛　（？—約西元八九〇年）時從僖宗幸蜀為太子少師。王鐸代高駢為諸道行營都統，以崔安潛為副，故高駢恨他們。傳見《舊唐書》卷一百七十七、《新唐書》卷一百十四。㉜貪黷　貪汙。㉝戢彊兵　指平息黃巢的強大軍隊。戢，止息；平定。㉞裨將　副將。㉟刮席之恥　藉東漢末淮陽王劉玄故事譏諷唐僖宗。《漢紀》載，淮陽王劉玄即帝位於洛陽，王莽敗後，遷都長安，面對官吏、宮女，羞怍汗顏，俯首刮席不敢視。刮席，以手擦席，形容手足無措的樣子。㊱劉氏復興　謂將有漢高祖劉邦那樣的人興起於山東草澤之中。㊲軹道之災　高駢以秦王子嬰亡國之君指斥唐僖宗。軹道，亭名，在咸陽東北。西元前二〇六年十月，劉邦入關，秦王子嬰迎降劉邦，即在軹道之旁。㊳憸人　小人；奸邪之人。㊴鄭畋　（西元八二四—八八二年）累官以兵部侍郎進同平章事。傳見《舊唐書》卷一百七十八、《新唐書》卷一百八十五。㊵切責　深切批駁；痛加申斥。㊶綰利　指高駢曾為鹽鐵使，專有江淮鹽利。綰，專擅。㊷牢盆　煮鹽器。㊸都統　官名，掌征伐，可督統諸道之兵，位在節度使之上，兵罷則省。㊹京北京西　指京北、京西行營。京，長安。㊺董制　總領。㊻司徒　官名，掌民政，東漢以來，即為三公（太尉、司徒、司空）之一。唐代三公不任實職，只授給有資望的大臣作榮職。高駢為西川節度使時，曾進位檢校司徒。㊼太尉　官名，三公之一，掌軍政。唐代多為加官。兩京陷後，僖宗為了籠絡高駢，欲其立功，特進位檢校太尉以榮之。㊽緣久　已有很久。㊾天長　縣名，縣治在今安徽天長。㊿漏網過淮　廣明元年（西元八八〇年）七月，黃巢北上圍天長，高駢畏怯，擁眾不戰，致使黃巢過淮。事詳本書卷二百五十三。(51)奄殘京國　指黃巢攻陷京都，殘破國家。(52)首尾三年　指黃巢廣明元年十二月攻入長安，至今中和二年，前後已三年。(53)廣陵之師　指高駢所領淮南之師。廣陵，即淮南節度治所揚州，天寶年間一度改稱廣陵郡。(54)積望　怨恨累積。(55)興譏　奮起指斥。(56)元臣　大臣。指首相王鐸。(57)巨寇　大盜。此指黃巢。(58)倚仗　依恃。(59)控告　赴告。(60)凝睇　注視。(61)悽惻　悲傷。這幾句意謂僖宗一向依恃高駢，而高駢抵禦黃巢很不得力，致使黃巢軍渡過淮河。消息傳到京師，上下失望，人情大駭。作為皇帝，面對這種局面，無所赴告，只能注視著東南局勢的惡化，增加悲傷。(62)謝玄破苻堅於淝水　指淝水之戰，東晉名將謝玄破前秦皇帝苻堅於淝水。事詳本書卷一百五晉孝武帝太元八年。(63)裴度平元濟於淮西　指唐平藩鎮的蔡州之戰。裴度，憲宗朝賢相，元和十二年（西元八一七年）督師破蔡州，擒蔡州刺史吳元濟。事詳本書卷二百四十憲宗元和十二年。(64)儒臣　文臣。此指裴度。(65)龜玉毀櫝　出自《論語・季氏》。龜玉，寶龜和寶玉，皆為國家重器，借指國運。櫝，木匣。龜玉毀於櫝中，典守者不得辭其過，而今國運衰落，像高駢這樣的守土封疆大臣，豈能辭其咎。(66)卿尚不能縛黃巢於天長二句　西元八八〇年七月，黃巢由江南采石渡江圍天長、六合，高駢擁兵不戰，致使黃巢長驅北進。故詔書責之。(67)天步　天行。天行（星象運行）未傾，指天行有度，喻國運興隆。天行失度，喻國運中衰。典出《晉書・慕容暐載記》：「朝綱不振，天步孔艱。」(68)皇

綱　即朝綱。此指帝王的權柄、綱紀。69三靈　即三光，日、月、星。70昧　昏暗。三靈不昧，喻政通人和。71百度　各種法度。此指百官有司遵循的法度，與上文「皇綱」相對，亦是互文。72墮陵　敗壞廢弛。墮，通「隳」。73沖人　年少寡知之人。時僖宗僅二十一歲，故謙稱沖人。

【校　記】1慮　原作「恐」。據章鈺校，十二行本、乙十一行本皆作「慮」，今從改。2謂　原作「曰」。據章鈺校，十二行本、乙十一行本皆作「謂」，今從改。

【語　譯】僖宗惠聖恭定孝皇帝中之下

中和二年（壬寅　西元八八二年）

五月，任命湖南觀察使閔勗暫時代理鎮南節度使。閔勗多次要求在湖南設置節度使，朝廷擔心各道觀察使都效仿他，沒有答應。此前，王仙芝寇掠江西，高安人鍾傳聚集蠻人、獠人，依傍山勢修建城堡，部眾達到上萬人。王仙芝攻克了撫州而不能據守，鍾傳進城佔領了撫州。唐僖宗立即下詔任命鍾傳為刺史。到這時，鍾傳又驅逐江西觀察使高茂卿，據守洪州。朝廷認為閔勗本來是江西牙將，所以又設置鎮南軍，讓閔勗兼管。如果鍾傳不願接受管理，就命令閔勗藉此討伐鍾傳。閔勗知道朝廷的用意是想使他們兩盜互鬥，同歸於盡，所以推辭不願成行。

加封淮南節度使高駢兼任侍中，罷免他的鹽鐵轉運使之職。高駢已經失去了兵權，又解除了財權，他捲起袖子，破口大罵，讓幕僚顧雲起草表文自我申訴，言辭傲慢無禮，大意說：「這是陛下不任用我這小臣，確非我這小臣辜負陛下。」又說：「奸臣沒有醒悟，陛下仍然迷惑，不思考先祖的宗廟被焚燒，不痛心先王的陵園被挖掘。」又說：「王鐸是敗軍將領，崔安潛在蜀地貪汙腐敗，難道兩個儒士能平定強大的叛軍！」又說：「今天您所任用的人，上至將帥，下到副將，依臣料想，都可以很容易擒獲他們。」又說：「不要使百代留有抱恨終生的臣子，千古留下像淮陽王劉玄俯首刮席的恥辱。我只擔心寇盜發生在東方，又要出現劉邦一樣的人，秦王子嬰到軹道投降的災禍，哪裡會只發生在過去呢！」又說：「現在賢才身處荒野，小人充斥朝廷，致使您成為亡國的君王，他們這些人又能有什麼計策呢！」僖宗命令鄭畋起草詔書痛加申斥，大意說：「談到統管財利，你鹽業大權在手；說到執掌軍隊，你身居都統大權在握，一直到京北、京西神策軍各鎮，全部在你的指揮之下，握有轄制之權。而且你又貴為司徒，榮為太尉，如果認為這是不受重用，怎麼樣算是受重用呢？」又說：「我長期給你軍事大權，你不能消滅敵人元兇。自從黃巢在天長縣漏網渡過淮水，你不派一兵一卒去追擊，致使國都殘破，前後為時三年。你在廣陵的軍隊，沒有離開過所封的屬地，忠臣滿腹怨望，勇士譏笑諷刺，所以我提拔任用元老重臣，來消滅強大的敵人。」又說：「我意向來依賴你，一旦沒有地方可以訴說，凝望著戰亂的東南方，只有增多淒楚悲痛！」又說：「謝玄大敗苻堅於淝水，裴度平定吳元濟於淮西，儒臣未必不如武將。」又說：「先祖的宗廟被焚燒，先王的園陵被挖掘，龜甲、寶玉裝在木匣中被毀壞，這是誰的過錯呢！」又說：「『奸臣沒有醒悟』這句話，什麼人肯承認呢！『陛下尚還迷惑』這個說法，朕是不敢擔當的！」又說：「你尚且不能在天長縣抓獲黃巢，又怎麼能很容易地抓獲各位將領呢！」又說：「你說劉邦這樣的人又要崛起，不知道誰是罪魁禍首？把朕比作劉玄、子嬰，這不是誣衊過甚！」又說：「何況國運還沒有傾塌，國家綱紀尚且完整，日、月、星三靈還未昏暗，各種規章制度都還存在，君臣之間的禮節、上下之間的名分，都應該遵守，不可以毀壞陵越。朕雖然年紀幼小，豈能輕易侮辱！」高駢已經有虧於臣子節操，從此納貢和上交賦稅就都斷絕了。

以天平❶留後❷曹存實❸為節度使。○黃巢攻興平❹，興平諸軍退屯奉天❺。

○加河陽節度使❻諸葛爽❼同平章事。

六月，以涇原❽留後張鈞為節度使。○荊南節度使❾段彥謨與監軍❿朱敬玫相惡，敬玫別選壯士三千人，號忠勇軍，自將之。彥謨謀殺敬玫。己亥⓫，敬玫先帥眾攻彥謨，殺之，以少尹⑫李燧為留後。

蜀人羅渾擎、句胡僧、羅夫子各聚眾數千人以應阡能⑬，楊行遷⑭等與之戰，數不利，求益兵⑮。府中兵盡，陳敬瑄⑯悉搜倉庫門庭之卒以給之。是月，大戰於乾谿⑰，官軍大敗。行遷等恐無功獲罪，多執村民為俘送府，日數十百人，敬瑄不問，悉斬之。其中亦有老弱及婦女，觀者或問之，皆曰：「我方治田績麻⑱，官軍忽入村，係虜以來，竟不知何罪！」

秋，七月己巳⑲，以鍾傳為江西觀察使，從高駢之請也。傳既去⑳撫州，南城㉑人危全諷復據之，又遣其弟仔倡據信州㉒。○尚讓㉓攻宜君寨㉔，會大雪盈尺，賊凍死者什二三。○蜀人韓求聚眾數千人應阡能。○鎮海㉕節度使周寶㉖奏高駢承制㉗以賊帥孫端為宣歙㉘觀察使。詔寶與宣歙觀察使裴虔餘發兵拒之。○南詔㉙上書請早降公主㉚，詔報㉛以方議禮儀。○以保大㉜留後東方逵為節度使，充京城東面行營招討使㉝。

閏月，加魏博㉞節度使韓簡㉟兼侍中㊱。

八月，以兵部侍郎㊲、判度支㊳鄭紹業同平章事，兼荊南㊴節度使。

浙東㊵觀察使劉漢宏㊶遣弟漢宥及馬步軍[1]都虞侯㊷辛約將兵二萬營于西陵，

謀兼并浙西，杭州刺史董昌[43]遣都知兵馬使[44]錢鏐[45]拒之。壬子[46]，鏐乘霧夜濟江，襲其營，大破之，所殺殆盡，漢宥、辛約皆走。

魏博節度使韓簡亦有兼并之志[47]，自將兵三萬攻河陽，敗諸葛爽於脩武[48]。爽棄城走，簡留兵戍之，因掠邢、洺[49]而還。◯李國昌[50]自達靼[51]帥其族遷于代州[52]。

【章旨】以上為第二段，寫黃巢禍亂關中，全國各地大小軍閥林立，互相攻戰，不聽朝命。

【注釋】❶天平　方鎮名，唐憲宗元和十四年（西元八一九年）置鄆曹濮節度使，十五年改稱天平軍節度使，仍領鄆、曹、濮三州。治所鄆州（須昌），在今山東東平西北。❷留後　官名，代行節度使之職，多由前任節度使之子弟或親信將領為之。❸曹存實　天平節度使曹全晸之姪。中和元年（西元八八一年）曹全晸戰死，軍中立曹存實為留後。❹興平　縣名，縣治在今陝西興平。當時鳳翔、邠寧軍屯興平。❺奉天　縣名，縣治在今陝西乾縣。❻河陽節度使　方鎮名，德宗建中四年（西元七八三年）置河陽軍節度使，領孟、懷二州。治所孟州，即河陽城，在今河南孟州西。❼諸葛爽　（？—西元八八六年）青州博昌縣（在今山東博興南博昌鎮）人，初為龐勛士卒，累功為大將，歸國授汝州防禦使。黃巢入長安，諸葛爽降黃巢任河陽節度使。巢敗，復歸國。光啟二年（西元八八六年）卒。傳見《舊唐書》卷一百八十二、《新唐書》卷一百八十七。❽涇原　方鎮名，唐代宗大曆三年（西元七六八年）置，乾寧後改稱「彰義軍」，領涇、原二州。治所涇州，在今甘肅涇川縣北。❾荊南節度使　方鎮名，肅宗至德二載（西元七五七年）置。治所荊川，在今湖北荊州江陵城。❿監軍　官名，中唐以後，凡節度使、觀察使，例置監軍代表朝廷以察動靜，一般由宦官充任，實質是皇帝的密探。⓫己亥　六月二十八日。⓬少尹　官名，州、府行政長官之副職，與別駕、長史、司馬分治州、府庶務。⓭阡能　（？—西元八八二年）邛州牙官。因公事違期，畏罪，於中和二年三月起兵反唐。十一月兵敗戰死。⓮楊行遷　西川牙將。此時補為軍前四面都指揮使。⓯益兵　增兵。⓰陳敬瑄　（？—西元八九三年）把持朝政的宦官田令孜之兄。累擢西川節度使加同平章事。傳見《新唐書》卷二百二十四下。⓱乾谿　鎮名，在今四川大邑東。⓲治田績麻　耕種田地，搓理麻線。麻線用以織布。⓳己巳　七月二十九日。⓴去　離。

此時鍾傳已佔據洪州。㉑南城　縣名，縣治在今江西南城東南。㉒信州　州名，治所在今江西上饒。㉓尚讓　（？—西元八八四年）黃巢軍將領。㉔宜君寨　地名，唐屬京兆華原縣，在今陝西宜君。是時勤王之師於宜君立寨。㉕鎮海　方鎮名，唐肅宗乾元元年（西元七五八年）置浙江西道，唐德宗建中年間建號鎮海軍。治所多次變遷，唐德宗貞元後治所在潤州。㉖周寶　（西元八一一—八八五年）字上邽，平州盧龍縣（今屬河北）人，歷官涇原、鎮海節度使，為當時良將。傳見《新唐書》卷一百八十六。㉗承制　代表皇帝發布命令。㉘宣歙　方鎮名，唐德宗貞元年間分浙江東西道為三，其中宣歙置觀察使。治所宣州，在今安徽宣州。㉙南詔　古國名，唐代以烏蠻為主體建立的政權。國都太和城，在今雲南大理南太和村西。㉚請早降公主　南詔請求唐早日下嫁公主。廣明元年（西元八八〇年）六月，嗣曹王李龜年使南詔，以宗室女安化長公主許婚。降，下嫁。㉛詔報　僖宗皇帝降旨回報。㉜保大　方鎮名，唐僖宗中和二年（西元八八二年）三月賜鄜坊節度號保大軍，治所鄜州，在今陝西富縣。㉝招討使　官名，德宗貞元末始置，為臨時軍事長官，掌招撫討伐事務，兵罷即廢。㉞魏博　方鎮名，唐代宗廣德元年（西元七六三年）所置河北三鎮之一。治所魏州，在今河北大名東北。㉟韓簡　魏州人，魏博節度使，加官檢校工部尚書。最終兵敗於諸葛爽，單騎脫逃而憂死。傳見《舊唐書》卷一百八十一、《新唐書》卷二百十。㊱侍中　官名，為門下省長官，正三品，掌封駁制敕，與中書令共參議軍國大政，居宰相之任。此處為優崇韓簡之榮銜。㊲兵部侍郎　官名，為兵部長官尚書的副手，正四品下。㊳判度支　唐制，以高官兼任低職稱「判」。度支即戶部，顯慶間改稱度支。㊴荊南　方鎮名，唐肅宗至德二載（西元七五七年）置，治所荊州，在今湖北荊州江陵城。㊵浙東　方鎮名，即浙江東道。治所越州，在今浙江紹興。㊶劉漢宏　（？—西元八八六年）官至浙西節度使，與杭州刺史董昌相攻，兵敗被殺。傳見《新唐書》卷一百九十。㊷都虞候　官名，唐中葉以後，節度使置此官，為整肅軍紀要職。㊸董昌　（？—西元八九五年）中和年間，為杭州刺史、義勝軍節度使。乾寧二年（西元八九五年）二月自立為帝，國號大越羅平。為錢鏐所殺。傳見《新唐書》卷二百二十五。㊹都知兵馬使　官名，為藩鎮儲帥。㊺錢鏐　（西元八五二—九三二年）字具美，臨安人，五代時吳越國的建立者。西元九〇七—九三二年在位。曾從董昌與黃巢作戰，積官鎮海節度使。後梁開平元年（西元九〇七年）封為吳越王。㊻壬子　八月十三日。㊼兼并之志　指韓簡欲兼併河陽。其時諸葛爽投降黃巢，領偽職，韓簡攻爽，以順討逆，取得勝利。後志驕欲行割據，最終兵敗於爽。㊽脩武　縣名，縣治在今河南焦作東修武。㊾邢洺　邢即邢州，治所在今河北邢臺，洺即洺州，治所在今河北永年東南。㊿李國昌　（？—西元八八七年）原名朱邪赤心，唐西突厥沙陀族人。李克用之父。曾助唐鎮壓龐勛，進大同軍節度使，賜名李國昌。傳附《新唐書》卷二百十八〈沙陀傳〉。(51)達靼　部落名，本靺鞨別部，後為蒙古的別稱。(52)代

州　州名，治所在今山西代縣。中和元年四月，李克用陷沂、代二州後留居代州，所以其父帥其族自達靼還。

【校　記】①軍　原無此字。據章鈺校，十二行本、乙十一行本皆有此字，今據補。

【語　譯】任命天平留後曹存實為節度使。○黃巢攻打興平，興平的各路軍隊退駐奉天。○加官河陽節度使諸葛爽為同平章事。

六月，任命涇原留後張鈞為節度使。○荊南節度使段彥謨和監軍朱敬玫相惡，朱敬玫另外挑選了壯士三千人，號稱忠勇軍，親自統率他們。段彥謨策劃殺死朱敬玫。二十八日己亥，朱敬玫率先帶領部眾攻打段彥謨，殺死了他，讓少尹李燧為留後。

蜀人羅渾擎、句胡僧、羅夫子各自聚集部眾數千人來響應阡能，楊行遷等人與他們交戰，多次出兵不利，要求增派兵力。官府中沒有士兵了，陳敬瑄盡量尋找看管倉庫門庭的士兵來送給楊行遷。這一月，在乾谿大戰，官軍大敗。楊行遷等人害怕無功獲罪，就抓了許多村民作為俘虜送至官府，每天有數十至一百人，陳敬瑄不加詢問，把他們全部處死。其中也有老弱和婦女，旁觀的人有的詢問他們，都回答說：「我們正在耕種田地，手搓麻線，官軍忽然進入村中，把我們捆綁俘虜了送到這裡來，到底也不知道有什麼罪！」

秋，七月二十九日己巳，任命鍾傳為江西觀察使，這是聽從了高駢的要求。鍾傳已經離開撫州，南城人危全諷又佔據了這個地方，還派遣他的弟弟危仔倡佔據了信州。○尚讓攻打宜君寨，遇上大雪，有一尺厚，敵人凍死的有十分之二、三。○蜀人韓求聚集部眾數千人響應阡能。○鎮海節度使周寶上書僖宗，說高駢打著秉承皇上旨意任用賊帥孫端為宣歙觀察使。僖宗下令周寶與宣歙觀察使裴虔餘發兵抵禦孫端。○南詔國呈上書請求僖宗早日下嫁公主，僖宗降旨回報說正在商議相關的禮儀。○任命保大留後東方逵為節度使，充任京城東面行營招討使。

閏七月，加封魏博節度使韓簡兼任侍中。

八月，任命兵部侍郎、判度支鄭紹業同平章事，兼任荊南節度使。

浙東觀察使劉漢宏派遣他的弟弟劉漢宥以及馬步軍都虞候辛約統率士兵二萬人在西陵紮營，策劃兼併浙西。杭州刺史董昌派遣都知兵馬使錢鏐率兵抵擋他們。八月十三日壬子，錢鏐乘著大霧，夜間渡江，偷襲敵營，大破敵軍，斬殺殆盡。劉漢宥和辛約都逃走了。

魏博節度使韓簡也有兼併之意，親自率兵三萬人攻打河陽，在脩武打敗了諸葛爽。諸葛爽棄城逃走，韓簡留兵戍守，乘機搶掠邢州、洺州後才回去。〇李國昌率領他的部族從達靼遷徙到代州。

黃巢所署同州❶防禦使❷朱溫屢請益兵以扞❸河中❹，知右軍事❺孟楷抑之❻，不報。溫見巢兵勢日蹙❼，知其將亡，親將胡真❽、謝瞳❾勸溫歸國。九月丙戌❿，溫殺其監軍嚴實，舉州降王重榮⓫。溫以舅事重榮⓬，王鐸承制以溫為同華⓭節度使，使瞳奉表詣⓮行在⓯。瞳，福州人也。

李詳以重榮待溫厚，亦欲歸之，為監軍所告。黃巢殺之，以其弟思鄴為華州⓰刺史。〇桂邕州⓱軍亂，逐節度使張從訓，以前容管⓲經略使⓳崔焯為嶺南西道⓴節度使。〇平盧㉑大將王敬武㉒逐節度使安師儒，自為留後。

初，朝廷以龐勛降將湯羣為嵐州㉓刺史，羣潛通㉔沙陀㉕。朝廷疑之，徙羣懷州㉖刺史，鄭從讜㉗遣使齎㉘告身㉙授之。冬，十月庚子朔㉚，羣殺使者，據城叛，附于沙陀。壬寅㉛，從讜遣馬步軍①都虞候張彥球將兵討之。

賊帥韓秀昇、屈行從起兵，斷峽江[32]路。癸丑[33]，陳敬瑄遣押牙[34]莊夢蝶將二千人討之，又遣押牙胡弘略將千人繼之。

韓簡復引兵擊鄆州[35]，節度使曹存實逆戰[36]，敗死。天平都將[37]下邑[38]朱瑄[39]收餘眾，嬰城拒守[40]，簡攻之不下。詔以瑄權知天平留後。○以朱溫為右金吾大將軍[41]、河中[42]行營招討副使，賜名全忠。

李克用雖累表請降，而據忻[43]、代州，數侵掠并、汾[44]，爭樓煩監[45]。義武[46]節度使王處存[47]與克用世為昏姻，詔處存諭克用：「若誠心款附[48]，宜且歸朔州[49]俟朝命；若暴橫如故，當與河東[50]、大同[51] [2] 共討之。」

以平盧大將王敬武[52]為留後。時諸道兵皆會關中[53]討黃巢，獨平盧不至，王鐸遣都統判官[54]、諫議大夫[55]張濬[56]往說之。敬武已受黃巢官爵，不出迎，濬見敬武，責之曰：「公為天子藩臣，侮慢詔使，不能事上，何以使下！」敬武愕然，謝之。既宣詔，將士皆不應，濬徐諭之曰：「人生當先曉逆順[57]，次知利害。黃巢，前日販鹽虜[58]耳，公等捨累葉天子[59]而臣之，果何利哉！今天下勤王之師皆集京畿[60]，而淄青獨不至[61]；一旦賊平，天子返正[62]，公等何面目見天下之人乎！不亟[63]往分功名、取富貴，後悔無及矣！」將士皆改容引咎[64]，顧謂敬武曰：「諫議之言是也。」敬武即發兵從濬而西。

劉漢宏又遣登高鎮將王鎮將兵七萬屯西陵，錢鏐復夜[3]濟江襲擊，大破之，斬獲萬計，得漢宏補諸將官偽敕[65]二百餘通；鎮奔諸暨[66]。

黃巢兵勢尚彊，王重榮患之，謂行營都監[67]楊復光[68]曰：「臣賊[69]則負國[70]，討賊則力不足，柰何？」復光曰：「鴈門[71]李僕射[72]，驍勇，有彊兵，其家尊[73]與吾先人[74]嘗共事相善，彼亦有徇國之志[75]，所以不至者，以與河東[76]結隙[77]耳。誠以朝旨諭鄭公而召之，必來，來則賊不足平矣！」東面宣慰使[78]王徽[79]亦以為然。時王鐸在河中，乃以墨敕[80]召李克用，諭鄭從讜。十一月，克用將沙陀萬七千自嵐、石[81]路趣[82]河中，不敢入太原境，獨與數百騎過晉陽[83]城下與從讜別，從讜以名馬、器幣贈之。

李詳舊卒共逐黃思鄴[84]，推華陰鎮使王遇為主，以華州降于王重榮，王鐸承制以遇為刺史。

【章旨】以上為第三段，寫唐朝勤王之師會集關中，黃巢部眾已有異心，朱溫降唐，賜名全忠，為後梁代唐張本。

【注釋】❶同州　州名，治所在今陝西大荔。當河中通長安軍事要衝。❷防禦使　官名，武則天聖曆間始置於夏州，掌本區軍事防務，位團練使下。❸扞　護衛。❹河中　府名，治所在今山西永濟西蒲州鎮。❺知右軍事　黃巢所設武職官員。以佐官身分代理右軍事稱知右軍事。❻抑之　按下朱溫所上請兵奏章，不報黃巢。❼日蹙　一天比一天減弱。❽胡真　朱溫手下將領，江陵人，終官容州刺史、檢校太保。傳見《舊五代史》卷十六。❾謝瞳　朱溫手下將領，福州人，終官太中大夫、檢校右僕射。傳見《舊五代史》卷二十。❿丙戌　九月十七日。⓫王重榮　（？—西元八八七年）太原祁人，與楊復光、李克用聯合鎮壓黃巢，拜檢校太尉。傳見《舊唐書》卷一百八十二、《新唐書》卷一百八十七。⓬溫以舅事重榮　朱溫母王氏，與重榮同姓，所以把王重榮當做舅舅。⓭同華　方鎮名，治所同州，在今陝西大荔。⓮詣　前往。⓯行在　皇帝出巡所住的地方。其時，唐僖宗西逃在四川成都。⓰華州　州名，治所在今陝西華縣。⓱桂邕州　二州名，桂州為桂管節度使治所，在今廣西桂林。邕州為邕管節度使治所，在今廣西南寧。⓲容管　置經略使，統容管二州。治所容州，在今廣西北流。⓳經略使　官名，唐初邊州別置經略使，為邊防軍事長官，後多由節度使兼任。⓴嶺南西道　方鎮名，唐懿宗咸通三年（西元八六二年）將嶺南節度分為東西兩道。邕管為嶺南西道，治所邕州，在今廣西南寧。㉑平盧　方鎮名，唐玄宗開元七年（西元七一九年）始置。治所營州，在今遼寧朝陽。㉒王敬武　（？—西元八八九年）傳見《新唐書》卷一百八十七、《舊五代史》卷十三、《新五代史》卷四十二。㉓嵐州　州名，治所在今山西嵐縣北。㉔潛通　暗自私通。㉕沙陀　部落名，西突厥別部。㉖懷州　州名，治所河內，在今河南沁陽。㉗鄭從讜　（？—西元八八八年）時為河東節度兼行營招討使。傳見《新唐書》卷一百六十五，傳又附《舊唐書》卷一百五十八〈鄭餘慶傳〉。㉘齎　帶著。㉙告身　委任狀。㉚庚子朔　十月初一日。㉛壬寅　十月初三日。㉜峽江　長江川鄂交界的三峽段稱峽江。斷峽江路，則荊、蜀信使不通，朝廷的法令將不能通行於江南。㉝癸丑　十月十四日。㉞押牙　一作押衙。藩鎮所置親信武官，掌儀仗侍衛，出入衙內。主官為都押牙。㉟鄆州　州名，治所須昌，在今山東東平西北。㊱逆戰　迎戰。㊲都將　統兵官名。㊳下邑　地名，唐屬宋州，在今河南夏邑。㊴朱瑄　（？—西元八九七年）一作朱宣。兵敗，為朱溫所殺。傳見《舊唐書》卷一百八十二、《新唐書》卷一百八十八、《舊五代史》卷十三、《新五代史》卷四十二。㊵嬰城拒守　環城抵禦守衛。㊶右金吾大將軍　官名，右金吾衛的長官，掌京城巡警。㊷河中　方鎮名，唐肅宗至德二載（西元七五七年）置。治所蒲州，在今山西永濟蒲州鎮。㊸忻　州名，治所在今山西忻州。㊹并汾　地區名，古指山西太原府和汾州一帶。㊺樓煩監　地名，在今山西靜樂南七十里。㊻義武　方鎮名，唐德宗建中三年（西元七八二年）置。治所定州，在今河北定州。㊼王處存　（西元八三〇—八九五年）京兆萬年人，世籍神策軍。傳見《舊唐書》卷一百八十二、《新唐書》卷一百八十六。㊽款附　誠心歸附。㊾朔州　州名，治所在今山西朔州。㊿河東　方鎮名，治所太原府晉陽，在今山西太原西南。是時，鄭從讜帥河東。(51)大同　方鎮名，治所雲州，在今山西大同。亦稱雲中節度。(52)王敬武　青州人，本平盧偏將，逐節度使安師儒，自為留後。王鐸承制授平盧節度使。傳見《新唐書》卷一百八十七。(53)關中　地區名，泛指函谷關以西，相當於今陝西中部的地區。(54)都統判官　官名，唐節度、觀察、防禦諸使的僚屬，佐理政事。(55)諫議大夫　官名，屬門下省，掌侍從贊相，諫諍諷諭。(56)張濬　（?—西元九〇二年）唐昭宗朝宰相。傳見《舊唐書》卷一百七十九、《新唐書》卷一百八十五。(57)逆順　逆，反叛朝廷。順，歸服朝廷。(58)販鹽虜　指黃巢販鹽出身。事見本書卷二百五十二唐僖宗乾符二年。(59)累葉天子　指大唐天子。累葉，累世。(60)京畿　國都所在地及其行政官署所管轄地區。(61)淄青獨不至　唐肅宗上元二年（西元七六一年）合平盧與淄沂兩鎮為淄青平盧節度使。故此以淄青指代平盧留後王敬武。(62)天子返正　天子返回京師。(63)亟　急速；趕快。(64)引咎　引罪；承擔錯誤責任。(65)偽敕　假傳詔命的手諭。此指劉漢宏矯詔所發的委任狀。(66)諸暨　縣名，縣治在今浙江諸暨。(67)都監　官名，監軍，以宦官充任，臨時設置。(68)楊復光　（西元八四一—八八三年）宦官。為人慷慨有節義，多籌略，受詔充天下兵馬都監，平定黃巢之亂，多有戰功。傳見《舊唐書》卷一百八十四、《新唐書》卷二百七。(69)臣賊　指向黃巢稱臣。(70)負國　背叛朝廷。(71)鴈門　方鎮名，唐僖宗中和二年（西元八八二年）分河東節度忻、代二州為鴈門節度使。治所代州，在今山西代縣。時李克用據代州，故以李克用為鴈門節度使。(72)僕射　官名，尚書省長官。(73)家尊　此指李克用之父李國昌。(74)先人　此指楊復光之養父楊玄价。楊玄价曾監鹽州軍，李克用父子歸國，先由鹽州，故與之相善。(75)徇國之志　為國犧牲的志向。徇，通「殉」。(76)河東　指河東節度使鄭從讜。(77)結隙　感情上的裂痕。李克用與鄭從讜結隙，指中和元年五月，李克用稱奉詔將兵五萬討黃巢，令備酒食以供軍。鄭從讜閉城以備之。後李克用大掠河東而歸。事見本書卷二百五十四僖宗中和元年。(78)宣慰使　官名，唐代出征元帥為招討、宣慰、處置使。宣慰使亦以朝廷使者身分宣諭敕命，安撫百姓。(79)王徽　（?—西元八九〇年）字昭文，京兆杜陵縣（今陝西長安東南）人，官至宰相。傳見《舊唐書》卷一百七十八、《新唐書》卷一百八十五。(80)墨敕　由皇帝直接頒下、不經中書蓋印的敕書。王鐸為都統，可以便宜從事，凡徵調除授，皆得用墨敕。(81)石　州名，治所在今山西離石。(82)趣　趨；向。(83)晉陽　河東節度使治所，在今山西太原西南。(84)黃思鄴　時為黃巢所署華州刺史。

【校　記】[1]軍　原無此字。據章鈺校，十二行本、乙十一行本皆有此字，今據補。[2]大同　原作「大同軍」。據章鈺校，十二行本、乙十一行本皆無「軍」字，今據刪。[3]夜　原無此字。據章鈺校，十二行本、乙十一行本、孔天胤本皆有此字，張敦仁《通鑑刊本識誤》同，今據補。

【語　譯】黃巢所委任的同州防禦使朱溫多次請求增派兵力來保衛河中，掌理右軍事的孟楷扣壓下來，不上報。朱溫看到黃巢的兵勢日衰，知道他將要滅亡了，朱溫的親信將領胡真、謝瞳勸他歸附唐朝。九月十七日丙戌，朱溫殺了監軍嚴實，以同州全城投降王重榮。朱溫對待王重榮就像侍奉舅舅一樣。王鐸以皇上名義任朱溫為同華節度使，派遣謝瞳送上表文到僖宗所在地。謝瞳，是福州人。

李詳因為王重榮厚待朱溫，也想歸附王重榮，被監軍舉報。黃巢殺死李詳，任命他的弟弟黃思鄴為華州刺史。○桂、邕州的軍隊叛亂，驅逐了節度使張從訓，任命前容管經略使崔焯為嶺南西道節度使。○平盧軍大將王敬武驅逐節度使安師儒，自己擔任留後。

起初，朝廷任命龐勛的降將湯羣為嵐州刺史，湯羣背地裡勾結沙陀。朝廷懷疑他，調動湯羣為懷州刺史，鄭從讜派遣使者攜帶委任狀去送給湯羣。冬，十月初一日庚子，湯羣殺害使者，佔據嵐州叛變，投靠沙陀。初三日壬寅，鄭從讜派遣馬步軍都虞候張彥球率軍討伐湯羣。

賊軍首領韓秀昇、屈行從起兵，截斷峽江路。十月十四日癸丑，陳敬瑄派遣押牙莊夢蝶統率二千人討伐叛賊，又繼續派遣押牙胡弘略統率一千人前往。

韓簡又率軍攻打鄆州，節度使曹存實迎戰，戰敗身死。天平軍都將下邑人朱瑄收攏剩下的將士，環城固守，韓簡攻打不下來。僖宗下詔任命朱瑄臨時代理天平軍留後。○任命朱溫為右金吾大將軍、河中行營招討副使，賜名全忠。

李克用雖然一再上表請求投降，然而卻佔據忻州、代州，多次侵掠并州、汾州，爭奪樓煩監。義武節度使王處存和李克用世代為婚，僖宗下詔命王處存告諭李克用：「如果誠心歸附，應該回到朔州等待朝廷的命令；如果依舊暴虐橫行，當與河東、大同的軍隊一起進行討伐。」

任命平盧軍大將王敬武為留後。當時各道的軍隊都會集關中討伐黃巢，只有平盧的軍隊沒有到來，王鐸派遣都統判官、諫議大夫張濬前去勸說他。王敬武已經接受了黃巢封的官爵，不出來迎接張濬。張濬見到王敬武，批評他說：「你身為天子藩臣，卻蔑視怠慢傳達詔令的使者，你不能侍奉君主，如何能使喚下屬！」王敬武愣住了，表示謝罪。張濬宣讀完了詔命，將士們全都沒有反應，張濬慢慢地曉諭大家說：「一個人活著應當先知道什麼是逆，什麼是順，其次知道什麼是利，什麼是害。黃巢以前是賣鹽的小販，你們捨棄世世代代的天子而去臣服於他，結果有什麼利益呢！如今天下保衛皇帝的軍隊都會集京城一帶，而淄青平盧節度使不前來。一旦賊寇被平息了，皇帝回到國都，你們還有什麼臉面去見天下的人民呢！不趕快去分享功名，獲取富貴，後悔就來不及了！」將士們全都改變了態度，承認錯誤，看著王敬武說：「諫議大夫的話是對的。」王敬武當即發兵跟隨張濬向西進發。

劉漢宏又派遣登高鎮將王鎮統率士兵七萬人屯駐西陵。錢鏐再次夜裡渡江襲擊，大破王鎮的軍隊，斬首和俘虜的人數以萬計，繳獲劉漢宏矯詔任命各將官的敕令二百多件。王鎮逃往諸暨。

黃巢的兵力仍很強大，王重榮憂心這件事，他對行營都監楊復光說：「向賊寇稱臣則有負於國家，討伐賊寇又力量不足，該怎麼辦呢？」楊復光說：「雁門李克用勇猛善戰，擁有強大的軍隊，他的父親與我的先祖曾經共事過，關係很好，李克用也有獻身國事的志向，這一次所以沒有來討伐黃巢，是因為和河東節度使鄭從讜結仇的緣故。如果用朝廷聖旨告知鄭從讜去召李克用來，李克用一定前來。他來了，平定賊寇就不成問題了！」東面宣慰使王徽也認為這有道理。當時王鐸在河中，就用墨筆書寫詔令召李克用來，並告訴了鄭從讜。十一月，李克用率領沙陀士兵一萬七千人從嵐州、石州取道趕往河中，不敢進入太原境內，獨自與幾百名騎兵經過晉陽城下和鄭從讜辭別。鄭從讜拿名貴的馬匹、器物、錢幣贈送給李克用。

李詳原先的士兵共同驅逐黃思鄴，推舉華陰鎮使王遇為主帥，以華州城向王重榮投降，王鐸借皇帝之命委任王遇為刺史。

阡能黨愈熾，侵淫❶入蜀州❷境。陳敬瑄以楊行遷等久無功，以押牙高仁厚❸為都招討指揮使，將兵五百人往代之。未發前一日，有鬻麪者，自旦至午，出入營中數四，邏者疑之，執而訊之，果阡能之諜也。仁厚命釋縛，溫言問之，對曰：「某村民，阡能囚其父母妻子於獄，云：『汝詗事❹歸，得實則免汝家；不然，盡死。』某非願爾也。」仁厚曰：「誠知汝如是，我何忍殺汝！今縱汝歸，救汝父母妻子，但語❺阡能云：『高尚書❻來日發，所將止五百人，無多兵也。』然我活汝一家，汝當為我潛語❼寨中人云：『僕射❽愍❾汝曹❿皆良人，為賊所制，情非得已。尚書欲拯救湔洗⓫汝曹，尚書來，汝曹各投兵迎降，尚書當使人書汝背為「歸順」字，遣汝復舊業。所欲誅者，阡能、羅渾擎、句胡僧、羅夫子、韓求五人耳，必不使橫及百姓也。』」諜曰：「此皆百姓心上事，尚書盡知而赦之，其誰不舞躍⓬聽命！一口傳百，百傳千，川騰海沸，不可遏也。比⓭尚書之至，百姓必盡奔赴如嬰兒之見慈母，阡能孤居，立成擒矣！」遂遣之[1]。

明日，仁厚引兵發，至雙流⓮，把截使⓯白文現出迎。仁厚周視塹柵⓰，怒曰：「阡能役夫⓱，其眾皆耕民耳，竭一府之兵，歲餘不能擒，今觀塹柵重複牢密如此，宜其可以安眠飽食，養寇邀功也！」命引出斬之。監軍力救，久之，乃得免。

命悉平塹柵，纔留五百兵守之，餘兵悉以自隨，又召諸寨兵，相繼皆集。

阡能聞仁厚將至，遣羅渾擎立五寨於雙流之西，伏兵千人於野橋箐⑱以邀⑲官軍。仁厚詗知⑳，引兵圍之，下令勿殺，遣人釋戎服㉑入賊中告諭，如昨日所以語諜者。賊大喜，呼譟，爭棄甲投兵請降，拜如摧山㉒。仁厚悉撫諭，書其背㉓，使歸語寨中未降者，寨中餘眾爭出降。渾擎狼狽踰塹[2]走，其眾執以詣仁厚，仁厚曰：「此愚夫，不足與語。」縛[3]以送府。悉命焚五寨及其甲兵，惟留旗幟，所降凡四千人。

明旦，仁厚謂降者曰：「始欲即遣汝歸，而前塗諸寨百姓未知吾心，或有憂疑，藉汝曹為我前行，過穿口㉔、新津㉕寨下，示以背字告諭之，比至延貢㉖，可歸矣。」乃取渾擎旗倒繫㉗之，每五十人為隊，授以一旗，使前走[4]，揚旗疾呼曰：「羅渾擎已生擒，送使府，大軍行至。汝曹居寨中者，速如我出降，立得為良人，無事矣！」至穿口，句胡僧置十一寨，寨中人爭出降；胡僧大驚，拔劍遏之，眾投瓦石擊之，共擒以獻仁厚，其眾五千餘人皆降。

又明旦，焚寨，使降者執旗先驅，一如雙流。至新津，韓求置十三寨皆迎降。求自投深塹，其眾鉤出之，已死，斬首以獻。將士欲焚寨，仁厚止之曰：「降人皆[5]未食。」使先運出資糧，然後焚之。新降者競炊爨㉘，與先降來告者共食之，語笑歌吹㉙，終夜不絕。

明日，仁厚縱雙流、穿口降者先歸，使新津降者執旗前[6]驅，且曰：「入邛州㉚境，亦可散歸矣。」羅夫子置九寨於延貢，其眾前夕望新津火光，已不眠矣。及新津人至，羅夫子脫身棄寨奔阡能，其眾皆降。

明日，羅夫子至阡能寨，與之謀悉㉛眾決戰。計未定，日向暮，延貢降者至，阡能、羅夫子走馬巡寨，欲出兵，眾皆不應。仁厚引兵連夜逼之，明旦，諸寨知大軍已近，呼譟爭出，執阡能，阡能窘急赴井㉜，為眾所擒，不死。又執羅夫子，羅夫子自剄㉝。眾挈羅夫子首，縛阡能，驅之前迎官軍，見仁厚，擁馬首大呼泣拜曰：「百姓負冤日久，無所控訴。自諜者㉞還，百姓引領㉟，度頃刻如期年㊱。今遇尚書，如出九泉睹白日，已死而復生矣。」讙呼不可止。賊寨在他所者，分遣諸將往降之。仁厚出軍凡六日，五賊㊲皆平，每下縣鎮，輒補鎮遏使㊳，使安集戶口。

於是陳敬瑄梟韓求、羅夫子首於市，釘阡能、羅渾擎、句胡僧[7]於城西，七日而冎㊴之。阡能孔目官㊵張榮，本安仁進士，屢舉不中第，歸於阡能，為之謀主，為草書檄㊶。阡能敗，以詩啓㊷求哀於仁厚，仁厚送府，釘於馬市，自餘不戮一人。

十二月，以仁厚為眉州防禦使。

陳敬瑄牓㊸邛州，凡阡能等親黨皆不問。未幾㊹，邛州刺史申㊺捕獲阡能叔父行全家三十五人繫獄㊻，請準法㊼。敬瑄以問孔目官唐溪，對曰：「公已有牓，今勿問，而刺史復捕之，此必有故。今若殺之，豈惟使明公㊽失大信，竊恐阡能之黨紛紛復起矣！」敬瑄從之，遣押牙牛暈往，集眾於州門，破械而釋之，因詢其所以然，果行全有良田，刺史欲買之，不與，故恨之。敬瑄召刺史，將按其罪，刺史以憂死。他日，行全聞其家由唐溪[8]以免，密餉㊾溪蝕箔金㊿百兩。溪怒曰：「此乃太師(51)仁明，何預吾事(52)，汝乃懷禍相餉乎！」還其金，斥逐使去。

【章　旨】以上為第四段，寫高仁厚用只誅首惡的安撫政策攻心，六日平定了蜀中之亂。

【注　釋】❶侵淫　逐漸擴展。❷蜀州　州名，治所在今四川崇州。❸高仁厚　（？—西元八八六年）西川節度使營使，善戰，討賊立功，任劍南東川節度使。傳見《新唐書》卷一百八十九。❹詗事　偵探。❺語　告訴。❻高尚書　即高仁厚。因破賊阡能立功，授檢校尚書左僕射、眉州刺史。❼潛語　私下裡散布。❽僕射　此指西川節度使陳敬瑄，加官僕射，故稱。❾愍　通「憫」。憐憫。❿汝曹　你們。⓫湔洗　洗刷汙穢。喻使其改過自新。⓬舞躍　歡騰跳躍。⓭比　等到。⓮雙流　縣名，縣治在今四川雙流。⓯把截使　官名，據下文「竭一府之兵」云云諸語，可知把截使統領一府之兵。⓰塹柵　塹壕、柵欄。⑰役夫　被役使的卑下之人。此為輕蔑之辭。⑱野橋箐　地名，當在雙流之西。⑲邀　阻擊。⑳詗知　偵察得知。㉑釋戎服　脫去官軍軍衣，化裝為民。㉒拜如摧山　形容群體拜降，有如山崩之勢。㉓書其背　在背上書「歸順」字樣。㉔穿口寨名，即新津新穿口。㉕新津　縣名，縣治在今四川新津東三里。㉖延貢　寨名，在今四川大邑東南二十里。㉗倒繫　取羅渾擎的軍旗倒繫，表示已得其渠帥。㉘炊爨　燒火做飯。㉙歌吹　謳歌、吹笙笛以示慶祝。㉚邛州　州名，治所在今四川邛崍。㉛悉　全部。㉜赴井　投井。㉝剄　用刀割脖子自殺。㉞諜者　此即高仁厚釋放的賣麵者。㉟引領　伸長脖子，形容盼望的殷切。㊱期年　一整年。㊲五賊　即阡能、羅渾擎、句胡僧、羅夫子、韓求五人。由於高仁厚鎮壓阡能有功，天子御樓勞軍，授高仁厚檢校尚書左僕射、眉州刺史。㊳鎮遏使　隨事所設官名。鎮撫流民。㊴冎　通「剮」。即淩遲。㊵孔目官官名，掌管文書檔案，收貯圖書。因事無大小，一孔一目，無不經理，故稱。㊶草書檄　起草徵召、曉諭、申討一類的官文書。㊷詩啓　以詩為書函。啓，書函。㊸牓　布告；告示。此處用如動詞。㊹未幾　不久。㊺申　官府行文，下級對上級稱「申」。㊻繫獄　拘囚。㊼準法　繩之以法。此處謂反逆親屬當從坐誅。㊽明公　對權貴長官的尊稱。㊾餉　饋贈。㊿蝕箔金　精製的純金箔。(51)太師　官名，與太傅、太保為三公。多為大官加銜，表示恩寵而無實職。此指陳敬瑄，敬瑄時為檢校太師。(52)何預吾事　意謂與我有什麼相干。預，干涉。

【校　記】①遂遣之　原無此三字。據章鈺校，十二行本、乙十一行本、孔天胤本皆有此三字，今據補。②踰塹　原作「踰寨」。據章鈺校，十二行本、乙十一行本、孔天胤本皆作「踰塹」，今據改。按，張敦仁《通鑑刊本識誤》云：「棄寨作『踰塹』。」③縛　原作「械」。張敦仁《通鑑刊本識誤》作「縛」，當是，今據改。④授以一旗使前走　原無此七字。據章鈺校，十二行本、乙十一行本、孔天胤本皆有此七字，張敦仁《通鑑刊本識誤》同，今據補。⑤皆　原作「猶」。據章鈺校，十二行本、乙十一行本皆作「皆」，今從改。⑥前　原作「先」。據章鈺校，十二行本、乙十一行本皆作「前」，今從改。⑦句胡僧　原無此三字。據章鈺校，十二行本、乙十一行本、孔天胤本皆有此三字，今據補。⑧唐溪　原無「唐」字。據章鈺校，十二行本、乙十一行本皆有「唐」字，今據補。

【語　譯】阡能的黨徒越來越多，逐漸蔓延到蜀州境內。陳敬瑄因楊行遷等人久無戰功，以押牙高仁厚擔任都招討指揮使，統率士兵五百人前去替代他。尚未出發的前一天，有一個賣麵的人，從早上到中午，出入營中三四次。巡邏的人懷疑他，把他抓住進行訊問，果然是阡能的間諜。高仁厚命令解開捆綁，溫和地詢問他，間諜回答說：「我是某村的百姓，阡能把我的父母妻兒囚禁在監獄中，說：『你去刺探情況回來，得到真實情況就釋放你的全家；不然的話，全部處死。』我不是願意這樣做的。」高仁厚說：「確實知道你是這樣，我怎麼忍心殺你呢！現在放你回去，解救你的父母妻兒，只要告訴阡能說：『高仁厚明天出發，所率領的兵眾只有五百人，沒有更多的士兵。』但是，我救活你一家人，你應當替我暗地裡告訴寨中人說：『陳敬瑄憐憫你們都是善良百姓，被賊人所控制，事情是不得已而為之。高仁厚打算洗刷你們的過失挽救你們，他來到這裡，你們每個人要放下兵器投降，高仁厚將派人在你們的背上書寫「歸順」兩字，遣送你們回去恢復舊業。所要誅殺的，只是阡能、羅渾擎、句胡僧、羅夫子、韓求五個人罷了，一定不讓牽連到老百姓。』」間諜說：「這都是老百姓的心上事，您全都知道了而且赦免大家，還有誰不手舞足蹈地聽從命令！一人傳百，百人傳千，猶如河流奔騰，海水沸揚，不可阻擋。等您到達時，老百姓必定全部奔跑過來，如同嬰兒見到慈母一般，阡能孤立獨處，立刻被活捉！」於是遣送他們。

次日，高仁厚率軍出發，到達雙流，把截使白文現出來迎接。高仁厚四周巡視塹壕柵欄，大怒道：「阡能是個卑下之人，他的部眾都是種地的老百姓，你竭盡一府之兵，一年多還不能擒獲他，如今看到這些塹壕柵欄，重重疊疊牢固細密成這個樣子，怪不得可以吃飽飯安逸地睡大覺，養著敵人來請功了！」下令把白文現推出去斬首。監軍竭力相救，很長時間，才得到赦免。高仁厚命令全部填平溝塹，毀掉木柵，只留下五百個士兵防守，其餘的士兵都隨身帶領，又召集各寨的士兵，全都陸續集合起來。

阡能聽說高仁厚即將到來，派遣羅渾擎在雙流的西邊建立五個寨子，在野橋箐埋伏一千名士兵用來攔擊官軍。高仁厚偵察知道了，率兵包圍了他們，命令不要殺害，派遣士兵脫下軍服進入敵人營中宣告，所說和昨天告訴間諜的話一樣。敵人大為高興，歡呼鼓噪，爭先恐後地拋棄戰甲，扔掉兵器，要求投降，下地跪拜勢如山崩。高仁厚全部安撫告諭他們，在他們的背部寫上「歸順」兩字，讓他們回去告訴寨子裡沒有投降的人，寨子裡剩下的人都爭著出來投降。羅渾擎狼狽不堪地翻過壕溝逃走，他的部眾抓住他送往高仁厚，高仁厚說：「這是一個愚蠢的傢伙，不值得和他談話。」把他綁起來送到官府。下令把五個寨子和衣甲、兵器全部燒毀，只留下旗幟，投降的共有四千人。

第二天早上，高仁厚對投降的人說：「我起初想立刻遣送你們回去，然而前面沿路各個寨子的老百姓不知道我的想法，有的人還擔心懷疑，想用你們為我在前面引路，經過穿口、新津寨時，就讓他們看背上的文字，告訴他們情況，等到了延貢，你們就可以回家了。」於是拿羅渾擎的旗幟倒掛著，每五十人為一隊，給一面旗幟，讓他們往前走，揮動旗幟大聲呼叫說：「羅渾擎已被活捉，送到官府去了，大軍就要到來。你們住在寨子裡的，趕快像我們一樣出來投降，立即可以成為良民，沒有什麼事情的！」到達穿口，句胡僧設置了十一個寨子，寨子裡的人爭著出來投降；句胡僧大驚，拔出劍來進行阻止，大家丟瓦塊、石頭攻擊句胡僧，一起把他捉住了，獻給高仁厚，句胡僧的部眾五千多人全部投降。

第三天早上，燒毀寨子，高仁厚派遣投降的人手持旗幟在前面引導開路，完全和從雙流出發一樣。到達新津，韓求設置的十三個寨子都出來投降。韓求自投到深溝中，他的部眾把韓求鉤了出來，已經死了，便斬下他的頭獻上。將士們想要燒毀寨子，高仁厚阻止他們說：「投降的人都沒有吃飯。」派人先運出資財糧食，然後燒毀寨子。新投降的人爭著燒火做飯，和先投降來傳告的人一起吃飯，談笑歌唱，終夜不絕。

第四天，高仁厚放走雙流、穿口投降的人先回家，派遣新津投降的人手持旗幟在前面引導開路，並且說：「進入邛州境內，你們也可以解散回家了。」羅夫子在延貢設置了九個寨子，他的部眾前一天夜裡看見新津的火光，已經睡不著覺了。等到新津投降的人到來，羅夫子單身出走，拋棄寨子逃往阡能那裡，他的部眾都投降了。

第五天，羅夫子到達阡能的寨子裡，與阡能謀劃，拿全部兵力與官軍決戰。計策還沒有確定，太陽西下，延貢投降的人到了。阡能、羅夫子走馬巡視寨子，想要出兵，部眾都不響應。高仁厚率兵連夜進逼，次日早上，各個寨子知道官軍已經逼近，呼喊著，爭先出寨投降。他們捉拿阡能，阡能窘急投井，被部眾擒獲，沒有死成。又捉拿羅夫子，羅夫子自殺了。大家拿了羅夫子的頭，捆綁了阡能，押著他迎接官軍，見到高仁厚，抱住馬頭大聲呼喊哭泣，跪拜說：「老百姓含冤已經很久了，無處控告。自從那個間諜回來，我們都引領企盼，度日如年。今天見到您，猶如跳出九泉，重見青天白日，死而復生了。」歡呼不止。在其他地方的寨子，高仁厚分別派遣各將領前往招降他們。高仁厚出兵一共六天，五個賊寇都討平，每攻克一個縣鎮，就補上鎮遏使，派他們安撫匯攏老百姓。

於是陳敬瑄在街市把韓求、羅夫子梟首示眾，阡能、羅渾擎、句胡僧被釘在城西，七天後把他們凌遲處死。阡能的孔目官張榮，本來是安仁的士子，多次應舉都沒有及第，投靠阡能，是阡能的出謀劃策人，替他起草書檄。阡能失敗後，張榮以詩為信哀求高仁厚，高仁厚把他送到官府，釘在馬市，除此之外不殺一個人。

十二月，任命高仁厚為眉州防禦使。

陳敬瑄在邛州貼出布告，說凡是阡能等人的親戚、黨羽都不再追究。不久，邛州刺史報告捕獲了阡能的叔父行全一家三十五人囚禁在監獄中，請求依法處治。陳敬瑄拿這件事詢問孔目官唐溪，唐溪回答說：「您已經貼出了布告，下令不再追究，然而刺史又緝捕他們，這裡必有緣故。現在如果殺掉他們，難道僅僅是使您失去非常重要的信用嗎，我擔心阡能的黨徒又要紛紛起來作亂了！」陳敬瑄聽從了唐溪的意見，派押牙牛暈前往，在州門會集眾人，打開刑具，釋放了行全一家人，順便詢問他們為什麼出現這種情況。果然行全家有良田，刺史想要購買，行全不賣給他，所以刺史忌恨行全。陳敬瑄召來刺史，將要查核他的罪行，刺史因此憂愁而死。有一天，行全聽說他們全家是由於唐溪才免除罪過的，就暗地裡送給唐溪蝕箔金一百兩。唐溪生氣地說：「這是太師陳敬瑄仁愛神明，和我有什麼關係。你這是懷揣禍端來送給我啊！」就把金子退還給他，訓斥後趕走了送金子的人。

河東節度使鄭從讜奏克嵐州，執湯羣❶，斬之。○以忻、代等州留後李克用為鴈門節度使。○初，朝廷以鄭紹業為荊南節度使，時段彥謨方據荊南，紹業憚❷

之，踰❸半歲，乃至鎮❹。上幸蜀，召紹業還，以彥謨為節度使。彥謨為朱敬玫所殺，復以紹業為節度使。紹業畏敬玫，逗遛不進，軍中久無帥。至是，敬玫署押牙陳儒知府事❺。儒，江陵人也。◯加奉天❻節度使齊克儉、河中節度使王重榮並同平章事。

李克用將兵四萬至河中，遣從父弟❼克脩❽先將兵五百濟河嘗賊❾。初，克用弟克讓❿為南山寺僧所殺，其僕渾進通歸于黃巢。自高潯⓫之敗，諸軍皆畏賊，莫敢進。及克用軍至，賊憚之，曰：「鴉軍⓬至矣，當避其鋒。」克用軍皆衣黑，故謂之鴉軍。巢乃捕南山寺僧十餘人，遣使齎詔書及重賂⓭，因渾進通詣克用以求和。克用殺僧，哭克讓，受其賂以分諸將，焚其詔書，歸其使者，引兵自夏陽⓮度河，軍于同州。

孟方立⓯既殺成麟⓰，引兵歸邢州，潞⓱人請監軍吳全勗知留後。是歲，王鐸墨制以方立知邢州事，方立不受，因全勗，與鐸書，願得儒臣鎮潞州，鐸以鄭昌圖知昭義⓲軍事。既而朝廷以右僕射⓳、租庸使⓴王徽同平章事，充昭義節度使，徽以車駕播遷㉑，中原方擾，方立專據山東㉒邢、洺、磁㉓三州，度朝廷力未[1]能制，辭不行，請且委昌圖㉔。詔以徽為大明宮㉕留守、京畿安撫・制置・修奉園陵使㉖。昌圖至潞州，不三月而去，方立遂遷昭義軍於邢州，自稱留後，表㉗其將李殷銳為潞州刺史。

和州㉘刺史秦彥㉙使其子將兵數千襲宣州㉚，逐觀察使竇潏而代之。

【章旨】以上為第五段，寫李克用勤王，進軍攻黃巢。孟方立不遵朝命，自為昭義節度使。

【注釋】❶湯羣　時為嵐州刺史，殺朝廷使者據城反叛歸附沙陀，故斬之。❷憚　畏懼。❸踰　超過。❹至鎮　到達荊南節度使治所荊州。❺知府事　主持荊州府事務。❻奉天　方鎮名，治所乾州，在今陝西乾縣。❼從父弟　堂弟。從父，父親的兄弟。❽克脩　（？—西元九二三年）李克用堂弟李克脩。傳見《舊五代史》卷五十、《新五代史》卷十四。❾嘗賊　試探性進攻，用以偵知黃巢軍的虛實，以今語言之，叫火力偵察。❿克讓　李克用之弟李克讓（？—西元八八一年），黃巢進攻長安時，逃入南山為寺僧所殺。傳見《舊唐書》卷五十、《新唐書》卷十四。⓫高潯　昭義節度使。唐僖宗中和元年（西元八八一年）八月，潯與黃巢軍將領李詳戰於石橋，敗奔河中。事見本書卷二百五十四僖宗中和元年。⓬鵶軍　李克用少驍勇，軍中號「李鵶兒」。其所率沙陀兵皆著黑衣，稱「鵶兒軍」。鵶，通「鴉」。⓭賂　財物。⓮夏陽　縣名，縣治在今陝西合陽東。⓯孟方立　（？—西元八八九年）邢州人，始為澤州天井關戍將，為昭義節度使高潯報仇，殺成麟，自為留後，逐朝廷所委昭義留後鄭昌圖，割據邢、洺、磁三州為節度使。後被李克用攻滅。傳見《新唐書》卷一百八十七、《舊五代史》卷四十二。⓰成麟　昭義節度使高潯之裨將。中和元年殺高潯。孟方立時為澤州天井戍將，率兵攻成麟，斬之。⓱潞　州名，治所在今山西長治。成麟殺高潯後還據潞州。⓲昭義　方鎮名，唐代宗廣德元年（西元七六三年）置相衛節度使，治所相州。大曆元年（西元七六六年）賜號昭義軍節度使，唐德宗建中元年（西元七八〇年）徙治潞州，在今山西長治。⓳右僕射　官名，尚書省長官。唐制，左右僕射帶同平章事之名，即為宰相。⓴租庸使　官名，專事徵斂軍用資糧。㉑車駕播遷　言黃巢軍佔領京師，僖宗出奔西川。播遷，流離遷徙。㉒山東　泛指中原，即太行山以東之地。㉓磁　州名，治所滏陽，在今河北磁縣。㉔請且委昌圖　朝廷委王徽為昭義節度使，王徽見當時孟方立割據山東三州，別為一鎮，李克用也窺伺潞州，而朝廷無力控制，所以固讓昌圖，請朝廷承認王鐸所署鄭昌圖為昭義節度使。鄭昌圖到任三個月後離去，於是孟方立自為昭義節度使。㉕大

明宮　唐宮名，亦稱東內。內有含元、宣政、紫宸三殿，故址在今陝西西安。㉖京畿安撫制置修奉園陵使　官名，當時黃巢軍佔領長安，以此職授王徽，以俟收復被戰爭所毀之園陵。㉗表　上書。㉘和州　州名，治所歷陽，在今安徽和縣。㉙秦彥（？—西元八八七年）原為黃巢部將。乾符六年（西元八七九年）降高駢。其得和州，亦為高駢用之。傳附《舊唐書》卷一百八十二、《新唐書》卷二百二十四〈高駢傳〉。㉚宣州　州名，治所在今安徽宣城。

【校　記】[1]未　原作「不」。據章鈺校，十二行本、乙十一行本皆作「未」，今從改。

【語　譯】河東節度使鄭從讜上奏說攻克了嵐州，抓住了湯羣，把他殺了。〇任命忻、代等州的留後李克用為雁門節度使。〇最初，朝廷任命鄭紹業為荊南節度使，當時段彥謨正佔據荊南，鄭紹業畏懼段彥謨，過了半年才到鎮上任。僖宗駕臨蜀地，召鄭紹業回來，任命段彥謨為節度使。段彥謨被朱敬玫所殺，又派鄭紹業任節度使。鄭紹業害怕朱敬玫，逗留不敢前進，軍中長期沒有主帥。到這時，朱敬玫委派押牙陳儒主持荊州府事務。陳儒，是江陵人。〇對奉天節度使齊克儉、河中節度使王重榮均加官同平章事。

李克用率兵四萬人到達河中，派遣堂弟李克脩先率兵五百人渡河試探進攻賊軍。最初，李克用的弟弟李克讓被南山寺僧所殺，李克讓的僕人渾進通歸附黃巢。自從高潯戰敗，各路軍隊都畏懼賊軍，沒有人敢前進。等到李克用的軍隊來了，賊軍畏懼，說：「烏鴉軍到了，應該躲避他的鋒芒。」李克用的部隊都穿黑衣服，所以稱作烏鴉軍。黃巢便抓捕了十多個南山寺僧，派遣使者攜帶詔書和貴重的財物，利用渾進通的關係去李克用那裡求和。李克用殺死僧人，哀哭李克讓，接受黃巢的財物分送各位將領，燒掉他的詔書，送回他的使者，率兵從夏陽渡過黃河，屯駐在同州。

孟方立已經殺了成麟，率軍返回邢州，潞州人請求監軍吳全勗擔任留後職務。這一年，王鐸用墨筆書寫僖宗的命令，任命孟方立主管邢州事務。孟方立不肯接受，拘禁了吳全勗，給王鐸寫信，希望能有儒臣鎮守潞州，王鐸任用鄭昌圖主管昭義軍的事務。後來朝廷任命右僕射、租庸使王徽為同平章事，擔任昭義節度使。王徽認為僖宗遷移流動，中原正紛擾動盪，孟方立個人佔據了山東的邢、洺、磁三個州，考慮到朝廷無力制服他，便推辭不肯成行，請求暫時委派鄭昌圖。僖宗下詔任命王徽為大明宮留守、京畿安撫·制置·修奉園陵使。鄭昌圖到了潞州，不滿三個月離去。孟方立就把昭義軍遷徙到邢州，自稱留後，上表讓他的部將李殷銳擔任潞州刺史。

和州刺史秦彥派遣他的兒子率兵幾千人襲擊宣州，驅逐了觀察使竇潏，取代了他的職位。

三年（癸卯　西元八八三年）

春，正月，李克用將李存貞敗黃揆于沙苑❶。己巳❷，克用進屯沙苑。揆，巢之弟也。王鐸承制以克用為東北面行營都統❸，以楊復光為東面都統監軍使，陳景思為北面都統監軍使。

乙亥❹，制以中書令❺、充諸道行營都統王鐸為義成❻節度使，令赴鎮。田令孜❼欲歸重北司❽，稱鐸討黃巢久無功，卒用楊復光策，召沙陀而破之，故罷鐸兵柄❾以悅復光。又以副都統崔安潛為東都❿留守，以都都監⓫西門思恭為右神策中尉⓬，充諸道租庸兼催促諸道進軍等使。令孜自以建議幸蜀⓭、收傳國寶⓮、列聖真容⓯、散家財犒軍為己功，令宰相藩鎮共請加賞，上以令孜為十軍兼十二衛觀軍容使⓰。

成德⓱節度使常山忠穆王王景崇⓲薨⓳，軍中立其子節度副使鎔⓴知留後事，時鎔生十年矣。○以天平留後朱瑄為節度使。

二月壬子(21)，李克用進軍乾阬(22)，與河中、易定(23)、忠武(24)軍合。尚讓等將十五萬眾屯于梁田陂(25)，明日，大戰，自午至晡(26)，賊眾大敗，俘斬數萬，伏尸三十里。巢將王璠、黃揆襲華州，據之，王遇(27)亡去。

初，光州(28)刺史李罕之(29)為秦宗權(30)所攻，奔項城(31)，餘眾[1]歸諸葛爽，爽以為懷州刺史。韓簡攻鄆州，半年，不能下。爽復襲取河陽(32)，朱瑄請和，簡乃捨之，引兵擊河陽。爽遣罕之逆戰於武陟(33)，魏軍(34)大敗而還。大將澶州(35)刺史樂行達(36)先歸，據魏州(37)，軍中共立行達為留後，簡為部下所殺(38)。己未(39)，以行達為魏博留後。

甲子(40)，李克用進圍華州，黃思鄴、黃揆嬰城固守；克用分騎屯渭北(41)。◯以王鎔為成德留後。◯以鄭紹業為太子賓客(42)、分司(43)，以陳儒(44)為荊南留後。峽路招討指揮使莊夢蝶為韓秀昇、屈行從所敗，退保忠州(45)，應援使胡弘略戰亦不利。江、淮貢賦皆為賊所阻(46)，百官無俸。雲安(47)、涪井(48)路不通，民間乏鹽。陳敬瑄奏以眉州(49)防禦使高仁厚為西川行軍司馬(50)，將三千兵討之。◯加鳳翔(51)節度使李昌言同平章事。

黃巢兵數敗，食復盡，陰為遁計(52)，發兵三萬搤(53)藍田(54)道。三月壬申(55)，遣尚讓將兵救華州，李克用、王重榮引兵逆戰於零口56，破之。克用進軍渭橋57，騎軍在渭北，克用每夜令其將薛志勤58、康君立59潛入長安，燔60積聚，斬虜而還，賊中大驚。

【章 旨】以上為第六段，寫李克用節節勝利，兵圍黃巢於長安。

【注 釋】❶沙苑 地名，在今陝西大荔南十二里。❷己巳 正月初二日。❸行營都統 官名，掌征伐，控有軍事大權，兵罷則省。❹乙亥 正月初八日。❺中書令 官名，朝廷政務中樞三省之一中書省的長官。❻義成 方鎮名，治所滑州，在今河南滑縣。❼田令孜 （?—西元八九三年）字仲則，本姓陳。宦官。僖宗朝恃寵驕橫，把持朝政，僖宗呼之為「阿父」。黃巢攻入長安，挾僖宗逃往成都。光啟二年（西元八八六年）自任西川監軍使。唐昭宗景福二年（西元八九三年）被割據西川的王建殺死。傳見《舊唐書》卷一百八十四、《新唐書》卷二百八。❽歸重北司 把重權歸於北司。北司，唐內侍省，掌管宮內事務的機構，由宦官組成。因在皇宮之北，故稱北司。❾兵柄 兵權。田令孜見黃巢勢力已衰，楊復光之功必成，故罷王鐸兵權取悅楊復光。❿東都 唐以洛陽為東都。⓫都都監 官名。唐制，都都統總領諸道行營都統，都都監則為都都統的監軍。⓬右神策中尉 官名，掌禁軍。自代宗永泰年間始，左右神策軍以中官為帥。德宗貞元中，特置神策軍護軍中尉，任以中官，時號兩軍中尉，中尉權傾天下。⓭幸蜀 廣明元年十二月（西元八八一年一月）黃巢起義軍直趨長安，田令孜率神策軍五百擁帝奔成都。⓮傳國寶 指傳國的玉璽之類。⓯列聖真容 唐歷代皇帝畫像。⓰十軍兼十二衛觀軍容使 官名。十軍，指神策十軍。十二衛，指南衙十二衛。唐禁兵分為南北衙。南衙指諸衛兵，北衙為禁軍。觀軍容使是監視出征將帥的最高軍職，以宦官之掌權者充任。⓱成德 方鎮名，代宗寶應元年（西元七六二年）置。治所恆州，在今河北正定。⓲王景崇 （西元八四六—八八三年）四世為成德軍節度使。僖宗朝進同中書門下平章事、檢校太尉兼中書令，封常山王，諡忠穆。傳見《舊唐書》卷一百四十二、《新唐書》卷二百十一。⓳薨 唐制，凡喪三品以上稱薨。⓴鎔 王鎔（西元八七三—九二一年），回鶻人，成德節度使王武俊養子王庭湊之四代孫。成德節度使世襲，王鎔十歲時被三軍推為留後，朝廷授以節度使旌節。朱全忠僭號，王鎔奉其正朔。後為部將王德明所殺，被赤族。傳見《舊五代史》卷五十四、《新五代史》卷三十九。㉑壬子 二月十五日。㉒乾阬　地名，在今陝西大荔西三十里。㉓易定　易，易州。定，定州。屬成德軍節度。㉔忠武　方鎮名，德宗貞元三年（西元七八七年）置陳許節度使，治所許州，在今河南許昌。貞元十年賜號忠武軍。㉕梁田陂　地名，在今陝西華縣西南。㉖晡　申時，即下午三時到五時。㉗王遇　原為黃巢將領，去年據華州投降朝廷。㉘光州　州名，治所定城，在今河南潢川縣。㉙李罕之　（西元八四〇—八九八年）乾符六年（西元八七九年）與秦彥一起降高駢，駢使其守光州。傳見《新唐書》卷一百八十七、《舊五代史》卷十五、《新五代史》卷四十二。㉚秦宗權　（？—西元八八九年）唐末割據淮西署偽號的軍閥，昭宗大順元年（西元八九〇年）被討滅。與朱泚、黃巢同傳。傳見《舊唐書》卷二百、《新唐書》卷二百二十五。㉛項城　縣名，縣治在今河南沈丘。㉜爽復襲取河陽　僖宗中和二年（西元八八二年）十月，韓簡破諸葛爽，取河陽。十月，移兵攻鄆州。㉝武陟　縣名，縣治在今河南武陟西南。㉞魏軍　指韓簡部隊。㉟澶州　州名，治所頓丘，在今河南清豐西。㊱樂行達　（？—西元八八八年）僖宗中和四年（西元八八四年）賜名彥禎。傳見《舊唐書》卷一百八十一、《新唐書》卷一百十。㊲魏州　州名，治所在今河北大名東北。㊳簡為部下所殺　據兩《唐書》韓簡本傳，簡兵敗憂憤而死，並非為部下所殺。㊴己未　二月二十二日。㊵甲子　二月二十七日。㊶渭北　地區名，指渭水以北地區。㊷太子賓客　太子官屬。正三品，掌調護、侍從、規諫。㊸分司　唐以洛陽為東都，仿照京師分設在東都的中央官員稱為分司。除分司御史有監察職責外，其他分司官員均是閒職。㊹陳儒　（？—西元八八五年）江陵（今湖北荊州江陵）人，官至荊南節度使。傳見《新唐書》卷一百八十六。㊺忠州　州名，治所在今重慶市忠縣。㊻江淮貢賦皆為賊所阻　時僖宗在蜀，江淮貢賦本來溯峽江而上。由於招討使莊夢蝶退保忠州，江淮貢賦為韓秀昇所阻。㊼雲安　縣名，縣治在今四川雲陽，有鹽官。㊽淯井　地名，在今四川長寧南，產鹽。㊾眉州　州名，治所通義，在今四川眉山市。㊿行軍司馬　官名，節度使之佐官。此以高仁厚代莊夢蝶進討韓秀昇等。(51)鳳翔　方鎮名，治所鳳翔，在今陝西鳳翔。(52)陰為遁計　祕密地計議逃跑。(53)搤　控制；把守。(54)藍田　縣名，縣治在今陝西藍田。藍田道是通往武關南下之路。(55)壬申　三月初六日。(56)零口　鎮名，在今陝西臨潼東四十五里。(57)渭橋　有三：一為中渭橋，故址在今咸陽東；二為東渭橋，故址在今西安東北灞水、涇水合渭處東側；三為西渭橋，故址在今咸陽南。此指東渭橋。(58)薛志勤　（西元八三六—八九九年）小字鐵山，驍勇善戰，屢立戰功。傳見《舊五代史》卷五十五。(59)康君立　（西元八四六—八九四年）蔚州興唐（今河北蔚縣）人。傳見《舊五代史》卷五十五。(60)燔　焚燒。

【校記】[1]餘眾　原作「帥餘眾」。據章鈺校，十二行本、乙十一行本皆無「帥」字，今據改。

【語　譯】三年（癸卯　西元八八三年）

春，正月，李克用的部將李存貞在沙苑打敗了黃揆。初二日己巳，李克用進兵屯駐沙苑。黃揆，是黃巢的弟弟。王鐸借用僖宗的名義任命李克用為東北面行營都統，任命楊復光為東面都統監軍使，陳景思為北面都統監軍使。

正月初八日乙亥，僖宗任命中書令、充當諸道行營都統的王鐸為義成節度使，命令他前往鎮所。田令孜想把大權歸於北司，說王鐸討伐黃巢長期沒有功勞，最後採用楊復光的計策，召來沙陀的軍隊才打敗黃巢，所以解除王鐸的兵權來取悅楊復光。又任命副都統崔安潛為東都留守，任命都都監西門思恭為右神策中尉，充當諸道租庸兼催促諸道進軍等使。田令孜自以為建議僖宗駕臨蜀地、收聚傳國寶物和歷朝皇帝圖像、散發家財來犒勞軍隊都是自己的功勞，讓宰相和藩鎮共同請求僖宗加以賞賜。僖宗任命田令孜擔任十軍兼十二衛的觀軍容使。

成德節度使常山忠穆王王景崇去世，軍中擁立他的兒子節度副使王鎔代理留後的職務，這時王鎔生下十年了。○任命天平留後朱瑄為節度使。

二月十五日壬子，李克用進軍乾阬，與河中、易定、忠武軍的部隊會合。尚讓等人統率十五萬部眾屯駐於梁田陂。次日，大戰，從中午到黃昏，賊兵大敗，俘虜斬殺幾萬人，伏屍三十里。黃巢部將王璠、黃揆襲擊華州，佔領了他，王遇逃走了。

當初，光州刺史李罕之被秦宗權攻擊，放棄州城逃往項城，殘餘部眾投靠諸葛爽，諸葛爽讓他做懷州刺史。韓簡攻打鄆州，半年時間，未能攻下。諸葛爽又襲取河陽。朱瑄請求講和，韓簡就放棄攻打鄆州，率軍進擊河陽。諸葛爽派遣李罕之在武陟迎戰，韓簡的軍隊大敗還軍。大將澶州刺史樂行達先行返回，佔據了魏州，軍中共同推舉樂行達為留後，韓簡被部下殺死。二月二十二日己未，任命樂行達為魏博留後。

二月二十七日甲子，李克用進兵圍困華州，黃思鄴、黃揆環城固守。李克用分出部分騎兵屯駐渭北。○任命王鎔為成德留後。○任命鄭紹業為太子賓客、分司，任命陳儒為荊南留後。

峽路招討指揮使莊夢蝶被韓秀昇、屈行從所敗，退兵據守忠州，應援使胡弘略戰事也不利。江、淮的貢品和賦稅都被賊軍阻攔，百官沒有俸祿。雲安、淯井的道路不通，民間缺少鹽。陳敬瑄上奏請以眉州防禦使高仁厚為西川行軍司馬，率領三千名士兵討伐賊軍。○鳳翔節度使李昌言加封同平章事。

黃巢的軍隊屢屢戰敗，糧食也吃光了，暗中籌劃逃跑的計策，發兵三萬扼守藍田道。三月初六日壬申，派遣尚讓率軍救援華州，李克用、王重榮率軍在零口迎戰，打敗了敵軍。李克用進軍渭橋，騎兵在渭北，李克用每天夜間命令他的部將薛志勤、康君立潛入長安，燒毀城中倉儲，斬獲後返回，賊軍大驚。

以淮南押牙合肥楊行愍❶為廬州❷刺史。行愍本廬州牙將，勇敢，屢有戰功，都將忌之，白刺史郎幼復遣使出戍於外。行愍過辭❸，都將以甘言悅之，問其所須，行愍曰：「正須汝頭耳！」遂起斬之，并將諸營，自稱八營都知兵馬使。幼復不能制，薦於高駢，請以自代。駢以行愍為淮南押牙，知廬州事，朝廷因而命之。行愍聞州人王勗賢，召，欲用之，固辭。問其子弟，曰：「子潛，好學慎密❹，可任以事；弟子稔，有氣節，可為將。」行愍召潛置門下，以稔及定遠❺人季章為騎將。

初，呂用之❻因左驍雄軍使俞公楚得見高駢。用之橫甚❼，或以咎❽公楚，公楚數戒用之少自斂，毋相累，用之銜❾之。右驍雄軍使姚歸禮，氣直敢言，尤疾❿

用之所為，時面數其罪，常欲手刃之。癸未⓫夜，用之與其黨會倡家⓬，歸禮潛遣人爇⓭其室，殺貌類者數人，用之易服得免。明旦，窮治⓮其事，獲縱火者，皆驍雄之卒，用之於是日夜譖⓯二將於駢。未幾，駢使二將將驍雄卒三千襲賊於慎縣⓰，用之密以語楊行愍云：「公楚、歸禮欲襲廬州。」行愍發兵掩之⓱，二將不為備，舉軍盡殪⓲，以二將謀亂告駢，駢不知用之謀，厚賞行愍。

【章　旨】以上為第七段，寫楊行密興起於淮南。

【注　釋】❶楊行愍　（西元八五二—九〇五年）曾改名行密，字化源，合肥人，中和三年為廬州刺史。景福元年（西元八九二年）為淮南節度使，封吳王。割據淮南、江東一帶。後其子楊溥稱帝，追尊行密為太祖。入五代為吳國。傳見《新唐書》卷一百八十八、《舊五代史》卷一百三十四、《新五代史》卷六十一。❷廬州　州名，治所在今安徽合肥。❸過辭　到都將處辭行。❹好學慎密　勤奮好學，為人謹慎周到。楊行愍仰慕王勗為人，因此改名行密。❺定遠　縣名，縣治在今安徽定遠。❻呂用之　（?—西元八九一年）方士，高駢幕僚。傳附《新唐書》卷二百二十四下〈高駢傳〉。❼用之橫甚　事見本書卷二百五十四僖宗中和元年。❽咎　歸罪。因呂用之驕橫，有人歸罪於俞公楚。❾銜　懷恨。❿疾　痛恨。⓫癸未　三月十七日。⓬倡家　妓院。倡，通「娼」。⓭爇　放火焚燒。⓮窮治　追究。⓯譖　進讒言。⓰慎縣　縣名，縣治在今安徽合肥東北六十里。⓱掩之　乘人不備而進攻。⓲殪　死。

【語　譯】任命淮南押牙合肥人楊行愍為廬州刺史。楊行愍原來是廬州的牙將，勇猛果敢，屢立戰功。都將妒忌他，告訴刺史郎幼復派楊行愍到外面戍守。楊行愍到都將那裡辭行，都將用甜言蜜語來取悅他，詢問他需要什麼，楊行愍說：「我正需要你的頭！」於是起身殺了都將，一起統率各營，自稱為八營都知兵馬使。郎幼復不能轄制楊行愍，把他舉薦給高駢，請求用楊行愍來替代自己。高駢用楊行愍做淮南的押牙，主管廬州事務，朝廷順勢正式任命了楊行愍。楊行愍耳聞州人王勗賢能，就把他召來，想要任用他，王勗堅決推辭。楊行愍詢問王勗子弟的情況，王勗回答說：「我的兒子王潛，愛好學習，為人謹慎仔細，可以委任他職務；我的姪兒王稔，有氣節，可以擔任將領。」楊行愍召來王潛，安排在門下，任用王稔和定遠人季章為騎將。

當初，呂用之借助左驍雄軍使俞公楚才得見到高駢。呂用之極為蠻橫，有人因此怪罪俞公楚。俞公楚屢次勸誡呂用之稍為收斂，不要拖累自己，呂用之因此懷恨俞公楚。右驍雄軍使姚歸禮，脾氣直爽，敢於說話，特別痛恨呂用之的所作所為，常常當面數落呂用之的罪過，多次想要親手殺死他。三月十七日癸未的夜晚，呂用之和他的同黨在娼妓家聚會，姚歸禮暗中派人焚燒娼妓家的房子，殺了和呂用之長相相似的幾個人，呂用之換了衣服才得脫身。第二天早上，全力追查這件事，抓住了放火的人，都是驍雄軍的士兵，呂用之於是一天到晚向高駢譖毀俞公楚、姚歸禮兩人。不久，高駢派俞公楚、姚歸禮兩人統率驍雄軍的士兵三千人到慎縣襲擊賊寇，呂用之祕密告訴楊行愍說：「俞公楚、姚歸禮打算襲擊廬州。」楊行愍發兵偷襲，俞公楚、姚歸禮兩人沒有防備，全軍死亡殆盡。呂用之告訴高駢說俞公楚、姚歸禮兩人陰謀作亂，高駢不知道這是呂用之的計謀，厚賞楊行愍。

己丑❶，以河中行營招討副使朱全忠為宣武❷節度使，俟克復長安，令赴鎮。

○癸巳❸，李克用等拔華州，黃揆棄城走。

劉漢宏分兵屯黃嶺、巖下、貞女❹三鎮，錢鏐將八都❺兵自富春❻擊之，破黃嶺，擒巖下鎮將史弁、貞女鎮將楊元宗。漢宏以精兵屯諸暨，鏐又擊破之，漢宏走。

莊夢蝶與韓秀昇、屈行從戰，又敗。其敗兵紛紜還走❼，所在慰諭❽，不可遏，遇高仁厚於路，叱之，即止。仁厚斬都虞候一人，更令修娖❾部伍。乃召耆老❿，詢以山川蹊徑⓫及賊寨所據，喜曰：「賊精兵盡在舟中，使老弱守寨，資糧皆在寨中，此所謂重戰輕防⓬，其敗必矣！」乃揚兵江上，為欲涉之狀⓭。賊晝夜禦備，遣兵挑戰，仁厚不與交兵，潛發勇士千人執兵負藁⓮，夜，由間道⓯攻其寨，且焚之。賊望見，分兵往救之，不及，資糧蕩盡，眾心已搖。仁厚復募善游者鑿其舟底[1]，相繼皆沈，賊往來惶惑，不能相救，仁厚遣兵於要路邀擊，且招之，賊眾皆降。秀昇、行從見眾潰，揮劍亂斫⓰，欲止之，眾愈怒，共執二人詣仁厚，仁厚詰⓱之曰：「何故反？」秀昇曰：「自大中皇帝⓲晏駕⓳，天下無復公道，紐解綱絕⓴。今日反者，豈惟秀昇！成是敗非，机上之肉㉑，惟所烹醢㉒耳！」仁厚愀然㉓，命善食㉔而械之。夏，四月庚子㉕，獻于行在，斬之。

李克用與忠武將龐從、河中將白志遷等引兵先進，與黃巢軍戰於渭南㉖，一日三戰，皆捷。義成、義武等諸軍繼之，賊眾大奔。甲辰㉗，克用等自光泰門㉘入京師，黃巢力戰不勝，焚宮室遁去。賊死及降者甚眾，官軍暴掠，無異於賊，長安室屋及民所存無幾。巢自藍田入商山㉙，多遺珍寶於路，官軍爭取之，不急追，賊遂逸㉚去。

楊復光遣使告捷，百官入賀。詔留忠武等軍二萬人，委大明宮留守王徽及京畿制置使㉛田從異部分㉜，守衛長安。五月，加朱玫㉝、李克用[2]、東方逵同平章事。升陝州㉞為節度，以王重盈為節度使。又建延州㉟為保塞軍㊱，以保大行軍司馬延州刺史李孝恭為節度使。克用時年二十八，於諸將最少，而破黃巢，復長安，功第一，兵勢最彊，諸將皆畏之。克用一目微眇㊲，時人謂之「獨眼龍」。○詔以崔璆家貴身顯，為黃巢相㊳首尾㊴三載，不逃不隱，於所在斬之。

黃巢使其驍將孟楷將萬人為前鋒，擊蔡州㊵，節度使秦宗權逆戰而敗。賊進攻其城，宗權遂稱臣於巢，與之連兵。

初，巢在長安，陳州㊶刺史宛丘趙犨㊷謂將佐曰：「巢不死長安，必東走，陳其衝㊸也。且巢素與忠武㊹為仇，不可不為之備㊺。」乃完城塹㊻，繕甲兵，積芻㊼粟，六十里之內，民有資糧者，悉徙之入城。多募勇士，使其弟昶、珝、子麓林分將之。孟楷既下蔡州，移兵擊陳，軍于項城㊽。犨先示之弱，伺其無備，襲擊之，殺獲殆盡，生擒楷，斬之。巢聞楷死，驚怒[3]，悉眾屯溵水㊾，六月，與秦宗權合兵圍陳州，掘塹五重，百道攻之㊿。

陳人大恐，犨諭之曰：「忠武素著義勇(51)，陳州號為勁兵，況吾家久食陳祿，誓與此州存亡。男子當求生於死中，且徇國而死，不愈(52)於臣賊(53)而生乎！有異議者斬！」數引銳兵開門出擊賊，破之。巢益怒，營於州北，立宮室百司(54)，為持久之計。時民間無積聚，賊掠人為糧，生投於碓(55)磑(56)，併骨食之，號給糧之處曰「舂磨寨(57)」。縱兵四掠，自河南(58)、許、汝、唐、鄧、孟、鄭、汴、曹、濮、徐、兗(59)等數十州，咸被其毒(60)。

【章　旨】以上為第八段，寫李克用復長安，黃巢東竄，為禍河南數十州，重兵圍陳州。

【注　釋】❶己丑　三月二十三日。❷宣武　方鎮名，唐德宗建中二年（西元七八一年）置。治所宋州，在今河南商丘。❸癸巳　三月二十七日。❹黃嶺巖下貞女　均為鎮名，三鎮在婺州和越州之間。❺八都　僖宗乾符二年（西元八七五年），浙西裨將王郢作亂，石鑑鎮將董昌討郢，以吳鏐為偏將，擊敗王郢。是時黃巢初起，天下已亂，都統高駢表昌杭州刺史，昌乃集合諸縣兵為八都。吳鏐所率八都兵即此。❻富春　縣名，即富陽縣，縣治在今浙江富陽。❼還走　往回逃跑。❽所在慰諭　敗兵所到之處，都加以安撫勸說。所在，到處；處處。❾修娖　整頓隊伍。❿耆老　老年人。⓫蹊徑　路徑。高仁厚向老年人瞭解山川道路及韓秀昇兵寨布置的情況。⓬重戰輕防　韓秀昇精兵皆在舟中準備作戰，而寨中只留老弱把守。⓭為欲涉之狀　作出打算過江進攻的樣子。⓮藁　同「稿」。稻、麥的稈子。⓯間道　偏僻的小路。⓰斫　砍殺。⓱詰　問。⓲大中皇帝　宣宗李忱。⓳晏駕　皇帝死亡的諱稱。⓴紐解綱絕　紐為關鍵，綱為總要。比喻國家的根本已經瓦解。(21)机上之肉　案板上的肉。喻任人宰割。(22)醢　剁成肉醬。(23)愀然　憂傷的樣子。(24)善食　給好的酒飯吃。(25)庚子　四月初四日。(26)渭南　縣名，縣治在今陝西渭南市。(27)甲辰　四月初八日。(28)光泰門　唐禁苑之東南門，在長安城北。(29)商山　山名，在陝西商縣東南，地形險阻。黃巢事先派兵扼守藍田道，所以兵敗後得由此路逃跑。(30)逸　逃跑。(31)制置使　官名，唐後期在用兵前後為控制地方秩序設置，位在刺史之下。㉜部分　部署。㉝朱玫　（？—西元八八六年）原為邠寧節度使，後擁立襄王熅，為部將所殺。傳見《新唐書》卷二百二十四。㉞陜州　州名，治所在今河南三門峽市。原為陜虢觀察使治所，現升為節度使。㉟延州　州名，治所在今陝西延安東北。㊱保塞軍　方鎮名，領延州、丹州。㊲一目微眇　一目偏小失明。眇，一隻眼瞎。㊳為黃巢相　黃巢攻入京城，即帝位，號大齊，建元金統，以尚讓、趙璋、崔璆、楊希古為宰相。事載《新唐書》卷二百五十下。㊴首尾　勾結。㊵蔡州　州名，治所在今河南汝南縣。唐初為豫州。㊶陳州　州名，治所宛丘，在今河南淮陽。㊷趙犨　（西元八四三—八九五年）為人勇果，累遷忠武軍馬步軍都虞候。黃巢起事，陳州豪傑推趙犨為刺史以自保。傳見《新唐書》卷一百八十九、《舊五代史》卷十四、《新五代史》卷四十二。㊸衝　要道。趙犨分析黃巢如不在長安被消滅，一定向東逃跑。那麼，陳州就是必經之要道。㊹忠武　即忠武軍。黃巢初起兵時，與宋威、張自勉等累戰。宋、張皆為忠武兵。㊺不可不為之備　陳州屬忠武軍，故趙犨要求大家不可不備。㊻完城塹　修整城牆和護城河。㊼芻　餵牲口的草。㊽項城　縣名，在陳州治所宛丘東南。㊾溵水　縣名，在陳州治所宛丘西南。㊿掘塹五重二句　黃巢軍在陳州城外挖了五道壕溝，從四面八方發起進攻。百道，環城圍攻。(51)素著義勇　向來以義勇著稱。(52)愈　勝過。(53)臣賊　向賊稱臣。臣用如動詞。(54)百司　各官署有司。(55)碓　舂穀的設備。(56)磑　磨子。(57)舂磨寨　即設碓磑處。(58)河南　治所在今河南洛陽。(59)許汝唐鄧孟鄭汴曹濮徐兗　皆州名。許州治所在今河南許昌，汝州治所在今河南汝州，唐州治所在今河南泌陽，鄧州治所在今河南鄧縣，孟州治所在今河南孟州，鄭州治所在今河南鄭州，汴州治所在今河南開封，曹州治所在今山東菏澤，濮州治所在今山東鄄城北，徐州治所在今江蘇徐州，兗州治所在今山東兗州。(60)咸被其毒　都受其殘害。

【校　記】[1]底　原無此字。據章鈺校，十二行本、乙十一行本、孔天胤本皆有此字，張敦仁《通鑑刊本識誤》同，今據補。[2]李克用　原無「李」字。據章鈺校，十二行本、孔天胤本皆有此字，張敦仁《通鑑刊本識誤》同，今據補。[3]怒　原作「恐」。據章鈺校，十二行本、乙十一行本皆作「怒」，張敦仁《通鑑刊本識誤》同，今從改。

【語　譯】三月二十三日己丑，任命河中行營招討副使朱全忠為宣武節度使，等到收復長安後，讓他去往鎮所。○二十七日癸巳，李克用等人攻克華州，黃揆棄城逃走。

劉漢宏分出兵力屯駐黃嶺、巖下、貞女三鎮。錢鏐率領八方軍隊從富春進攻他，攻破黃嶺，擒獲巖下鎮的守將史弁、貞女鎮的守將楊元宗。劉漢宏用精兵屯駐諸暨，錢鏐又擊破了諸暨的軍隊，劉漢宏逃走了。

莊夢蝶和韓秀昇、屈行從交戰，又失敗了。莊夢蝶的敗兵紛紛往回逃跑，莊夢蝶所到之處安慰開導大家，但也不能阻止，在路上遇到高仁厚，高仁厚叱責大家，大家立刻停了下來。高仁厚殺了一個都虞候，又下令整頓隊伍。高仁厚請來當地的老人，詢問這裡的山川道路和賊寨據點，高興地說：「賊軍精兵全部在船中，用一些老弱士兵守衛寨子，物資、糧食全在寨子裡，這就是所說的重視作戰輕視防守，賊軍失敗是註定的了！」於是高仁厚揚兵江上，做出想要渡江的樣子。賊軍晝夜防備，派兵挑戰。高仁厚不與他們交鋒，暗中調發一千名勇士，拿著兵器，背著柴草，在夜裡從小路進攻他們的寨子，並且焚燒了它。賊軍遠遠望見，分兵前去救援，已經來不及了，物資、糧食全部被燒光，軍心動搖。高仁厚又招募善於游水的人去鑿穿他們的船底，船隻全都相繼沉沒。賊軍來來往往，惶恐疑惑，不能互相援救。高仁厚派遣士兵在要道上進行攔擊，並且招降他們，賊眾全都投降了。韓秀昇、屈行從看到部下潰敗，便揮劍亂砍，想要阻止他們，大家更加憤怒，一起抓住他們兩人去見高仁厚。高仁厚責問韓秀昇、屈行從說：「你們有什麼原因要造反呢？」韓秀昇說：「自從宣宗皇帝死後，天下再也沒有公理了，國家喪失了綱紀。現在反叛的人，豈只我韓秀昇一人！成功了就是對的；失敗了就是錯的。我已是案上之肉，要烹要剮隨你們便了！」高仁厚愀然傷感，下令給他好吃的，戴上刑具。夏，四月初四日庚子，把韓秀昇押送到僖宗的停留處，殺了韓秀昇。

李克用和忠武軍的將領龐從、河中的將領白志遷等人帶兵率先進軍，與黃巢的部隊在渭南交戰，一天打了三仗，都取得勝利。義成、義武等各路軍隊繼續進攻，賊寇大軍敗逃。四月初八日甲辰，李克用等從光泰門進入京師，黃巢拼死接戰不能取勝，燒毀宮室逃跑了。賊寇戰死的、投降的非常多。官軍大肆搶掠，無異於賊寇，長安的宮室、房屋和百姓所存無幾。黃巢從藍田進入商山，在道路上丟棄許多珍珠寶物，官軍爭著去撿財物，沒有緊追，賊寇才得以逃走。

楊復光派遣使者告捷，百官入朝慶賀。僖宗下詔留下忠武等軍二萬人，委派大明宮留守王徽和京畿制置使田從異部署安排，守衛長安。五月，加官朱玫、李克用、東方逵為同平章事。把陝州升格為節度，任命王重盈為節度使。又在延州建立保塞軍，任命保大行軍司馬延州刺史李孝恭為節度使。李克用當時二十八歲，在各個將領中年齡最小，而打敗黃巢，收復長安，功勞第一，兵力也最為強大，各個將領都害怕他。李克用有一隻眼睛微盲，當時人稱他為「獨眼龍」。〇僖宗下詔說崔璆出身高貴，身居顯要，任黃巢宰相，勾結三年，不逃走不躲藏，在當地把崔璆殺了。

黃巢派遣他的勇將孟楷率領一萬人為前鋒，攻打蔡州。節度使秦宗權迎戰，被打敗。孟楷進攻蔡州城，秦宗權於是向黃巢稱臣，與黃巢聯兵成一體。

當初，黃巢在長安時，陳州刺史宛丘人趙犨對部下將領說：「黃巢不死在長安，一定會向東逃走，陳州便首當其衝。而且黃巢向來與忠武軍為敵，不能不做防備。」於是把城牆、溝塹整修完備，繕治盔甲、兵器，囤積糧草，六十里以內，百姓有財物、糧食的，全部遷入城中；多招勇士，讓他的弟弟趙昶珝、兒子趙麓林分別率領。孟楷已經攻下蔡州，移兵攻打陳州，駐軍項城。趙犨先是外示軍力弱小，偵察到他們沒有防備時，襲擊他們，幾乎把他們都斬殺、俘獲了，活捉了孟楷，殺死了他。黃巢聽到孟楷死了，非常驚慌憤怒，把全部部眾都駐紮在溵水，六月，黃巢與秦宗權合兵圍攻陳州，挖了五重溝塹，從四面八方攻打陳州。

陳州百姓大為恐慌，趙犨告訴大家說：「忠武軍一向以義勇聞名，陳州的軍隊有勁兵之稱，況且我家久食陳州俸祿，誓與陳州共存亡。男子漢應當在死中求生，況且殉身國事而死，不是比向賊寇稱臣偷生更好嗎！有不同意見的人斬首！」趙犨多次帶領精兵打開城門出去攻擊賊軍，打敗了他們。黃巢更加憤怒，在陳州的北面紮營，建立宮室，設置百官，做持久的打算。當時民間沒有糧食積蓄，賊寇就搶人做糧食，把活人扔到碓磨中去粉碎，連骨頭一起吃，把供給人肉糧食的地方叫做「舂磨寨」。還放縱士兵四處掠奪，從河南府起，許、汝、唐、鄧、孟、鄭、汴、曹、濮、徐、兗等幾十個州，都遭受賊寇的荼毒。

初，上蔡❶人劉謙❷為嶺南❸小校❹，節度使韋宙❺奇其器❻，以兄女妻之。謙擊羣盜，屢有功，辛丑❼，以謙為封州❽刺史。〇加東川❾節度使楊師立同平章事。

宣武節度使朱全忠帥所部數百人赴鎮。秋，七月丁卯⑩，至汴州。時汴、宋⑪荐饑⑫，公私窮竭，內則[1]驕軍難制，外為大敵所攻，無日不戰，眾心危懼，而全忠勇氣益振。詔以黃巢未平，加全忠東北面都招討使。

南詔遣布燮⑬楊奇肱來迎公主。詔陳敬瑄與書，辭以鑾輿⑭巡幸，儀物⑮未備，俟還京邑，然後出降。奇肱不從，直前至成都。

李克用自長安引兵還鴈門，尋⑯有詔，以克用為河東節度使，召鄭從讜詣行在。克用乃自東道過榆次⑰，詣鴈門省其父。克用尋牓河東，安慰軍民曰：「勿為舊念⑱，各安家業。」

左驍衛上將軍⑲楊復光卒于河中。復光慷慨，喜忠義，善撫士卒，軍中慟哭累日⑳，八都將㉑鹿晏弘等各以其眾散去。田令孜素畏忌之，聞其卒，甚喜，因擯斥㉒其兄樞密使復恭㉓為飛龍使㉔。令孜專權，人莫與之抗，惟復恭數與之爭得失，故令孜惡之，復恭因稱疾歸藍田。○以成德留後王鎔、魏博留後樂行達、天平留後朱瑄為本道節度使。

司徒、門下侍郎㉕、同平章事鄭畋雖當播越㉖，猶謹法度。田令孜為判官㉗[2]吳圓求郎官㉘，畋不許。陳敬瑄欲立於宰相之上，畋以故事㉙，使相㉚品秩㉛雖高，皆居真相之下，固爭之。二人㉜乃令鳳翔節度使李昌言上言軍情猜忌，不可令畋扈從㉝過此。畋亦累表辭位，乃罷為太子太保㉞，又以其子兵部侍郎凝績㉟為彭州㊱刺史，使之就養。以兵部尚書㊲、判度支裴澈為中書侍郎㊳、同平章事。

八月甲辰㊴，李克用至晉陽㊵，詔以前振武㊶節度使李國昌為代北㊷節度使，鎮代州。◯升湖南為欽化軍，以觀察使閔勗為節度使。

九月，加陳敬瑄兼中書令，進爵潁川郡王。◯感化㊸節度使時溥㊹營於泗水㊺。加溥東面兵馬都統。◯以荊南留後陳儒為節度使。

昭義節度使孟方立，以潞州地險人勁㊻，屢篡主帥，欲漸弱之，乃遷治所於邢州，大將家及富室皆徙山東，潞人不悅。監軍祁審誨因人心不安，使武鄉㊼鎮使㊽安居受潛以蠟丸乞師於李克用，請復軍府於潞州。冬，十月，克用遣其將賀公雅等赴之，為方立所敗，又遣李克脩擊之。辛亥㊾，取潞州，殺其刺史李殷銳。是後克用每歲出兵爭山東，三州㊿之人半為俘馘(51)，野無稼穡(52)矣。◯以宗女(53)為安化長公主，妻南詔。

劉漢宏將十餘萬眾出西陵，將擊董昌。戊午(54)，錢鏐濟江迎戰，大破之，漢宏易服持鱠刀(55)而遁。己未(56)，漢宏收餘眾四萬復[3]戰，鏐又破之，斬其弟漢容及將辛約。

十一月甲子朔(57)，秦宗權圍許州。○忠武大將鹿晏弘帥所部自河中南掠襄(58)、鄧、金(59)、洋(60)，所過屠滅，聲云(61)西赴行在。十二月，至興元(62)，逐節度使牛勗，勗奔龍州(63)西山(64)。晏弘據興元，自稱留後。

武寧(65)節度使時溥因食中毒，疑判官李凝古而殺之。凝古父損，為右散騎常侍(66)，在成都，溥奏凝古與父同謀。田令孜受溥賂，令御史臺(67)鞫之(68)。侍御史(69)王華為損論冤(70)，令孜矯詔(71)移損下神策(72)獄，華拒而不遣(73)。蕭遘(74)奏稱[4]：「李凝古行毒，事出曖昧(75)，已為溥所殺，父損相別數年，聲問不通，安得誣以同謀！溥恃功亂法，陵蔑(76)朝廷，欲殺天子侍臣(77)。若徇(78)其欲，行及臣輩，朝廷何以自立！」由是損得免死，歸田里。時令孜專權，羣臣莫敢迕(79)視，惟遘屢與爭辯，朝廷倚之。○升浙東為義勝軍，以劉漢宏為節度使。

趙犨遣人間道(80)求救於鄰道，於是周岌、時溥、朱全忠皆引兵救之。全忠與黃巢之黨戰於鹿邑(81)，敗之，斬首二千餘級，遂引兵入亳州(82)而據之。

【章　旨】以上為第九段，寫唐僖宗調整部署，以宣武節度使朱全忠為東北面都招討使圍剿黃巢餘寇，李國昌、李克用父子因功皆為節度使。宦官田令孜專權。

【注釋】❶上蔡　縣名，縣治在今河南上蔡。❷劉謙　南漢國劉隱之父，廣州牙將，官至封州刺史。傳附《舊五代史》卷一百三十五、《新五代史》卷六十五〈劉隱傳〉。❸嶺南　道名，以在五嶺之南得名。治所在今廣東廣州。❹小校　嶺南道職位比較低下的武職吏員。❺韋宙　（？—西元八六六年）京兆萬年縣（今西安長安）人，官至嶺南節度使，加官檢校尚書左僕射、同中書門下平章事。與其父韋丹同傳，見《新唐書》卷一百九十七〈循吏傳〉。❻奇其器　韋宙賞識劉謙的才能。❼辛丑　六月初七日。❽封州　州名，治所封川，在今廣東封開。❾東川　方鎮名，全名劍南東川節度使，肅宗至德二載（西元七五七年）分劍南節度東部地置。治所梓州，在今四川三臺。❿丁卯　七月初三日。⓫宋　州名，治所在今河南商丘。⓬荐饑　接連發生饑荒。⓭布燮　南詔官名，為南詔王之下最高行政長官。⓮鑾輿　皇帝的車駕，此處代稱皇帝。⓯儀物　禮儀所需之物。⓰尋　旋即。⓱榆次　縣名，縣治在今山西榆次。⓲勿為舊念　河東之人前此數與克用戰，恐其不自安，故榜諭之。⓳左驍衛上將軍　武官名。左驍衛係中央十二衛之一，上將軍為左驍衛長官。⓴累日　連日；多日。㉑八都將　秦宗權叛據蔡州，楊復光得忠武之師三千人入蔡州，勸說秦宗權共舉義事。秦宗權遣將王淑率萬人從楊復光收荊襄。兵駐鄧州，王淑逗留不進，楊復光斬王淑，併其軍，分為八都，鹿晏弘、晉暉、張造、李師泰、王建、韓建等，皆為八都之大將。㉒擯斥　排擠。㉓復恭　即楊復恭（？—西元八九二年），宦官。楊復光從兄。僖宗朝為樞密使，昭宗朝監諸道軍，擅朝政。傳見《舊唐書》卷一百八十四，傳並附《新唐書》卷二百八〈田令孜傳〉。㉔飛龍使　官名，掌御廄之馬。㉕門下侍郎　官名，為門下省長官侍中之副。㉖播越　流亡。㉗判官　官名，唐代凡特派擔任臨時職務的大臣皆得自選中級官員奏請充任判官，以資佐理。㉘郎官　官名，是帝王侍從官的通稱。㉙故事　成例；過去的典章制度。㉚使相　唐末凡節度使帶同平章事及檢校三省長官、三公（太尉、司徒、司空）、三師（太師、太傅、太保）者，皆謂之使相。陳敬瑄時為西川節度使加同平章事，是為使相。㉛品秩　官吏的職位、品級。㉜二人　指田令孜、陳敬瑄兄弟。㉝扈從　皇帝出巡時的護駕侍從人員。中和元年（西元八八一年），鳳翔行軍司馬李昌言曾引兵攻府城，逼走鳳翔節度使鄭畋。朝廷進退宰相，受制於藩鎮，自此始。㉞太子太保　官名，為輔導太子的官，居東宮三師之末。實際上僅有其名，不任職事。㉟凝績　鄭畋之子，官至刑部、戶部侍郎。傳附《舊唐書》卷一百七十八〈鄭畋傳〉。㊱彭州　州名，治所在今四川彭州。㊲兵部尚書　官名，兵部長官，掌全國武官的選用和兵籍、軍械、軍令之政。㊳中書侍郎　官名，因中書令不輕以授人，中書侍郎即為中書省長官。唐代多以中書侍郎同中書門下平章事為宰相職銜。㊴甲辰　八月十一日。㊵李克用至晉陽　李克用自此以晉陽為爭天下之根本。㊶振武　方鎮名，肅宗乾元元年（西元七五八年）分朔方節度置振武軍，治所在今內蒙古自治區和林格爾。㊷代北　方鎮名，僖宗中和二年（西元八八二年）分河東節度忻、代二州為鴈門節度，三年更名為代北節度。治所代州，在今山西代縣。㊸感化　方鎮名，懿宗咸通十年（西元八六九年）復置徐泗觀察使，十一年更號為感化軍節度使。治所徐州，在今江蘇徐州。㊹時溥　（？—西元八九三年）徐州彭城人，僖宗朝任武寧節度使，以其部將林言斬得黃巢首級，加檢校司徒、同中書門下平章事，進檢校太尉兼中書令，封鉅鹿郡王。傳見《舊唐書》卷一百八十二、《新唐書》卷一百八十八。㊺營於溵水　遏制黃巢之兵，且為陳州聲援。㊻勁　剛猛強悍。㊼武鄉　縣名，縣治在今山西武鄉東。㊽鎮使　官名，節度使下置鎮將於諸縣，自此縣令不得舉其職。武鄉與河東巡屬遼州鄰境，故使其鎮使向李克用乞師。㊾辛亥　十月十八日。㊿三州　指邢、洺、磁三州，屬昭義軍節度使。(51)俘馘　被殲滅。馘，戰爭中割取敵人左耳以記功。(52)稼穡　泛指農業勞動。種穀曰稼，收穫曰穡。(53)宗女　同宗的女兒。(54)戊午　十月二十五日。(55)鱠刀　切魚肉的刀。更換衣服，手持鱠刀，使敵人見之以為庖丁，不會懷疑是劉漢宏。(56)己未　十月二十六日。(57)甲子朔　十一月初一日。(58)襄　州名，治所在今湖北襄樊。(59)金　州名，治所在今陝西安康。(60)洋　州名，治所在今陝西洋縣。(61)聲云　聲稱；宣稱。(62)興元　府名，古梁州之境。治所南鄭，在今陝西漢中。(63)龍州　州名，治所在今四川平武東南。(64)西山　地處松、茂二州交界。(65)武寧　方鎮名，在此當作「感化」，即徐州節度。憲宗元和二年一度為武寧軍節度，懿宗咸通十一年更號為感化軍節度。(66)右散騎常侍　官名，唐代散騎常侍分隸門下省和中書省。在門下省者為左散騎常侍，在中書省者為右散騎常侍。多用為將相大臣的兼職。(67)御史臺　官署名，專司彈劾、糾察之職。(68)鞫之　審訊；查問。(69)侍御史　官名，御史臺的成員。唐制，侍御史所居之臺院為御史臺三院之首。掌審訊案件、糾劾百官之職。(70)論冤　申訴冤情。(71)矯詔　詐稱皇帝之詔書。(72)神策　唐禁軍名。(73)拒而不遣　王華拒絕田令孜的矯詔，不遣李損下神策獄。(74)蕭遘　（？—西元八八七年）蕭寘子，僖宗朝宰相。傳見《舊唐書》卷一百七十九，並附《新唐書》卷一百一〈蕭寘傳〉。(75)曖昧　隱微不明。指時溥告李凝古行毒證據不足。(76)陵蔑　輕視；陵駕之上。(77)天子侍臣　李損為右散騎常侍。(78)徇　曲從。(79)迕　違背。(80)間道　徑道；小路。(81)鹿邑　縣名，縣治在今河南鹿邑西。(82)亳州　州名，治所在今安徽亳州。

【校　記】[1]內則　原作「內外」。張敦仁《通鑑刊本識誤》作「內則」，當是，今從改。按，《舊五代史》卷一〈梁書・太祖本紀〉載：「時汴、宋連年阻饑，公私俱困，帑廩皆虛，外為大敵所攻，內則驕軍難制，交鋒接戰，日甚一日。」[2]判官　原作「將官」。張瑛《通鑑校勘記》作「判官」，當是，今從改。[3]復　原作「又」。據章鈺校，十二行本、乙十一行本、孔天胤本皆作「復」，今從改。[4]稱　原無此字。據章鈺校，十二行本、乙十一行本、孔天胤本皆有此字，張敦仁《通鑑刊本識誤》

同，今據補。

【語　譯】當初，上蔡人劉謙做嶺南小校，節度使韋宙賞識他的才能，把姪女嫁給劉謙為妻。劉謙攻打盜賊，屢立戰功。六月初七日辛丑，任命劉謙為封州刺史。○加官東川節度使楊師立為同平章事。

宣武節度使朱全忠率領部屬幾百人赴鎮上任。秋，七月初三日丁卯，到達汴州。當時汴、宋連年饑荒，官府和民間的財力枯竭，內則驕縱的軍隊難以控制，外則被強敵攻擊，沒有一天不打仗，民心畏懼，而朱全忠的勇氣卻更加振奮。僖宗下詔認為黃巢尚未平定，加封朱全忠擔任東北面都招討使。

南詔國派遣布燮楊奇肱來迎娶公主。詔命陳敬瑄寫信給楊奇肱，推辭說僖宗巡幸，禮儀所需之物都未齊備，等到返回京城，然後下嫁公主。楊奇肱不肯聽從，一直前行到成都。

李克用從長安帶兵返回雁門，不久有詔書下達，任命李克用為河東節度使，召鄭從讜前往駐蹕處。李克用就從東道經過榆次，到雁門看望他的父親。李克用不久在河東貼出布告，安慰軍民說：「不要再想過去與我交戰的事情了，每人安心自己的家業。」

左驍衛上將軍楊復光在河中去世。楊復光為人慷慨，喜歡忠義之人，善待士卒，軍隊中為楊復光之死大哭了好幾天，八都將領鹿晏弘等人各自帶領自己的部下離去。田令孜素來畏忌楊復光，聽說楊復光死了，特別高興，便藉機排斥楊復光的哥哥樞密使楊復恭為飛龍使。田令孜專擅朝廷大權，沒有人能與他抗衡，只有楊復恭一再和田令孜爭論得失，所以田令孜憎恨他。楊復恭藉口有病，返回藍田。○任命成德留後王鎔、魏博留後樂行達、天平留後朱瑄擔任本道的節度使。

司徒、門下侍郎、同平章事鄭畋雖然身處僖宗流亡之際，仍然謹守國家法度。田令孜給判官吳圓求取郎中職位，鄭畋不同意。陳敬瑄想讓自己位列宰相之上，鄭畋認為根據舊規，使相的官位品秩雖然很高，但都處在真相之下，一再爭辯此事。田令孜和陳敬瑄就讓鳳翔節度使李昌言向僖宗進言說軍中有猜疑妒忌之情，不能讓鄭畋扈從皇上車駕經過這裡。鄭畋也再三上表要求辭職，於是罷免鄭畋的相位，任命他為太子太保，又任命他的兒子兵部侍郎鄭凝績為彭州刺史，讓他就近奉養。任命兵部尚書、判度支裴澈為中書侍郎、同平章事。

八月十一日甲辰，李克用到達晉陽。僖宗下詔任命前振武節度使李國昌為代北節度使，鎮守代州。〇升格湖南節度為欽化軍，任命觀察使閔勗為節度使。

九月，加官陳敬瑄兼中書令，進爵為潁川郡王。〇感化節度使時溥紮營於溵水。加封時溥為東面兵馬都統。〇任命荊南留後陳儒為節度使。

昭義節度使孟方立以為潞州地勢險要，民眾剛猛強悍，多次篡奪主帥，想要逐漸削弱他們，就把治所遷到邢州，把大族及富豪都遷徙到山東，潞州的人很不高興。監軍祁審誨乘著人心不安，派武鄉鎮使安居受暗中用蠟丸封好書信向李克用乞師救助，要求在潞州恢復軍府。冬，十月，李克用派遣他的將領賀公雅等人前往，被孟方立所敗，又派李克脩去攻打。十八日辛亥，奪取潞州，殺了潞州刺史李殷銳。此後李克用每年出兵爭奪山東，山東邢、洺、磁三州的人有一半被俘被殺，原野上沒有莊稼了。〇冊封宗室女為安化長公主，嫁到南詔國。

劉漢宏統率十多萬部眾從西陵出發，準備進攻董昌。十月二十五日戊午，錢鏐渡江迎戰，把劉漢宏打得大敗，劉漢宏更換衣服，手持切魚刀逃走。二十六日己未，劉漢宏搜集殘餘部眾四萬人再次交戰，錢鏐又打敗了他，殺了他的弟弟劉漢容和部將辛約。

十一月初一日甲子，秦宗權包圍許州。〇忠武軍大將鹿晏弘統率他的部隊從河中向南劫掠襄、鄧、金、洋等州，所過斬盡殺絕，聲稱西去僖宗那兒。十二月，抵達興元，趕走節度使牛勗，牛勗逃到龍州的西山。鹿晏弘佔據了興元，自稱為留後。

武寧節度使時溥由於食物中毒，懷疑判官李凝古下毒，就把他殺了。李凝古的父親李損擔任右散騎常侍，在成都。時溥上奏僖宗說李凝古與李損同謀。田令孜接受了時溥的賄賂，命令御史臺審問這件事。侍御史王華替李損申冤，田令孜偽造詔書移送李損到神策獄審理，王華違抗不予遣送。蕭遘上奏說：「李凝古下毒，事情並不很明白。李凝古已經被時溥殺死，他的父親李損與他相別數年，不通音訊，怎麼能誣稱他們父子同謀！時溥恃功亂法，無視朝廷，想要殺害天子侍臣。如果曲從他的欲望，行將加害到臣子們身上，朝廷憑什麼自立呢！」由此李損才得以免死，回歸鄉里。當時田令孜專權，群臣沒有一個人敢於違背，只有蕭遘多次與他爭辯，朝廷很倚重蕭遘。○僖宗提升浙東節度為義勝軍，任命劉漢宏為節度使。

趙犨派人走小路向鄰近地區求救，於是周岌、時溥、朱全忠都率軍救援趙犨。朱全忠和黃巢的部眾在鹿邑交戰，打敗了他們，殺了二千多人，便率軍進入亳州，佔領了這個地方。

四年（甲辰　西元八八四年）

春，正月，以鹿晏弘為興元留後。○賜魏博節度使樂行達名彥禎。

東川節度使楊師立以陳敬瑄兄弟❶權寵之盛，心不能平。敬瑄之遣高仁厚討韓秀昇也，語之曰：「成功而還，當奏天子，以東川相賞。」師立聞之，怒曰：「彼此列藩❷，而遽❸以我疆土許人，是無天地也！」田令孜恐其為亂，因其不發兵防遏，徵❹師立為右僕射。

黃巢兵尚彊，周岌、時溥、朱全忠不能支，共求救於河東節度使李克用。二月，克用將蕃、漢兵五萬出天井關❺。河陽節度使諸葛爽辭以河橋❻不完，屯兵萬善❼以拒之。克用乃還兵自陝、河中度河而東。

楊師立得詔書，怒，不受代⑧，殺官告使⑨及監軍使⑩，舉兵，以討陳敬瑄為名，大將有諫者輒殺之，進屯涪城⑪，遣其將郝蠲襲綿州⑫，不克。丙午⑬，以陳敬瑄為西川、東川、山南西道⑭都指揮・招討・安撫・處置等使⑮。三月甲子⑯，楊師立移檄⑰行在百官及諸道將吏士庶，數⑱陳敬瑄十罪，自言集本道將士、八州壇丁⑲共十五萬人，長驅問罪。詔削師立官爵，以眉州防禦使高仁厚為東川留後，將兵五千討之，以西川押牙楊茂言為行軍副使。

朱全忠擊黃巢瓦子寨⑳，拔之，巢將陝人李唐賓㉑、楚丘㉒王虔裕㉓降于全忠。

○婺州㉔人王鎮執刺史黃碣㉕，降于錢鏐。劉漢宏遣其將婁贇殺鎮而代之，浦陽㉖鎮將蔣瓌召錢鏐兵共攻婺州，擒贇而還。碣，閩人也。

高駢從子㉗左驍衛大將軍澞，疏㉘呂用之罪狀二十餘幅，密以呈駢，且泣曰：「用之內則假㉙神仙之說，蠱惑尊聽㉚；外則盜節制㉛之權，殘賊百姓。將佐懼死，莫之敢言。歲月浸深，羽翼將成，苟不除之，恐高氏奕代㉜勳庸㉝，一朝掃地矣！」因嗚咽不自勝㉞。駢曰：「汝醉邪！」命扶出。明日，以澞狀示用之，用之曰：「四十郎㉟嘗以空乏㊱見告，未獲遵命，故有此憾。」因出澞手書數幅呈之。駢甚慚，遂禁澞出入，後月餘，以澞知舒州㊲事。

羣盜陳儒攻舒州，澞求救於廬州。楊行愍力不能救，謀於其將李神福，神福請不用寸刃而逐之。乃多齎旗幟，間道入舒州，頃之，引舒州兵建廬州旗幟而出，指畫地形，若布大陳㊳狀。賊懼，宵遁㊴。神福，洺州人也。

久之，羣盜吳迥、李本復攻舒州，澞不能守，棄城走，駢使人就殺之。楊行愍遣其將合肥陶雅、清流㊵張訓等將兵擊吳迥、李本，擒斬之，以雅攝㊶舒州刺史。秦宗權遣其弟將兵寇㊷廬州，據舒城㊸，楊行愍遣其將合肥田頵㊹擊走之。

【章旨】以上為第十段，寫西川楊師立與陳敬瑄相攻，高駢被呂用之蠱惑，是非不辨。

【注釋】❶陳敬瑄兄弟　即田令孜、陳敬瑄。❷彼此列藩　陳敬瑄為西川節度使，楊師立為東川節度使，故云彼此列藩。❸遽　竟然。❹徵　召。❺天井關　關名，在今山西晉城南四十五里。一名太行關，為天然之險關。❻河橋　即河陽橋。諸葛爽原為夏綏銀節度使，黃巢進攻京師時，曾投降並被署為河陽節度使。後又奉表僖宗以自明，詔拜節度使。此次李克用援陳，諸葛爽害怕，藉口河陽橋不完，不肯假道，屯兵萬善以拒。❼萬善　鎮名，在今河南沁陽北二十里。❽不受代　不接受詔令更代，即不讓出職位。❾官告使　奉右僕射告身以徵楊師立的使者。官告，即告身。❿監軍使　此即東川監軍使。⓫涪城　縣名，縣治在今四川三臺西北。⓬綿州　州名，治所在今四川綿陽東北。⓭丙午　二月十五日。⓮山南西道　道名，原為山南道，唐貞觀十道之一。唐玄宗開元年間分為山南東道、山南西道。西道治所梁州，在今陝西漢中。⓯安撫處置等使　官名，行軍主帥之兼職。⓰甲子　三月初三日。⓱移檄　以公文發往平行機關。此指向行在百官及諸道將吏士庶散發討伐陳敬瑄的檄文。⓲數　列舉。⓳壇丁　蜀中邊郡民兵。⓴瓦子寨　黃巢撤民居以為寨屋，叫做瓦子寨。㉑李唐賓　陝人，生卒年不詳。初為尚讓偏將，兵敗降朱全忠。傳見《舊五代史》卷二十一，傳又附《新五代史》卷二十一〈朱珍傳〉。㉒楚丘　地名，在今山東曹縣東。㉓王虔裕　（？—西元八九七年）為人驍勇善騎射，入梁為騎將。傳見《舊五代史》卷二十一、《新五代史》卷二十三。㉔婺州　州名，治所在今浙江金華。㉕黃碣　（?—西元八九五年）初為閩小將，從高駢討安南有功，為漳州刺史，官至威勝軍節度副使。節度使董昌反，黃碣勸諫，不從反，全家被害。傳見《新唐書》卷一百九十三。㉖浦陽　縣名，縣治在今浙江浦江縣。唐玄宗天寶十三載（西元七五四年）分婺州之義烏、蘭溪及杭州之富陽，置浦陽縣。㉗從子　兄弟的兒子；姪兒。㉘疏　分條陳述。㉙假　憑藉。㉚蠱惑尊聽　言呂用之藉神仙之說迷惑高駢。㉛節制　指揮管轄。㉜奕代　一代接一代。高駢為南平郡王高崇文之孫，世代禁衛。㉝勳庸　功勞。㉞勝　禁得起。㉟四十郎　唐人多同宗兄弟大排行，高澞排行第四十。㊱空乏　財用缺少。此呂用之誣陷高演之辭。㊲舒州　州名，治所在今安徽潛山縣。㊳陳　通「陣」。戰陣。㊴宵遁　乘夜逃跑。李神福讓舒州兵樹廬州旗幟，迷惑敵人。陳儒畏廬州兵，故乘夜逃跑。㊵清流　縣名，縣治在今安徽滁州。㊶攝　代理。㊷寇　侵犯；劫掠。㊸舒城　縣名，縣治在今安徽舒城。㊹田頵　字德宦，廬州合肥縣（今安徽合肥）人，與楊行密同里，約為兄弟，助楊行密割據，後反目相爭，兵敗，為亂兵所殺。傳見《新唐書》卷一百八十九、《舊五代史》卷十七。

【語　譯】 四年（甲辰　西元八八四年）

春，正月，任命鹿晏弘為興元留後。〇賜魏博節度使樂行達名字叫彥禎。

東川節度使楊師立由於陳敬瑄兄弟權力太大，受僖宗寵幸過盛，心懷不平。陳敬瑄派遣高仁厚討伐韓秀昇時，對高仁厚說：「你大功告成返回後，我會上奏天子，拿東川來獎賞你。」楊師立聽到這件事，生氣地說：「你我都列位藩鎮，竟然把我的疆土許給別人，真是無視天地！」田令孜害怕楊師立作亂，借他沒有出兵阻擋賊寇為由，徵召楊師立擔任右僕射。

黃巢的兵力還很強大，周岌、時溥、朱全忠力不能支，一起向河東節度使李克用求援。二月，李克用率領蕃兵、漢兵五萬從天井關出發。河陽節度使諸葛爽以河陽橋沒有修好為由來推託，屯兵萬善來阻擋李克用。李克用就回軍從陝州、河中渡過黃河東進。

楊師立收到詔書，大怒，不接受職務的更換，殺死官告使和監軍使，起兵，以討伐陳敬瑄為名，大將中有勸諫的就殺掉他，進兵，屯駐涪城，派遣他的將領郝蠲襲擊綿州，未能攻克。二月十五日丙午，僖宗任命陳敬瑄為西川、東川、山南西道都指揮・招討・安撫・處置等使。三月初三日甲子，楊師立傳送檄文給僖宗駐蹕處的百官以及各道的將領、官吏、士人、庶民，歷數陳敬瑄十大罪狀，自稱集合本道的將士和八州的民兵共十五萬人，長驅直入，興師問罪。僖宗下詔削除楊師立的官爵，任命眉州防禦使高仁厚為東川留後，率兵五千人討伐楊師立，派西川押牙楊茂言為行軍副使。

朱全忠攻打黃巢的瓦子寨，攻佔了它。黃巢部將陝人李唐賓、楚丘人王虔裕向朱全忠投降。〇婺州人王鎮抓了刺史黃碣，投降錢鏐。劉漢宏派遣他的部將婁賚殺死王鎮，取而代之。浦陽鎮將蔣瓌召來錢鏐的軍隊一起攻打婺州，抓獲婁賚後還軍。黃碣，是閩人。

高駢姪子左驍衛大將軍高澞列舉呂用之的罪狀，寫了二十多張紙，祕密呈報給高駢，並且哭泣說：「呂用之在府內假借神仙之說，來迷惑您的聽聞。在府外竊取轄制之權，殘害百姓。將官佐吏怕死，沒有人敢說話。歲月漸久，他的羽翼即將形成，如果不除掉他，恐怕高家的累世功勳，有朝一日便要消失了！」高澞悲泣不能自止。高駢說：「你醉了吧！」下令把高澞攙扶出去。次日，高駢拿出高澞的狀紙給呂用之看，呂用之說：「高澞曾告訴我他貧困，他沒有得到我的遵從去幫助他，所以才有如此憾恨。」說完就拿出高澞親手書寫的幾張書信交給高駢。高駢深為慚愧，就禁止高澞出入府中，一個多月後，派高澞去管理舒州的事務。

盜賊陳儒攻打舒州，高澞向廬州求救。楊行愍兵力不足不能去救援，和他的部將李神福商議，李神福希望不用絲毫刀兵把群盜驅逐出去。於是李神福攜帶了很多旗幟，從小路進入舒州，沒多久，率領舒州士兵打著廬州的旗幟出來，指點規劃地形，好像在布置龐大的軍陣一樣。盜賊很害怕，夜裡就逃走了。李神福，是洺州人。

過了很久，盜賊吳迥、李本又攻打舒州，高澞守不住，棄城逃走，高駢派人就地殺了高澞。楊行愍派遣他的將領合肥人陶雅、清流人張訓等率兵攻打吳迥、李本，把他們抓獲後處死，任命陶雅代理舒州刺史。秦宗權派遣他的弟弟率兵進犯廬州，佔據了舒城。楊行愍派遣他的將領合肥人田頵把秦宗權的弟弟打跑了。

前杭州刺史路審中客居黃州❶，聞鄂州❷刺史崔紹卒，募兵三千人入據之。

武昌牙將杜洪❸亦逐岳州❹刺史而代之。

黃巢圍陳州幾三百日，趙犨兄弟與之大小數百戰，雖兵食將盡，而眾心益固。李克用會許、汴、徐、兗之軍于陳州，時尚讓屯太康❺，夏，四月癸巳❻，諸軍進拔太康。黃思鄴屯西華❼，諸軍復攻之，思鄴走。黃巢聞之懼，退軍故陽里❽，陳州圍始解。

朱全忠聞黃巢將至，引軍還大梁❾。五月癸亥❿，大雨，平地三尺，黃巢營為水所漂，且聞李克用將至，遂引兵東北趣汴州，屠尉氏⓫。尚讓以驍騎⓬五千進逼大梁，至于繁臺⓭。宣武將豐⓮人朱珍⓯、南華⓰龐師古⓱擊卻之，全忠復告急於李克用。丙寅⓲，克用與忠武都監使⓳田從異發許州。戊辰⓴，追及黃巢於中牟㉑北王滿渡㉒，乘其半濟㉓，奮擊，大破之，殺萬餘人，賊遂潰。尚讓帥其眾降時溥，別將㉔臨晉㉕李讜㉖、曲周㉗霍存㉘、甄城㉙[1]葛從周㉚、冤句㉛張歸霸㉜及從[2]弟歸厚㉝帥其眾降朱全忠。巢踰汴而北，己巳㉞，克用追擊之於封丘㉟，又破之。庚午㊱夜，復大雨，賊驚懼東走，克用追之，過胙城㊲、匡城㊳。巢收餘眾近千人，東奔兗州。辛未㊴，克用追至冤句，騎能屬㊵者纔數百人，晝夜行二百餘里，人馬疲乏，糧盡，乃還汴州，欲裹糧復追之，獲巢幼子及乘輿器服符印，得所掠男女萬人，悉縱遣之。○癸酉㊶，高仁厚屯德陽㊷，楊師立遣其將鄭君雄、張士安據鹿頭關㊸以拒之。

【章　旨】以上為第十一段，寫李克用進兵河南，大舉剿滅黃巢餘眾。李克用解陳州之圍，又敗黃巢於汴，黃巢全軍覆沒，逃竄兗州。

【注　釋】❶黃州　州名，治所在今湖北黃岡。僖宗中和元年（西元八八一年）路審中赴杭州任，行至嘉興，董昌自石鏡引兵入杭州，審中懼而還，故云客居黃州。❷鄂州　州名，治所江夏，在今湖北武昌。❸杜洪　（？—西元九〇二年）鄂州人，初為州將，逐岳州刺史而代之。入鄂，自為節度留後，僖宗任命他為本軍節度使。後被楊行密殺死。傳見《新唐書》卷一百九十、《舊五代史》卷十七。❹岳州　州名，治所巴陵，在今湖南岳陽。❺太康　縣名，縣治在今河南太康。❻癸巳　四月初三日。❼西華　縣名，縣治在今河南西華。❽故陽里　地名，在陳州城，今河南淮陽北。❾大梁　古城名，在今河南開封西北，秦時城毀。唐代通稱開封為大梁。❿癸亥　五月初三日。⓫尉氏　縣名，縣治在今河南尉氏。⓬驍騎　精壯的騎兵。⓭繁臺　地名，在今河南開封東南禹王臺公園內。相傳為春秋時師曠吹樂之臺。漢梁孝王增築改為明臺，常歌吹於此，又名吹臺。⓮豐　縣名，縣治在今江蘇豐縣。⓯朱珍　（？—西元八八九年）徐州豐縣（今屬江蘇）人，少從朱溫為盜，後為朱溫大將，多立戰功。因擅殺朱溫愛將李唐賓，被朱溫所殺。傳見《舊五代史》卷十九、《新五代史》卷二十一。⓰南華　縣名，縣治在今山東東明東南。⓱龐師古　（？—西元八九七年）初名從。自微時追隨朱溫征戰，每出征必受朱溫方略，死板執行，兵敗由此。出討楊行密，受朱溫命屯於清口，軍於低窪之地，遭淮水淹殺。傳見《舊五代史》卷二十一、《新五代史》卷二十一。⓲丙寅　五月初六日。⓳都監使　即監軍。《舊唐書》卷十九下〈僖宗紀〉稱「忠武監軍田從異」。監軍以宦官充任。⓴戊辰　五月初八日。㉑中牟　縣名，縣治在今河南中牟東。㉒王滿渡　渡口名，中牟北汴河渡口。㉓乘其半濟　乘黃巢軍渡河過半時。㉔別將　與主力軍配合作戰的部隊將領。㉕臨晉　縣名，縣治在今山西臨猗。㉖李讜　（？—西元九〇一年）河中臨晉縣（今陝西大荔）人，仕黃巢為內樞密使。降朱溫為騎將，多立戰功。傳見《舊五代史》卷十九。㉗曲周　縣名，縣治在今河北曲周東北。㉘霍存　（？—西元八九三年）洺州曲周縣（今屬河北）人，少從黃巢。巢敗，降朱溫，死於戰陣。傳見《舊五代史》卷二十一、《新五代史》卷二十一。㉙鄄城　縣名，縣治在今山東鄄城。㉚葛從周　（？—西元九一五年）濮州甄城人，少從黃巢，後降梁，為大將。梁太祖即位，從周拜左金吾衛上將軍。傳見《舊五代史》卷十六、《新五代史》卷二十一。㉛冤句　縣名，縣治在今山東曹縣西北。㉜張歸霸　（？—西元九〇八年）清河郡（今河北清河縣）人，少從黃巢，巢敗投梁，驍勇善戰，官至河陽節度使。傳見《舊五代史》卷十六、《新五代史》卷二十二。㉝及從弟歸厚　張歸厚是張歸霸的堂弟。朱全忠後吞併諸鎮，多用黃巢降將。㉞己巳　五月初九日。㉟封丘　縣名，縣治在今河南封丘。㊱庚午　五月初十日。㊲胙城　縣名，縣治在今河南延津東北三十里。㊳匡城　縣名，縣治在今河南長垣西南。㊴辛未　五月十一日。㊵屬　跟隨。㊶癸酉　五月十三日。㊷德陽　縣名，縣治在今四川德陽。㊸鹿頭關　關名，在今四川德陽北。因鹿頭山得名。

【校　記】①鄄城　原作「甄城」。嚴衍《通鑑補》改作「鄄城」，今據以校正。按，《舊唐書》卷三十八〈地理志〉「鄄城」條稱「武德四年，分置永定縣。八年，併入鄄城。」②從　原無此字。據章鈺校，十二行本、乙十一行本、孔天胤本皆有此字，張敦仁《通鑑刊本識誤》同，今據補。

【語　譯】前任杭州刺史路審中客居在黃州，聽說鄂州刺史崔紹死了，招募士兵三千人入據鄂州。武昌牙將杜洪也驅逐岳州刺史，取代了他的職位。

黃巢包圍陳州幾近三百天，趙犨兄弟與黃巢大小數百戰，雖然軍隊的糧食快要沒有了，但軍心更加穩固。李克用在陳州集合了許州、汴州、徐州、兗州的軍隊，這時尚讓屯駐太康。夏四月初三日癸巳，各路軍隊進兵攻克了太康。黃思鄴屯兵西華，各路軍隊又向他進攻，黃思鄴敗逃。黃巢聽到消息後很害怕，軍隊撤退到故陽里，陳州的包圍這才解除。

朱全忠聽說黃巢即將到來，率軍返回大梁。五月初三日癸亥，下大雨，平地積水三尺，黃巢的軍營被洪水所沖，又聽說李克用就要到達，便率軍從東北方奔赴汴州，屠滅尉氏。尚讓用五千名精銳騎兵進逼大梁，抵達繁臺。宣武軍的將領豐人朱珍、南華人龐師古把尚讓打退了，朱全忠又向李克用告急。初六日丙寅，李克用與忠武都監使田從異發兵許州。初八日戊辰，在中牟北面王滿渡追上了黃巢，乘他們渡河到一半時，奮勇攻擊，大破敵軍，殺死一萬多人，賊軍便潰散了。尚讓率領他的部眾投降了時溥，別將臨晉人李讜、曲周人霍存、鄄城人葛從周、冤句人張歸霸和他的堂弟張歸厚率領他們的部眾投降了朱全忠。黃巢越過汴州北行。初九日己巳，李克用在封丘追擊黃巢，又打敗了他。初十日庚午的夜裡，又下大雨，賊軍驚恐，向東逃走，李克用追趕他們，越過胙城、匡城。黃巢搜集殘餘的部眾將近一千人，向東逃往兗州。十一日辛未，李克用追到冤句，騎兵相隨的才幾百人，一天一夜行軍二百多里，人馬疲憊，糧食已盡，於是返回汴州，想備好糧食再追趕黃巢，得到了黃巢的小兒子以及黃巢乘坐的車子、器用服飾、符信印璽等，還獲得被黃巢掠走的男女一萬人，把他們全部遣散。〇十三日癸酉，高仁厚屯駐德陽，楊師立派遣他的將領鄭君雄、張士安佔據鹿頭關來抵抗高仁厚。

甲戌❶，李克用至汴州，營於城外。朱全忠固請入城，館於上源驛❷。全忠就置酒，聲樂、饌具❸皆精豐，禮貌甚恭。克用乘酒使氣❹，語頗侵之❺，全忠不平。薄暮，罷酒，從者皆霑醉❻，宣武將楊彥洪密與全忠謀，連車樹柵❼以塞衢路❽，發兵圍驛而攻之，呼聲動地。克用醉，不之聞，親兵薛志勤、史敬思❾等十餘人格鬬，侍者郭景銖滅燭，扶克用匿牀下，以水沃❿其面，徐告以難⓫，克用始張目援弓而起。志勤射汴人，死者數十。須臾，煙火四合，會大雨震電，天地晦冥⓬，志勤扶克用帥左右數人，踰垣⓭突圍，乘電光而行，汴人扼⓮橋，力戰得度，史敬思為後拒，戰死。克用登尉氏門⓯，縋⓰城得出，監軍陳景思等三百餘人，皆為汴人所殺。楊彥洪謂全忠曰：「胡人急則乘馬者[1]，見乘馬則射之。」是夕，彥洪乘馬適在全忠前，全忠射之，殪。

克用妻劉氏，多智略，左右先脫歸者以汴人為變⑰告，劉氏神色不動，立斬之，陰⑱召大將約束⑲，謀保軍以還。比明，克用至，欲勒⑳兵攻全忠，劉氏曰：「公比㉑為國討賊，救東諸侯㉒之急，今汴人不道，乃謀害公，自當訴之朝廷。若擅舉兵相攻，則天下孰能辨其曲直㉓！且彼得以有辭矣。」克用從之，引兵去，但移書責全忠。全忠復書曰：「前夕之變，僕不之知㉔，朝廷自遣使者與楊彥洪為謀，彥洪既伏其辜㉕，惟公諒察。」

克用養子嗣源㉖，年十七，從克用自上源出，矢石之間，獨無所傷。嗣源本胡人，名邈佶烈，無姓。克用擇軍中驍勇㉗者，多養為子，名㉘回鶻㉙張政之子曰存信㉚，振武孫重進曰存進㉛，許州王賢曰存賢㉜，安敬思曰存孝㉝，皆冒姓李氏。

◯丙子㉞，克用至許州故寨，求糧於周岌，岌辭以糧乏，乃自陝濟河還晉陽。

【章　旨】以上為第十二段，寫朱全忠與李克用交惡。

【注　釋】❶甲戌　五月十四日。❷上源驛　館驛名，在今河南開封東南。❸饌具　酒餚及食器。❹使氣　意氣用事。❺語頗侵之　李克用乘酒言語之間觸及朱全忠過去從黃巢之事。❻霑醉　飲酒大醉，胸襟沾溼，不能自持。❼樹柵　結樹為柵欄。

❽衢路　四通八達的道路。朱全忠用樹柵把李克用館驛周圍道路堵塞。❾史敬思　（？—西元八八四年）史建塘之父。父子二人皆晉王李克用部屬，與後梁戰，父子先後死於戰陣。父子同傳，見《舊五代史》卷五十五、《新五代史》卷二十五〈史建塘傳〉。❿沃　澆。此時李克用沉醉不醒。⓫徐告以難　慢慢地告訴克用事變，恐其驚嚇。⓬晦冥　昏暗。⓭踰垣　跳過矮牆。⓮扼　把守。⓯尉氏門　汴州城南門。⓰縋　繫在繩子上放下去。⓱汴人為變　即朱全忠夜襲李克用一事。⓲陰　祕密地。⓳約束　不許輕舉妄動，以免事態擴大。⓴勒　統率。㉑比　近來。㉒東諸侯　指東方諸鎮。㉓天下孰能辨其曲直　意謂如果李克用發兵攻朱全忠，則給朱全忠以口實，是非曲直難以辨明。㉔不之知　賓語前置，言不知道這件事。㉕辜　罪。㉖嗣源　即李嗣源（西元八六七—九三三年），後唐明宗，西元九二六—九三三年在位。沙陀部人。本名邈佶烈，為李克用之養子，改名嗣源。稱帝後，改名亶。傳見《舊五代史》卷三十五、《新五代史》卷六。㉗驍勇　勇猛矯健。㉘名　改名。用如動詞。㉙回鶻　古族名，即回紇，貞元四年（西元七八八年）自請改稱回鶻。㉚存信　即李存信（西元八六一—九〇二年），本名張污落。回鶻李思忠部族人。善騎射，為李克用養子。數從征伐，積功領郴州刺史。傳見《舊五代史》卷五十三、《新五代史》卷三十六。㉛存進　即李存進（西元八五六—九二二年），振武人，原名孫重進。李克用養子，官至振武節度使。傳見《舊五代史》卷五十三、《新五代史》卷三十六。㉜存賢　即李存賢（西元八五九—九二四年），許州人，本名王賢。李克用養子，官至盧龍節度使。傳見《舊五代史》卷五十三、《新五代史》卷三十六。㉝存孝　即李存孝（？—西元八九二年），代州飛狐縣（今河北淶源）人，本名安敬思，李克用養子。傳見《舊五代史》卷五十三、《新五代史》卷三十六。信、進、賢、孝皆所謂李克用之義兒，號義兒軍。㉞丙子　五月十六日。

【校　記】[1]者　原無此字。據章鈺校，十二行本、乙十一行本、孔天胤本皆有此字，張敦仁《通鑑刊本識誤》同，今據補。

【語　譯】五月十四日甲戌，李克用到達汴州，在城外紮營。朱全忠堅持請李克用進城，住在上源驛。朱全忠擺設酒席，音樂、饌食、器具都非常精美豐盛，非常禮貌恭敬。李克用藉酒使氣，話語對朱全忠頗有傷害，朱全忠憤憤不平。黃昏，酒席結束，李克用的隨從人員都喝得大醉。宣武軍的將領楊彥洪與朱全忠密謀，連接車輛，樹立木柵，用來堵塞道路，發兵圍攻上源驛，呼喊聲震天動地。李克用爛醉，沒有聽到聲音，他的親兵薛志勤、史敬思等十多人奮力搏鬥。侍從官郭景銖熄滅了火燭，攙扶李克用藏到床下，用水澆他的臉，慢慢地把變難告訴他，李克用這才張開眼睛拿起弓箭一躍而起。薛志勤箭射汴人，死的有幾十個。不一會兒，四面煙火連成一片，適遇大雨雷電，天昏地暗，薛志勤攙扶李克用，率領身邊幾個人，翻牆突圍，借著雷電的閃光前行，汴人扼守橋樑，他們奮力作戰才得以通過。史敬思在後面抵抗，戰死。李克用登上尉氏門，用繩索吊下城牆才得逃出，監軍陳景思等三百多人，都被汴人殺死了。楊彥洪告訴朱全忠說：「胡人危急時就騎馬，看見騎馬的人就射殺他。」這一夜，楊彥洪正好騎著馬在朱全忠的前面，朱全忠用箭射他，楊彥洪被射殺。

李克用的妻子劉氏，足智多謀。李克用貼身親信先逃回來的把汴人作亂情況告訴劉氏，劉氏不動聲色，立刻把他們殺了，暗中召集大將申明約束，謀劃保護軍隊退卻。天快亮時，李克用返回軍營，想帶兵攻打朱全忠，劉氏說：「您近來為國家討伐賊寇，拯救東方諸鎮的危急，如今汴州人不講道德，竟然謀害您，自當向朝廷申訴。如果擅自興兵相攻，那麼天下誰能分清是非曲直呢！而且朱全忠也有話可說了。」李克用聽從她的話，率軍離去，只送信責備朱全忠。朱全忠回信說：「前天夜裡的兵變，我不知道，是朝廷派遣使者和楊彥洪謀劃的。楊彥洪已經伏罪死了，希望你能體察原諒。」

李克用的養子李嗣源，十七歲，隨從李克用從上源驛逃出，亂箭飛石之間，獨他沒有受傷。李嗣源原來是胡人，名字叫邈佶烈，沒有姓。李克用挑選軍中驍勇善戰的士卒，往往收養為義子，給回鶻人張政的孩子取名叫存信，振武軍的孫重進取名叫存進，許州人王賢取名叫存賢，安敬思取名叫存孝，都假冒姓李氏。〇五月十六日丙子，李克用到許州舊時的寨子，向周岌索取糧食，周岌藉口糧食缺乏來推辭，李克用便從陝州渡河返回晉陽。

鄭君雄、張士安堅壁❶不出，高仁厚曰：「攻之則彼利我傷，圍之則彼困我逸。」遂列十二寨圍之。丁丑❷，夜二鼓❸，君雄等出勁兵掩擊城北副使寨，楊茂言不能禦，帥眾棄寨走，其旁數寨見副使走，亦走。東川人併兵南攻中軍❹，仁厚聞之，大開寨門，設炬火照之❺，自帥士卒為兩翼伏道左右。賊至，見門開，不敢入，還去，仁厚發伏擊之，東川兵大奔，追至城下，蹙❻之壕中，斬獲甚眾而還。

仁厚念諸棄寨走者，明日所當誅殺甚多，乃密召孔目官張韶，諭之曰：「爾速遣步探子❼將數十人分道追走者，自以爾意諭之曰：『僕射❽幸不出寨，皆不知，汝曹速歸，來旦❾牙參❿如常[1]，勿憂也。』」韶素名長者，眾信之，至四鼓，皆還寨，惟楊茂言走至張把⓫，乃追及之。仁厚聞諸寨漏鼓⓬如故，喜曰：「悉歸矣！」詰旦⓭，諸將牙集⓮，以為仁厚誠不知也。坐良久，仁厚謂茂言曰：「昨夜聞副使身先士卒，走至張把，有諸？」對曰：「昨夜聞賊攻中軍，左右言僕射已去，遂策馬參隨，既而審其虛，復還寨中。」仁厚曰：「仁厚與副使俱受命天子，將兵討賊，若仁厚先走，副使當叱下馬，行軍法，代總軍事，然後奏聞。今副使既先走，又為欺罔⓯，理當何如？」茂言拱手曰：「當死。」仁厚曰：「然！」命左右扶下，斬之，諸將股栗⓰。仁厚乃召昨夜所俘獲[2]虜數十人，釋縛縱歸⓱。君雄等聞之懼，曰：「彼軍法嚴整如是，自今兵不可復出矣！」

庚辰⑱，時溥遣其將李師悅將兵萬人追黃巢。〇癸未⑲，高仁厚陳於鹿頭關城下，鄭君雄等悉眾出戰。仁厚設伏於陳後，陽敗走，君雄等追之，伏發⑳，君雄等大敗；是夕，遁歸梓州。陳敬瑄發兵三千以益仁厚軍，進圍梓州。

【章　旨】以上為第十三段，寫高仁厚進討楊師立，節節取勝。

【注　釋】❶堅壁　堅守營壘。❷丁丑　五月十七日。❸夜二鼓　夜二更。❹中軍　主帥高仁厚的大營。❺炬火照之　誘敵深入之意。❻蹙　逼迫聚集。❼步探子　走小路刺探敵情的偵探。❽僕射　指高仁厚。高仁厚以平阡能之功進檢校僕射。❾來旦　明晨。❿牙參　凡行營諸將，每天早晨赴大將營參見，稱牙參。⓫張把　鎮名，當時屬梓州郪縣，在今四川三臺南。把，當作「杷」。⓬漏鼓　報更漏的鼓。⓭詰旦　明旦；明朝。⓮牙集　聚集大營牙參。⓯欺罔　欺騙蒙蔽。⓰股栗　大腿發抖。形容十分恐懼。栗，通「慄」。⓱釋縛縱歸　意在使之回去言高仁厚用兵嚴整，令敵害怕，不敢再犯。⓲庚辰　五月二十日。⓳癸未　五月二十三日。⓴伏發　伏兵出擊。

【校　記】1如常　原無此二字。據章鈺校，十二行本、乙十一行本、孔天胤本皆有此二字，張敦仁《通鑑刊本識誤》、張瑛《通鑑校勘記》同，今據補。2獲　原無此字。據章鈺校，十二行本、乙十一行本、孔天胤本皆有此字，今據補。

【語　譯】鄭君雄、張士安堅守壁壘，不出來交戰，高仁厚說：「攻打他們，就對他們有利，我們有害；包圍他們，他們就會困窘，我們能以逸待勞。」於是設置了十二個寨子來包圍他們。五月十七日丁丑，夜間二更時，鄭君雄等出動精兵偷襲城北副使的寨子，楊茂言抵抗不住，率領部眾丟棄寨子逃走。他旁邊幾個寨子看到副使逃走，也跟著逃跑。東川人合併軍力向南進攻中軍。高仁厚聽說這事，大開寨門，設置火把照著，親自率領士兵分成兩翼，埋伏在道路左右兩側。賊寇到達，看見寨門開著，不敢進入，退了回去。高仁厚起動伏兵攻擊他們，東川兵大敗逃走。高仁厚的伏兵追趕到城下，迫使他們躲進溝塹，殺死和俘虜的敵人極多，然後回軍。

高仁厚想到那些丟下寨子逃跑的士兵，明天早晨應該殺頭的很多，就祕密召見孔目官張韶，告訴他說：「你趕快派遣步探子帶領幾十人分路追回逃走的士兵，用你的想法告訴他們說：『幸好高仁厚沒有離開寨子，對發生的事全然不知。你們趕快回來，明天早晨諸將像平常一樣到大將營中參見，你們不用擔憂。』」張韶一向有忠厚長者的名聲，大家都相信他，到了四更時，逃兵都回到寨子裡，只有楊茂言跑到張把，才追上他。高仁厚聽到各寨子裡打更擊鼓和平常一樣，高興地說：「都回來了！」第二天早上，各將領到大營會集，以為高仁厚真不知道這件事。坐了很久，高仁厚對楊茂言說：「昨天夜裡聽說你身先士卒，跑到了張把，有這回事嗎？」楊茂言回答說：「昨夜聽到賊寇進攻我們的中軍，身邊的人說您已經離去，我就騎馬追隨您，後來知道這是假的，又返回寨子裡。」高仁厚說：「我和你都受命天子，率軍討賊。如果我高仁厚先逃走，你應當呵叱我下馬，執行軍法，代我總領軍中事務，然後再上奏皇上。現在你搶先逃走，又進行欺騙，按理應該怎麼辦？」楊茂言拱手作揖說：「應當處死。」高仁厚說：「是的！」命令左右的人扶下楊茂言，處死了他，各將領都嚇得雙腿發抖。高仁厚便叫來昨夜捉到的俘虜幾十個人，解開繩索放他們回去。鄭君雄等人聽到這件事很害怕，說：「他們軍法如此嚴明，從今以後不能再出兵了！」

五月二十日庚辰，時溥派遣他的部將李師悅率兵一萬人追擊黃巢。〇二十三日癸未，高仁厚在鹿頭關城下布陣，鄭君雄等人出動全部兵眾作戰。高仁厚在陣後設下埋伏，假裝敗逃。鄭君雄等人追趕他們，伏兵出擊，鄭君雄大敗；當天晚上，逃回梓州。陳敬瑄調動三千名士兵增強高仁厚的軍力，進兵圍攻梓州。

【研　析】本卷研析李克用收復長安，朱溫降唐交惡李克用兩件史事，為後梁、後唐的興起與更替張本。

李克用收復長安。李克用先人為西突厥人，以朱邪為姓，後世自號為沙陀。本居於北庭金滿州，安史之亂北庭沒入吐蕃。李克用祖父朱邪執宜在唐德宗時因不堪忍受吐蕃人的奴役，東走附唐，居鹽州，部族隸屬河西節度使范希朝。范希朝徙鎮太原，朱邪執宜隨從，居於定襄神武川，部眾萬騎，驍勇善戰，號「沙陀軍」。朱邪執宜死後，其子朱邪赤心領其眾。唐懿宗咸通十年（西元八六九年），朱邪赤心奉命討徐州龐勛之亂，立功拜單于大都護、振武軍節度使，並賜姓皇室之姓，更名李國昌。李國昌，即李克用之父，已躋身於唐方面重鎮大將。

李克用，勇武絕倫，能仰射雙鳧，其一目眇，軍中戲稱為「李鴉兒」，貴盛後稱「獨眼龍」。唐懿宗憂慮李國昌父子盛強，在咸通十三年詔命李國昌移鎮為大同軍防禦使，李國昌拒命反於代北，兵敗逃入達靼。黃巢入京師，唐僖宗下詔書從達靼召回李克用父子討黃巢。僖宗廣明二年（西元八八二年）十一月，李克用率領步騎一萬七千人進軍長安。廣明三年正月，李克用出河中，行軍至乾阬，黃巢震驚，說：「鴉兒軍來也。」其時唐官軍四集，宰相王鐸任諸道行營都統，率十四鎮勤王之兵包圍長安。沙陀軍勇猛善戰，為討逆官軍的靈魂與核心。二月，李克用敗黃巢將黃鄴於石隄谷，三月又敗趙璋、尚讓於梁田陂，橫屍三十里。李克用乘勝追擊，與諸鎮兵又大敗黃巢於渭橋。黃巢軍敗，收縮入長安。李克用緊追，尾隨黃巢軍，從光泰門攻入長安，為諸軍之冠。沙陀軍神勇，如同一把尖刀直插敵軍心臟，攻入望春宮昇陽殿。黃巢敗逃，長安為唐官軍收復。論功，李克用第一。唐僖宗拜李克用檢校司空、同中書門下平章事，實職為河東節度使，李國昌也授任為鴈門以北行營節度使。十月，李國昌卒，整個沙陀部眾為李克用統領。

李克用收復長安，威震全國，唐末一顆政治新星由此冉冉升起。黃巢退出長安，經藍田、商山攻入河南，下蔡州，圍陳州，黃巢大將孟楷戰歿。黃巢憤怒，誓死破陳州。從西元八八二年五月圍城直到第二年三月仍未攻下。又是李克用率領五萬沙陀軍南下解圍，黃巢才退走，陳州生靈免遭塗炭。黃巢在半渡黃河時遭遇沙陀軍，全軍潰散，黃巢副帥尚讓投降官軍。黃巢突出重圍，李克用追擊，一日一夜馳擊二百里，直到黃巢出身地冤句，沒有追上才停止。黃巢只剩一千多人的殘部逃入山東，第二年死於泰山狼虎谷。黃巢之亂徹底平息，李克用建立了蓋世之功。

但是李克用平滅了黃巢，並沒有帶來唐朝的中興，規模更大的軍閥混戰方興未艾。李克用在回師途中，路過汴州，遭到朱全忠的暗算，朱李交惡，成為唐末更大軍閥混戰的套火索。李克用也從一個平亂英雄，轉換成一個地方攻城掠地的大軍閥。

朱溫降唐交惡李克用。朱溫，即後梁的建立者，弒帝篡唐的朱全忠，又名朱晃。朱全忠，宋州碭山午溝里人，排行第三，又稱朱三。長兄朱全昱，忠厚老誠，二兄朱存孔武有力，朱三尤為勇猛而兇悍。兄弟三人，家貧無業，替人做苦力。唐僖宗乾符四年（西元八七七年），朱三兄弟三人投入黃巢軍中，黃巢攻嶺南，朱存戰死。朱三作戰勇猛，數年間積功為黃巢大將。黃巢入長安，朱三為黃巢東南面行營先鋒使，坐鎮同州為同州防禦使。同州是黃巢東面的門戶，地位極其重要。

朱溫反覆無常，生性狡詐，在爭戰中漸生野心，觀察時局，隨波逐流等待機會。官軍四集圍攻黃巢於長安，朱溫殺了黃巢監軍嚴實，投降河中王重榮，被唐官軍都統王鐸任命為左金吾大將軍、河南行營招討副使，唐僖宗賜名為全忠，從此朱溫稱名朱全忠。

唐僖宗中和三年（西元八八三年）三月，僖宗任命朱全忠為汴州刺史、宣武軍節度使，成為專方面的大鎮將領。唐僖宗重用朱全忠，初始目的是想利用朱全忠征討黃巢。其時黃巢餘部尚強，圍攻陳州。朱全忠作為一個降將，根底不固，僖宗重用朱全忠以分唐將諸節鎮的威權。最終還是李克用打敗了黃巢。李克用追擊黃巢到冤句，回師路過汴州，朱全忠忌功，想暗殺李克用。朱全忠假意盛情邀請李克用進城相敘。朱全忠灌醉李克用，在夜間偷襲李克用所住上源驛站。李克用與幾位親將翻牆逃脫，九死一生回到軍中。李克用欲整軍攻打汴州，其妻劉氏有勇有謀，勸李克用回河東，上訴朝廷。唐僖宗昏庸，不問是非，一味和稀泥，目的是兩存之使朱李相鬥，朝廷坐收漁人之利。其結果是朱李敵對，蔡州秦宗權乘隙興起，繼黃巢而稱帝，更大的禍亂在全國形成。

卷第二百五十六

唐紀七十二

起閼逢執徐（甲辰　西元八八四年）六月，盡彊圉協洽（丁未　西元八八七年）三月，凡二年有奇。

【題解】本卷記事起西元八八四年六月，迄西元八八七年三月，記事凡二年又九個月。當唐僖宗中和四年六月至光啓三年三月。此時期全國軍閥大混戰，唐王朝中央完全失控。圍剿黃巢，藩鎮形式上聽命於朝廷。此時黃巢已滅，藩鎮失去一個共同敵人，唐僖宗受制於宦官田令孜，權威掃地，各地大小軍閥肆行無忌。光啓元年三月十二日僖宗還京，光啓二年正月初八日僖宗被田令孜挾持第二次蒙塵，出逃興元。僖宗還京不到十個月，長安京師再遭兵災，化為灰燼。先是田令孜挾持僖宗以令藩鎮，外結鳳翔節度使李昌符、邠寧節度使朱玫對抗河中節度使王重榮。田令孜奪取王重榮所專鹽利，更易節度使，挑起河北諸鎮戰端。王重榮抗命，朱玫、李昌符奉詔征討。李克用援救王重榮，進兵長安，朱玫、李昌符也反戈一致上奏誅殺田令孜。於是田令孜挾僖宗出逃，李克用還師，朱玫控制京師，擁立襄王李熅另立朝廷，稱帝號。河南蔡州節度使秦宗權收合黃巢餘部，反叛朝廷，也稱帝號。一時間三個皇帝鼎立，導致全國一片混亂。

僖宗惠聖恭定孝皇帝下之上

中和四年（甲辰　西元八八四年）

六月壬辰❶，東川留後高仁厚奏鄭君雄斬楊師立出降。仁厚圍梓州久不下，乃為書射城中，道❷[1]其將士曰：「仁厚不忍城中玉石俱焚，為諸君緩師十日，使諸君自成其功。若十日不送師立首，當分見兵❸為五番❹，番分晝夜以攻之，於此甚逸，於彼必困矣❺。五日不下，四面俱進，克之必矣。諸君圖❻之！」數日，君雄大呼於眾曰：「天子所誅者元惡❼耳，他人無預❽也。」眾呼萬歲，大譟❾，突入府中，師立自殺，君雄挈❿其首出降。仁厚獻其首及妻子于行在，陳敬瑄釘其子於城北，敬瑄三子出觀之，釘者呼曰：「茲事行及汝曹⓫，汝曹於後努力領取！」三子走馬⓬而返。以高仁厚為東川節度使。

甲辰⓭，武寧將李師悅與尚讓追黃巢至瑕丘⓮，敗之。巢眾殆盡，走至狼虎谷⓯。丙午⓰，巢甥林言⓱斬巢兄弟⓲妻子首，將詣時溥⓳，遇沙陀博野軍⓴，奪之，并斬言首以獻於溥。

蔡州節度使秦宗權縱兵四出，侵噬㉑鄰道。天平節度使朱瑄，有眾三萬，從父弟瑾㉒，勇冠軍中。宣武節度使朱全忠為宗權所攻，勢甚窘㉓，求救於瑄，瑄遣瑾將兵救之，敗宗權於合鄉㉔。全忠德之，與瑄約㉕為兄弟。

秋，七月壬午㉖，時溥遣使獻黃巢及家人首并姬妾，上㉗御㉘大玄樓㉙受之。宣問㉚姬妾：「汝曹皆勳貴子女㉛，世受國恩，何為從賊？」其居首者對曰：「狂賊凶逆，國家以百萬之眾，失守宗祧㉜，播遷㉝巴、蜀。今陛下以不能拒賊責一女子，置公卿將帥於何地乎！」上不復問，皆戮之於市。人爭與之酒，其餘皆悲怖昏醉，居首者獨不飲不泣，至於就刑，神色肅然㉞。

朱全忠擊秦宗權，敗宗權于溵水。

【章旨】以上為第一段，寫高仁厚殲滅楊師立為東川節度使。黃巢敗歿。兵敗降於黃巢的蔡州節度使秦宗權繼起為禍。

【注釋】❶壬辰　六月初三日。❷道　通「導」。勸導。❸見兵　現有的兵力。❹五番　五部分。❺於此甚逸二句　意謂這樣輪番攻打，對於高仁厚的軍隊來說，是安逸的；而叛軍則陷入困境。此，指高仁厚。彼，指叛軍。❻圖　考慮；謀劃。❼元惡　首惡。此指楊師立。❽無預　沒有干涉。❾譟　同「噪」。喧鬧。❿挈　用手提著。⓫行及汝曹　將要臨到你們身上。⓬走馬　跑馬；快馬。⓭甲辰　六月十五日。⓮瑕丘　古縣名，春秋時魯負瑕邑，西漢置縣。縣治在今山東兗州東北。⓯狼虎谷　地名，在今山東萊蕪西南，亦名萊蕪谷。⓰丙午　六月十七日。⓱林言　黃巢外甥。時黃巢見大勢已去，自刎。林言斬其首獻之。其事略見《舊唐書》卷二百、《新唐書》卷二百二十五等篇。⓲巢兄弟　指黃巢及兩弟黃揆、黃鄴。⓳將詣時溥　將要到時溥那裡去。時溥時任東面兵馬都統。事詳《舊唐書》卷一百八十二、《新唐書》卷一百八十八本傳。⓴博野軍　沙陀之一部。㉑侵噬　侵吞。㉒瑾　朱瑄從父弟。初從朱瑄居惲州，後拜泰寧軍節度使。傳見《舊唐書》卷一百八十二、《舊五代史》卷十三，並附《新五代史》卷四十二〈朱瑄傳〉。㉓勢甚窘　形勢極為緊迫困難。㉔合鄉　古縣名，漢置，北齊廢，故城在今山東滕州東二十里。㉕約　訂立盟約。朱全忠與朱瑄同姓，故結為兄弟。㉖壬午　七月二十四日。㉗上　指僖宗。

㉘御駕臨。㉙大玄樓　成都羅城正南門樓。羅城為高駢所建，竣工時高駢以《周易》占卦，得〈大畜卦〉，因卦象取名大玄樓。㉚宣問　唐僖宗宣詔審問。㉛勳貴子女　有功勳、地位的官宦人家的子女。㉜宗祧　宗廟。宗，祖廟。祧，遠祖之廟。㉝播遷　遷徙流落。㉞神色肅然　神情臉色肅穆坦然。

【校記】①道　據章鈺校，乙十一行本作「遺」。

【語譯】僖宗惠聖恭定孝皇帝下之上

中和四年（甲辰　西元八八四年）

六月初三日壬辰，東川留後高仁厚奏報鄭君雄殺死楊師立出城投降。高仁厚圍攻梓州，久攻不下，於是寫信射入城中，勸導城中的將士說：「我高仁厚不忍心城中的好人和壞人一同被毀掉，因此為了你們暫緩十天攻城，讓你們自己建功。如果十天之內不送來楊師立的人頭，我就把現在的軍隊分為五部，每一部輪流白天黑夜來攻打你們，這樣我們非常閒逸，對於你們必定困乏不堪。如果五天還攻不下來，就四面一起進攻，一定可以攻克城池。你們考慮考慮吧！」過了幾天，鄭君雄對部下大聲說：「皇上所要誅殺的只是首惡，與其他人沒有關係。」大家高呼萬歲，大聲喧譁，衝進官府，楊師立自殺，鄭君雄提著他的首級出城投降。高仁厚在僖宗那兒獻上楊師立的首級以及他的妻妾子女。陳敬瑄把楊師立的兒子釘在城北，陳敬瑄的三個兒子出去觀看，被釘的楊師立兒子喊著說：「這事不久就輪到你們身上，你們以後要努力來領受啊！」陳敬瑄的三個兒子馳騎返回。僖宗任命高仁厚為東川節度使。

六月十五日甲辰，武寧軍的將領李師悅和尚讓追擊黃巢到了瑕丘，打敗了黃巢。黃巢的部眾損失殆盡，逃到狼虎谷。十七日丙午，黃巢的外甥林言斬下黃巢及其兄弟妻子的頭，將要前往時溥那裡，路上遇到沙陀的博野軍，奪走了這些首級，並且斬下林言的頭一起獻給時溥。

蔡州節度使秦宗權縱容軍隊四處掠奪，侵吞鄰道疆界。天平節度使朱瑄擁有部眾三萬人，朱瑄的堂弟朱瑾，勇冠全軍。宣武節度使朱全忠遭到秦宗權的進攻，形勢非常危急，向朱瑄求援。朱瑄派遣朱瑾率兵救援朱全忠，在合鄉打敗了秦宗權。朱全忠感謝朱瑄的恩德，和朱瑄結拜為兄弟。

秋，七月二十四日壬午，時溥派遣使者獻上黃巢和他家人的首級以及姬妾，僖宗駕臨大玄樓接受使者所獻。僖宗宣詔詢問黃巢的姬妾：「你們都是勳貴人家的子女，世世代代感受國恩，為什麼要隨從賊寇呢？」姬妾中站在最前面的一個回答說：「猖狂的賊寇兇狠暴逆，國家擁有一百萬軍隊，仍然失守宗廟，流落巴、蜀。如今陛下用不能拒賊反而來責備一個女子，那麼把公卿將帥放在什麼地位呢！」僖宗不再詢問，在街市上把她們都殺了。人們爭著送酒給她們，其他的人都悲傷恐懼，昏昏欲醉，只有站在最前面的那個女子，不喝酒，不哭泣，到了服刑時，神色坦然鎮定。

朱全忠攻打秦宗權，在溵水把秦宗權打敗了。

李克用至晉陽，大治甲兵❶，遣榆次鎮將鴈門李承嗣❷奉表詣行在，自陳有破黃巢大功，為朱全忠所圖❸，僅能自免，將佐已下從行者三百餘人，并牌印❹皆沒不返。全忠仍牓東都❺、陝❻、孟❼，云臣已死，行營兵潰，令所在邀遮❽屠翦❾，勿令漏失，將士皆號泣冤訴，請復仇讎❿。臣以朝廷至公，當俟詔命，拊循⓫抑止⓬，復歸本道⓭。乞遣使按問⓮，發兵誅討，臣遣弟克勤將萬騎⓯在河中俟命。時朝廷以大寇初平⓰，方務姑息⓱，得克用表，大恐，但遣中使⓲賜優詔⓳和解之。克用前後凡⓴八表，稱全忠妬功疾能，陰狡禍賊㉑，異日㉒必為國患。惟乞下詔削其官爵，臣自帥本道兵討之，不用度支糧餉㉓。上累遣楊復恭等諭指㉔，稱「吾深知卿冤，方事之殷㉕，姑存大體㉖。」克用終鬱鬱不平。時藩鎮相攻者，朝廷不復為之辯曲直。由是互相吞噬，惟力是視㉗，皆無所稟畏㉘矣！

八月，李克用奏請割麟州㉙隸河東，又奏[1]請以弟克脩㉚為昭義節度使，皆許之。由是昭義分為二鎮㉛。進克用爵隴西郡王。克用奏罷雲蔚㉜防禦使，依舊隸河東，從之。

九月己未㉝，加朱全忠同平章事。○以右僕射、大明宮留守王徽知京兆尹㉞事。上以長安宮室焚毀，故久留蜀未歸。徽招撫流散，戶口稍歸㉟，復繕治宮室，百司㊱粗有緒。冬，十月，關東㊲藩鎮表請車駕還京師。

朱全忠之降也，義成節度使王鐸為都統，承制除官㊳。全忠初鎮大梁，事鐸禮甚恭，鐸依以為援㊴。而全忠兵浸彊㊵，益驕倨㊶，鐸知不足恃㊷，表請還朝，徙鐸為義昌㊸節度使。

【章旨】以上為第二段，寫朱全忠與李克用各擁兵自重，勢力日熾。

【注釋】❶甲兵　鎧甲和兵器。此處泛指武備。❷李承嗣　（西元八六五—九二〇年）代州雁門人，李克用部將，官至楚州節度使。傳見《舊五代史》卷五十五。❸為朱全忠所圖　遭到朱全忠的謀害。❹牌印　唐代始置職印。任其職的人，傳相使用。印盛在匣子裡，另置一牌，由吏屬掌管。用印時憑牌取印，牌入印出；用完後印入牌出。故云牌印。❺東都　唐高宗顯慶二年（西元六五七年）以洛陽為東都。❻陝　即陝州。治所在今河南陝縣。❼孟　即孟州。治所河陽，在今河南孟州南。

❽邀遮　攔截阻擊。❾屠翦　殺戮消滅。❿仇讎　仇敵；仇恨。⓫拊循　安撫；撫慰。⓬抑止　制止將士們復仇的行動。⓭復歸本道　率部回到河東節度。⓮按問　審察、追究。李克用要求朝廷派官員追究朱全忠，並發兵誅討。⓯將萬騎　率領一萬騎兵。⓰大寇初平　指黃巢剛剛被消滅。⓱方務姑息　正在勉力從事安定政局的工作，所以採取寬容的政策。⓲中使　皇帝宮廷派出的使者，指宦官。⓳優詔　褒獎的詔書。⓴凡　共。㉑禍賊　禍國殃民的亂臣賊子。㉒異日　他日；將來。㉓度支糧餉　唐制，凡諸鎮兵出境征討，則由朝廷供給糧餉。度支，戶部下設四部，即戶部、度支、金部、倉部。度支主管天下租賦，計算各方所需，轉運徵斂。邊軍又有支度使，計劃軍用資糧，上報度支，度支負責調配。㉔諭指　皇帝對臣下的命令。指，通「旨」。㉕方事之殷　言正當國家多事之秋。殷，眾多。㉖姑存大體　姑且照顧大局。㉗惟力是視　只看誰的勢力大。㉘無所稟畏　既不請命，也無所畏懼。㉙麟州　州名，治所新秦，在今陝西神木北。本屬振武節度。㉚克脩　即李克脩（西元八五九—八九〇年），字崇遠，李克用的堂弟。作戰英勇，多立戰功，官至昭義節度使。性節儉，李克用怒其供膳菲薄，笞罵辱之，克脩憂死，時年三十一。傳見《舊五代史》卷五十、《新五代史》卷十四。㉛昭義分為二鎮　昭義，方鎮名，唐代宗大曆元年（西元七六六年）號相衛六州節度為昭義軍，十二年與澤潞沁節度合為一鎮。唐僖宗中和三年（西元八八三年）九月昭義節度使孟方立遷治所於邢州，領邢、洺、磁三州為一鎮；四年八月，李克用以其從弟李克脩為昭義節度使，領澤、潞二州為一鎮，治潞州。自此，昭義分為二鎮。㉜雲蔚　方鎮名，置防禦使。唐武宗會昌三年（西元八四三年），分河東雲、蔚、朔三州置大同軍都團練使。次年，升為都防禦使。雲，州名，治所定襄，在今山西大同。後改名雲中。蔚，州名，治所靈丘，在今山西靈丘。㉝己未　九月初二日。㉞京兆尹　官名，京師所在地區的行政長官。㉟戶口稍歸　流亡在外的人戶逐漸回來。㊱百司　朝廷大臣、王公以下百官的總稱。㊲關東　地區名，指函谷關或潼關以東地區。㊳承制除官　朱全忠降唐時，王鐸秉承皇帝旨意給朱全忠授官。事見本書卷二百五十五中和二年。㊴依以為援　依靠朱全忠作為自己的援助力量。時王鐸為義成節度使，治滑州，朱全忠為宣武節度使，治汴州，汴、滑鄰道。而王鐸於全忠有恩，故依以為援。㊵浸彊　勢力漸漸強大起來。㊶驕倨　驕橫傲慢。㊷不足恃　不足依靠。㊸義昌　方鎮名，又名橫海、滄景，唐德宗貞元三年（西元七八七年）置，治所滄州，在今河北滄州東南。唐文宗太和五年（西元八三一年）號義昌軍。

【校　記】①奏　原無此字。據章鈺校，十二行本、乙十一行本、孔天胤本皆有此字，今據補。

【語　譯】李克用到達晉陽，大肆整修盔甲、兵器，派遣榆次的鎮將雁門人李承嗣奉表前往僖宗那兒，自己說有打敗黃巢的重大功績，但遭到朱全忠的暗算，僅僅免於一死，自將佐以下隨行的三百多人以及他們的職官牌印都沒有了，不能找回來。朱全忠還在東都、陝州、孟州貼出告示，說臣已經死了，行營士卒潰散，命令各地予以攔截消滅，不要讓一個人遺漏。臣的將士都號哭訴冤，要求報仇雪恨。臣認為朝廷最為公正，應該等待陛下的詔命，安撫慰藉，阻止了他們復仇的行動，使他們回到原來的地方。臣請求派遣使者來考察審問，發兵誅討朱全忠。臣派遣臣的弟弟李克勤率領一萬名騎兵在河中等候命令。當時朝廷認為巨寇黃巢剛剛平定，正對各方採取寬容姑息的政策，看到了李克用的表章，非常害怕，只好派遣宮中宦官送給李克用好言好語的詔書，從中進行調解。李克用前後總共八次上奏表章，稱說朱全忠妒忌有功又有才能的人，陰險狡猾，禍國殃民，以後一定成為國家的禍患。臣乞求皇上下詔削除他的官爵，臣自己率領本道的軍隊去討伐他，不用戶部度支糧餉。僖宗多次派遣楊復恭等人曉諭旨意，說道「我深知你的冤屈，眼下正是多事之秋，姑且維持國家大局。」李克用始終鬱鬱不平。當時藩鎮之間互相攻擊的，朝廷不再為他們辨明是非曲直。從此，藩鎮互相吞併，只看力量的大小，都不稟命朝廷，無所畏忌。

八月，李克用上奏請求把本屬振武節度的麟州隸屬河東節度，又上奏書請求任命他的弟弟李克脩為昭義節度使，朝廷都同意了。由此昭義分為兩鎮。朝廷又進爵李克用為隴西郡王。李克用上奏罷免雲蔚防禦使，仍舊隸屬河東，朝廷聽從了他的意見。

九月初二日己未，加封朱全忠為同平章事。〇任命右僕射、大明宮留守王徽掌管京兆尹的事務。僖宗因為長安的宮殿、房屋被燒毀，所以長久滯留蜀地沒有回來。王徽招撫流亡散失的人，人戶才逐漸回歸，又修繕宮殿、房屋，百官機構略具頭緒。冬，十月，關東地區藩鎮上表請求僖宗返回京城。

朱全忠投降唐朝時，義成節度使王鐸任都統，以僖宗的名義授予朱全忠官職。朱全忠最初鎮守大梁，對待王鐸的禮節非常恭敬，王鐸也依靠朱全忠作為幫手。朱全忠兵力逐漸強大，愈益驕橫傲慢，王鐸知道朱全忠不能依靠了，上表請求返回朝廷。朝廷改任王鐸為義昌節度使。

鹿晏弘之去❶河中也[1]，王建❷、韓建❸、張造、晉暉、李師泰各帥其眾與之俱，及據興元，以建等為巡內刺史❹，不遣之官❺。晏弘猜忌，眾心不附，王建、韓建素相親善，晏弘尤忌之，數引入臥內，待之加厚，二建密[2]相謂曰：「僕射甘言厚意，疑我也，禍將至矣！」田令孜密遣人以厚利誘之。十一月，二建與張造、晉暉、李師泰帥眾數千逃奔行在❻，令孜皆養為假子❼，賜與巨萬，拜諸衛❽將軍，使各將其眾，號隨駕五都❾。又遣禁兵討晏弘，晏弘率眾[3]棄興元走。

初，宦者曹知愨，本華原❿富家子，有膽略。黃巢陷長安，知愨歸鄉里，集壯士，據嵯峨山⓫南，為堡自固，巢黨不敢近。知愨數遣壯士變衣服語言，效巢黨⓬，夜入長安攻賊營，賊驚以為鬼神，又疑其下有叛者，由是心不自安。朝廷聞而嘉之⓭，就除內常侍⓮，賜金紫⓯。知愨聞車駕將還，謂人曰：「吾施小術，使諸軍⓰得成大功，從駕群臣但平步⓱往來，俟至大散關⓲，當閱其可歸者⓳納之。」行在聞之，恐其為變。田令孜尤惡之，密以敕旨諭邠寧⓴節度使王行瑜㉑，使誅之，行瑜潛師㉒自嵯峨山北乘高攻之，知愨不為備，舉營盡殪。令孜益驕橫，禁制天子，不得有所主斷。上患其專，時語左右而流涕。

鹿晏弘引兵東出襄州㉓，秦宗權遣其將秦誥、趙德諲㉔將兵會之，共攻襄州，陷之。山南東道㉕節度使劉巨容㉖奔成都。德諲，蔡州人也。晏弘引兵轉掠襄、鄧、均、房、廬、壽㉗，復還許州㉘。忠武節度使周岌聞其至，棄鎮走，晏弘遂據許州，自稱留後，朝廷不能討，因以為忠武節度使。

十二月己丑㉙，陳敬瑄表辭三川都指揮㉚、招討、制置、安撫等使。從之。

初，黃巢轉掠福建㉛，建州㉜人陳巖聚眾數千保鄉里，號九龍軍，福建觀察使鄭鎰奏為團練副使㉝。泉州㉞刺史、左廂都虞候㉟李連有罪，亡入溪洞，合眾攻福州[4]，巖擊敗之。鎰畏巖之逼，表巖自代㊱。壬寅㊲，以巖為福建觀察使。巖為治有威惠㊳，閩人安之。

義昌節度使兼中書令王鐸，厚於奉養㊴，過魏州，侍妾成列，服御㊵鮮華，如承平㊶之態。魏博節度使樂彥禎㊷之子從訓㊸，伏卒數百人[5]於漳南㊹高雞泊㊺，圍而殺之，及賓僚從者三百餘人皆死，掠其資裝侍妾而還。彥禎奏云為盜所殺，朝廷不能詰㊻。○賜邠寧軍號曰靜難。○是歲，餘杭㊼鎮使陳晟逐睦州㊽刺史柳超，潁州㊾都知兵馬使㊿汝陰(51)王敬蕘(52)逐其刺史，各領州事，朝廷因命為刺史。

均州賊帥孫喜聚眾數千人，謀攻州城，刺史呂曄[6]不知所為。都將(53)武當(54)馮行襲(55)伏兵江南(56)，自乘小舟迎喜，謂曰：「州人得良牧(57)，無不歸心，然公所從之卒太多，州人懼於剽掠(58)，尚以為疑。不若置軍江北，獨與腹心(59)輕騎俱進，行襲請為前道(60)，告諭州人，無不服者矣。」喜以為然，從之。既度江，軍吏迎謁(61)，伏兵發，行襲手擊喜，斬之，從喜者皆死，江北軍望之俱潰。山南東道節度使上其功，詔以行襲為均州刺史。州西有長山，當襄、鄧入蜀之道，羣盜據之，抄掠(62)貢賦，行襲討誅之，蜀道以通。

鳳翔(63)節度使李昌言病，表弟昌符知留後(64)。昌言薨，制(65)以昌符為鳳翔節度使。

時黃巢雖平，秦宗權復熾(66)，命將出兵，寇掠鄰道，陳彥(67)侵淮南(68)，秦賢侵江南(69)，秦誥陷襄、唐、鄧，孫儒(70)陷東都(71)、孟、陝、虢(72)，張晊陷汝、鄭，盧塘[7]攻汴、宋，所至屠翦焚蕩(73)，殆無孑遺(74)。其殘暴又甚於巢，軍行未始轉糧(75)，車載鹽尸(76)以從。北至衛、滑(77)，西及關輔(78)，東盡青、齊(79)，南出江、淮(80)，州鎮存者僅保一城，極目千里，無復煙火(81)。上(82)將還長安，畏宗權為患。

【章旨】以上為第三段，寫僖宗受制於田令孜，心不能平。各地軍閥混戰，朝廷失控。鹿晏弘據許州，依附秦宗權，秦宗權勢力日漲。

【注釋】❶去　離開。鹿晏弘原為忠武大將，中和三年十一月，率所部自河中南掠，至興元，逐節度使牛勗，自稱留後。

❷王建 （西元八四七—九一八年）字光圖，許州舞陽（今屬河南）人，五代時期前蜀國的建立者。出身於忠武軍卒，隨鹿晏弘鎮壓黃巢，後為刺史。唐昭宗天復三年（西元九〇三年）封為蜀王，後梁開平元年（西元九〇七年）在成都自立為帝，國號蜀，史稱前蜀。在位十二年。傳見《舊五代史》卷一百三十六、《新五代史》卷六十三。❸韓建 （西元八五五—九一三年）字佐時，許州長社（今河南許昌）人，唐末任華商節度使、潼關守捉使，駐節華州，為朱全忠黨援，曾逼迫唐昭宗，兵圍十六宅，擅殺諸王。入梁，官至司徒，平章事，充鹽鐵轉運使。傳見《舊五代史》卷十五、《新五代史》卷四十。❹巡內刺史 節度使所領屬的州刺史。❺不遣之官 不派他們到任上。❻逃奔行在 時僖宗在成都，王建等人見鹿晏弘猜忌，故棄之奔蜀。❼假子 義子。❽諸衛 唐代中央軍職南衙有十六衛，即左右衛、左右驍衛、左右武衛、左右威衛、左右領軍衛、左右金吾衛、左右千牛衛、左右監門衛。諸衛即指上述各衛。❾都 唐代軍隊的一種稱號。田令孜已募新軍五十四都分隸兩神策軍，現又得王建等五支部隊，不敢分其眾隸屬兩軍，所以別號「隨駕五都」。❿華原 縣名，縣治在今陝西耀州東南。⓫嵯峨山 山名，在京兆雲陽縣北十五里，今陝西淳化東南。⓬效巢黨 模仿黃巢軍隊。⓭嘉之 嘉美曹知慤。⓮內常侍 官名，唐代內侍省長官，掌管宮廷事務，專由宦官擔任。⓯金紫 金印紫綬的簡稱。唐代光祿大夫加金印紫綬者，稱金紫光祿大夫。⓰諸軍 指收復京城的諸鎮大軍。曹知慤說自己經常夜間攻打黃巢軍，為諸鎮大軍創造了有利的條件。⓱平步 平常之舉步，猶言輕易。⓲大散關 關名，即散關。因在陝西寶雞西南大散嶺上，故又名大散關。⓳可歸者 有資格可以返回長安的從駕群臣。⓴邠寧 方鎮名，唐肅宗乾元二年（西元七五九年）置，治所邠州，在今陝西彬縣。㉑王行瑜 （？—西元八九五年）邠州人，從邠寧節度使朱玫討黃巢，為列校。光啟二年（西元八八六年）朱玫奉嗣襄王熅為帝，授天平節度使。行瑜引兵還長安，斬朱玫。光啟三年授邠寧節度使。此時為邠寧部將。傳見《舊唐書》卷一百七十五、《新唐書》卷二百二十四。㉒潛師 祕密發兵。㉓襄州 州名，治所襄陽，在今湖北襄樊。㉔趙德諲 從秦宗權為右將，以討黃巢功授申州刺史，又為山南東道節度留後，舉地歸附朱全忠。傳見《新唐書》卷一百八十六，並附《舊五代史》卷十七、《新五代史》卷四十一〈趙匡凝傳〉。㉕山南東道 方鎮名，唐肅宗至德二載（西元七五七年）升襄陽防禦使為山南東道節度使，領襄、鄧、隋、唐、安、均、房、金、商九州，治所襄州，在今湖北襄樊。㉖劉巨容 （？—西元八八九年）徐州人。傳見《新唐書》卷一百八十六。㉗襄鄧均房廬壽 均州名。襄州，見前注。鄧州，治所穰縣，在今河南鄧州。均州，治所武當，在今湖北丹江口西北。房州，治所房陵，在今湖北房縣。廬州，治所合肥，在今安徽合肥。壽州，治所壽春，在今安徽壽縣。㉘復還許州 鹿晏弘於中和元年（西元八八一年）自許州從楊復光勤王，事見本書卷二百五十四中和元年。㉙己丑 十二月初三日。㉚三川都指揮 官名，

中和三年二月，以陳敬瑄為西川、東川、山南西道都指揮、招討、安撫、處置使，以討楊師立。現師立已死，故辭之。(31)福建　方鎮名，唐玄宗開元二十一年（西元七三三年）置福建經略使，領福、泉、建、漳、潮五州，治所福州，在今福建福州。唐肅宗乾元二年（西元七五九年）改福建經略使為都防禦使兼寧海軍使，上元元年（西元七六〇年）升福建都防禦使為節度使。黃巢轉戰福建，見本書卷二百五十三乾符五年。(32)建州　州名，治所建安，在今福建建甌。(33)團練副使　官名，唐代中葉以後，在不設節度使的地區置團練使，掌本區各州軍事。常與觀察使、防禦使互兼，團練副使係副職。(34)泉州　州名，治所晉江，在今福建泉州。(35)左廂都虞候　軍法官。唐中葉以後，藩鎮皆置都虞候，位次於節度副使。(36)表巖自代　鄭鎰害怕陳巖的勢力，上表要求由陳巖代替自己為福建觀察使。(37)壬寅　十二月十六日。(38)威惠　威信和恩惠。此言陳巖為官有威有德。(39)厚於奉養　供養豐厚。(40)服御　服飾車馬之類。(41)承平　太平。(42)樂彥禎　生卒年不詳。好儒術，詔檢校工部尚書，領留後，進魏博節度使。傳見《舊唐書》卷一百八十一、《新唐書》卷二百十。(43)從訓　樂彥禎之子樂從訓，生性頑劣，賊殺王鐸，為眾所議。樂彥禎出樂從訓為相州刺史，後為羅弘信所殺。傳附其父〈樂彥禎傳〉。(44)漳南　古縣名，縣治在今河北故城東北。(45)高雞泊　地名，在今山東武城境。是漳河水匯成的一片水泊，廣袤數百里。現已夷為平陸。(46)詰　追問。王鐸身為朝廷重臣，卻以承平之態處亂世，喪身亡家，禍由自取。(47)餘杭　郡名，治所杭州，在今浙江杭州西。唐代安史之亂後，在內地也設「軍」。杭州即置餘杭軍，浙江西道的節度副使兼餘杭軍使。(48)睦州　州名，治所建德，在今浙江建德。(49)潁州　州名，治所汝陰，在今安徽阜陽。(50)兵馬使　官名，唐代藩鎮自置的部隊統率官。其權尤重者稱為都知兵馬使。(51)汝陰　古縣名，唐時為潁州治所，天寶、至德年間一度改潁州為汝陰郡。(52)王敬蕘　潁州汝陰（在今安徽阜陽）人，後梁勇將，官至左衛將軍。傳見《舊五代史》卷二十、《新五代史》卷四十三。(53)都將　統兵武官名。(54)武當　縣名，以武當山得名。縣治在今湖北丹江口西北。(55)馮行襲　字正臣，均州武當人，歷唐僖宗、昭宗為節鎮，入梁，官至司空。傳見《新唐書》卷一百八十六、《舊五代史》卷十五、《新五代史》卷四十二。(56)江南　漢江之南。(57)良牧　好的州官。此處是故意恭維孫喜的話。(58)剽掠　搶劫掠奪。(59)腹心　心腹之人。(60)前道　即前導。(61)迎謁　迎接拜見。(62)抄掠　搜查搶掠。時僖宗在蜀，各地貢賦經由襄、鄧二州運入，長山為要衝，故群盜據此搶掠貢賦。(63)鳳翔　方鎮名，唐高宗上元元年（西元六七四年）置興鳳隴節度使。治所鳳翔，在今陝西鳳翔。(64)知留後　擔任節度留後的職務。唐末節度使之子弟或親信將吏代行節度使職權者稱留後。(65)制　皇帝的命令。(66)復熾　力量又強盛起來。(67)陳彥　秦宗權的部將，以下秦賢、秦誥、孫儒、張晊、盧瑭同。(68)淮南　方鎮名，治所揚州，在今江蘇揚州。(69)江南　道名，唐貞觀十道之一。此處泛指長江以南地區。(70)孫儒　（？—西元八九二年）傳見

《新唐書》卷一百八十八。按，自孫儒以下，事皆在是年之後，此處為概言之。❼東都　洛陽。❼孟陝虢　皆州名。孟州治所河陽，在今河南孟州。陝州治所陝縣，在今河南三門峽市。虢州治所弘農，在今河南靈寶。❼屠翦焚蕩　屠殺、焚毀、掃蕩。❼殆無孑遺　幾乎沒有遺留下一個活人。孑遺，遺留；餘剩。❼轉糧　轉運軍糧。❼鹽尸　用鹽淹漬人屍，用作軍糧。❼衛滑　皆州名。衛州治所汲縣，在今河南衛輝。滑州治所白馬（滑臺城），在今河南滑縣東。❼關輔　函谷關及京畿一帶。輔，京城附近的地方。❼青齊　皆州名。青州治所東陽，在今山東青州。齊州治所歷城，在今山東濟南。❽江淮　泛指淮河、長江下游一帶。❽無復煙火　再也看不到煙火。州鎮大都被攻陷，倖存者也只能保住一座城池而已，極目千里，荒無人煙。❽上　指僖宗皇帝。

【校　記】①也　原無此字。據章鈺校，十二行本、乙十一行本、孔天胤本皆有此字，今據補。②密　原無此字。據章鈺校，十二行本、乙十一行本皆有此字，今據補。③率眾　原無此二字。據章鈺校，十二行本、乙十一行本皆有此二字，張敦仁《通鑑刊本識誤》同，今據補。④合眾攻福州　原無此五字。據章鈺校，十二行本、乙十一行本、孔天胤本皆有此五字，張敦仁《通鑑刊本識誤》、張瑛《通鑑校勘記》同，今據補。⑤人　原無此字。據章鈺校，十二行本、乙十一行本、孔天胤本皆有此字，張敦仁《通鑑刊本識誤》同，今據補。⑥呂曅　原作「呂燁」。據章鈺校，十二行本、乙十一行本、孔天胤本皆作「呂曅」，今從改。⑦盧塘　原作「盧瑭」。據章鈺校，十二行本、乙十一行本皆作「盧塘」，今從改。

【語　譯】鹿晏弘離開河中，王建、韓建、張造、晉暉、李師泰各自率領他們的部眾與鹿晏弘同行，等到佔領興元以後，鹿晏弘任命王建等人做巡內刺史，不派他們赴任。鹿晏弘為人猜忌，大家心裡不肯依附。王建、韓建一向很親密要好，鹿晏弘特別妒忌兩人，多次請兩人到臥室中，招待兩人更加優厚。王建、韓建私下互相商量說：「鹿晏弘甜言蜜語，厚意相待，是在懷疑我們，災禍快要來到了！」田令孜祕密派人用豐厚的財物去引誘王建等人。十一月，王建、韓建與張造、晉暉、李師泰率領部眾數千人逃跑到僖宗那兒，田令孜都收養為義子，賞賜金錢無數，任命他們為諸衛將軍，令各率自己的部眾，號稱隨駕五都。又派遣禁兵討伐鹿晏弘，鹿晏弘率眾丟下興元逃走了。

當初，宦官曹知愨，本來是華原的富家子弟，有膽有謀。黃巢攻陷長安，曹知愨回歸鄉里，聚集壯士，佔據嵯峨山南，建堡自衛，黃巢的部眾不敢靠近。曹知慤多次派遣壯士更換服裝，改變口音，仿效黃巢的部眾，夜間進入長安攻打賊營，賊軍大驚，以為是鬼神，又懷疑自己的部下有叛變的，因此心中惶惶不安。朝廷聽到了，嘉美曹知慤，就地授給他內常侍的官，賜與金印紫綬。曹知慤聽說僖宗將要返回長安，對人說：「我使用了一點小技術，讓各路軍隊取得重大功績，從駕群臣只是踱步輕易往來，等到了大散關，應該看一看哪個可以回來才讓他進關。」朝廷聽到了，擔心他作亂。田令孜尤其憎恨曹知慤，祕密用僖宗的聖旨告訴邠寧節度使王行瑜，命令他殺死曹知慤。王行瑜祕密發兵，從嵯峨山的北面，居高攻擊曹知慤，曹知慤沒有防備，全營都被殺死了。田令孜從此更加驕橫，干涉僖宗言行，僖宗不能自主決斷。僖宗憂慮田令孜專權，常常流淚，向身邊的人訴說。

鹿晏弘率軍從襄州出發向東進軍，秦宗權派遣他的部將秦誥、趙德諲率軍與他會合，一起攻打襄州，攻陷了它。山南東道節度使劉巨容逃往成都。趙德諲，是蔡州人。鹿晏弘帶領軍隊轉往襄、鄧、均、房、廬、壽各州掠奪，又返回許州。忠武節度使周岌聽說鹿晏弘來了，丟下鎮所逃走。鹿晏弘就佔據了許州，自稱為留後。朝廷沒有能力討伐鹿晏弘，便任命他為忠武節度使。

十二月初三日己丑，陳敬瑄上表辭去三川都指揮、招討、制置、安撫等使。僖宗同意了。

當初，黃巢轉往福建掠奪時，建州人陳巖聚集民眾幾千人來保衛鄉里，號稱九龍軍，福建觀察使鄭鎰奏請僖宗任命他為團練副使。泉州刺史、左廂都虞候李連有罪，逃到溪谷洞穴中，聚眾攻打福州，陳巖打敗了他。鄭鎰害怕陳巖的威勢，上表讓陳巖替代自己。十二月十六日壬寅，任命陳巖為福建觀察使。陳巖治理政事有威嚴施恩惠，閩地人得到了安寧。

義昌節度使兼中書令王鐸，自我供養豐厚，路過魏州，侍妾排列成行，服飾車馬豔美，如同太平時期的樣子。魏博節度使樂彥禎的兒子樂從訓，在漳南高雞泊埋伏了幾百名士兵，包圍了王鐸，把他殺死了，王鐸的賓客僚屬等隨從三百多人也都死了，樂從訓奪取了王鐸的財物和侍妾才返回。樂彥禎上奏說王鐸是被強盜所殺，朝廷也無法追究。○賜邠寧軍號稱靜難。○這一年，餘杭鎮使陳晟驅逐睦州刺史柳超，潁州都知兵馬使汝陰人王敬蕘驅逐潁州刺史，兩人各掌理州中事務，朝廷也就分別任命他們為刺史。

均州賊寇首領孫喜聚集部眾幾千人，謀劃攻打州城，刺史呂曄不知道該怎麼辦。都將武當人馮行襲在漢江南面埋伏了軍隊，自己搭乘小船迎接孫喜，對他說：「州裡的百姓有了好的州官，心裡沒有不順從的，但是您隨從的士兵太多，州中百姓害怕被搶掠，還在懷疑。不如把軍隊安置在漢江北面，獨自和心腹部屬騎馬輕裝前進，請讓我在前面為您引導，告諭州中百姓，沒有不歸順的。」孫喜認為馮行襲說得對，同意了。已經渡過漢江，軍吏迎接拜見，埋伏的士兵發動攻擊，馮行襲親手攻擊孫喜，把他斬了，跟隨孫喜的人也都死了，江北的軍隊望見這一情況全都潰逃。山南東道節度使上奏馮行襲的功勞，僖宗下詔任命馮行襲為均州刺史。均州的西部有座長山，地處襄州、鄧州進入蜀地的交通要道，成群的盜賊佔據了長山，抄掠貢品、稅賦，馮行襲前去討伐，誅殺盜賊，前往蜀地的道路得以暢通。

鳳翔節度使李昌言患病，他的表弟李昌符擔任留後的職務。李昌言去世，僖宗任命李昌符為鳳翔節度使。

當時黃巢雖然已經平定，但秦宗權的勢力又強盛起來，命令將領出動軍隊，劫掠鄰近各道，陳彥侵犯淮南，秦賢侵犯江南，秦誥攻陷襄、唐、鄧等州，孫儒攻陷東都、孟、陝、虢等地，張晊攻陷汝、鄭，盧塘攻打汴、宋，所到之處，屠戮、毀滅、焚燒、掃蕩，幾乎沒有留下一個活人。他們的殘暴超過了黃巢。行軍時沒有轉運糧食，用車子裝載用鹽醃的屍體隨從軍後。北面到衛、滑，西面至關中、京畿一帶，東面包括青、齊，南面直抵江、淮，各州鎮中存留下來的僅僅能保留住一個城市，放眼千里，再沒有煙火人家。僖宗將要返回長安，害怕秦宗權作亂。

光啟元年（乙巳　西元八八五年）

春，正月戊午❶，下詔招撫之。○己卯❷，車駕發成都，陳敬瑄送至漢州❸而還。

荊南監軍朱敬玫所募忠勇軍❹暴橫，節度使[1]陳儒❺患之。鄭紹業之鎮荊南❻也，遣大將申屠琮將兵五千擊黃巢於長安，軍還，儒告琮，使除之❼。忠勇將程君從聞之，帥其眾奔朗州❽，琮追擊之，殺百餘人，餘眾皆潰[2]，自是琮復專軍政。

雷滿❾屢攻掠荊南，儒重賂❿以卻之。淮南將張瓌、韓師德叛高駢⓫，據復⓬、岳⓭二州，自稱刺史，儒請瓌攝⓮行軍司馬⓯，師德攝節度副使，將兵擊雷滿。師德引兵上峽⓰大掠，歸于岳州，瓌還兵逐儒而代之。儒將奔行在，瓌劫還，囚之。瓌，滑州[3]人，性貪暴，荊南舊將夷滅殆盡。

先是，朱敬玫屢殺大將及富商以致富，朝廷遣中使⓱楊玄晦代之。敬玫留居荊南，嘗曝衣⓲，瓌見而欲之，遣卒夜攻之，殺敬玫，盡取其財。瓌惡⓳牙將郭禹⓴慓悍㉑，欲殺之，禹結黨千人亡去，庚申㉒，襲歸州㉓，據之，自稱刺史。禹，青州人成汭也，因殺人亡命，更其姓名。

南康㉔賊帥盧光稠㉕陷虔州㉖，自稱刺史，以其里人譚全播㉗為謀主。

秦宗權責租賦㉘於光州㉙刺史王緒，緒不能給，宗權怒，發兵擊之。緒懼，悉舉光、壽㉚二州[4]兵五千人，驅吏民渡江，以劉行全為前鋒，轉掠江㉛、洪、虔州，是月，陷汀㉜、漳㉝二州，然皆不能守也。○秦宗權寇潁、亳㉞，朱全忠敗之於焦夷㉟。

二月丙申㊱，車駕至鳳翔。三月丁卯㊲，至京師。荊棘滿城，狐兔縱橫㊳，上淒然不樂。己巳㊴，赦天下，改元㊵。時朝廷號令所行，惟河西㊶、山南㊷、劍南㊸、嶺南㊹數十州而已。○秦宗權稱帝，置百官，詔以武寧節度使時溥為蔡州㊺四面行營兵馬都統㊻以討之。

【章旨】以上為第四段，寫荊南監軍朱敬玫貪財喪身。唐僖宗由蜀還京，秦宗權稱帝於蔡州。

【注釋】❶戊午 正月初二日。❷己卯 正月二十三日。❸漢州 州名，治所雒縣，在今四川廣漢北。❹忠勇軍 朱敬玫募集的軍隊，共三千人，號忠勇軍。❺陳儒 （?—西元八八五年）江陵人，時為荊南節度使。傳見《新唐書》卷一百八十九。❻鄭紹業之鎮荊南 時在廣明元年。朱敬玫募忠勇軍也在這一年。❼使除之 陳儒使申屠琮除掉朱敬玫的忠勇軍。❽朗州 州名，治所武陵，在今湖南常德。❾雷滿 （?—西元九〇一年）朗州武陵人，時為朗州兵馬留後。傳附《新唐書》卷一百八十六〈鄧處訥傳〉。❿重賂 貴重的財物。陳儒送給雷滿重賂使其退兵。⓫高駢 時高駢為淮南節度使。⓬復 州名，治所建興，在今湖北沔陽。⓭岳 州名，治所巴陵，在今湖南岳陽。⓮攝 代理。⓯行軍司馬 官名，唐代開元年間各節度使皆置此官，掌軍政，權任甚重。⓰峽 巫峽。韓師德據岳州，溯江而上故云「上峽」。⓱中使 皇帝宮廷中派出的使者，指宦官。⓲曝衣 曬衣物。⓳惡 憎恨。⓴郭禹 （?—西元九〇三年）原名成汭，青州（今山東青州）人，少年任俠，殺人亡命，改名郭禹。傳見《新唐書》卷一百九十、《舊五代史》卷十七。㉑慓悍 矯健勇猛。慓，同「剽」。㉒庚申 正月初四日。㉓歸州 州名，唐高祖武德元年（西元六一八年）分夔州秭歸、巴東兩縣置。治所秭歸，在今湖北秭歸。因三峽水庫，秭歸今已移動位置，從原臨江山腰移於山頂。㉔南康　郡名，治所在今江西南康。㉕盧光稠　（？—西元九一一年）南康（今屬江西）人，入梁為鎮南使，守虔、韶二州。傳見《新唐書》卷一百九十、《新五代史》卷四十一。㉖虔州　州名，治所贛縣，在今江西贛州。㉗譚全播　（西元八三四—九一八年）與盧光稠皆為南康人。譚全播為盧光稠部屬，守虔州。傳見《新五代史》卷四十一。㉘責租賦　索取租賦。㉙光州　州名，治所定城，在今河南潢川縣。㉚壽　州名，治所壽春，在今安徽壽縣。㉛江　州名，治所潯陽，在今江西九江市。㉜汀　州名，治所長汀，在今福建長汀。㉝漳　州名，初治漳浦，乾元初移治龍溪，在今福建漳州南。㉞亳　州名，治所譙縣，在今安徽亳州。㉟焦夷　地名，在亳州城父縣界。㊱丙申　二月初十日。㊲丁卯　三月十二日。㊳狐兔縱橫　狐兔到處亂跑，形容京師一片荒涼景象。㊴己巳　三月十四日。㊵改元　皇帝更改年號。此指唐僖宗改元光啓。㊶河西　方鎮名，唐睿宗景雲元年（西元七一〇年）置，治所涼州，在今甘肅武威。㊷山南　道名，唐貞觀十道之一，貞觀元年（西元六二七年）置，以在秦嶺以南而得名。治所襄州，在今湖北襄樊。㊸劍南　道名，貞觀元年置，以在劍閣之南得名。治所益州，在今四川成都。㊹嶺南　方鎮名，唐玄宗開元二十一年（西元七三三年）置。治所廣州，在今廣東廣州。㊺蔡州　州名，治所汝陽，在今河南汝南縣。㊻四面行營兵馬都統　官名，掌征伐。位在節度使之上，可督統諸道之兵，兵罷則省。

【校　記】①節度使　原無此三字。據章鈺校，十二行本、乙十一行本皆有此三字，張瑛《通鑑校勘記》同，今據補。②餘眾皆潰　原無此四字。據章鈺校，十二行本、乙十一行本皆有此四字，張瑛《通鑑校勘記》同，今據補。按，孔天胤本無「餘眾」二字。③滑州　原作「渭州」。嚴衍《通鑑補》改作「滑州」，今據以校正。④二州　原無此二字。據章鈺校，十二行本、乙十一行本皆有此二字，張敦仁《通鑑刊本識誤》同，今據補。

【語　譯】光啓元年（乙巳　西元八八五年）

春，正月初二日戊午，僖宗下詔招撫秦宗權。〇二十三日己卯，僖宗從成都出發，陳敬瑄送到漢州才返回。

荊南監軍朱敬玫所招募的忠勇軍兇暴蠻橫，節度使陳儒對他們很憂慮。鄭紹業鎮守荊南時，派遣大將申屠琮率兵五千人在長安攻打黃巢，軍隊返回後，陳儒告訴申屠琮，讓他除掉忠勇軍。忠勇軍的將領程君從聽到這一消息，率領他的部眾逃往朗州。申屠琮追擊他們，殺死一百多人，剩下的人皆潰散了，從此，申屠琮又專擅軍政。

雷滿多次攻打劫掠荊南，陳儒送上豐厚的財貨使雷滿退兵。淮南的將領張瓌、韓師德背叛高駢，佔據了復、岳兩州，自稱為刺史。陳儒請張瓌代理行軍司馬，韓師德代理節度副使，率兵進攻雷滿。韓師德帶領軍隊上赴巫峽大肆搶掠，回到岳州，張瓌回軍後驅逐陳儒，取代了他的職位。陳儒將要逃往僖宗那裡，張瓌把他抓了回來，囚禁了他。張瓌是滑州人，本性貪婪暴虐，荊南舊時的將領幾乎被他殺光了。

此前，朱敬玫多次殺害大將和富商，使自己富了起來，朝廷派遣中使楊玄晦取代他的職位。朱敬玫留下住在荊南，曾經曬衣服，張瓌看到了，想要得到，派遣士兵在晚上攻打朱敬玫，殺了他，奪取了朱敬玫的所有財物。張瓌憎恨牙將郭禹矯健勇猛，想要殺死他，郭禹糾集同黨千人逃走了，正月初四日庚申，郭禹襲擊歸州，佔領了它，自稱為刺史。郭禹，就是青州人成汭，因為殺人逃亡，更改了他的姓名。

南康郡賊寇首領盧光稠攻陷虔州，自稱為刺史，任用同鄉譚全播出謀劃策。

秦宗權向光州刺史王緒要求供給租賦，王緒不能供給，秦宗權很生氣，發兵攻打他。王緒害怕了，全部調動光、壽二州士兵五千人，驅趕官吏和百姓渡江，用劉行全為前鋒，先後搶掠江州、洪州和虔州。這個月，攻陷汀、漳兩州，但是都未能守住兩州。○秦宗權侵擾潁州、亳州，朱全忠在焦夷把秦宗權打敗了。

二月初十日丙申，僖宗到達鳳翔。三月十二日丁卯，到達京城。京城滿城荊棘，狐兔亂竄，僖宗淒涼悲傷，悶悶不樂。十四日己巳，大赦天下，改換年號。當時朝廷號令能夠推行的，只有河西、山南、劍南、嶺南幾十個州而已。○秦宗權自稱為帝，設置百官。僖宗下詔任命武寧節度使時溥為蔡州四面行營兵馬都統，討伐秦宗權。

盧龍❶節度使李可舉❷、成德節度使王鎔惡李克用之彊，而義武節度使王處存與克用親善，為姪鄴娶克用女。又，河北諸鎮，惟義武尚屬朝廷，可舉等恐其窺伺山東❸，終為己患，乃相與謀曰：「易、定，燕、趙之餘❹也。」約共滅處存而分其地。又說雲中❺節度使赫連鐸❻使攻克用之背。可舉遣其將李全忠❼將兵六萬攻易州，鎔遣將將兵攻無極❽。處存告急於克用，克用遣其將康君立❾等將兵救之。

閏月，秦宗權遣其弟宗言寇荊南。

初，田令孜在蜀募新軍五十四都，每都千人，分隸兩神策，為十軍❿以統之，又南牙⓫、北司⓬官兵[1]萬餘員。是時藩鎮各專租稅，河南・北、江、淮無復上供⓭，三司⓮轉運無調發之所，度支惟收京畿、同、華、鳳翔等數州租稅，不能贍⓯，賞賚⓰不時，士卒有怨言。令孜患之，不知所出。先是，安邑⓱、解縣⓲兩池鹽⓳皆隸鹽鐵，置官榷⓴之。中和以來，河中節度使王重榮專之㉑，歲獻三千車以供國用，令孜奏復如舊制隸鹽鐵。夏，四月，令孜自兼兩池榷鹽使，收其利以贍軍。重榮上章論訴㉒不已，遣中使往諭之，重榮不可。時令孜多遣親信覘藩鎮㉓，有不附己者，輒圖之。令孜養子匡祐使河中，重榮待之甚厚，而匡祐傲甚，舉軍皆憤怒。重榮乃數令孜罪惡，責其無禮，監軍為講解㉔，僅得脫去。匡祐歸，以告令孜，勸圖之。五月，令孜徙重榮為泰寧㉕節度使，以泰寧節度使齊克讓為義武節度使，以義武節度使王處存為河中節度使，仍詔李克用以河東軍[2]援處存赴鎮㉖。

盧龍兵攻易州，裨將劉仁恭㉗穴地入城㉘，遂克之。仁恭，深州㉙人也。李克用自將救無極，敗成德兵，成德兵退保新城㉚，克用復進擊，大破之，拔新城，成德兵走，追至九門㉛，斬首萬餘級。盧龍兵既得易州，驕怠，王處存夜遣卒三千蒙羊皮造城下，盧龍兵以為羊也，爭出掠之，處存奮擊，大破之，復取易州，李全忠走。

加陝虢㉜節度使王重盈同平章事㉝。◯李全忠既喪師，恐獲罪，收餘眾還襲幽州。六月，李可舉窘急，舉族登樓自焚死，全忠自為留後。◯東都留守㉞李罕之與秦宗權將孫儒㉟相拒數月。罕之兵少食盡，棄城，西保澠池㊱，宗權陷東都。

秋，七月，以李全忠為盧龍留後。

【章旨】以上為第五段，寫田令孜專鹽利，更易節度使，挑起河北諸鎮戰亂。

【注釋】❶盧龍　方鎮名，唐玄宗開元二年（西元七一四年）置幽州節度使，治所幽州，在今北京城西南。天寶元年（西元七四三年）改名范陽。唐代宗寶應元年（西元七六二年）復改幽州節度使，兼領盧龍節度使。❷李可舉　（？—西元八八五年）原盧龍節度使李茂勳之子。乾符三年（西元八七六年）代其父為盧龍節度使。傳見《舊唐書》卷一百八十，並附《新唐書》卷二百十二〈李茂勳傳〉。❸山東　此指恆山以東。❹易定二句　易州，本燕國南界，定州，本中山國都，而中山屬趙國，故云。因義武節度領定、易二州，李可舉此言為奪取易、定張本。❺雲中　方鎮名，唐僖宗乾符五年（西元八七八年）升大同都防禦使為節度使，兼雲州刺史，治所雲中，在今山西大同。❻赫連鐸　生卒年不詳。吐谷渾首領，懿宗時以軍功拜大同軍節度使。傳附《新五代史》卷七十四〈四夷附錄〉。❼李全忠　（？—西元八八五年）范陽（今北京市大興）人，唐末官至范陽節度使。傳見《舊唐書》卷一百八十、《新唐書》卷二百十二。❽無極　縣名，縣治在今河北無極。❾康君立　（西元八四六—八九四年）蔚州興唐（今河北蔚縣）人，乾符中為雲州牙校。歸附李克用任汾州刺史。傳見《舊五代史》卷五十五。❿為十軍　將五十四都分為十軍。⓫南牙　即南衙。唐代以宰相以下群臣為南衙。⓬北司　宮中宦官。⓭無復上供　不再向朝廷進貢租稅。⓮三司　唐代管理財賦的三大機構，長官稱使。即鹽鐵使、度支使、戶部使。⓯贍　供養。⓰賞賚　獎賞供給。⓱安邑　縣名，縣治安邑城，在今山西運城東北。⓲解縣　縣名，縣治在今山西運城西南解縣。⓳池鹽　安邑、解縣境內均有內陸鹽湖。尤其是解池，歷代為著名產池鹽區。⓴榷　專利；專賣。㉑專之　專鹽池之利。㉒論訴　辯解訴說。㉓覘藩鎮　暗中偵察藩鎮動靜。㉔講解　講情；解釋。㉕泰寧　方鎮名，唐昭宗乾寧四年（西元八九七年）賜沂海節度泰寧軍號，治所兗州，在今山東兗州。㉖赴鎮　指詔李克用援助王處存赴河中節度使治所蒲州上任。㉗劉仁恭　（？—西元九一四年）唐末割據幽州的軍閥。傳見《新唐書》卷二百十二、《舊五代史》卷一百三十五，並附《新五代史》卷三十九〈劉守光傳〉。㉘穴地入城　穿地為道以攻城。劉仁恭因此號「劉窟頭」。㉙深州　州名，治所陸澤，在今河北深州西。㉚新城　縣名，縣治新城，在今河北新城東南。㉛九門　縣名，縣治九門，在今河北藁城西北。㉜陝虢　方鎮名，唐僖宗中和三年（西元八八三年）升陝虢防禦觀察使為節度使，治所陝州，在今河南三門峽市西。㉝同平章事　官名，即同中書門下平章事。唐門下省長官侍中、中書省長官中書令為宰相，其餘以他官知政事者加此稱，與中書、門下協商處理政務。凡節度使加同平章事者，只是榮銜，不任職。㉞東都留守　官名，唐高宗、武后時，常駐洛陽，百官皆備。玄宗以後，定居長安，設東都留守，維持原設洛陽之官署。㉟孫儒　（？—西元八九二年）河南（今河南洛陽）人，唐末割據淮南的軍閥，與楊行密爭揚州，兵敗被殺。孫儒此時為秦宗權部屬。傳見《新唐書》卷一百八十八。㊱澠池　縣名，縣治雙橋，在今河南澠池縣。離東都洛陽一百五十六里。

【校　記】①兵　原作「共」。據章鈺校，孔天胤本作「兵」，當是，今從改。②軍　原作「兵」。據章鈺校，十二行本、乙十一行本皆作「軍」，今從改。

【語　譯】盧龍節度使李可舉、成德節度使王鎔憎恨李克用兵力強大，而義武節度使王處存與李克用親近友善，替姪子王鄴迎娶李克用的女兒。另外，河北各鎮，只有義武還歸屬朝廷，李可舉等人害怕王處存暗中伺機侵佔恆山以東地區，最終成為自己的禍患，便相互謀劃說：「易州、定州，本來就是燕國、趙國所留下來的地方。」約定共同滅掉王處存，瓜分他的土地。又遊說雲中節度使赫連鐸，讓他攻打李克用的後方。李可舉派遣他的部將李全忠率兵六萬人攻打易州。王鎔派遣部將率兵攻打無極。王處存向李克用告急，李克用派遣他的部將康君立等人率軍救援。

閏三月，秦宗權派遣他的弟弟秦宗言侵擾荊南。

當初，田令孜在蜀地招募新軍五十四都，每都一千人，分別隸屬於左、右兩神策軍，組成十個軍來統領他們，又有南牙、北司的官兵共一萬多人。這時藩鎮都各自壟斷租稅，河南、河北、江、淮等地的租稅都不再向朝廷貢納，戶部使、度支使、鹽鐵使沒有轉運調度的來源，度支只能收取京畿、同、華、鳳翔等幾個州的租稅，不夠花費，獎賞供給不能按時，士兵有怨言。田令孜憂慮此事，不知道如何解決。此前，安邑、解縣兩地的池鹽都歸屬鹽鐵使，設置官吏專門經營。中和年間以來，河中節度使王重榮獨霸其利，每年貢獻三千車鹽來供應國家的需要。田令孜奏請恢復舊制，讓池鹽隸屬鹽鐵使。夏，四月，田令孜親自兼任兩池榷鹽使，收取鹽利以供軍需。王重榮上遞章奏不停地論說，僖宗派遣中使前往勸諭他，王重榮仍然不同意。當時田令孜派遣很多親信去窺視各個藩鎮，如有不歸附自己的，就經常謀算他們。田令孜的養子匡祐出使河中，王重榮接待他非常優厚，然而匡祐過分傲慢，全軍都很憤怒。王重榮便列舉田令孜的罪惡，斥責他沒有禮貌。監軍為匡祐說情，匡祐才能脫身離去。匡祐回去以後，把這件事告訴了田令孜，勸說田令孜謀算王重榮。五月，田令孜調離王重榮任泰寧節度使，任命泰寧節度使齊克讓為義武節度使，任命義武節度使王處存為河中節度使，又詔令李克用用河東的軍隊援助王處存赴鎮上任。

盧龍的軍隊攻打易州，副將劉仁恭挖通隧道進入城中，便攻下了易州。劉仁恭，是深州人。李克用親自率兵救援無極，打敗了成德的軍隊，成德的軍隊退守新城，李克用又進兵攻擊，大敗敵軍，攻克新城，成德的軍隊逃跑了。李克用追到九門，斬首一萬多人。盧龍的軍隊攻下易州後，驕傲懶惰。王處存夜間派遣士兵三千人蒙上羊皮來到城下，盧龍士兵以為是羊群，爭著出城搶羊。王處存奮力攻擊，大敗盧龍士兵，又奪回易州，李全忠逃走了。

加官陝虢節度使王重盈為同平章事。〇李全忠失去軍隊後，擔心獲罪，收聚殘餘部眾回去襲擊幽州。六月，李可舉處境危急，全家族登樓自焚而死。李全忠自任留後。〇東都留守李罕之與秦宗權的部將孫儒對抗了好幾個月。李罕之士兵少，軍糧盡，丟下城池，西守澠池。秦宗權攻陷東都。

秋，七月，任命李全忠為盧龍留後。

乙巳❶，右補闕❷常濬上疏，以為陛下姑息藩鎮太甚，是非功過，駢首並足❸，致天下紛紛若此，猶未之寤，豈可不念駱谷❹之艱危，復懷西顧❺之計乎！宜稍振典刑❻以威四方。田令孜之黨❼言於上曰：「此疏傳於藩鎮，豈不致其猜忿❽！」庚戌❾，貶濬萬州❿司戶⓫，尋賜死。

滄州⓬軍亂，逐節度使楊全玫，立牙將盧彥威為留後，全玫奔幽州。以保鑾都將⓭曹誠為義昌節度使，以彥威為德州⓮刺史。〇孫儒據東都月餘，燒宮室、官寺、民居，大掠席卷而去，城中寂無雞犬⓯。李罕之復引其眾入東都，築壘於市西而居之。

王重榮自以有復京城功⓰，為田令孜所擯⓱，不肯之兗州⓲，累表論令孜離間君臣，數令孜十罪。令孜結邠寧節度使朱玫⑲、鳳翔節度使李昌符以抗之。王處存亦上言：「幽、鎮兵⑳新退，臣未敢離易、定。且王重榮無罪，有大功㉑於國，不宜輕有改易，搖藩鎮心[1]。」詔趣㉒其上道。八月，處存引軍至晉州㉓，刺史冀君武閉城不內㉔而還。

洺州刺史馬爽，與昭義行軍司馬奚忠信不叶㉕，起兵屯邢州南，脅㉖孟方立請誅忠信。既而眾潰，爽奔魏州㉗，忠信使人賂樂彥禎而殺之。

秦宗權攻鄰道二十餘州，陷之。唯陳州距蔡百餘里，兵力甚弱，刺史趙犨日與宗權戰，宗權不能屈。詔以犨為蔡州節度使。犨德㉘朱全忠之援，與全忠結昏㉙，凡全忠所調發，無不立至。

【章　旨】以上為第六段，寫田令孜挾僖宗以令藩鎮，王重榮抗命。秦宗權為禍淮西，賊勢日橫。

【注　釋】❶乙巳　七月二十三日。❷右補闕　官名，屬中書省，職掌侍從諷諫。❸駢首並足　齊頭並足，不分高低。此處是說功過是非不分，沒有差別。❹駱谷　地名，在陝西周至西南。谷長四百餘里，為關中與漢中間的交通要道之一。唐僖宗廣明元年（西元八八〇年），黃巢軍攻入長安，僖宗逃至駱谷，故云「駱谷之艱危」。❺西顧　指唐僖宗西奔成都。❻振典刑　嚴肅法紀。❼田令孜之黨　據《考異》，應為韋昭度。❽猜忿　猜忌和憤怨。言常濬的奏章傳到藩鎮，將會引起他們的憤怨。❾庚戌　七月二十八日。❿萬州　州名，治所南浦，在今重慶市萬州。⓫司戶　官名，主管民戶。唐制，在府為戶曹參軍，在州為司戶參軍，在縣為司戶。此為州司戶。⓬滄州　州名，治所清池，在今河北滄州東南。時滄州為義昌節度使治所。⓭保鑾都將　官名，保鑾是神策五十四都之一。⓮德州　州名，治所安德，在今山東陵縣。⓯寂無雞犬　孫儒在東都燒殺搶掠，以致寂靜、蕭條到不見雞犬。⑯復京城功　指中和三年（西元八八三年）王重榮與李克用合兵在零口破黃巢軍，收復京城事。破黃巢後，王重榮據河中，專鹽池之利。⑰擯　排斥。⑱不肯之兗州　田令孜排斥王重榮，自兼兩池榷鹽使，於是徙王重榮為泰寧節度使，王重榮拒絕赴任。兗州，時為泰寧節度使治所。⑲朱玫　（？—西元八八六年）邠州人，原為邠寧節度使，光啟二年立襄王熅，自為宰相專權，後為部將王行瑜所殺。傳見《舊唐書》卷一百七十五、《新唐書》卷二百二十四。⑳幽鎮兵　指李可舉、王鎔之兵。鎮，州名，治所真定，在今河北正定。時王鎔為成德節度使，治所恆州。唐憲宗元和十五年（西元八二〇年）改恆州置鎮州，故云。㉑大功　指中和三年復京城功。㉒趣　催促。㉓晉州　州名，治所白馬城，在今山西臨汾。㉔不內　不納。河中節度統晉、絳、慈、隰等州。冀君武，王重榮之巡屬。㉕叶　和洽；合。㉖脅　逼迫。㉗魏州　州名，治所貴鄉，在今河北大名北。㉘德　這裡用如動詞，感恩。自中和三年以來，陳州屢受黃巢、秦宗權攻逼，皆以朱全忠為援，故德之。㉙與全忠結昏　趙犨次子趙霖與朱全忠女（即入梁後之長樂公主）結親。

【校　記】①搖藩鎮心　原無此四字。據章鈺校，十二行本、乙十一行本皆有此四字，張敦仁《通鑑刊本識誤》同，今據補。

【語　譯】七月二十三日乙巳，右補闕常濬上疏，認為皇上無原則地寬容藩鎮太過分了，是非功過都是頭腳並列不加區別，以致天下紛擾到了這種地步，還沒有覺悟。難道可以不想一想在駱谷的艱險處境，又抱有西逃成都主意嗎！應該逐漸嚴肅法紀，立威天下。田令孜的黨羽進言僖宗，說：「這個奏章傳到藩鎮，豈不導致他們猜疑忿怒！」二十八日庚戌，常濬被貶為萬州司戶，不久，賜他自殺。

滄州士兵叛變，驅逐節度使楊全玫，擁立牙將盧彥威擔任留後，楊全玫跑往幽州。任命保鑾都將曹誠為義昌節度使，任命盧彥威為德州刺史。〇孫儒佔據東都一個多月，焚燒宮室、官府和民居，大肆搶掠，席捲而去，城中寂靜，不見雞犬。李罕之又帶領他的部眾進入東都，在市西築壘居住。

王重榮自以為有收復京城的功勞，反被田令孜排斥，不願前往兗州，多次上表說明田令孜離間君臣，列舉田令孜的十條罪狀。田令孜聯合邠寧節度使朱玫、鳳翔節度使李昌符對抗王重榮。王處存也向僖宗進言：「幽州、鎮州的軍隊剛剛撤走，我不敢離開易州、定州。況且王重榮沒有罪過，對國家有重大功勞，不應該輕易地改換他的任職，以動搖藩鎮的忠心。」僖宗下詔催促王重榮上路。八月，王處存帶領軍隊到達晉州，刺史冀君武關閉城門不讓他進入，只好返回。

洺州刺史馬爽與昭義行軍司馬奚忠信不和，起兵屯駐邢州的南邊，威脅孟方立，讓他誅殺奚忠信。後來馬爽的部眾潰散，馬爽逃往魏州。奚忠信派人賄賂樂彥禎殺了馬爽。

秦宗權攻打鄰道的二十多個州，都攻了下來。只有陳州距離蔡州一百多里，兵力極弱，刺史趙犨每天與秦宗權交戰，秦宗權竟不能使他屈服。僖宗下詔任命趙犨為蔡州節度使。趙犨感激朱全忠援助之恩，和朱全忠結為婚姻，凡是朱全忠所徵調的，沒有不立刻送到的。

王緒至漳州，以道險糧少，令軍中無得❶以老弱自隨，犯者斬。唯王潮兄弟❷扶其母董氏崎嶇❸從軍，緒召潮等責之曰：「軍皆有法，未有無法之軍。汝違吾令而不誅，是無法也。」三子曰：「人皆有母，未有無母之人。將軍柰何使人棄其母！」緒怒，命斬其母。三子曰：「潮等事母如事將軍，既殺其母，安用其子！請先母死。」將士皆為之請，乃捨之。

有望氣者❹謂緒曰：「軍中有王者氣。」於是緒見將卒有勇略踰己及氣質魁岸者皆殺之。劉行全亦死，眾皆自危，曰：「行全，親也❺。且軍鋒之冠❻，猶不免，況吾屬乎！」行至南安❼，王潮說其前鋒將曰：「吾屬違墳墓❽，捐妻子❾，羈旅❿外鄉為羣盜，豈所欲哉！乃為緒所迫脅故也。今緒猜刻⓫不仁，妄殺無辜，軍中孑孑者⑫受誅且盡，子須眉若神⑬，騎射絕倫，又為前鋒，吾竊為子危之！」前鋒將執潮手泣，問計安出。潮為之謀，伏壯士數十人於篁竹⑭中，伺緒至，挺劍大呼躍出，就馬上擒之，反縛以徇⑮，軍中皆呼萬歲。潮推前鋒將為主，前鋒將曰：「吾屬今日不為魚肉⑯，皆王君力也。天以王君為主，誰敢先之！」相推讓數四，卒⑰奉潮為將軍。緒歎曰：「此子在吾網中不能殺，豈非天哉！」

潮引兵將還光州，約其屬，所過秋豪無犯⑱。行及沙縣⑲，泉州人張延魯等以刺史廖彥若貪暴，帥耆老⑳奉牛酒遮道，請潮留為州將，潮乃引兵圍泉州。

【章 旨】以上為第七段，寫王潮據泉州，為建立閩政權張本。

【注 釋】❶無得 不得；不准。王緒令軍中不得攜帶老弱家屬。❷王潮兄弟 指王潮與其弟審邽、審知。王潮，字信臣，光州固始（今河南固始）人，唐末割據福建的軍閥。其弟王審知建立閩國。傳見《新唐書》卷一百九十。❸崎嶇 道路險阻不平。❹望氣者 古代方士，據傳能望雲氣以測吉凶徵兆。❺行全二句 劉行全是王緒的妹夫。❻軍鋒之冠 即勇冠三軍。❼南安 縣名，縣治在今福建南安。❽違墳墓 離開祖先的墳墓。即背井離鄉。❾捐妻子 捨棄了妻、子。❿羈旅 客居他鄉。此句謂棄光州、壽州而入閩。⓫猜刻 猜疑嚴苛。⓬孑孑者 傑出特立的人。⓭須眉若神 形容長相不凡。⓮篁竹 竹林。⓯徇 對眾宣布。⓰魚肉 喻受殘害。⓱卒 最終。⓲秋豪無犯 絲毫不加侵犯。形容王潮部隊紀律嚴明。豪，「毫」之借字。⓳沙縣 縣名，縣治在今福建沙縣東。⓴耆老 年高而負聲望的老人。古稱六十歲為耆。

【語 譯】王緒到達漳州，因為道路險阻糧食短缺，命令軍中不得讓年紀大身體弱的人隨從自己，違反的人立即斬殺。只有王潮兄弟攙扶他們的母親董氏在崎嶇不平的道路上隨軍行走。王緒叫來王潮兄弟，責備他們說：

「軍隊都有法紀，沒有無法紀的軍隊。你們違反了我的命令而不處死，那是軍隊沒有法紀。」董氏的三個兒子說：「每個人都有母親，沒有無母親的人。將軍為什麼要讓人遺棄自己的母親呢！」王緒大怒，下令殺死他們的母親。董氏的三個兒子說：「我們侍奉母親如同侍奉將軍，既然要殺死我們的母親，何必還用我們呢！請讓我們死在母親的前面。」將士們都為王潮兄弟求情，這才放過他們。

有一個望雲氣測吉凶的人對王緒說：「軍中有王者之氣。」於是王緒看到將領和士兵有勇略超過自己的，以及氣質特別、身體魁梧的，都把他們殺掉。劉行全也被殺死了，大家都人人自危，說：「劉行全，是王緒的親人。而且勇冠全軍，還是不能免死，何況我們這些人啊！」走到南安，王潮遊說王緒的前鋒將領說：「我們離開了先祖的墳墓，丟下妻子兒女，客居外鄉做盜賊，這哪裡是我們的願望呢！這是被王緒所脅迫的緣故。現在王緒猜疑苛刻，不講仁愛，亂殺無辜，軍中孑然特立的人幾乎被王緒殺盡。您的鬚眉宛如神仙，騎馬射箭，無與倫比，又身為前鋒，我私下為您感到危險！」前鋒將領握住王潮的手哭泣，問有什麼辦法。王潮替他出主意，在竹林中埋伏幾十個壯士，看見王緒到了，拔劍大叫跳出來，在馬上抓住王緒，把他反綁著，對眾宣布，軍中都高呼萬歲。王潮推舉前鋒將領為主帥，前鋒將領說：「我們今天不會成為被人宰割的魚肉，都是您王潮的力量。上天要您王潮做主帥，誰還敢搶先呢！」互相推讓了多次，最終擁戴王潮為將軍。王緒歎息說：「王潮這個人在我的網中，沒能殺掉他，這豈不是天意嗎！」

王潮帶兵即將返回光州，約束他的部屬，經過的地方一絲一毫不能侵犯。行軍到沙縣，泉州人張延魯等人因為刺史廖彥若貪婪殘暴，率領有聲望的老年人獻上牛肉酒食，攔住去路，請求王潮留下來擔任泉州的將領，王潮於是率兵包圍了泉州。

九月戊申❶，以陳敬瑄為三川❷及峽內諸州❸都指揮、制置等使。○蔡軍❹圍荊南，馬步使❺趙匡謀奉❻前節度使陳儒❼以出，留後張瓌覺之，殺匡及儒。

冬，十月癸丑⑧，秦宗權敗朱全忠于八角⑨。

王重榮求救於李克用，克用方怨朝廷不罪⑩朱全忠，選兵市馬⑪，聚結諸胡⑫，議攻汴州，報⑬曰：「待吾先滅全忠，還掃鼠輩⑭如秋葉耳！」重榮曰：「待公自關東⑮還，吾為虜矣。不若先除君側之惡⑯，退擒全忠易矣。」時朱玫、李昌符亦陰附⑰朱全忠，克用乃上言⑱：「玫、昌符與全忠相表裏⑲，欲共滅臣，臣不得不自救，已集蕃、漢兵十五萬，決以來年濟河，自渭北討二鎮⑳，不近京城，保無驚擾。既誅二鎮，乃旋師㉑滅全忠以雪讎恥。」上遣使者諭釋㉒，冠蓋相望㉓。朱玫欲朝廷討克用，數遣人潛入京城，燒積聚，或刺殺近侍㉔，聲云㉕克用所為，於是京師震恐，日有訛言㉖。令孜遣玫、昌符將本軍及神策鄜、延、靈、夏等軍合[1]三萬人屯沙苑㉗，以討王重榮，重榮發兵拒之，告急於李克用，克用引兵赴之。

十一月，重榮遣兵攻同州㉘，刺史郭璋出戰，敗死。重榮與玫等相守㉙月餘，克用兵至，與重榮俱壁㉚沙苑，表請誅令孜及玫、昌符，詔和解之，克用不聽。

十二月癸酉㉛，合戰㉜。玫、昌符大敗，各走還本鎮，潰軍所過焚掠。克用進逼京城。乙亥㉝夜，令孜奉天子自開遠門㉞出幸鳳翔。

初，黃巢焚長安宮室而去，諸道兵入城縱掠，焚府寺民居㉟什六七，王徽累年補葺㊱，僅完一二，至是復為亂兵焚掠，無孑遺矣。○是歲，賜河中軍號護國。

【章　旨】以上為第八段，寫李克用進兵長安以圖田令孜，唐僖宗再度蒙塵，京師化為灰燼。

【注　釋】❶戊申　九月二十七日。❷三川　唐中葉以後分劍南西川、劍南東川和山南西道各為一鎮，謂之「三川」。❸峽內諸州　指三峽地區的歸州、峽州，屬荊南節度，現均由陳敬瑄指揮制置，這是田令孜照顧其兄的緣故。❹蔡軍　秦宗權所遣秦宗言的部隊。❺馬步使　官名，藩鎮自置部隊統率官。❻謀奉　打算擁戴。❼陳儒　此年正月，陳儒被張瓌囚禁。❽癸丑　十月初二日。❾八角　地名，在河南開封西南，今名八角店。❿不罪　不加罪、治罪。朱全忠曾在上源驛攻李克用，朝廷不能治其罪，李克用故怨之。⓫市馬　買馬。⓬諸胡　各路胡兵。「胡」是對西、北方各少數民族的泛稱。⓭報　答覆王重榮。⓮還掃鼠輩　滅朱全忠後回過頭來再收拾田令孜、朱玫、李昌符等。⓯關東　泛指函谷關以東地區。此時朱全忠駐汴州，故云。⓰君側之惡　指田令孜等人。⓱陰附　暗中依附。⓲上言　向皇帝進言。⓳相表裏　互為呼應、補充。⓴二鎮　即朱玫、李昌符。時朱玫為邠寧節度使，李昌符為鳳翔節度使。㉑旋師　還師。㉒諭釋　說明解釋。㉓冠蓋相望　皇帝的使者來往不絕，相望於路。冠，禮帽。蓋，車蓋。冠蓋借指官吏。㉔近侍　皇帝身邊的侍臣，指宦官。㉕聲云　聲言。㉖訛言　謠言；詐偽的話。㉗沙苑　地名，在今陝西大荔南。㉘同州　州名，治所馮翊，在今陝西大荔。㉙相守　相持。㉚壁　營壘。此處用如動詞，意為築壘駐紮。㉛癸酉　十二月二十三日。㉜合戰　交鋒。㉝乙亥　十二月二十五日。㉞開遠門　長安城西邊北數第一門。㉟府寺民居　官府與民宅。㊱補葺　修補。

【校　記】①合　原作「各」。胡三省注云：「一鎮亦恐不及三萬人之數，田令孜張大言之耳。」據章鈺校，十二行本作「合」，當是，今從改。

【語　譯】九月二十七日戊申，任命陳敬瑄為三川及峽內諸州都指揮、制置等使。○蔡州的軍隊包圍荊南，馬步使趙匡策劃擁戴前節度使陳儒復出，留後張瓌察覺此事，殺死了趙匡和陳儒。

冬，十月初二日癸丑，秦宗權在八角鎮打敗了朱全忠。

王重榮向李克用求救。李克用正在埋怨朝廷不治罪朱全忠，選兵買馬，聚結各部胡人，商議攻打汴州。他回報王重榮說：「等我先消滅朱全忠，回來再掃滅這些鼠輩，就像秋風掃落葉一樣！」王重榮說：「等您從關東回來，我已成為俘虜了。不如先除掉皇上身邊的壞人，再回兵擒拿朱全忠就容易了。」當時朱玫、李昌符也背地裡依附朱全忠，李克用就向僖宗進言說：「朱玫、李昌符和朱全忠相呼應，想要一起滅掉我。我不得不自救，已經聚集蕃兵、漢兵十五萬，決定明年渡過黃河，從渭北討伐他們兩鎮。我不靠近京城，保證無所驚擾。平定兩鎮以後，就回軍消滅朱全忠，報仇雪恥。」僖宗派遣使者勸解，前後絡繹不絕。

朱玫想讓朝廷討伐李克用，多次派人潛入京城，燒毀府庫積蓄，或者刺殺僖宗近侍，揚言李克用所為，於是京城震驚恐慌，每天都有謠言。田令孜派遣朱玫、李昌符率領自己的部隊和神策鄜、延、靈、夏等軍合三萬人駐紮沙苑，以討伐王重榮。王重榮發兵抵擋，告急於李克用，李克用率軍前往救援。

十一月，王重榮派遣軍隊攻打同州，刺史郭璋出戰，戰敗死去。王重榮和朱玫等相持了一個多月，李克用的軍隊到達，與王重榮都在沙苑築壘駐紮，上表請求殺死田令孜以及朱玫、李昌符。僖宗下詔調解他們，李克用不同意。

十二月二十三日癸酉，兩軍會戰。朱玫、李昌符大敗，各自逃回原來的鎮所。敗軍經過處，焚燒搶掠。李克用進逼京城。二十五日乙亥夜裡，田令孜奉護僖宗從開遠門出去，到達鳳翔。

當初，黃巢焚燒長安宮室後離去，各道軍隊進入城內，縱兵搶掠，燒毀官府、民居的十分之六七；王徽修繕多年，僅僅完成十分之一二，到這時又被亂兵焚燒搶掠，沒有一點遺留了。○這一年，賜河中軍號稱護國。

二年（丙午　西元八八六年）

春，正月，鎮海❶牙將張郁作亂，攻陷常州❷。○李克用還軍河中，與王重榮同表請大駕❸還宮，因罪狀田令孜，請誅之。上復以飛龍使楊復恭為樞密使❹。

戊子❺，令孜請上幸興元，上不從。是夜，令孜引兵入宮❻，劫上幸寶雞❼，黃門衛士❽從者纔數百人，宰相朝臣皆不知。翰林學士承旨❾杜讓能❿宿直禁中⓫，聞之，步追乘輿，出城十餘里，得人所遺馬⓬，無羈勒⓭，解帶繫頸⓮而乘之，獨追及上於寶雞。明日，乃有太子少保⓯孔緯⓰等數人繼至。讓能，審權之子。緯，戣之孫也。宗正⓱奉太廟⓲神主⓳至鄠⓴，遇盜，皆失之。朝士追乘輿者至盩厔㉑，為亂兵所掠，衣裝殆盡。

庚寅㉒，上以孔緯為御史大夫㉓，使還召百官，上留寶雞以待之。○時田令孜弄權，再致播遷㉔，天下共忿疾之。朱玫、李昌符亦恥為之用，且憚李克用、王重榮之彊，更與之合㉕。

蕭遘因邠寧奏事判官㉖李松年至鳳翔，遣召朱玫亟迎車駕。癸巳㉗，玫引步騎五千至鳳翔。孔緯詣宰相，欲宣詔召之。蕭遘、裴澈以令孜在上側，不欲往，辭疾㉘不見。緯令臺吏㉙趣百官詣行在，皆辭以無袍笏㉚。緯召三院御史㉛，泣謂：「布衣親舊有急，猶當赴之。豈有天子蒙塵㉜，為人臣子，累召而不往者邪[1]？」御史請辦裝㉝數日而行，緯拂衣㉞起曰：「吾妻病垂死且不顧，諸君善自為謀，請從此辭㉟！」乃詣李昌符，請騎衛送至行在，昌符義之，贈裝錢，遣騎送之。

邠寧、鳳翔兵追逼乘輿，敗神策指揮使楊晟㊱於潘氏㊲，鉦鼓之聲㊳聞於行宮。田令孜奉上發寶雞，留禁軍[2]守石鼻㊴為後拒。置感義軍㊵於興、鳳二州，以楊晟為節度使，守散關。時軍民雜糅㊶，鋒鏑縱橫㊷，以神策軍使王建、晉暉為清道斬斫使，建以長劍五百前驅奮擊，乘輿乃得前。上以傳國寶㊸授建，使[3]負之以從，登大散嶺㊹。李昌符焚閣道㊺丈餘，將摧折㊻，王建扶掖㊼上自煙焰中躍過。夜，宿板下，上枕建膝而寢，既覺，始進食，解御袍賜建曰：「以其有淚痕故也。」車駕纔入散關，朱玫已圍寶雞。石鼻軍潰，玫長驅攻散關，不克。嗣襄王熅㊽，肅宗之玄孫㊾也，有疾，從上不及，留遵塗驛㊿，為玫所得，與之[4]俱還鳳翔。

庚戌(51)，李克用還太原。

二月，王重榮、朱玫、李昌符復上表請誅田令孜。◯以前東都留守鄭從讜為守太傅兼侍中。

朱玫、李昌符使山南西道節度使石君涉柵絕險要(52)，燒郵驛(53)，上由他道以進。山谷崎嶇，邠軍(54)迫其後，危殆者數四，僅得達山南(55)。三月壬午(56)，石君涉棄鎮(57)逃歸朱玫。

癸未58，鳳翔百官蕭遘等罪狀田令孜及其黨韋昭度59，請誅之。初，昭度因供奉僧60澈結宦官，得為相。澈師知玄鄙澈所為，昭度每與同列61詣知玄，皆拜62之，知玄揖63使詣澈啜茶64。○山南西道監軍馮翊嚴遵美65迎上于西縣66，丙申67，車駕至興元。

【章旨】以上為第九段，寫田令孜劫持唐僖宗幸興元。

【注釋】❶鎮海　方鎮名，治所潤州，在今江蘇鎮江市。時節度使為周寶。周寶差張郁押兵士三百人戍於海次，張郁正月初一酗酒，殺死節度使府派來慰問戍兵的軍將，自度不能免禍，於是作亂。❷常州　州名，治所晉陵，在今江蘇常州。❸大駕　皇帝出行車駕。❹楊復恭為樞密使　中和三年，田令孜排斥楊復恭，改樞密使為飛龍使，掌御廄之馬。❺戊子　正月初八日。❻引兵入宮　帶兵入鳳翔行宮。❼寶雞　縣名，縣治在今陝西寶雞。❽黃門衛士　宦官及值宿衛兵。❾翰林學士承旨　官名，唐玄宗置，從翰林學士中選取年深德重者擔任，長學士院。凡大詔令、大廢置、重要政事，皆得專對，權極重。❿杜讓能　（？—西元八九三年）唐太宗時名相杜如晦的七世孫。公忠體國，景福二年被李茂貞所逼殺，死年五十三歲。追贈太師。傳見《舊唐書》卷一百七十七，並附《新唐書》卷九十六〈杜如晦傳〉。⓫宿直禁中　此指值宿於行宮。⓬遺馬　被人遺棄而未及收的馬。⓭羈勒　韁繩馬嚼。⓮解帶繫頸　因遺馬沒有絡頭，故解下衣帶繫在馬頸上乘騎。⓯太子少保　官名，與太子少師、太子少傅共稱為「東宮三少」，多為大臣的加官。⓰孔緯　（？—西元八九五年）山東曲阜人，孔子後裔。憲宗朝嶺南節度使孔戣之孫。傳見《舊唐書》卷一百七十九、《新唐書》卷一百六十三。⓱宗正　此指宗正寺長官，負責王室親族的事務，一般由皇族擔任。⓲太廟　天子的祖廟。⓳神主　宗廟內所設已死國君的牌位，以木或石做成。⓴鄠　縣名，縣治在今陝西戶縣，在長安西南六十里。㉑盩厔　縣名，縣治在今陝西周至。㉒庚寅　正月初十日。㉓御史大夫　官名，御史臺之長，主管彈劾、糾察以及掌管圖書祕籍。位僅次於丞相。㉔播遷　流離遷徙。唐僖宗初因避黃巢而奔蜀，現在又避并、蒲之兵而出奔。再次播遷，係田令孜弄權所致。㉕更與之合　朱玫、李昌符恥為田令孜所用，所以反過來與李克用、王重榮合作。

㉖奏事判官　官名，唐末藩鎮派遣所屬奏事，謂之奏事官。㉗癸巳　正月十三日。㉘辭疾　稱病推辭。蕭遘等因為田令孜在帝側，故託辭有病不見孔緯。㉙臺史　御史下屬的官吏。漢代以尚書為中臺，御史為憲臺，故後世稱尚書或御史為臺官。㉚袍笏　上朝的禮服和笏板。古代朝會時大臣手執笏板，有事則書於上，以備遺忘。㉛三院御史　唐制，御史分為三種：侍御史稱為臺院，地位較高；殿中侍御稱為殿院，監察御史稱為察院，是為三院御史。㉜蒙塵　喻皇帝流亡或失位，遭受垢辱。㉝辦裝　置辦袍服。㉞拂衣　提衣；振衣。表示激動、生氣。㉟辭　訣別；絕交；再不見面。㊱楊晟　後為威戎軍節度使，守彭州，被四川王建攻殺。傳見《新唐書》卷一百八十六。㊲潘氏　地名，在寶雞東北。㊳鉦鼓之聲　作戰的鑼鼓之聲。㊴石鼻　地名，在陝西寶雞東十里，一名石鼻寨。㊵置感義軍　始設感義軍鎮，領興、鳳二州。興州治所順政，在今陝西略陽，鳳州治所梁泉，在今陝西鳳縣東北，並為感義軍治所。㊶軍民雜糅　軍隊和老百姓混雜在一起。㊷鋒鏑縱橫　交戰的刀鋒和箭頭縱橫飛舞。形容當時行在所處境地艱險。㊸傳國寶　秦以後帝王歷代相傳的玉璽，傳為秦始皇所作。方圓四寸，上紐交五龍，正面刻李斯所寫「受命於天，既壽永昌」。僖宗讓王建負傳國寶跟從，表示信任。㊹大散嶺　山名，在今陝西寶雞西南。㊺閣道　即棧道。古時在川、陝懸崖峭壁上鑿孔架橋連閣而成的道路。㊻摧折　棧道折斷。㊼扶掖　攙扶。㊽嗣襄王煴　肅宗子襄王李僙的曾孫。傳見《舊唐書》卷一百七十五、《新唐書》卷八十二。㊾玄孫　第五代孫。㊿遵塗驛　驛站名，在石鼻，亦稱石鼻驛。(51)庚戌　正月三十日。(52)柵絕險要　在險要處設置柵欄阻絕交通。(53)郵驛　傳遞文書、供應食宿和車馬的驛站。(54)邠軍　朱玫的軍隊。朱玫為邠寧節度使，故云。(55)山南　道名，此指山南西道治所興元府，在今陝西漢中。(56)壬午　三月初三日。(57)棄鎮　山南西道節度使石君涉與朱玫等結黨，車駕猝至，故棄鎮而逃。(58)癸未　三月初四日。(59)韋昭度　（？—西元八九四年）字正紀，京兆人，中和元年七月以翰林學士承旨、兵部侍郎同平章事。傳見《舊唐書》卷一百七十九、《新唐書》卷一百八十五。(60)供奉僧　在皇帝左右供職的僧人。(61)同列　同在朝班的官員，即同事。(62)拜　拜手禮，比拱手禮更為敬重。(63)揖　拱手禮。知玄鄙視韋昭度等人，不深加接待，只行一拱手禮就讓他們到僧澈那裡去喝茶。(64)啜茶　喝茶。(65)嚴遵美　宦官。傳見《新唐書》卷二百七。(66)西縣　縣名，縣治在今陝西勉縣西。(67)丙申　三月十七日。

【校　記】[1]邪　原無此字。據章鈺校，十二行本、乙十一行本皆有此字，張敦仁《通鑑刊本識誤》同，今據補。[2]軍　原作「兵」。據章鈺校，十二行本、乙十一行本皆作「軍」，今從改。[3]使　原無此字。據章鈺校，十二行本、乙十一行本皆有此字，張敦仁《通鑑刊本識誤》同，今據補。[4]之　原無此字。據章鈺校，十二行本、乙十一行本皆有此字，今據補。

【語譯】二年（丙午　西元八八六年）

春，正月，鎮海牙將張郁發動叛亂，攻陷常州。〇李克用回軍河中，與王重榮一起上表請求御駕回宮，並列舉田令孜的罪惡，請求殺死他。僖宗再次任命飛龍使楊復恭為樞密使。

正月初八日戊子，田令孜請僖宗駕臨興元，僖宗沒有同意。這天夜裡，田令孜帶領軍隊進入行宮，劫持僖宗到寶雞去，宦官和衛士跟從的只有幾百人，宰相、大臣都不知道。翰林學士承旨杜讓能宿衛宮禁，聽到了這件事，跑步追趕僖宗車駕，出城十多里路，得到別人拋棄的馬匹，沒有韁繩馬嚼，只好解下衣帶繫在馬脖，騎上牠，獨自在寶雞追上了僖宗。第二天，太子少保孔緯等幾個人才相繼趕到。杜讓能，是杜審權的兒子。孔緯，是孔戣的孫子。宗正官恭奉太廟神主，到達鄠縣，遇上盜賊，都丟失了。追趕僖宗車駕的朝官到了盩厔，都被亂兵搶掠，衣服、行裝幾乎全沒了。

正月初十日庚寅，僖宗任命孔緯為御史大夫，命令他回去招呼百官，僖宗留在寶雞等待他們。〇當時田令孜憑藉職位濫用權力，再次導致僖宗流離遷徙，天下人人都痛恨他。朱玫、李昌符也恥於被他利用，並且懼怕李克用、王重榮的強盛，便改變態度與李克用、王重榮合作。

蕭遘因為邠寧奏事判官李松年到達鳳翔，便派遣李松年宣召朱玫趕快迎接僖宗。正月十三日癸巳，朱玫帶領騎兵五千人到達鳳翔。孔緯到了宰相那裡，想宣示詔書召宰相到行在所。蕭遘、裴澈因為田令孜在僖宗身邊，不想去，借病推辭，不去謁見僖宗。孔緯命令御史臺的官吏催促百官前往僖宗那裡，都推辭說沒有官袍和朝笏。孔緯召來三院御史，哭著說：「平民百姓的親戚故舊有急難的，還應趕去幫助他們。哪能天子蒙辱失位，做他人臣子的，多次召呼也不前去的呢？」御史們請求給幾天時間準備好行裝再去。孔緯振衣起身說：「我的妻子病得快要死了都顧不上，各位自己好好地謀劃一下吧，我就此告辭啦！」於是去見李昌符，請派騎兵護送他到僖宗那裡。李昌符認為孔緯忠義，送給行裝和錢財，派遣騎兵送他走。

邠寧、鳳翔的軍隊追逼僖宗車駕，在潘氏堡打敗了神策指揮使楊晟，鉦鼓的聲音，在行宮裡就能聽到。田令孜侍奉僖宗從寶雞出發，留下禁軍駐守石鼻，在後抵禦。在興、鳳兩州設置感義軍，任命楊晟為節度使，駐守散關。當時軍民混雜，刀鋒箭鏃縱橫飛舞，任命神策軍使王建、晉暉擔任清道斬斫使。王建用五百人手持長劍，在前奮擊開路，僖宗車駕才得以前進。僖宗把傳國寶交給王建，讓他背著跟隨，登上了大散嶺。李昌符燒毀棧道一丈有餘，快要斷了，王建扶著僖宗從煙火中跳過。夜晚，住宿在木板下，僖宗枕著王建的膝蓋睡覺，醒了以後，才吃些食物。僖宗解下自己的袍子賜給王建說：「因為這件衣服上有你的淚痕。」僖宗才進入散關，朱玫已經包圍了寶雞。石鼻的軍隊潰敗了，朱玫長驅直入攻打散關，沒有攻打下來。嗣襄王李熅是唐肅宗的玄孫，身體有病，跟不上僖宗，留在遵塗驛，被朱玫抓獲，和朱玫一起返回鳳翔。

正月三十日庚戌，李克用返回太原。

二月，王重榮、朱玫、李昌符又上表請求誅殺田令孜。○任命前東都留守鄭從讜暫時代理太傅兼任侍中。

朱玫、李昌符讓山南西道節度使石君涉修建木柵阻絕險要通道，燒毀驛站，僖宗經由其他道路前行。山路崎嶇，朱玫的軍隊在後面追逼，危險情況多次發生，僖宗僅到達山南。三月初三日壬午，石君涉丟棄鎮所逃歸到朱玫那裡。

三月初四日癸未，在鳳翔的百官蕭遘等人列舉田令孜及其同黨韋昭度的罪狀，請求誅殺他們。當初，韋昭度藉著供奉僧澈的關係結交宦官，得任宰相。僧澈的師傅知玄鄙視僧澈的所作所為，韋昭度每次和同僚到知玄那裡，都行拜手禮，知玄僅行拱手禮，便讓他們到僧澈那裡去喝茶。○山南西道監軍馮翊人嚴遵美在西縣迎接僖宗。十七日丙申，唐僖宗到達興元。

戊戌❶，以御史大夫孔緯、翰林學士承旨・兵部尚書杜讓能並為兵部侍郎、同平章事。○保鑾都將李鋋等敗邠軍於鳳州。

詔加王重榮應接糧料使❷，使[1]調本道❸穀十五萬斛❹以濟國用。重榮表稱令孜未誅，不奉詔。

以尚書左丞❺盧渥為戶部尚書，充山南西道留後。以嚴遵美為內樞密使❻，遣王建帥部兵戍三泉❼，晉暉及神策軍使張造帥四都兵❽屯黑水❾，修棧道以通往來。以建遙領❿壁州⓫刺史。將帥遙領州鎮自此始。

陳敬瑄疑東川節度使高仁厚，欲去之。遂州⓬刺史鄭君雄[2]起兵攻陷漢州，進向成都。敬瑄遣其將李順之逆戰，君雄敗死。敬瑄又發維⓭、茂⓮羌軍⓯擊仁厚，殺之。

朱玫以田令孜在天子左右，終不可去，言於蕭遘曰：「主上播遷六年，中原將士冒矢石⓰，百姓供饋餉⓱，戰死餓死，什減七八⓲，僅得復京城。天下方喜車駕還宮，主上更以勤王之功為敕使之榮⓳，委以大權，使墮綱紀⓴，騷擾藩鎮㉑，召亂生禍。玫昨奉尊命來迎大駕，不蒙信察，反類脅君㉒。吾輩報國之心極㉓矣，戰賊之力殫㉔矣，安能垂頭弭耳㉕，受制於閹寺㉖之手哉！李氏㉗孫尚多，相公㉘盍㉙改圖㉚以利社稷乎？」遘曰：「主上踐阼㉛十餘年，無大過惡。正以令孜專權肘腋㉜，致坐不安席，上每言之，流涕不已。近日上初無行意㉝，令孜陳兵帳前，迫脅以行，不容俟旦㉞。罪皆在令孜，人誰不知！足下盡心王室，正有㉟引兵還鎮㊱，拜表迎鑾㊲。廢立重事㊳，伊、霍㊴所難，遘不敢聞命！」玫出，宣言曰：

「我立李氏一王，敢異議者斬！」

夏，四月壬子㊵，玫逼鳳翔百官奉襄王熅權監軍國事㊶，承制㊷封拜㊸指揮㊹，仍遣大臣入蜀迎駕，盟百官于石鼻驛。玫使蕭遘為冊文㊺，遘辭以文思荒落㊻，乃使兵部侍郎判㊼戶部鄭昌圖為之。乙卯㊽，熅受冊㊾，玫自兼左、右神策十軍使㊿，帥百官奉熅還京師。以鄭昌圖同平章事，判度支、鹽鐵、戶部，各置副使，三司之事一以委焉。河中百官(51)崔安潛等上襄王牋(52)，賀受冊。

田令孜自知不為天下所容，乃薦樞密使楊復恭為左神策中尉(53)、觀軍容使(54)，自除西川(55)監軍使，往依陳敬瑄。復恭斥令孜之黨，出王建為利州(56)刺史，晉暉為集州(57)刺史，張造為萬州刺史，李師泰為忠州刺史。

五月，朱玫以中書侍郎(58)、同平章事蕭遘為太子太保，自加侍中、諸道鹽鐵、轉運等使。加裴澈判度支，鄭昌圖判戶部，以淮南節度使高駢兼中書令，充江淮鹽鐵、轉運等使、諸道行營兵馬都統，淮南右都押牙(59)、和州刺史呂用之為嶺南東道(60)節度使，大行封拜以悅藩鎮。遣吏部侍郎(61)夏侯潭(62)宣諭河北，戶部侍郎楊陟宣諭江、淮，諸藩鎮受其命者什六七，高駢仍奉牋勸進(63)。

【章旨】以上為第十段，寫朱玫擅立襄王李熅監國，對抗唐僖宗，高駢上表勸進。

【注釋】❶戊戌 三月十九日。❷應接糧料使 官名，臨時加官，負責調度朝廷糧餉。❸本道 王重榮時為河中節度使，駐蒲州，屬河東道。❹斛 量器名，古代以十斗為一斛。❺尚書左丞 官名，唐代尚書省設左、右丞，掌監察百官。❻內樞密使 官名，唐代宗永泰中始置，以宦者充任，掌承受表奏。❼三泉 縣名，武德四年（西元六二一年）分利州之綿谷置三泉縣，縣治在今四川廣元北。❽四都兵 從駕部隊為五都，王建以一都戍三泉，晉暉、張造以四都屯黑水。都，唐代禁軍以千人為一都。❾黑水 水名，在梁州城固縣西北太白山，南流入漢。❿遙領 擔任職名，不親往任職。⓫壁州 州名，治所在今四川通江縣。⓬遂州 州名，治所在今四川遂寧。⓭維 州名，治所薛城，在今四川理縣東北。⓮茂 州名，治所汶山，在今四川阿壩藏族羌族自治州。⓯羌軍 羌族部隊。羌族為我國西南少數民族之一。⓰冒矢石 出入戰陣之中。矢石，指箭與石。古代作戰，發矢拋石打擊敵人。⓱饋餉 軍糧。⓲什減七八 軍隊和百姓戰死餓死十分之七八。⓳主上更以勤王之功為敕使之榮 謂皇帝反而把救援皇室的功勞歸於宦官田令孜。敕使，皇帝的使者，此指田令孜。⓴墮綱紀 指宦官專權，敗壞國家法紀。㉑騷擾藩鎮 指光啟元年（西元八八五年）田令孜更置節度使任所，徙河中節度使王重榮為泰寧節度使，原泰寧節度使齊克讓為義武節度使，原義武節度使王處存為河中節度使，導致禍亂。㉒脅君 威脅皇帝。㉓極 至；達到最高程度。㉔殫 盡。㉕垂頭弭耳 俯首貼耳。㉖閹寺 太監的賤稱。㉗李氏 指皇族。㉘相公 丞相。此指蕭遘。㉙盍 副詞。意為何不。㉚改圖 改變計畫。此處勸蕭遘另擁立皇帝。㉛踐阼 天子登位稱踐阼。帝王嗣位或祭祀時所登之階稱阼。僖宗於西元八七四年即位，至此時已十二年。㉜肘腋 喻切近的地方。㉝初無行意 言此次僖宗開始時並沒有離開長安的意思。㉞俟旦 等到天亮。㉟正有 只有。㊱還鎮 回到邠寧節度使的治所。㊲拜表迎鑾 上表迎接僖宗鑾駕返回長安。㊳廢立重事 廢掉皇帝，另立新君，乃朝廷大事。㊴伊霍 指商朝的伊尹和漢朝的霍光。商王太甲縱欲無度，被伊尹放逐於桐宮。漢昌邑王劉賀即位後淫亂，被霍光廢之，另立宣帝。後世將二人並稱「伊、霍」。㊵壬子 四月初三日。㊶權監軍國事 代行處理國政、軍事。唐以來稱代理、攝守官職為權。君王外出，太子或諸王代為處理國政，謂之監國。㊷承制 原意為秉承皇帝旨意，此處指以皇帝的名義。㊸封拜 拜官授爵。㊹指揮 發令調遣。㊺冊文 皇帝的詔書，凡立皇后、太子，封王、尊賢，都要有冊書。㊻文思荒落 作文的思路荒廢。此為蕭遘推辭之語。㊼判 以高官兼任低職或以他官兼臨時所設要職者。鄭昌圖以兵部侍郎判戶部，即為戶部實際負責人。戶部的原官尚書反而不能舉其職。㊽乙卯 四月初六日。㊾受冊 接受冊封。

50左右神策十軍使　官名，禁軍的統帥。田令孜曾將神策軍擴充為五十四都，分為十軍。51河中百官　唐僖宗出奔，百官沒有跟從而奔河中者。52牋　上太子、諸王之書謂之牋。53左神策中尉　官名，神策軍的護軍中尉，由宦官擔任，起控制神策的作用。54觀軍容使　官名，即觀軍容宣慰處置使，亦簡稱軍容，宦官魚朝恩、田令孜皆擔任此職，權極重。55西川　方鎮名，唐肅宗至德二載（西元七五七年）分劍南道為西川、東川兩節度使。西川領益、彭、蜀、漢、眉、嘉、邛等州，治所成都。56利州　州名，治所綿谷，在今四川廣元。57集州　州名，治所在今四川南江縣。58中書侍郎　官名，中書令的副職，參與朝政。59右都押牙　官名，押牙是藩鎮衙署內部的親信武職，其主官稱為都押牙。60嶺南東道　方鎮名，唐肅宗至德元載（西元七五六年）設嶺南節度使。唐懿宗咸通三年（西元八六二年）將嶺南節度分為東西兩道，廣管為嶺南東道，治所廣州，即今廣東廣州。61吏部侍郎　官名，吏部尚書的副職。唐代吏部掌內外官吏選授、勳封、考課等政令。62夏侯潭　夏侯孜之子，登進士第，累官至吏部侍郎。傳附《舊唐書》卷一百七十七〈夏侯孜傳〉。63奉牋勸進　高駢上書襄王李熅，勸即帝位。

【校　記】1使使　「使」字原不重。據章鈺校，十二行本、乙十一行本皆重「使」字，今據補。2君雄　原作「君立」。嚴衍《通鑑補》改作「君雄」，今據以校正。下同。

【語　譯】三月十九日戊戌，任命御史大夫孔緯、翰林學士承旨・兵部尚書杜讓能一起擔任兵部侍郎、同平章事。〇保鑾都將李鋋等人在鳳州打敗了朱玫的軍隊。

下詔加官王重榮為應接糧料使，讓他調撥本道的穀米十五萬斛以供國家需用。王重榮上表說田令孜還沒有誅殺，他不接受詔命。

任命尚書左丞盧渥為戶部尚書，充任山南西道留後。任命嚴遵美為內樞密使，派遣王建率領所部士兵戍守三泉。晉暉和神策軍使張造率領四都的軍隊屯駐黑水，修葺棧道，打通往來道路。任命王建遙領壁州刺史。將帥遙領州鎮從這時開始。

陳敬瑄懷疑東川節度使高仁厚，打算除掉他。遂州刺史鄭君雄起兵攻陷漢州，向成都進軍。陳敬瑄派遣他的部將李順之迎戰，鄭君雄戰敗被殺。陳敬瑄又調發維州、茂州的羌族軍隊攻打高仁厚，把他殺了。

朱玫由於田令孜在天子身邊，始終不能把他除去，對蕭遘說：「皇上在外流離遷徙六年了。中原將士身冒亂箭飛石，百姓供應軍糧，戰死的餓死的，喪失了十分之七八，才僅僅收復了京城。天下正在高興皇上回到了宮中，皇上卻把勤王的功勞算作敕使田令孜的成果，委以重權，致使綱紀敗壞，騷擾藩鎮，招致變亂，發生災禍。我日前奉您的命令去迎接皇上，沒有受到大家的信任和明察，反而像在脅迫君主。我們報效國家的心意已經到了極點，跟賊寇作戰的力量也已經用盡了，怎麼能俯首帖耳，受制於閹人之手！李氏的皇家子孫還很多，丞相您為什麼不改變計畫，以利於國家呢？」蕭遘回答說：「皇上即位十多年，沒有大的過錯。正是由於田令孜在身邊專權，致使他坐不安席，皇上每次言及此事，流涕不止。近幾天皇上本不想走，田令孜在他的帳前布滿了軍隊，脅迫他馬上走，不允許等到天亮。所有的罪過全在田令孜一人，人們有誰不知道呢！你盡心王室，唯有帶領軍隊返回鎮所，恭敬地上表來迎接皇上。廢立君主的大事，伊尹、霍光也感到很難，我蕭遘不能聽從你的命令！」朱玫出去後，宣布說：「我擁立李氏的一個子孫為王，敢有異議的斬首！」

夏，四月初三日壬子，朱玫逼迫在鳳翔的百官尊奉襄王李熅暫時監理軍國大事，稟承君命封爵拜官指揮調遣，還派大臣到蜀地去迎接皇帝，在石鼻驛和百官盟誓。朱玫讓蕭遘撰寫詔書，蕭遘推辭說為文思路已經荒廢。於是讓兵部侍郎判戶部鄭昌圖來撰寫。初六日乙卯，李熅接受冊封，朱玫自己兼任左、右神策十軍使，率領百官奉侍李熅返回京師。任命鄭昌圖擔任同平章事，判度支、鹽鐵、戶部，各部門設置副使，御史大夫、中書、門下三司的事務全部委任鄭昌圖一人。在河中的百官崔安潛等人向襄王李熅奉上牋表，祝賀他接受冊封。

田令孜自己知道不被天下人所寬容，就推薦樞密使楊復恭為左神策中尉、觀軍容使，自己擔任西川監軍使，去投靠陳敬瑄。楊復恭排斥田令孜的黨羽，外任王建為利州刺史，晉暉為集州刺史，張造為萬州刺史，李師泰為忠州刺史。

五月，朱玫任命中書侍郎、同平章事蕭遘為太子太保，自己加官侍中、諸道鹽鐵、轉運等使。加官裴澈為判度支，鄭昌圖為判戶部，任命淮南節度使高駢兼任中書令，代理江．淮鹽鐵、轉運等使、諸道行營兵馬都統，淮南右都押牙、和州刺史呂用之為嶺南東道節度使，大肆進行封官拜爵，來取悅藩鎮。派遣吏部侍郎夏侯潭宣示告諭河北，戶部侍郎楊陟宣示告諭江、淮。各地藩鎮接受襄王命令的有十分之六、七，高駢就奉上牋表，勸襄王李熅即位為皇帝。

呂用之建牙開幕❶，一與駢同❷，凡駢之腹心及將校能任事者，皆逼以從己，諸所施為，不復咨稟❸。駢頗疑之，陰欲奪其權，而根蔕❹已固，無如之何❺。用之知之，甚懼，訪於其黨前度支巡官❻鄭杞、前知廬州事董瑾，杞曰：「此固❼為晚矣。」用之問策安出，杞曰：「曹孟德❽有言：『寧我負人，無人負我❾。』」明日，與瑾共為書一緘❿授用之，其語祕，人莫有知者。◯蕭遘稱疾歸永樂⓫。

初，鳳翔節度使李昌符與朱玫同謀立襄王，既而玫自為宰相專權。昌符怒，不受其官，更通表興元⓬。詔加昌符檢校司徒⓭。◯朱玫遣其將王行瑜將邠寧、河西⓮兵五萬追乘輿，感義節度使楊晟戰數卻⓯，棄散關走，行瑜進屯鳳州。

是時，諸道貢賦多之⓰長安，不之興元，從官衛士皆乏食，上涕泣，不知為計。杜讓能言於上曰：「楊復光與王重榮同破黃巢，復京城，相親善。復恭，其兄也。若遣重臣往諭以大義，且致復恭之意，宜有回慮歸國之理⓱。」上從之，遣右諫議大夫⓲劉崇望⓳使于河中，齎詔諭重榮，重榮即聽命，遣使表獻絹十萬匹，且請討朱玫以自贖⑳。

戊戌㉑，襄王熅遣使至晉陽賜李克用詔，言上至半塗，六軍㉒變擾，蒼黃㉓晏駕㉔，吾為藩鎮所推，今已受冊。朱玫亦與克用書，克用聞其謀皆出於玫，大怒。大將蓋寓㉕說克用曰：「鑾輿播遷，天下皆歸咎於我㉖，今不誅玫，黜㉗李熅，無以自湔洗㉘。」克用從之，燔㉙詔書，囚使者，移㉚檄㉛鄰道，稱：「玫敢欺藩方㉜，明言晏駕。當道㉝已發蕃、漢三萬兵進討凶逆，當共立大功。」寓，蔚州㉞人也。秦賢寇宋、汴，朱全忠敗之於尉氏㉟南。癸巳㊱，遣都將郭言㊲將步騎三萬擊蔡州。

六月，以扈蹕都將㊳楊守亮㊴為金商㊵節度、京畿制置使，將兵二萬出金州，與王重榮、李克用共討朱玫。守亮本姓訾，名亮，曹州人，與弟信皆為楊復光假子，更名守亮、守信。

李克用遣使奉表，稱方發兵濟河，除逆黨，迎車駕，願詔諸道與臣協力。先是，山南之人皆言克用與朱玫合，人情恟懼㊶。表至，上出示從官，并諭山南諸鎮，由是帖然㊷。然克用表猶以朱全忠為言㊸，上使楊復恭以書諭之云：「俟三輔㊹事寧，別有進止㊺。」

衡州(46)刺史周岳發兵攻潭州(47)，欽化節度使閔勗(48)招淮西將(49)黃皓入城共守，皓遂殺勗。岳攻拔州城，擒皓，殺之。

鎮海節度使周寶遣牙將丁從實襲常州，逐張郁，郁奔海陵(50)，依鎮遏使南昌高霸。霸，高駢將也。鎮海陵，有民五萬戶，兵三萬人。

秋，七月，秦宗權陷許州，殺節度使鹿晏弘。○王行瑜進攻興州(51)，感義節度使楊晟棄鎮走，據文州(52)，詔保鑾都將李鋋、扈蹕都將李茂貞(53)、陳佩屯大唐峯(54)以拒之。茂貞，博野(55)人，本姓宋，名文通，以功賜姓名。○更命欽化軍曰武安，以衡州刺史周岳為節度使。

八月，盧龍節度使李全忠薨，以其子匡威(56)為留後。○王潮拔(57)泉州，殺廖彥若(58)。潮聞福建觀察使[1]陳巖威名，不敢犯福州境，遣使降之，巖表潮為泉州刺史。潮沈勇(59)有智略，既得泉州，招懷離散(60)，均賦繕兵(61)，吏民悅服。幽王緒於別館，緒慚，自殺。

九月，朱玫將張行實攻大唐峯，李鋋等擊卻之。金吾將軍滿存與邠軍戰，破之，復取興州，進守萬仞寨(62)。

李克脩攻孟方立，甲午(63)，擒其將呂臻於焦岡(64)，拔固鎮(65)[2]、武安(66)、臨洺(67)、邯鄲㊈、沙河㊉。以大將安金俊為邢州刺史。長安百官、太子太師裴璩等勸進於襄王熅。冬，十月，熅即皇帝位，改元建貞，遙尊上為太上元皇聖帝。

【章　旨】以上為第十一段，寫李克用大軍征討朱玫，朱玫倒行逆施，擁立襄王李熅稱帝。

【注　釋】❶建牙開幕　獨立設置牙帳幕府。指呂用之不再聽命於高駢。牙，軍前大旗。幕，帳幕，指鎮將府署。❷一與駢同　一切設置等同高駢。❸咨稟　徵詢意見和稟告。❹根蔕　根莖，此喻基礎。蔕，同「蒂」。花及瓜果與枝莖相連的部分。❺無如之何　無可奈何。❻度支巡官　官名，唐時節度使的僚屬，位居判官、推官之次，職掌財務。❼固　已經。❽曹孟德　曹操的字。❾寧我負人二句　東漢末，曹操避董卓之難，路過故人呂伯奢家，呂殺豬宰羊相迎，曹聽到磨刀聲，以為呂要加害於他，殺了呂家八口逃走。事後說：「寧我負人，毋人負我。」語見《三國志・魏書・武帝紀》裴松之注引孫盛《雜記》。鄭杞此言，是勸呂用之消滅高駢。❿為書一緘　寫信一封。⓫永樂　縣名，縣治在今山西芮城西。蕭遘弟蕭蘧為永樂令，故往依之。⓬通表興元　李昌符向僖宗行在上表，示意擁護僖宗還朝。⓭檢校司徒　官名，檢校是詔除而非正名的加官，司徒為三公之一。唐末武人這種加官很多，以示榮寵。⓮河西　方鎮名，唐睿宗景雲元年（西元七一〇年）置河西節度使，治所涼州，在今甘肅武威。安史之亂後沒於吐蕃。宣宗時張義潮收涼州，河西又歸屬於唐。⓯卻　敗退。⓰之　送往。⓱回慮歸國之理　按理，王重榮當回心轉意，歸服朝廷。⓲右諫議大夫　官名，掌論議。唐制，諫議大夫分左、右，分屬門下省、中書省。⓳劉崇望　字希徒，為唐初圖形凌煙閣功臣劉政會第八世孫，官至中書侍郎、同平章事，兼兵部、吏部尚書。傳見《舊唐書》卷一百七十九，並附《新唐書》卷九十〈劉政會傳〉。⓴自贖　自己主動立功贖罪。㉑戊戌　五月二十日。㉒六軍　泛指朝廷的軍隊。㉓蒼黃　同「倉皇」。匆促；慌張。㉔晏駕　皇帝死亡的諱辭。此處言唐僖宗晏駕是製造謊言。㉕蓋寓　（？—西元九〇五年）李克用親將，常衛從，特授檢校太保，開國侯，食邑一千戶。天祐二年卒。莊宗即位，追贈太師。傳見《舊五代史》卷五十五。㉖歸咎於我　意即歸罪於我們。因為唐僖宗出奔鳳翔、興元，是由於李克用與王重榮兵逼京城。歸咎，歸罪。㉗黜　廢免。㉘湔洗　洗刷汙穢，比喻改過自新。㉙燔　燒。㉚移　將公文發往平行機關。㉛檄　用以徵召、曉諭或聲討的文書。㉜藩方　藩鎮。方，地方；方面。㉝當道　本道。㉞蔚州　州名，治所靈丘，在今山西靈丘。㉟尉氏　縣名，縣治在今河南尉氏。㊱癸巳　五月十五日。㊲郭言　（？—西元八九二年）太原人，家南陽新野，被黃巢裹脅為盜，後從朱全忠為裨校。積功任宿州刺史。景福元年，時溥攻宿州，郭言野戰，中流矢死。傳見《舊五代史》卷二十一。㊳匽蹕都將　官名，匽蹕都，神策五十四都之一。匽，侍從。蹕，帝王出行時止行清道。㊴楊守亮　曹州人，初從王仙芝為盜，降楊復光為假子，以戰功拜山南西道節度使。後奉詔入四川討王建，兵敗閬州，隻身北奔太原，在商山為韓建所擒，檻車送京師被誅。傳見《新唐書》卷一百八十六。㊵金商　方鎮名，光啓元年（西元八八五年）升金商都防禦使為節度，兼京畿制置使。治所西城，在今陝西安康。㊶恟懼　震動恐懼。㊷帖然　安定。㊸以朱全忠為言　以彈劾朱全忠為進諫內容。㊹三輔　地區名，指關中京畿之地。㊺別有進止　另有安排。進止，升降。㊻衡州　州名，治所衡陽，在今湖南衡陽。㊼潭州　州名，治所長沙，在今湖南長沙。㊽閔勗　中和元年（西元八八一年）據潭州。㊾淮西將　即秦宗權將。淮西節度治所蔡州，秦宗權據蔡州，為節度使。㊿海陵　縣名，縣治在今江蘇泰州。唐時為泰州治所。(51)興州　州名，治所在今陝西略陽。(52)文州　州名，治所在今甘肅文縣西南。(53)李茂貞　（西元八五六—九二四年）本姓宋，名文通，深州博野（今屬河北）人，唐僖宗朝歷任武定、鳳翔節度使，封隴西郡王，賜姓李。傳見《舊五代史》卷一百三十二、《新五代史》卷四十。(54)大唐峯　山名，即大唐山，在今陝西略陽東南。(55)博野　縣名，縣治在今河北蠡縣。(56)匡威　（？—西元八九三年）范陽節度使李全忠之子。李匡威繼父領節度使，被其弟李匡籌所逐。傳附《舊唐書》卷一百八十、《新唐書》卷二百十二〈李全忠傳〉。(57)拔　攻克。王潮於去年八月圍泉州，至今攻克。(58)廖彥若　（？—西元八八六年）泉州刺史，為官貪暴。事略見《新唐書》卷一百九十〈王潮傳〉。(59)沈勇　沉著勇敢。沈，通「沉」。(60)招懷離散　招撫流亡，安置離散，恢復生產。(61)均賦繕兵　平均賦稅，修整武備。(62)萬仞寨　地名，在今陝西略陽西北長峰之北。(63)甲午　九月十八日。(64)焦岡　地名，在今河北武安西。(65)固鎮　鎮名，在今河北武安西南。(66)武安　縣名，縣治在今河北武安。(67)臨洺　縣名，縣治在今河北永年西。(68)邯鄲　縣名，縣治在今河北邯鄲。(69)沙河　縣名，縣治在今河北沙河縣北。

【校　記】[1]使　原無此字。張敦仁《通鑑刊本識誤》有此字，當是，今據補。[2]固鎮　原作「故鎮」。嚴衍《通鑑補》改作「固鎮」，今據以校正。

【語　譯】呂用之建立牙帳，設置幕府，完全和高駢相同，凡是高駢的心腹和將校能擔任職事的，都強迫他們服從自己，所作所為，不再向高駢徵詢和稟告。高駢非常懷疑呂用之，暗中準備奪回他的權力，但是呂用之已經根深蒂固，高駢拿他無可奈何。呂用之知道了這一情況，非常害怕，詢問他的同黨前度支巡官鄭杞、前知廬州事董瑾。鄭杞說：「高駢這樣做為時已晚。」呂用之問該用什麼計策，鄭杞說：「曹操有這樣一句話：『寧可我辜負別人，不要別人辜負我。』」第二天，鄭杞和董瑾一起寫了一封信給呂用之，信中的話很機密，沒有人知道它的內容。○蕭遘稱說有病返回永樂。

當初，鳳翔節度使李昌符和朱玫一起謀劃擁立襄王，事後朱玫自己擔任宰相獨攬大權。李昌符很生氣，不接受朱玫加封的官職，另上表到興元。僖宗下詔加封李昌符為檢校司徒。○朱玫派遣他的部將王行瑜率領邠寧、河西的軍隊五萬人追趕僖宗，感義節度使楊晟多次交戰敗退，放棄散關逃走，王行瑜進兵屯駐鳳州。

當時，各道上貢的賦稅大多送往長安，不送往興元。隨從僖宗的官員、衛士都缺少糧食，僖宗涕淚交加，不知道採取什麼主意。杜讓能對僖宗說：「楊復光和王重榮一起打敗黃巢，收復京城，彼此關係親密友好。楊復恭，是楊復光的哥哥。如果派遣重臣前往申明大義，並且傳達楊復恭的心意，按理他們應該回心轉意歸順國家。」僖宗聽從他的意見，派遣右諫議大夫劉崇望出使河中，帶著詔書告諭王重榮。王重榮立即聽從命令，派遣使者上表，呈獻絹十萬匹，並且請求討伐朱玫，自贖罪過。

五月二十日戊戌，襄王李熅派遣使者到晉陽賜給李克用詔書，說皇上走到半路，六軍兵變騷亂，皇上倉促去世。我被藩鎮擁舉，現在已經接受冊命了。朱玫也寫信給李克用。李克用聽說這些計謀都出自朱玫，大怒。大將蓋寓勸李克用說：「皇上流離遷徙，天下都歸罪於我們，今天不殺死朱玫，廢黜李熅，我們無法洗清責任。」李克用同意了他的建議，燒掉了李熅的詔書，囚禁了使者，傳送檄文給鄰近各道，說：「朱玫膽敢欺騙各方藩鎮，宣稱皇上去世。我這裡已調動蕃、漢三萬士兵進軍討伐兇惡的逆賊，大家應當一起建立這一重大功業。」蓋寓，是蔚州人。

秦賢侵擾宋州、汴州，朱全忠在尉氏的南邊打敗了秦賢。五月十五日癸巳，派遣都將郭言率領步兵、騎兵三萬人攻打蔡州。

六月，任命扈蹕都將楊守亮為金商節度、京畿制置使，率領二萬士兵從金州出發，與王重榮、李克用一起討伐朱玫。楊守亮原本姓訾，名叫亮，是曹州人，和弟弟訾信都做了楊復光的義子，改名叫守亮、守信。李克用派遣使者上表，說正發兵渡河，掃除逆黨，迎接皇上，希望皇上下詔各道和臣協力作戰。此前，山南的人都說李克用和朱玫聯合，人心震恐。表文送到以後，僖宗出示給隨從的官吏，並且告諭山南各鎮，由此人心安定下來。然而李克用的表章仍然針對朱全忠討說法，僖宗讓楊復恭用書信告訴他說：「等到三輔京兆、馮翊、扶風的事情安定後，我另有安排。」

衡州刺史周岳發兵攻打潭州，欽化節度使閔勗叫來淮西將領黃皓進入城中一起防守，黃皓便殺了閔勗。周岳攻克潭州，活捉黃皓，殺了他。

鎮海節度使周寶派遣牙將丁從實襲擊常州，驅逐了張郁，張郁跑往海陵，依附鎮遏使南昌人高霸。高霸，是高駢的部將。鎮守海陵，有民戶五萬，士兵三萬人。

秋，七月，秦宗權攻陷許州，殺了節度使鹿晏弘。〇王行瑜進攻興州，感義節度使楊晟丟棄鎮所逃走，佔據了文州。僖宗下詔命令保鑾都將李鋋、扈蹕都將李茂貞、陳佩駐紮在大唐峰來抵抗王行瑜。李茂貞是博野人，原本姓宋，名叫文通，因為有功勞，賞賜這個姓名。〇欽化軍改名叫武安，任命衡州刺史周岳為節度使。

八月，盧龍節度使李全忠去世，任命他的兒子李匡威為留後。〇王潮攻克泉州，殺死廖彥若。王潮聽說福建觀察使陳巖有威嚴的名聲，不敢侵犯福州邊界，派遣使者向陳巖投降。陳巖上表推舉王潮為泉州刺史。王潮沉著勇敢，有智慧，有謀略，得到泉州以後，對妻離子散的進行招撫和體恤，平均賦稅，修治兵器，官吏百姓都心悅誠服。王潮把王緒囚禁在另外一個館所，王緒心生慚愧，自殺了。

九月，朱玫的部將張行實攻擊大唐峰，李鋋等人打退了他。金吾將軍滿存與朱玫的邠寧軍交戰，打敗了邠寧軍，又奪取了興州，進軍駐守萬仞寨。

李克脩攻打孟方立，九月十八日甲午，在焦岡抓獲了孟方立的部將呂臻，攻取固鎮、武安、臨洺、邯鄲、沙河。任命大將安金俊為邢州刺史。

在長安的百官和太子太師裴璩等人勸襄王李熅進位為皇帝。冬，十月，李熅即位為皇帝，改年號為建貞，遙尊僖宗為太上元皇聖帝。

董昌謂錢鏐曰：「汝能取越州，吾以杭州授汝。」鏐曰：「然，不取終為後患。」遂將兵自諸暨趨平水❶，鑿山開道五百里，出曹娥埭❷，浙東將鮑君福帥眾降之。鏐與浙東軍戰，屢破之，進屯豐山❸。

感化❹牙將張雄、馮弘鐸得罪於節度使時溥，聚眾三百，走度江，襲蘇州❺，據之。雄自稱刺史，稍❻聚兵至五萬，戰艦千餘，自號天成軍。

河陽節度使諸葛爽薨，大將劉經、張全義❼立爽子仲方為留後。全義，臨濮人也。○李克脩攻邢州，不克而還。

十一月丙戌❽，錢鏐克越州，劉漢宏奔台州❾。

義成節度使安師儒委政於兩廂都虞候❿夏侯晏、杜標，二人驕恣，軍中忿之。小校張驍潛出，聚眾二千攻州城，師儒斬晏、標首諭之，軍中稍息。天平節度使朱瑄謀取滑州，遣濮州刺史朱裕將兵誘張驍，殺之。朱全忠先遣其將朱珍、李唐賓襲滑州，入境，遇大雪，珍等一夕馳至壁下⓫，百梯並升，遂克之，虜師儒以歸。全忠以牙將江陵⑫胡真知義成留後。◯田令孜至成都請尋醫⑬，許之。

十二月戊寅⑭，諸軍拔鳳州，以滿存為鳳州防禦使。

楊復恭傳檄關中，稱得朱玫首者，以靜難⑮節度使賞之。王行瑜戰數敗⑯，恐獲罪於玫，與其下謀曰：「今無功，歸亦死。曷若與汝曹斬玫首，定京城[1]，迎大駕，取邠寧節鉞⑰乎？」眾從之。甲寅⑱，行瑜自鳳州擅引兵歸京師，玫方視事⑲，聞之，怒，召行瑜，責之曰：「汝擅歸，欲反邪？」行瑜曰：「吾不反，欲誅反者朱玫耳！」遂擒斬之，并殺其黨數百人。諸軍大亂，焚掠京城，士民無衣凍死者蔽地。裴澈、鄭昌圖帥百官二百餘人奉襄王奔河中，王重榮詐為迎奉，執熅，殺之，囚澈、昌圖，百官死者殆半。

台州刺史杜雄誘劉漢宏，執送董昌，斬之。昌徙鎮越州，自稱知浙東軍府事，以錢鏐知杭州事。

王重榮函襄王熅首⑳送[2]行在，刑部㉑請御興元城南門[3]獻馘㉒，百官畢賀㉓。太常博士㉔殷盈孫㉕議，以為熅為賊臣所逼，正㉖以不能死節㉗為罪耳。禮，公族罪在大辟㉘，君為之素服不舉㉙。今熅已就誅，宜廢為庶人，令所在葬其首。其獻馘稱賀之禮，請俟朱玫首至而行之。從之。盈孫，侑之孫也。

【章 旨】以上為第十二段，寫董昌據越州，錢鏐知杭州，為建立吳越張本。朱玫為部將所殺，襄王李熅走河中為王重榮所殺。

【注 釋】❶平水 鎮名，在越州東南四十餘里。❷曹娥埭 鎮名，在越州東五十里。❸豐山 山名，在曹娥埭西。❹感化 方鎮名，唐憲宗元和二年（西元八〇七年）置武寧軍節度使，治徐州。唐懿宗咸通十一年（西元八七〇年）置徐泗觀察使，後賜號感化軍節度使。❺蘇州 州名，治所在今江蘇蘇州。❻稍 逐漸。❼張全義（西元八五二—九二六年）初名言，濮州臨濮（今河南范縣濮城）人，投黃巢任吏部尚書。巢敗，降於河陽節度使諸葛爽，任澤州刺史。唐昭宗賜名全義。事跡散見《新唐書》卷一百八十七〈李罕之傳〉等篇。❽丙戌 十一月十一日。❾台州 州名，治所臨海，在今浙江臨海。❿兩廂都虞候 軍法官。唐後期藩鎮皆置虞候，主官為都虞候。⓫壁下 城牆下。⓬江陵 府名，唐肅宗上元元年（西元七六〇年）升荊州為江陵府，治所在今湖北江陵。⓭尋醫 求醫。時田令孜已解西川監軍使。⓮戊寅 十二月乙巳朔，無戊寅。戊寅，光啓三年正月初四日。⓯靜難 方鎮名，即朱玫所任邠寧軍節度使。中和四年（西元八八四年）十二月賜號靜難。此以朱玫職任懸賞攻殺朱玫的人。⓰數敗 王行瑜多次被李鋋、滿存等擊敗。⓱節鉞 符節和斧鉞。這裡指代節度使。⓲甲寅 十二月初十日。⓳視事 辦公。⓴函襄王熅首 把襄王熅的首級裝在匣子裡。函，匣子。此處用如動詞。㉑刑部 官署名，唐六部之一。掌管國家法律、刑獄事務。㉒馘 古代戰時割下所殺敵人的左耳，用以計功。這裡指襄王熅的首級。㉓畢賀 皆賀。㉔太常博士 官名，唐制太常寺置博士四人，必以有學識的人充任，主要職務為討論謚法。有應予謚者由博士獻議。㉕殷盈孫（？—西元八八九年）文宗朝刑部尚書殷侑之孫。傳見《舊唐書》卷一百六十五、《新唐書》卷一百六十四。㉖正 恰；僅。㉗死節 守節義而死。此謂李熅是被朱玫等所逼使，其罪僅僅是不能為節義而死罷了。㉘大辟 死刑。㉙君為之素服不舉 謂君主穿著素服，食不舉樂，以示哀痛。《禮記・文王世子》云：公族有死罪，獄事結案後，如果定為死罪，「則曰某之罪在大辟」。處死後，君主「素服不舉」。

【校 記】[1]定京城 原無此三字。據章鈺校，十二行本、乙十一行本皆有此三字，張敦仁《通鑑刊本識誤》、張瑛《通鑑校勘記》同，今據補。[2]送 原作「至」。據章鈺校，十二行本、乙十一行本皆作「送」，張敦仁《通鑑刊本識誤》同，今從改。[3]南門 原作「南樓」。據章鈺校，十二行本、乙十一行本皆作「南門」，今從改。

【語 譯】董昌對錢鏐說：「你能攻取越州，我就把杭州送給你。」錢鏐回答說：「好，不攻取終究要成為後患。」於是率領軍隊從諸暨前往平水，鑿山開路五百里，過了曹娥埭，浙東將領鮑君福率領部眾投降錢鏐。錢鏐和浙東的軍隊交戰，多次打敗浙東軍，進兵屯駐豐山。

感化軍的牙將張雄、馮弘鐸得罪了節度使時溥，聚集部眾三百人，跑過長江，偷襲蘇州，佔據了它。張雄自稱為刺史，逐漸收攏兵卒達到五萬人，戰船一千多艘，自稱天成軍。

河陽節度使諸葛爽去世，大將劉經、張全義立諸葛爽的兒子諸葛仲方為留後。張全義，是臨濮人。○李克脩攻打邢州，沒有攻克，便撤軍了。

十一月十一日丙戌，錢鏐攻克越州，劉漢宏逃往台州。

義成節度使安師儒把政事委託給兩廂都虞候夏侯晏、杜標，這兩個人驕橫放肆，軍中都忿恨他們。小校張驍偷偷溜出城，聚集士卒二千人攻打州城。安師儒斬了夏侯晏、杜標兩人的頭來勸導他們，軍中才逐漸平定。天平節度使朱瑄謀劃奪取滑州，派遣濮州刺史朱裕率軍引誘張驍，殺死了他。朱全忠先派遣部將朱珍、李唐賓偷襲滑州，入境後，遇到了大雪，朱珍等人一夜就奔馳到城牆下，用成百個梯子同時登城，就把滑州攻了下來，俘虜了安師儒後返回。朱全忠任命牙將江陵人胡真擔任義成留後。○田令孜請求到成都求醫治病，僖宗答應了。

十二月戊寅日，各路軍隊攻克鳳州，任命滿存為鳳州防禦使。

楊復恭傳送檄文到關中，說得到朱玫首級的人，用靜難節度使這一官職獎賞他。王行瑜作戰多次失敗，害怕獲罪朱玫，和他的部下謀劃說：「如今作戰沒有功績，回去也是處死。不如和你們去斬下朱玫的首級，平定京城，迎接皇上，得到邠寧節度使的職位吧？」大家同意他的意見。十二月初十日甲寅，王行瑜從鳳州擅自帶領軍隊返回京城，朱玫正在處理事務，聽說了這件事，大怒，叫來王行瑜，責備他說：「你擅自回來，想要造反嗎？」王行瑜說：「我不造反，想殺造反的人朱玫罷了！」於是把朱玫活捉處斬，並殺掉他的黨羽幾百人。各路軍隊大亂，焚燒掠奪京城，士民沒有衣服，遍地都是凍死的人。裴澈、鄭昌圖率領百官二百多人奉護襄王李熅跑到河中，王重榮假裝迎接，抓住了李熅，把他殺了，囚禁了裴澈、鄭昌圖，官員死掉的大約有一半。

台州刺史杜雄引誘劉漢宏，把他抓住送到董昌那裡，殺死了他。董昌遷到越州鎮守，自稱為知浙東軍府事，派錢鏐去掌管杭州的事務。

王重榮用匣子裝了襄王李熅的首級送到僖宗那裡，刑部請僖宗親臨興元城的南門舉行呈獻李熅首級的典禮，百官都來慶賀。太常博士殷盈孫建議，認為李熅是被賊臣朱玫逼迫稱帝，他的罪過僅僅是不能以死殉節罷了。根據禮制，公族的人犯了死罪，國君要為他穿上素服，食不舉樂。現在李熅已經伏誅，應該廢為平民，命令所在地埋葬他的首級。至於舉行呈獻李熅首級進行慶賀的典禮，請等到朱玫的首級送來以後再舉行。僖宗同意了他的意見。殷盈孫，是殷侑的孫子。

河陽大將劉經，畏李罕之難制，自引兵鎮洛陽，襲罕之於澠池❶，為罕之所敗。經棄洛陽走，罕之追殺殆盡。罕之軍于鞏❷，將度河，經遣張全義將兵拒之。時諸葛仲方幼弱，政在劉經，諸將多不附，全義遂與罕之合兵攻河陽，為經所敗，罕之、全義走保懷州。

初，忠武決勝指揮使孫儒❸與龍驤指揮使❹朗山劉建鋒❺戍蔡州，拒黃巢，扶溝馬殷❻隸軍中，以材勇聞。及秦宗權叛，儒等皆屬焉。宗權遣儒將兵[1]攻陷鄭州，刺史李璠奔大梁。儒進陷河陽，留後諸葛仲方奔大梁。儒自稱節度使，張全義據懷州，李罕之據澤州❼以拒之。

初，長安人張佶❽為宣州幕僚❾，惡觀察使秦彥之為人，棄官去，過蔡州，宗權留以為行軍司馬❿。佶謂劉建鋒曰：「秦公剛鷙⓫而猜忌，亡無日矣，吾屬何以自免？」建鋒方自危，遂與佶善。

壽州刺史張翱遣其將魏虔將萬人寇廬州，廬州刺史楊行愍遣其將田頵、李神福、張訓拒之，敗虔于褚城⓬。滁州⓭刺史許勍襲舒州，刺史陶雅奔廬州。高駢命行愍更名行密。

是歲，天平牙將朱瑾⓮逐泰寧⓯節度使齊克讓，自稱留後。瑾將襲兗州，求昏於克讓，乃自鄆⓰盛飾車服，私藏兵甲⓱以赴之。親迎之夕，甲士竊發⓲，逐克讓而代之。朝廷因以瑾為泰寧節度使。

安陸⓳賊帥周通攻鄂州，路審中⓴亡去。岳州刺史杜洪㉑乘虛入鄂，自稱武昌留後，朝廷因而[2]授之。湘陰㉒賊帥鄧進思復乘虛陷岳州。

秦宗言圍荊南二年，張瓌嬰城自守㉓，城中米斗直㉔錢四十緡㉕，食甲㉖鼓皆盡，擊門扉以警夜，死者相枕㉗。宗言竟不能克而去。

【章旨】以上為第十三段，寫黃河南北、荊南、淮南、閩浙等地的軍閥混戰。

【注釋】❶澠池　縣名，縣治在今河南澠池縣西。❷鞏　縣名，縣治在今河南鞏縣東北。❸孫儒　官至淮南節度使，為楊行密所滅。傳見《新唐書》卷一百八十八。❹龍驤指揮使　官名，指揮使為藩鎮部屬軍將。決勝、龍驤為臨時所加名號。❺劉建鋒　字銳端，朗山（今河南確山縣）人，為忠武軍部將，隨孫儒征戰，儒敗，劉建鋒略定江西洪州、虔州，為武安軍節度使，因嗜酒貪淫，為御者所殺。傳見《新唐書》卷一百九十。❻馬殷　（西元八五二—九三〇年）字霸圖，許州扶溝（今河南扶溝）人，新、舊《五代史》作鄢陵（今河南鄢陵）人，五代時楚國的建立者，西元九〇七—九三〇年在位。此時為孫儒將。傳見《舊五代史》卷一百三十三、《新五代史》卷六十六。❼澤州　州名，治所晉城，在今山西晉城。❽張佶　（？—西元九一一年）京兆長安人，唐乾寧初任湖南行軍司馬，節帥劉建鋒為部屬所殺，張佶帥眾迎馬殷為節帥，自己復為行軍司馬，垂二十年。開平元年，馬殷表張佶為朗州永順軍節度使，卒於官。傳見《舊五代史》卷十七。❾幕僚　地方軍政大吏幕府中參謀、書記之類的僚屬。❿行軍司馬　官名，唐代出征將帥及節度使下置此官，多以手握軍事實權者充任，幾乎等於副帥。⓫剛鷙　強硬兇悍。⓬褚城　或作赭城，在今安徽合肥西北。⓭滁州　州名，治所在今安徽滁州。⓮朱瑾　（西元八六六—九一八年）朱瑄從弟。雄武絕倫，積功任兗州節度使，與朱全忠攻戰，兵敗渡淮依楊行密領徐州節度使。楊行密卒，徐溫專政，慮朱瑾不附己而殺之。傳見《舊唐書》卷一百八十二、《舊五代史》卷十三、《新五代史》卷四十二。⓯泰寧　方鎮名，即沂海節度使，唐僖宗乾符年間賜號泰寧軍。治所兗州，在今山東兗州。⓰鄆　即鄆城，在今山東鄆城。⓱兵甲　武器。朱瑾為襲兗州而求婚於齊克讓，故私藏武器於車中去迎親。⓲竊發　暗暗地突發。⓳安陸　縣名，縣治在今湖北安陸。⓴路審中　原為杭州刺史，中和元年（西元八八一年）赴任時為董昌所拒，客居黃州。中和四年聞鄂州刺史崔紹卒，募兵據之。其事略見《新唐書》卷一百九十、《舊五代史》卷十七〈杜洪傳〉等篇。㉑杜洪　（？—西元九〇二年）鄂州（今武漢武昌）人，洪為州將，討黃巢有功，僖宗拜洪為鄂州節度使。後與楊行密戰，兵敗被殺。傳見《新唐書》卷一百九十、《舊五代史》卷十七。㉒湘陰　縣名，縣治在今湖南湘陰西。㉓嬰城自守　據荊南城四面環守。㉔直　通「值」。㉕緡　原為穿錢的繩子，後亦指成串的錢，一千文為一緡。㉖甲　軍人所服革製護身衣。因城中乏食，連甲衣和鼓上的皮都吃盡了。㉗死者相枕　死屍縱橫，互相枕藉。

【校記】①將兵　原無此二字。據章鈺校，十二行本、乙十一行本皆有此二字，今據補。②而　原作「以」。據章鈺校，十二行本、乙十一行本皆作「而」，今從改。

【語　譯】河陽的大將劉經，害怕李罕之難以控制，親自率兵鎮守洛陽，在澠池襲擊李罕之，被李罕之打敗。劉經放棄洛陽逃走，李罕之追擊，把劉經的軍隊幾乎都殺光了。李罕之的軍隊在鞏縣駐紮，即將渡河，劉經派遣張全義率兵抵擋他。當時諸葛仲方年幼弱小，大權在劉經手中，各將領大多不肯依附。張全義便和李罕之聯兵攻打河陽，被劉經打敗，李罕之、張全義退守懷州。

最初，忠武決勝指揮使孫儒和龍驤指揮使朗山人劉建鋒戍守蔡州，抵禦黃巢。扶溝人馬殷隸屬軍中，以才能勇敢聞名。等到秦宗權反叛，孫儒等人都歸屬了秦宗權。秦宗權派遣孫儒率軍攻陷鄭州，刺史李璠逃往大梁。孫儒進兵攻克河陽，留後諸葛仲方逃往大梁。孫儒自稱為節度使。張全義佔據了懷州，李罕之佔據了澤州，一起抵擋孫儒。

當初，長安人張佶做宣州官府幕僚，憎恨觀察使秦彥的為人，棄官離去，路過蔡州，秦宗權留下他擔任行軍司馬。張佶對劉建鋒說：「秦宗權剛強兇悍，而又猜疑忌妒，沒有多長時間就滅亡了，我們如何自免於難呢？」劉建鋒正覺得自己有危險，就和張佶親近起來。

壽州刺史張翺派他的部將魏虔率領一萬人去侵擾廬州，廬州刺史楊行愍派他的部將田頵、李神福、張訓抵擋魏虔，在褚城打敗了魏虔。滁州刺史許勍襲擊舒州，刺史陶雅逃往廬州。高駢讓楊行愍改名行密。

這一年，天平牙將朱瑾驅逐泰寧節度使齊克讓，自稱為留後。朱瑾將要襲擊兗州，向齊克讓求婚，於是大飾車馬，穿上盛裝，暗藏兵甲，從鄆州前往齊克讓那裡。迎親的晚上，穿戴盔甲的士兵暗中發起襲擊，驅逐了齊克讓，朱瑾便取代了他。朝廷便就此任命朱瑾為泰寧節度使。

安陸賊帥周通攻打鄂州，路審中逃走了。岳州刺史杜洪乘虛進入鄂州，自稱為武昌留後，朝廷便正式授任杜洪為武昌留後。湘陰賊帥鄧進思又乘虛攻陷岳州。

秦宗言包圍荊南兩年，張瓌親自率兵環城據守，城中一斗米值錢四十緡，連盔甲、鼓皮都吃光了，夜裡擊打門板來戒備，死的人一個枕著一個。秦宗言最終未能攻下，便離開了。

三年（丁未　西元八八七年）

春，正月，以邠州都將王行瑜為靜難軍節度使，扈蹕都頭李茂貞領武定❶節度使，扈蹕都頭楊守宗為金商節度使，右衛大將軍❷顧彥朗❸為東川節度使，金商節度使楊守亮為山南西道節度使。彥朗，豐縣人也。

辛巳❹，以董昌為浙東觀察使，錢鏐為杭州刺史。○秦宗權自以兵力十倍於朱全忠，而數為全忠[1]所敗，恥之，欲悉力❺以攻汴州。全忠患兵少，二月，以諸軍都指揮使朱珍為淄州❻刺史，募兵於東道，期❼以初夏❽而還。

戊辰❾，削奪三川都監田令孜官爵，長流端州❿。然令孜依陳敬瑄，竟不行。

○代北⓫節度使李國昌⓬薨。

三月癸未⓭，詔偽宰相蕭遘、鄭昌圖、裴澈，於所在集眾斬之，皆死於岐山⓮。時朝士受熅官者甚眾，法司⓯皆處以極法⓰，杜讓能力爭之，免者什七八。

壬辰⓱，車駕至鳳翔，節度使李昌符，恐車駕還京雖不治前過⓲，恩賞必疏，乃以宮室未完，固請駐蹕⓳府舍，從之。○太傅兼侍中鄭從讜罷為太子太保。

鎮海節度使周寶募親軍千人，號後樓兵，稟給⓴倍於鎮海軍，鎮海軍皆怨，而後樓兵浸驕㉑不可制。寶溺於聲色，不親政事，築羅城㉒二十餘里，建東第㉓，人苦其役。寶與僚屬宴後樓，有言鎮海軍怨望者，寶曰：「亂則殺之！」度支催勘使㉔薛朗以其言告所善㉕鎮海軍將劉浩，戒之使戢士卒㉖，浩曰：「惟反可以免死耳！」是夕，寶醉，方寢，浩帥其黨作亂，攻府舍而焚之。寶驚起，徒跣㉗叩芙蓉門㉘呼後樓兵，後樓兵亦反矣。寶帥家人步走出青陽門㉙，遂奔常州，依刺史丁從實。浩殺諸僚佐。癸巳㉚，迎薛朗入府，推為留後。寶先兼租庸副使，城中貨財山積，是日，盡於亂兵之手。

高駢聞寶敗，列牙㉛受賀，遣使饋以齏粉㉜。寶怒，擲之地曰：「汝有呂用之在，他日未可知㉝也！」揚州連歲饑，城中餓㉞死者日數千人，坊市㉟為之寥落㊱，災異數見，駢悉以為周寶當㊲之。

山南西道節度使楊守亮忌利州㊳刺史王建驍勇，屢召之，建懼，不往。前龍州㊴司倉㊵周庠說建曰：「唐祚㊶將終，藩鎮互相吞噬㊷，皆無雄才遠略，不能戡濟㊸多難。公勇而有謀，得士卒心，立大功者非公而誰！然葭萌㊹四戰之地㊺，難以久安。閬州地僻人富，楊茂實，陳、田㊻之腹心，不修職貢㊼，若表其罪，興兵討之，可一[2]戰而擒也。」建從之，召募溪洞酋豪㊽，有眾八千，沿嘉陵江㊾而下，襲閬州，逐其刺史楊茂實而據之，自稱防禦使，招納亡命，軍勢益盛，守亮不能制。

部將張虔裕說建曰：「公乘天子微弱，專據方州[50]，若唐室復興，公無種[51]矣！宜遣使奉表天子，杖[52]大義以行師，蔑不濟矣[53]。」部將綦毋諫[54]復說建養士愛民以觀天下之變。建皆〔3〕從之。庠、虔裕、諫，皆許州人也。

初，建與東川節度使顧彥朗俱在神策軍，同討賊。建既據閬州，彥朗畏其侵暴，數遣使問遺[55]，饋以軍食，建由是不犯東川。○初，周寶聞淮南六合[56]鎮遏使徐約[57]兵精，誘之使擊蘇州。

【章旨】以上為第十四段，寫唐僖宗下詔流放田令孜，誅殺李熅所署偽朝百官。王建據閬州，為前蜀建立張本。

【注釋】❶武定　方鎮名，光啟元年（西元八八五年）置武定軍節度使，治所洋州，在今陝西西鄉。❷右衛大將軍　官名，右衛為唐代十六衛之一，置上將軍、大將軍各一人，掌宮禁宿衛。❸顧彥朗　豐縣（今江蘇豐縣）人，與弟顧彥暉並為天德軍小校，黃巢入長安，彥朗勤王，累遷右衛大將軍，歷官東川節度使，為西川王建所併。傳見《新唐書》卷一百八十六。❹辛巳　正月初七日。❺悉力　竭盡全力。❻淄州　州名，治所淄川，在今山東淄川區。淄州本屬平盧節度，朱全忠想在東方招兵，故以刺史授朱珍。❼期　約期。❽初夏　四月。❾戊辰　二月二十四日。❿端州　州名，治所高要，在今廣東肇慶。⓫代北　方鎮名，即雁門節度使，唐僖宗中和三年（西元八八三年）更名為代北節度。治所代州，在今山西代縣。⓬李國昌　李克用之父。⓭癸未　三月初九日。⓮岐山　縣名，縣治在今陝西岐山縣。⓯法司　謂刑部。⓰極法　極刑；死刑。⓱壬辰　三月十八日。⓲不治前過　不追究李昌符先前與朱玫一起追逐乘輿之過。⓳駐蹕　帝王出行，中途暫住。此指李昌符欲取得僖宗好感，一再請求暫住鳳翔府。⓴稟給　供給；給養。賜人以穀叫稟，也作廩。㉑浸驕　漸漸驕橫起來。㉒羅城　為加強防守，在城牆外加建的凸出形小城圈。㉓第　府第。㉔度支催勘使　官名，朝廷派出統籌財政的臨時職務。㉕所善　好朋友。㉖戒之使戢士卒　薛朗知道周寶要殺作亂的人，所以勸劉浩止息士卒的怨憤。戢，止息。㉗徒跣　光著腳。㉘芙蓉門　周寶府第與後樓兵營之間的門。㉙青陽門　潤州城門。㉚癸巳　三月十九日。㉛列牙　吏員齊集衙門為列衙。牙，通「衙」。㉜齏粉　細粉；碎屑。高駢與周寶有仇，幸災樂禍，故意送齏粉羞辱他，意思是挖苦他被碎為細粉。㉝他日未可知　意謂來日沒有好下場。呂用之原為高駢幕僚，光啓二年（西元八八六年）為嶺南東道節度使，陰謀消滅高駢。所以周寶說有呂用之在，高駢的下場也不會好。㉞餒　飢餓。㉟坊市　街市。坊，店鋪。㊱寥落　冷落。㊲當　承受。高駢認為揚州連年出現的災異現象，都應在周寶身上。㊳利州　屬山南西道。㊴龍州　州名，治所在今四川平武東南。㊵司倉　官名，唐制，在府的叫倉曹參軍，在州的叫司倉參軍，主管倉庫。㊶祚　皇位。㊷吞噬　吞食；兼併。㊸戡濟　戡亂救世。㊹葭萌　邑名，在利州西南，即今四川廣元昭化鎮。這裡代指利州。㊺四戰之地　位置重要，為兵家四面交戰必爭之地。㊻陳田　指陳敬瑄、田令孜。㊼職貢　職分應進之貢物。㊽溪洞酋豪　指居於嘉陵江流域的部落首領。㊾嘉陵江　長江上游支流。在四川東部。源出陝西鳳縣東北嘉陵谷，西南流到略陽北納西漢水，到四川廣元昭化納白龍江，到重慶入長江。㊿專據方州　割據地方州郡。(51)無種　沒有傳宗接代的人。意謂滅門之災。(52)杖　通「仗」。憑恃。(53)蔑不濟矣　沒有不成功的。(54)綦毋諫　人名。綦毋，複姓。(55)問遺　問候和饋贈禮物。(56)六合　縣名，縣治在今江蘇六合。(57)徐約　曹州（治今山東曹縣）人，曾官刺史，後被錢鏐弟錢銶攻滅，入海死。傳附《新唐書》卷一百九十〈張雄傳〉。

【校　記】[1]全忠　原無此二字。據章鈺校，十二行本、乙十一行本皆有此二字，今據補。[2]一　原作「不」。據章鈺校，十二行本、乙十一行本、孔天胤本皆作「一」，張敦仁《通鑑刊本識誤》同，今從改。[3]皆　原無此字。據章鈺校，十二行本、乙十一行本、孔天胤本皆有此字，今據補。

【語　譯】三年（丁未　西元八八七年）

春，正月，任命邠州都將王行瑜為靜難軍節度使，扈蹕都頭李茂貞兼任武定節度使，扈蹕都頭楊守宗為金商節度使，右衛大將軍顧彥朗為東川節度使，金商節度使楊守亮為山南西道節度使。顧彥朗是豐縣人。

正月初七日辛巳，任命董昌為浙東觀察使，錢鏐為杭州刺史。〇秦宗權自己認為兵力是朱全忠的十倍，而多次被朱全忠打敗，感到恥辱，打算全力攻打汴州。朱全忠擔心兵少，二月，任命諸軍都指揮使朱珍為淄州刺史，到東邊各路招募士兵，約定在初夏返回。

二月二十四日戊辰，削除三川都監田令孜的官爵，永遠流放到端州。然而田令孜依靠陳敬瑄，竟然不成行。〇代北節度使李國昌去世。

三月初九日癸未，僖宗下詔偽宰相蕭遘、鄭昌圖、裴澈，就地聚集民眾斬首，他們都死在岐山縣。當時朝廷中士人接受李熅所封官職的很多，刑部把他們都處以極刑，杜讓能竭力爭辯，免死的人有十分之七八。

三月十八日壬辰，僖宗到達鳳翔，節度使李昌符害怕僖宗返回京城，雖然不處治他以前的過錯，但恩惠賞賜一定很少，就藉口宮室還沒有修建完畢，堅決請求僖宗暫時留駐府舍，僖宗同意了他的要求。〇太傅兼侍中鄭從讜被罷免，擔任太子太保。

鎮海節度使周寶招募親近的衛兵一千人，號稱後樓兵，供給的糧餉是鎮海軍的一倍，鎮海軍的將士全都有怨氣，而後樓兵越來越驕橫，不能管束。周寶沉溺於聲樂女色，不親臨政事，修築羅城長二十多里，興建東邊的府第，百姓飽受勞役之苦。周寶和他的屬僚在後樓飲宴，有人說出鎮海軍的怨恨，周寶說：「作亂的就殺掉他們！」度支催勘使薛朗把周寶的話告訴了他的好友鎮海軍將領劉浩，勸告他要平息士兵的情緒，劉浩說：「只有造反才能免於一死！」當晚，周寶醉了，正要睡覺，劉浩率領他的同夥作亂，攻打官府房舍，把它燒毀了。周寶受驚站起來，光著腳去敲打芙蓉門，呼叫後樓兵，後樓兵也造反了。周寶率領家人跑出青陽門，便逃往常州，投靠刺史丁從實。劉浩殺了周寶的屬吏。三月十九日癸巳，迎接薛朗進入官府，推舉他為留後。周寶早先兼任租庸副使，城中的錢財貨物堆積如山，這一天，被亂兵搶得一乾二淨。

高駢聽說周寶失敗了，將吏排列衙外，接受大家的祝賀，並派遣使者贈送細粉給周寶，挖苦他身如細粉。周寶大怒，把它扔在地上說：「你有呂用之在身邊，以後日子還不得而知呢！」揚州連年饑荒，城中餓死的一天有幾千人，街道集市蕭條，災異多次出現，高駢都認為這些災異是應驗了周寶的失敗。

山南西道節度使楊守亮妒忌利州刺史王建勇猛矯健，多次招呼王建，王建恐懼，不敢前往。以前的龍州司倉周庠勸告王建說：「唐朝的國運快要完了，藩鎮互相吞併，全都沒有雄才遠略，面對多災多難，不能戡亂救世。您勇敢而有謀略，深得士卒之心，能建立重大功業的人除了您還有誰呢！但是葭萌是個四面爭戰的地方，難以長期穩定。閬州地僻民富，楊茂實是陳敬瑄、田令孜的心腹，他不盡職貢納，如果上表說明楊茂實的罪狀，起兵討伐他，可以一戰而活捉他。」王建同意了周庠的意見，招募溪洞中的部落酋長豪帥，有部眾八千人，順著嘉陵江向下游進發，襲擊閬州，驅逐了它的刺史楊茂實，佔據了閬州，自稱防禦使，招收亡命徒，軍勢愈益強盛，楊守亮不能加以控制。

部將張虔裕勸告王建說：「您乘天子弱小，割據地方州郡；如果唐室復興，您就要斷絕子孫啦！應該派遣使者上表天子，仗義行師，沒有不成功的。」部將綦毋諫又勸告王建說，要供養士人，愛護百姓，來靜觀天下的變化。王建全都聽從他們的意見。周庠、張虔裕、綦毋諫，都是許州人。

當初，王建和東川節度使顧彥朗同在神策軍，一起討伐賊寇。王建佔據了閬州後，顧彥朗害怕他侵刻暴虐，多次派遣使者問候和饋贈禮物，又供給他軍糧。王建因此不進犯東川。○當初，周寶聽說淮南六合鎮遏使徐約的軍隊精良，便引誘徐約讓他攻打蘇州。

【研 析】本卷研析黃巢授首，田令孜橫恣，唐僖宗再度蒙塵三件史事。

黃巢授首。黃巢入長安，「甲騎如流，輜重塞途，千里絡繹不絕」，軍威雄壯。黃巢在長安建立大齊政權，年號金統，勢力達於極盛。可惜黃巢一向流動作戰，多年來攻城掠地，旋得旋失，千里大轉移，一忽兒河南，一忽兒江南，甚至遠竄嶺南，奔襲三千里入長安，流寇成性，輕視根據地建設，也就疏於行政管理和治國之術。黃巢入長安，在軍事和政治兩個方面犯了大錯。軍事上沒有抓住戰機，阻止僖宗入蜀，所以全國藩鎮奉唐正朔，不聽黃巢號令，黃巢很快陷入四面楚歌聲中。唐官軍四集，諸鎮合圍長安，黃巢陷入了滅頂之災。政治上，黃巢只對唐四品以下降官留任，三品以上全部停職，對不主動效命大齊的唐官殺無赦。這樣不利於分化瓦解唐王室高層官僚，新政權得不到人氣，政治基礎不牢固，想要長久生存是不可能的。此外，黃巢建都長安不合時宜，關中狹窄，物產不足以承載大國首都，自兩漢文景之後，京都長安就依賴中原漕轉供給。

唐都長安，後期要靠江淮物產支撐。黃巢在孤懸的長安建都，其實是坐以待斃。唐僖宗中和四年（西元八八四年）六月，黃巢被唐官軍追殺於泰山狼虎谷，唐末大起義失敗了。

黃巢雖死，而唐王朝遭受十年農民大起義的沉重打擊而分崩離析。起義軍從數千人發展到六十萬人，南征北伐，橫掃大半個中國，唐朝上百個州縣城邑被攻沒，不少官吏被懲處，地方豪強、門閥士族更遭到沉重打擊。宋人王明清在《揮麈前錄》卷二中說：「唐朝崔、盧、李、鄭及城南韋、杜二家，蟬聯珪組，世為顯著，至本朝絕無聞人。」這說的是關中士族集團遭到滅頂之災的情況。全國各地，凡農民軍所到之處，豪紳、士族無不遭到打擊。所以五代以後「取士不問家世，婚姻不問閥閱。」也就是說，在農民起義軍打擊下，唐末殘存的士族終於被摧滅，成為歷史的陳跡。豪強地主的大量被殲滅，土地高度集中得到緩解。這些為五代和北宋的社會經濟發展創造了有利條件，這就是黃巢起義的價值。

田令孜橫恣。田令孜，四川人，本姓陳，字仲則，唐懿宗咸通年間隨義父入內侍省為宦官，在內僕局的下屬任馬坊使。田令孜「頗知書，有謀略」。唐僖宗即位，破格提升田令孜為神策軍中尉，執掌了禁軍大權，成為權傾朝野的顯赫人物。

唐僖宗李儇，又名李儼。僖宗是唐懿宗的第五子，受封為晉王時就特別寵愛田令孜，同床臥起。僖宗昏庸，喜歡聲色犬馬，鬥雞打球，田令孜導引固寵。田令孜的胞弟陳敬瑄用賭球的方式贏球當上了西川節度使。僖宗即位，一群蝗蟲由東向西飛過天空，沿路吃光樹葉、莊稼，最後落在長安城郊為災，田令孜謊報說：「蝗蟲不吃莊稼，並且抱著荊棘自殺了。」於是田令孜率文武百官向新皇帝祝賀，說蝗蟲自殺是祥瑞，兆示新皇帝登基，五穀豐收。田令孜還賣官鬻爵，「除拜不待旨，假賜緋紫不以聞」，掠奪財貨，殘害平民，弄得朝廷百度崩弛，內外垢穢，終於爆發黃巢大起義，長安不守，奔逃西川。僖宗入蜀，一路上給田令孜加官晉爵，先封為十軍十二觀軍容制置左右神策護駕使，又加封為左金吾衛上將軍，兼判禁軍軍事，封晉國公。僖宗在四川，不得召宰相，不能謀群臣，如同一個囚徒。田令孜進奉聲色，使宦官日夜與僖宗吃酒行樂，高呼萬歲，在荒淫之中延引歲月。僖宗還朝，田令孜反以匡佐之功受賞，威權振天下。田令孜擅權，唐僖宗成為傀儡，喪失了重整山河中興唐王室的機會。田令孜外結邠寧、鳳翔兩鎮節度使與河中王重榮爭鹽利引發戰爭，拉開了唐末軍閥大混戰的序幕，罪大惡極。田令孜兵敗，脅迫唐僖宗再度蒙塵，出逃山南。朝官、藩鎮交相彈劾田令孜。此時僖宗病危，群臣矚目壽王李曄，李曄是僖宗之弟，與田令孜有隙。田令孜內外交困，主動辭去官職，自請到劍南監軍，連夜出逃西川去依附西川節度使陳敬瑄。數年後，田令孜與陳敬瑄都死於田令孜義子王建之手，結束了罪惡的一生。

唐僖宗再度蒙塵。唐僖宗李儇是一個紈袴子弟，專事遊戲，十二歲被宦官立為皇帝，目的就是在於好掌控。僖宗也一頭栽到宦官的懷抱，呼田令孜為阿父，在田令孜的教唆下任意耗費財物，還到市場上去奪取商人的寶貨。僖宗朝，宦官氣焰達於鼎盛，南北司矛盾也更加激化，統治階層的腐敗日盛一日，終於爆發了黃巢農民大起義，以至於長安不守。僖宗廣明元年（西元八八〇年），僖宗在田令孜的護衛下第一次蒙塵出逃，第二年入蜀到成都。僖宗出逃，沒有通知南司，朝官因而許多喪身於黃巢，只有北司宦官獨得安全。僖宗入蜀後，更加依賴宦官，在田令孜掌控下花天酒地，很少與朝官晤面。諫官孟昭圖進諫，被田令孜貶出成都，又在路上被追殺。宦官擁有絕對權威，南北司更加水火不容。

黃巢敗沒，唐僖宗回到長安，大權旁落田令孜之手，僖宗沒有權威來重整山河，當時全國軍閥林立，更大的藩鎮割據方興未艾。安史之亂以後，河北陷於藩鎮割據，黃河之南的中原，大江南北廣大地區都在唐王室之手。這些地區的藩鎮兵力薄弱，尤其是江南地區更是兵備空虛，所以黃巢起義，如入無人之境。黃巢縱橫南北，官兵鎮壓，在全國各地產生了許多新軍閥，各地州縣、藩鎮在鎮壓起義軍過程中紛紛擁兵割據。黃巢未滅，全國軍閥有一個共同的打擊目標，表面上維護唐王室的號令。黃巢死後，沒有了共同的打擊目標，各自擁兵自重，更大規模的軍閥割據混戰就差一根導火索來點燃了。南北司的對立各自借重割據者來互相排斥，割據者也利用南北司的互鬥來取得合法地位和擴大自己的勢力。當時宣武鎮朱全忠和河東鎮李克用是最強大的兩個割據者，朱李交惡與南北司衝突相結合，很快在全國形成了軍閥大混戰。西元八八四年以後，唐朝已是名存實亡，政令不出關中，全國疆域化為割據者的戰場。

西元八八五年，田令孜外結邠寧節度使朱玫、鳳翔節度使李昌符對抗河中節度使王重榮，要從王重榮手中收回安邑、解縣池鹽，引發戰爭，成為全國大混戰的導火索。李克用氣憤朝廷偏袒朱全忠，助王重榮攻擊名義上的朝廷軍。朱玫、李昌符戰敗，李克用進逼京師，田令孜脅迫唐僖宗第二次蒙塵，西元八八六年，僖宗一行逃往山南。朱玫、李昌符見田令孜敗逃，改附李克用。這一回，大部分朝官憎恨田令孜，沒有前往山南，這為朱玫、李昌符另立朝廷打下基礎。李克用念念不忘攻擊朱全忠，無意捲入與朱玫、李昌符的衝突，率兵返回太原。朱玫、李昌符與留京朝官擁立襄王李熅為皇帝，蔡州秦宗權趁機稱帝。一時間，三個皇帝鼎立，唐末軍閥大混戰由此展開。

由上所述，唐僖宗的再度蒙塵，不僅喪失了唐王室中興的機會，而且帶來了兩個嚴重後果，一是拉開唐末軍閥大混戰的序幕，二是激化南北司的衝突變成你死我活的爭鬥。兩者矛盾交織，南司宰相崔胤外結朱全忠盡誅宦官，唐王室隨著宦官這一腫瘤的割除，也壽終正寢。唐王室的滅亡重演了東漢覆亡的歷史。黃巾大起義被鎮壓，並沒有帶來漢朝的復興，而是全國軍閥大混戰，當禍國亂政的宦官被斬盡殺絕之時，也是舊王朝覆滅之日。無他，皇帝與宦官太近故也。唐僖宗就是李氏王朝的漢靈帝。

卷第二百五十七

唐紀七十三

起彊圉協洽（丁未 西元八八七年）四月，盡著雍涒灘（戊申 西元八八八年），凡一年有奇。

【題　解】本卷記事起西元八八七年四月，迄於西元八八八年，所載史事凡一年又九個月。當僖宗光啓三年四月至光啓四年。此時期，唐僖宗返京駕崩，其弟唐昭宗李曄即位，欲有一番作為。全國軍閥混戰，主戰場仍在河南，其次為淮南、西川、河陽。河南中原爭戰，朱全忠圍困秦宗權於蔡州，又敗兗、鄆節鎮朱瑄、朱瑾。河北魏博鎮內訌，眾推羅弘信為留後，羅氏誅殺前任樂彥禎、樂從訓父子，交好朱全忠。河南尹張全義逐走河陽節度使李罕之，李罕之投附李克用，張全義引朱全忠為援，引發朱李大戰，李克用兵敗。至此，朱全忠勢盛，稱雄河南北，無人可敵。淮南戰場，先是內訌，高駢部將畢師鐸發動兵變誅呂用之，攻破廣陵。呂用之出逃，以高駢名義招廬州刺史楊行密救廣陵，畢師鐸引援秦彥，秦彥兵敗殺高駢，楊行密入據廣陵。秦宗權又遣將孫儒來爭廣陵，楊行密敗走。昭宗任命朱全忠為淮南節度使平亂，徐州時溥遮道，朱全忠軍不得南下，奏請朝廷以楊行密為淮南留後。西川王建請命朝廷，得為永平軍節度使，充行營諸軍都指揮使，名正言順討伐陳敬瑄，軍勢日盛。

僖宗惠聖恭定孝皇帝下之下

光啓三年（丁未　西元八八七年）

夏，四月甲辰朔❶，約逐蘇州刺史張雄❷，帥其眾逃入海❸。○高駢聞秦宗權將寇淮南，遣左廂都知兵馬使畢師鐸將百騎屯高郵❹。

時呂用之用事❺，宿將❻多為所誅，師鐸自以黃巢降將❼，常自危。師鐸有美妾，用之欲見之，師鐸不許。用之因❽師鐸出，竊往見之，師鐸慚怒，出❾其妾，由是有隙❿。

師鐸將如⓫高郵，用之待之加厚，師鐸益疑懼，謂禍在旦夕。師鐸子娶高郵鎮遏使張神劍女，師鐸密與之謀，神劍以為無是事。神劍名雄，人以其善用劍，故謂之「神劍」。時府中藉藉⓬[1]，亦以為師鐸且受誅，其母使人語之曰：「設有是事，汝自努力前去，勿以老母、弱子為累！」師鐸疑未決。

會駢子四十三郎⓭者素惡⓮用之，欲使師鐸帥外鎮將吏共[2]疏⓯用之罪惡，聞於其父，密使人紿⓰之曰：「用之比來⓱頻啓令公⓲，欲因此相圖⓳，已有委曲⓴在張尚書㉑所，宜備之！」師鐸問神劍曰：「昨夜使司㉒有文書，翁㉓胡㉔不言？」神劍不寤㉕，曰：「無之。」師鐸內[3]不自安，歸營，謀於腹心，皆勸師鐸起兵誅用之，師鐸曰：「用之數年以來，人怨鬼怒，安知天不假手於我誅之邪㉖！淮寧㉗軍使鄭漢章，我鄉人㉘，昔歸順時㉙副將也，素切齒㉚於用之，聞吾謀，必喜。」乃夜與百騎潛詣㉛漢章，漢章大喜，悉發鎮兵及驅居民合千餘人從師鐸至高郵。師鐸詰㉜張神劍以所得委曲，神劍驚曰：「無有。」師鐸聲色浸㉝厲，神劍奮㉞曰：「公何見事㉟之暗！用之姦惡，天地所不容。況近者重賂權貴得嶺南節度，復㊱不行，或云謀竊據此土㊲，使其得志，吾輩豈能握刀頭㊳事此妖物㊴邪！要丐㊵此數賊㊶以謝淮海㊷，何必多言！」漢章喜，遽[4]命取酒，割臂血瀝㊸酒，共飲之。乙巳㊹，眾推師鐸為行營使，為文告天地，移書㊺淮南境內，言誅用之及張守一、諸葛殷之意。以漢章為行營副使，神劍為都指揮使。

【章旨】以上為第一段，寫高駢部將畢師鐸密謀發動兵變誅討呂用之。

【注釋】❶甲辰朔　四月初一日。❷約逐蘇州刺史張雄　指高駢所署六合鎮將徐約攻陷蘇州，驅逐刺史張雄。❸帥其眾逃入海　指張雄率領人馬逃往海上。❹高郵　縣名，縣治在今江蘇高郵。❺用事　主事；當權。❻宿將　舊將。❼黃巢降將畢師鐸於乾符六年（西元八七九年）降高駢。❽因　趁。❾出　休棄。❿有隙　有了矛盾；有了怨恨。⓫如　往。⓬藉藉　傳言紛紛。⓭四十三郎　唐人往往本族兄弟大排行，故有四十三郎之稱。⓮素惡　一向厭惡。⓯疏　分條陳述。⓰紿　欺騙。⓱比來　近來。⓲頻啓令公　多次向高駢稟告。令公，對中書令的尊稱。襄王熅曾加高駢中書令，故稱。⓳因此相圖　趁此次畢師鐸去高郵的機會加害於他。⓴委曲　胡三省注：「當時機密文書謂之委曲。」㉑張尚書　指鎮遏使張神劍。㉒使司　指淮南節度使機關。㉓翁　親家翁。㉔胡　為什麼。㉕寤　明白。㉖安知天不假手句　此言呂用之的行為激起天怒人怨，除掉呂用之是天意。假手，利用他人為自己做事。㉗淮寧　為高駢所置淮寧軍，駐淮口。㉘鄉人　同鄉。畢師鐸、鄭漢章皆冤句（今山東曹縣西北）人。㉙歸順時　即從黃巢軍歸降高駢時。㉚切齒　咬牙切齒，形容痛恨到極點。㉛潛詣　偷偷地前往。㉜詰　質問。㉝浸　愈益；更加。㉞奮　振起；激奮；激昂。㉟見事　看問題。㊱復　又。㊲此土　指淮南。㊳刀頭　刀身，對刀柄而言。手握刀頭喻時刻處於危險之中。㊴妖物　呂用之是方士，故稱之為妖物。㊵冎　即「剮」。割肉離骨。《說文》作「咼」。㊶數賊　指呂用之、張守一、諸葛殷等。㊷淮海　地區名，此指揚州以北的淮河下游地區，亦即淮南道。㊸瀝水下滴曰瀝，此指割臂血滴於酒中共飲結盟，以示誠意和決心。㊹乙巳　四月初二日。㊺移書　將文件發往平行單位。

【校　記】①藉藉　原作「籍籍」。據章鈺校，十二行本、乙十一行本皆作「藉藉」，今從改。②共　原無此字。據章鈺校，十二行本、乙十一行本、孔天胤本皆有此字，張敦仁《通鑑刊本識誤》同，今據補。③內　原無此字。據章鈺校，十二行本、乙十一行本皆有此字，今據補。④遽　原作「遂」。據章鈺校，十二行本、乙十一行本、孔天胤本皆作「遽」，今從改。

【語　譯】僖宗惠聖恭定孝皇帝下之下

光啓三年（丁未　西元八八七年）

夏，四月初一日甲辰，徐約驅逐蘇州刺史張雄，張雄率領他的部眾逃入海上。○高駢聽說秦宗權將要侵犯淮南，派遣左廂都知兵馬使畢師鐸帶領一百名騎兵屯駐高郵。

當時呂用之當政，舊時將領大多被他殺了，畢師鐸自己認為是從黃巢那裡投降過來的將領，經常自己感到危險。畢師鐸有一個漂亮的姬妾，呂用之想要看看她，畢師鐸不答應。呂用之乘畢師鐸外出時，偷偷地前去看她。畢師鐸羞怒，休棄了他的愛妾。由此兩人有了矛盾。

畢師鐸準備去高郵，呂用之對待他更加親厚，畢師鐸愈益疑懼，認為災難就在朝夕之間。畢師鐸的兒子娶了高郵鎮遏使張神劍的女兒，畢師鐸祕密與張神劍商議，張神劍認為沒有這種事。張神劍名雄，人們因為他擅長用劍，所以稱他「神劍」。當時州府中傳言紛紛，也認為畢師鐸將要被殺。畢師鐸的母親派人告訴畢師鐸說：「假設有這種事，你自己努力去做，不要因為老母、幼子受到拖累！」畢師鐸猶豫不決。

適逢高駢的兒子四十三郎一向厭惡呂用之，他打算讓畢師鐸帶著外邊的鎮將、官吏一同列舉呂用之的罪惡，使他的父親知道，便祕密派人欺騙畢師鐸說：「呂用之近來多次報告高駢，想藉此算計你，已經有機密文書在張神劍那裡，你應該防備他！」畢師鐸問張神劍說：「昨天夜裡淮南節度使司有機密文書來，你這親家翁為什麼不說？」張神劍不明白，說：「沒有機密文書。」畢師鐸內心不安，回到軍營，和心腹商議，全都勸畢師鐸起兵殺死呂用之，畢師鐸說：「呂用之幾年以來，人怨鬼怒，怎麼知道上天不會借用我的手殺掉他呢！淮寧軍使鄭漢章，是我的同鄉，從前歸順時是一名副將，一向切齒痛恨呂用之，聽到我的計畫，一定高興。」就在夜裡和一百名騎兵暗中前往鄭漢章那裡，鄭漢章大為高興，全部調發鎮兵以及驅使居民合在一起一千多人跟隨畢師鐸到達高郵。畢師鐸拿得到機密文書這件事質問張神劍，張神劍驚訝地說：「沒有機密文書。」畢師鐸聲音臉色越來越嚴厲，張神劍激奮地說：「您看事情怎麼這樣糊塗！呂用之為奸作惡，天地所不容。何況最近他重金賄賂當朝權貴得任嶺南節度使，又不前去上任，有人說他陰謀竊據這個地方。如果讓他想法得逞，我們這些人豈能握著刀身侍奉他這個妖人呢！一定要活剮這幾個賊寇來謝罪淮海百姓，何必多說什麼！」鄭漢章很高興，趕緊命令拿酒，割破手臂讓血滴在酒中，一起喝了血酒。四月初二日乙巳，大家推舉畢師鐸為行營使，撰文告祭天地，在淮南境內傳發檄書，說明誅殺呂用之和張守一、諸葛殷的用意。任命鄭漢章為行營副使，張神劍為都指揮使。

神劍以師鐸成敗未可知，請以所部留高郵，曰：「一則為公聲援，二則供給糧餉。」師鐸不悅，漢章曰：「張尚書謀亦善，苟終始同心，事捷之日❶，子女玉帛❷相與共之，今日豈可復相違！」師鐸乃許之。戊申❸，師鐸、漢章發高郵。庚戌❹，詗騎❺以白高駢，呂用之匿之。○朱珍至淄青旬日，應募者萬餘人，又襲青州❻，獲馬千匹。辛亥❼，還，至大梁，朱全忠喜曰：「吾事濟矣！」

時蔡人方寇汴州，其將張晊屯北郊❽，秦賢屯板橋❾，各有眾數萬，列三十六寨，連延二十餘里。全忠謂諸將曰：「彼蓄銳休兵，方來擊我，未知朱珍之至，謂吾兵少，畏怯自守而已。宜出其不意，先擊之。」乃自引兵攻秦賢寨，士卒踴躍爭先。賢不為備，連拔四寨，斬萬餘級，蔡人大驚，以為神。○全忠又使牙將新野郭言❿募兵於河陽⓫、陝、虢，得萬餘人而還。

畢師鐸兵奄⓬至廣陵⓭城下，城中驚擾。王子⓮，呂用之引麾下勁兵，誘以重賞，出城力戰。師鐸兵少卻⓯，用之始得斷橋塞門為守備。是日，駢登延和閣⓰，聞喧[1]譟聲，左右以師鐸之變告。駢驚，急召用之詰之，用之徐對曰：「師鐸之眾思歸，為門衛所遏⓱，適已隨宜區處⓲，計尋退散⓳。儻或不已，正煩玄女一力士耳，願令公勿憂！」駢曰：「近者覺君之妄⓴多矣，君善為之，勿使吾為周侍中㉑！」言畢，慘沮㉒久之，用之慙懅㉓而退。

師鐸退屯山光寺㉔，以廣陵城堅兵多，甚有悔色。癸丑㉕，遣其屬孫約與其子詣宣州㉖，乞師於觀察使秦彥，且許以克城之日迎彥為帥。會師鐸館客㉗畢慕顏自城中逃出，言「眾心離散，用之憂窘㉘，若堅守之，不日當潰。」師鐸乃悅。

是日未明，駢召用之，問以事本末，用之始以實對，駢曰：「吾不欲復出兵相攻，君可選一溫信㉙大將，以我手札諭之，若其未從，當別處分。」用之退，念諸將皆仇敵，往[2]必不利於己。甲寅㉚，遣其[3]所部討擊副使許戡，齎駢委曲㉛及用之誓狀㉜并酒殽㉝出勞師鐸，師鐸始亦望駢舊將勞問，得以具陳用之姦惡，披泄㉞積憤，見戡至，大罵曰：「梁纘㉟、韓問何在，乃使此穢物㊱來！」戡未及發言，已牽出斬之。乙卯㊲，師鐸射書入城，用之不發㊳，即焚之。

丁巳㊴，用之以甲士百人入見駢於延和閣下，駢大驚，匿于寢室，久而後出，曰：「節度使所居，無故以兵入，欲反邪！」命左右驅出。用之大懼，出子城㊵南門，舉策㊶指之曰：「吾不可復入此！」自是高、呂始判㊷矣。

是夜，駢召其從子前左金吾衛將軍㊸傑密議軍事。戊午㊹，署㊺傑都牢城使，泣而勉之，以親信五百人給之。

用之命諸將大索城中丁壯，無問朝士㊻、書生，悉以白刃㊼驅縛登城，令分立城上，自旦至暮，不得休息。又恐其與外寇通，數易其地，家人餉之㊽，莫知所在。由是城中人亦恨師鐸入城之晚也。

駢遣大將石鍔以師鐸幼子及其母書并駢委曲至揚子㊾諭師鐸，師鐸遽㊿遣其子還，曰：「令公但斬呂、張以示師鐸，師鐸不敢負恩，願以妻子為質[51]。」駢恐用之屠其家，收師鐸母妻子置使院[52]。

辛酉[53]，秦彥遣其將秦稠將兵三千至揚子助師鐸。壬戌[54]，宣州軍攻南門，不克。癸亥[55]，又攻羅城[56]東南隅，城幾陷者數四。甲子[57]，羅城西南隅守者焚戰格[58]以應師鐸，師鐸毀其城以內[59]其眾。用之帥其眾千人力戰于三橋[60]北，師鐸垂[61]敗，會高傑以牢城兵自子城出，欲擒用之以授師鐸，用之乃開參佐門[62]北走。駢召梁纘以昭義軍[63]百餘人保子城。

乙丑[64]，師鐸縱兵大掠。駢不得已，命徹備[65]，與師鐸相見於延和閣下，交拜如賓主之儀，署師鐸節度副使、行軍司馬[66]，仍承制加左僕射，鄭漢章等各遷官[67]有差。

左莫邪[68]都虞候申及，本徐州健將，入見駢，說之曰：「師鐸逆黨不多，諸門尚未有守者[4]，請令公及此[69]選元從[70]三十人，夜自教場[71]門出，比師鐸覺之，追不及矣。然後發諸鎮兵，還取府城，此轉禍為福也！若一二日事定，浸恐艱難[72]，及亦不得在左右矣。」言之，且泣，駢猶豫不聽。及恐語泄，遂竄匿。會張雄至東塘[73]，及往歸之。

丙寅⑭，師鐸果分兵守諸門，搜捕用之親黨，悉誅之。師鐸入居使院，秦稠以宣軍千人分守使宅及諸倉庫。丁卯⑮[5]，駢牒⑯請解所任，以師鐸兼判⑰府事。

【章旨】以上為第二段，寫畢師鐸兵破廣陵，呂用之出逃，親黨伏誅。

【注釋】❶事捷之日　勝利的時候。❷子女玉帛　泛指美女和金銀財寶。❸戊申　四月初五日。❹庚戌　四月初七日。❺詗騎　偵探騎兵。❻青州　州名，治所益都，在今山東青州。❼辛亥　四月初八日。❽北郊　汴州城北郊原之地，當即赤岡。❾板橋　鎮名，在汴州城西，今河南中牟東北。為赴汴州孔道。❿郭言　（？—西元八九二年）太原（今山西太原）人，家於新野（今河南新野）。光啓間，宗權有兵數十萬，朱全忠兵少，不過數十旅，乃命郭言率兵數千人，越河、洛，趨陝虢，招兵萬餘，還為步軍校尉。後隨朱全忠打敗宗權，盡收其地。傳見《舊五代史》卷二十一。⑪河陽　《舊五代史》郭言本傳作「河、洛」。⑫奄　忽然；急遽。⑬廣陵　即今江蘇揚州。⑭壬子　四月初九日。⑮卻　退卻。⑯延和閣　高駢聽信呂用之的話，認為神仙好樓居，蓋延和閣，高八丈。⑰遏　阻止。⑱隨宜區處　根據具體情況適當處置。⑲計尋退散　估計不久就會退散。⑳妄　虛妄；胡亂作為。㉑周侍中　指周寶。周寶被逐事見上卷。㉒慘沮　傷心喪氣。㉓慙懼　慚愧。㉔山光寺　在揚州城北。㉕癸丑　四月初十日。㉖宣州　州名，治所在今安徽宣州。㉗館客　門客。㉘憂窘　憂愁窘迫。㉙溫信　溫和誠信。㉚甲寅　四月十一日。㉛委曲　機密手札。㉜誓狀　呂用之與畢師鐸的約誓文書。狀，文體的一種。㉝酒殽　酒菜。殽，通「肴」。葷菜。㉞披泄　敞開胸懷發洩。㉟梁纘　高駢部將。其事略見《新唐書》卷二百二十四下〈高駢傳〉。㊱穢物　醜惡骯髒的東西。此為罵許戡的話。㊲乙卯　四月十二日。㊳不發　不打開。㊴丁巳　四月十四日。㊵子城　府衙內城。㊶舉策　舉鞭。㊷判　分開。㊸左金吾衛將軍　官名，左右金吾衛是唐代十六衛之一，掌京城巡警。㊹戊午　四月十五日。㊺署　臨時任命。㊻朝士　泛指朝廷的官吏。㊼白刃　刀子。㊽餉之　給他們送飯食。㊾揚子　縣名，治所揚子鎮，在今江蘇儀徵東南。㊿遽　迅速。(51)質　留作保證的人，即人質。時畢師鐸母親、妻子尚在揚州城內。(52)使院　節度使官署。(53)辛酉　四月十八日。(54)壬戌　四月十九日。(55)癸亥　四月二十日。(56)羅城　外圍大城謂之羅城，裡面小城謂之子城，環衛節度使住處的第三重城謂之牙城。(57)甲子　四月二十一日。(58)戰格　作戰時所設置的防禦柵。(59)內　通「納」。接納。(60)三橋　地名，在今江蘇揚州西南隅。❻❶垂　將要。❻❷參佐門　旁側小門。❻❸昭義軍　梁纘本為昭義軍將領，屢次諫高駢疏遠呂用之，高駢不聽。梁纘很害怕，自解所領之兵，高駢把原昭義兵還給他，故稱梁纘所率之軍為昭義軍。❻❹乙丑　四月二十二日。❻❺徹備　撤除戒備。徹，通「撤」。❻❻行軍司馬　官名，唐代節度使下置行軍司馬，掌軍政。❻❼遷官　此指升官。❻❽左莫邪　軍名，元和二年（西元八八二年）高駢聽信呂用之意見，選諸軍驍勇者二萬人，號左、右莫邪都。❻❾及此　趁此時。❼⓪元從　自始就相從的人員。❼❶教場　演武操練場。❼❷浸恐艱難　拖下去恐怕形勢困難。❼❸東塘　鎮名，在揚州東。❼❹丙寅　四月二十三日。❼❺丁卯　四月二十四日。❼❻牒　公文。❼❼判　表示判處某官事，並非實授其官。

【校　記】①喧　原作「諠」。據章鈺校，乙十一行本作「喧」，當是，今從改。②往　原無此字。據章鈺校，十二行本、乙十一行本皆有此字，今據補。③其　原無此字。據章鈺校，十二行本、乙十一行本皆有此字，今據補。④諸門尚未有守者　原無此七字。據章鈺校，十二行本、乙十一行本、孔天胤本皆有此七字，張敦仁《通鑑刊本識誤》、張瑛《通鑑校勘記》同，今據補。⑤丁卯　據章鈺校，十二行本、乙十一行本皆作「丙寅」，張瑛《通鑑校勘記》同。按，前已有「丙寅」，此處不當重出。

【語　譯】張神劍認為畢師鐸成敗不可預料，請求把自己統率的部隊留在高郵，說：「一來為您做聲援，二來供給你們糧食和軍餉。」畢師鐸很不高興，鄭漢章說：「張神劍的計畫也很好，假如我們始終同心，事情成功那一天，大家共有獲得的美女、玉帛，現在怎麼可以再互相鬧意見呢！」畢師鐸這才同意張神劍的要求。四月初五日戊申，畢師鐸、鄭漢章從高郵出發。

四月初七日庚戌，偵察騎兵把這件事報告給了高駢，呂用之隱瞞了這一消息。○朱珍到達淄青十天，前來應募的人有一萬多，他又襲擊青州，得到了一千匹馬。初八日辛亥，返回到大梁，朱全忠高興地說：「我的事情成功啦！」

當時蔡州的軍隊正在進犯汴州，秦宗權的將領張晊駐紮在汴州北郊，秦賢駐紮在板橋，各自擁有部眾幾萬人，排列成三十六寨，連綿二十多里。朱全忠對各位將領說：「他們養精蓄銳，讓士兵休息，再來攻打我們。他們不知道朱珍到來，以為我們兵少，畏懼膽怯，自求防守而已。我們應該出其不意，先去攻打他們。」

於是親自帶領軍隊攻打秦賢的營寨，士兵們奮勇爭先。秦賢沒有設防，被連續攻下了四個營寨，殺掉一萬多人。蔡州的軍隊大為驚恐，以為是神兵下臨。○朱全忠又派遣牙將新野人郭言到河陽、陝、虢地區招募士兵，招到了一萬多人後返回。

畢師鐸的軍隊突然到了廣陵城下，城中驚亂。四月初九日壬子，呂用之帶領部下精兵，用重賞引誘他們，出城奮戰。畢師鐸的軍隊稍微後退，呂用之才得以毀掉城壕上的橋樑，堵住城門，加強守備。這一天，高駢登上延和閣，聽到喧擾鼓噪的聲音，身邊的人把畢師鐸叛變的消息向他報告。高駢大吃一驚，急忙叫來呂用之詢問情況，呂用之慢慢地回答說：「畢師鐸的軍隊想要回來，被看門的衛兵阻止。剛才我已根據情況作了適當處理，估計不用多久就會後撤散去。如果還不停止，只有煩請九天玄女的一位大力士前來平定，希望您不要擔心！」高駢說：「最近我發現你虛妄胡為的地方太多了，你要好自為之，不要使我成為周寶！」說完，傷心喪氣了好長時間，呂用之又慚愧又惶恐，退了出去。

畢師鐸後撤，駐紮在山光寺，因為廣陵城池堅固，士兵眾多，他很有些後悔的表情。四月初十日癸丑，派遣他的部下孫約和他的兒子前往宣州，向觀察使秦彥借兵，並且許諾秦彥在攻克廣陵時迎接他做統帥。正遇上畢師鐸的門客畢慕顏從城中逃出來，說「城裡人心離散，呂用之憂愁困窘，如果堅守下去，沒有幾天城裡就該潰散了。」畢師鐸這才高興起來。

這一天天還未亮，高駢叫來呂用之，問他事情的始末，呂用之才開始如實回答。高駢說：「我不想再出兵互相攻打，你可以挑選一位溫和誠實的大將，拿著我親手寫的書信去向畢師鐸說明，如果他不聽從，應當另作處理。」呂用之退出後，考慮到各將領都是自己的仇敵，他們前去一定不利於自己。四月十一日甲寅，呂用之派遣所轄部屬討擊副使許戡，帶著高駢的機密手書以及呂用之的誓狀和酒食菜餚出城慰勞畢師鐸。畢師鐸開始時也希望高駢派出舊將來慰勞問候，能夠把呂用之的奸惡全部說出來，傾吐宣洩一下鬱積的憤恨，看到來的人是許戡，大罵道：「梁纘、韓問在什麼地方？竟然派遣這個髒貨來！」許戡還沒來得及說話，已被帶出去殺了。十二日乙卯，畢師鐸射進城一封書信，呂用之不打開，就把它燒了。

四月十四日丁巳，呂用之派遣身穿甲冑的士兵一百人在延和閣入見高駢，高駢大驚，藏在臥室裡，很長時間才出來，說：「節度使住的地方，無緣無故派兵闖入，想要造反啊！」命令身邊的人把他們趕出去。呂用之非常害怕，從內城南門逃出，舉起馬鞭子指著南門說：「我不能再進入此門！」從此，高駢、呂用之才開始分離。

這一天夜裡，高駢叫來他的姪子前左金吾衛將軍高傑祕密商量軍務。四月十五日戊午，任命高傑為都牢城使，哭著勉勵他，把親信五百人送給他。

呂用之命令各個將領大肆搜索城中壯年男子，不論是朝中文官、普通書生，全都用鋒利的刀子驅趕捆綁上城，命令他們分批站立在城牆上，從早晨到晚上，不能休息。又害怕他們和城外的敵人串通，多次變更他們防守的地方，家裡人給他們送飯食，都不知道他們在什麼地方。因此，城裡的人也恨不得畢師鐸早些攻進城中。

高駢派遣大將石鍔攜帶畢師鐸的小兒子和他母親的書信以及高駢親筆密信到揚子縣曉諭畢師鐸。畢師鐸很快派他的兒子回去，說：「只要您殺掉呂用之、張守一給我看，我絕不敢辜負您的恩德，願意用我的妻子、兒子做人質。」高駢擔心呂用之屠殺畢師鐸一家，收留畢師鐸的母親、妻兒安置在節度使官署。

四月十八日辛酉，秦彥派遣他的將領秦稠統率軍隊三千人到揚子縣援助畢師鐸。十九日壬戌，秦稠的軍隊攻打南門，沒有攻下來。二十日癸亥，又攻打外圍大城東南角，有好幾次城池幾乎就要陷落。二十一日甲子，外圍大城西南角防守士兵燒了防禦木柵來響應畢師鐸，畢師鐸毀掉城牆，接納那些人。呂用之率領他的部眾一千人在三橋北邊拼死作戰，畢師鐸快要失敗了，正好高傑帶領牢城兵從內城出來，想要抓住呂用之交給畢師鐸。呂用之就打開參佐門向北逃走。高駢召來梁纘用昭義軍一百多人保衛內城。

四月二十二日乙丑，畢師鐸放縱軍隊大肆搶掠。高駢不得已，下令撤除防備，和畢師鐸在延和閣下相見，互施拜禮，如同賓主相會時的禮儀。高駢委任畢師鐸為節度副使、行軍司馬，仍承受制命加任左僕射；鄭漢章等人各自遷任不同等級的職位。

左莫邪都虞候申及，原來是徐州驍勇的將領，入見高駢，勸他說：「畢師鐸叛黨不多，許多城門還沒有人駐守，請您趁這個機會挑選原來的隨從三十人，夜裡從校場門出去，等到畢師鐸覺察了，也追不上了。然後您調發各鎮的軍隊，回來奪取府城，這就是轉禍為福！您一兩天內要把事情定下來，拖延的話恐怕就很困難了，我申及也不能在您身邊侍奉了。」說著還哭了起來，高駢猶豫，沒有同意。申及害怕說的話洩漏，就逃走躲藏起來，適逢張雄到達東塘，申及前往投靠張雄。

四月二十三日丙寅，畢師鐸果然分派士兵防守各個城門，搜捕呂用之的親人和黨羽，把他們全殺了。畢師鐸入居節度使官署，秦稠用宣州軍一千人分別把守節度使宅院以及各個倉庫。二十四日丁卯，高駢送上公文請求解除所擔任的職務，以畢師鐸兼管府中的事務。

師鐸遣孫約至宣城，趣❶秦彥過江。或❷說師鐸曰：「僕射❸曏者舉兵，蓋以用之輩姦邪暴橫，高令公坐自聾瞽❹，不能區理❺，故順眾心為一方去害。今用之既敗，軍府廓然❻，僕射宜復奉高公而佐之，但總❼其兵權以號令，誰敢不服！用之乃淮南一叛將耳，移書所在，立可梟❽擒。如此，則[1]外有推奉❾之名，內得兼并之實，雖朝廷聞之，亦無虧臣節❿。使高公聰明，必知內愧。如其不悛⓫，乃机上肉⓬耳，柰何以此功業付之它人，豈惟受制於人，終恐自相魚肉⓭！前日秦稠先守倉庫⓮，其相疑已可見。且秦司空⓯為節度使，廬州、壽州⓰其肯為之下乎！僕見戰攻之端⓱未有窮已，豈惟淮南之人肝腦塗地⓲，竊恐僕射功名成敗未可知也！不若及今亟止⑲秦司空勿使過江，彼若粗識⑳安危，必未[2]敢輕進。就使它日責我以負約㉑，猶不失為高氏忠臣也。」師鐸大以為不然。明日，以告鄭漢章，漢章曰：「此智士㉒也！」散求㉓之，其人畏禍，竟不復出。

戊辰㉔，駢遷家出居南第㉕，師鐸以甲士百人為衛，其實因之也。是日，宣軍以所求未獲，焚進奉兩樓㉖數十間，寶貨悉為煨燼㉗。己巳㉘，師鐸於府廳視事，凡官吏非有兵權者皆如故，復遷駢於東第。自城陷，諸軍大掠晝夜[3]不已，至是，師鐸始以先鋒使唐宏為靜街使㉙，禁止之。

駢先為鹽鐵使㉚，積年不貢奉，貨財在揚州者，填委㉛如山，駢作郊天、御樓六軍㉜立仗㉝儀服，及大殿元會㉞、內署㉟行幸供張器用㊱，皆刻鏤金玉、蟠龍蹙鳳㊲數十萬事㊳，悉為亂兵所掠，歸于閭閻㊴，張陳㊵寢處㊶其中。

庚午㊷，獲諸葛殷㊸，杖殺㊹之，棄尸道旁，怨家抉其目㊺，斷其舌，眾以瓦石投之，須臾成冢㊻。呂用之之敗也，其黨鄭杞首歸師鐸，師鐸署杞知海陵㊼監㊽事。杞至海陵，陰記㊾高霸得失，聞於師鐸。霸獲其書，杖杞背，斷手足，刳目㊿截舌，然後斬之。

蔡將盧瑭屯于萬勝[51]，夾汴水而軍[52]，以絕汴州運路，朱全忠乘霧襲之，掩殺53殆盡。於是蔡兵皆徙就張晊54，屯於赤岡55。全忠復就擊之，殺二萬餘人。蔡人大懼，或軍中自相驚，全忠乃還大梁，養兵休士。

辛未56，高駢密以金遺守者57，畢師鐸聞之。壬午58，復迎駢入道院59，收高氏子弟甥姪十餘人同幽之。

【章旨】以上為第三段，寫畢師鐸引秦彥為援，幽囚高駢。高駢所聚財貨寶物，悉為亂兵所掠。

【注釋】❶趣　催促。❷或　有人。❸僕射　高駢已承制加師鐸左僕射，故稱。❹聾瞽　耳聾眼瞎，比喻高駢糊塗，沒有觀察力。❺區理　分別好壞加以治理。❻廓然　平靜的樣子。❼總　總攬。❽梟　斬頭懸掛木上。❾推奉　擁戴。❿無虧臣節　表面上擁戴高駢，實際上取而代之，這樣做，對於朝廷來說，亦未失去臣節，不為反叛。虧，損壞；失去。⓫悛　改過。⓬机上肉　案板上的肉。喻任人宰割。机，几案。⓭自相魚肉　指秦彥到來，早晚要與畢師鐸自相殘害。⓮秦稠先守倉庫　秦稠為秦彥之將，助畢師鐸攻擊呂用之而搶先佔據府庫，行跡可疑。⓯秦司空　指秦彥。唐末武人多以加官為榮，檢校司空為加官。⓰廬州壽州　指廬州刺史楊行密、壽州刺史張翺，皆高駢舊屬。⓱戰攻之端　戰爭的苗頭。⓲肝腦塗地　形容戰亂中死亡慘烈。⓳亟止　立即制止。⓴粗識　略識大體。㉑負約　違背盟約。㉒智士　聰明的人。鄭漢章認為這個人對形勢的分析非常正確，所以特別讚賞他。㉓散求　派人四處去找。㉔戊辰　四月二十五日。㉕南第　府衙城南的居第。即將高駢逐出延和閣。㉖進奉兩樓　儲放貢物的府庫樓。高駢原兼鹽鐵轉運使，貢獻不入天子，寶貨如山，堆積於進奉樓。㉗煨燼　灰燼。煨，熱灰。㉘己巳　四月二十六日。㉙靜街使　臨時性的戒嚴官名。負責維持秩序，制止諸軍大掠。㉚鹽鐵使　高駢於乾符六年（西元八七九年）為鹽鐵使，中和二年（西元八八二年）解職。㉛填委　堆積。㉜六軍　周制，天子有六軍，這裡指禁軍。㉝立仗　禁軍儀仗。㉞元會　皇帝元旦朝見群臣之會。㉟內署　內府官署。㊱供張器用　供張，即供帳，這裡指陳設。器用，指高駢替皇室製作的郊禮祭天物品，天子登樓檢閱六軍或發布大赦令所用儀仗器物，以及皇帝在元旦朝會群臣、巡幸內署時供給的陳設器具等物品，高駢截留陳設在揚州進奉樓內。㊲蹙鳳　用金絲銀線刺繡成屈縮的鳳凰。㊳事　件。㊴閣

閭　民間。㊵張陳　陳設。㊶寢處　坐臥。㊷庚午　四月二十七日。㊸諸葛殷　為市井狂人，呂用之廣樹朋黨，把諸葛殷推薦給高駢，用為牙將。被擒殺時，腰攜金數斤，百姓交唾。其事散見《舊唐書》卷一百八十二、《新唐書》卷二百二十四下〈高駢傳〉。呂用之的親信。㊹杖殺　用棍棒打死。㊺抉其目　挖出他的眼睛。㊻冢　墳墓。這裡指瓦石堆成像冢一樣的小山。㊼海陵　縣名，縣治在今江蘇泰州。㊽監　官名，負責食鹽專賣，管理鹽稅。㊾陰記　暗中記下。時高霸為海陵鎮遏使。㊿剜目　挖出眼珠。(51)萬勝　鎮名，在今河南中牟西北。(52)夾汴水而軍　駐軍於汴水兩岸。汴水，流經汴京（今河南開封）的通濟渠又稱汴水。(53)掩殺　乘人不備而進襲。(54)張晊　秦宗權僭稱帝，補署官吏，以張晊為將。其事略見《舊唐書》卷二百下〈秦宗權傳〉。(55)赤岡　地名，在汴州城北。(56)辛未　四月二十八日。(57)以金遺守者　高駢希望通過給守衛的人恩惠而逃出。遺，贈送。(58)壬午　四月甲辰朔，無壬午。疑為壬申，四月二十九日。(59)道院　高駢所築迎神道觀。

【校　記】①則　原無此字。據章鈺校，十二行本、乙十一行本、孔天胤本皆有此字，今據補。②未　原作「不」。據章鈺校，十二行本、乙十一行本皆作「未」，今從改。③晝夜　原無此二字。據章鈺校，十二行本、乙十一行本、孔天胤本皆有此二字，張敦仁《通鑑刊本識誤》同，今據補。

【語　譯】畢師鐸派遣孫約到宣城，催促秦彥渡過長江。有人勸畢師鐸說：「您前些時候起兵，是因為呂用之之輩奸邪殘暴，高駢坐在職位上聽不到看不見，不能分辨處理，所以順從大家的想法為地方除害。如今呂用之已經失敗了，軍府廓然肅靜，您應當仍舊侍奉高駢，輔佐他，只要您總攬兵權來發號施令，誰敢不服從！呂用之只是淮南的一個叛將罷了，把一封書信送到他所在的地方，立刻可以抓住他斬首示眾。這樣，則外有擁戴長官之名，內有兼併之實，即使朝廷聽到了，也無損臣子的節操。如果高駢聰明，一定曉得內心有愧。如果他不改正過錯，那不過是桌上一塊任意宰割的肉罷了，為什麼要把這一功業送給別人！這樣的話，豈只受制於人，最終恐怕要自相殘殺！前些天秦稠首先守住倉庫，他對您的懷疑已經可以看出來了。況且秦彥當了節度使，廬州的楊行密、壽州的張翱能願意居於他的下邊嗎！我看戰爭的苗頭沒有停止，哪裡僅僅是淮南的民眾肝腦塗地，恐怕您的功名成敗也不能預知！不如趁現在趕快阻止秦彥，不要讓他渡過長江，他如果大略知道安危所在，必然不敢輕率前進。即使以後他責備您違反約定，您仍然不失為高駢的忠臣。」畢師鐸很不以為然。第二天，把這事告訴了鄭漢章。鄭漢章說：「這是一個聰明智慧的人啊！」派人四處去找他，這個人害怕災禍，竟然不再出來了。

四月二十五日戊辰，高駢把家搬遷到南邊的府第，畢師鐸派遣身穿甲冑的士兵一百人護衛，其實是囚禁他。這一天，秦稠的宣州軍因為要求未能得到實現，便放火燒了進奉院兩座樓的幾十間房屋，珍寶財貨都化為灰燼。二十六日己巳，畢師鐸在府廳處理事務，凡是官吏沒有兵權的都舊職如故，又把高駢遷往東邊的宅第。自從廣陵城陷落，各路軍隊從早到晚大掠不止，到這時，畢師鐸才任命先鋒使唐宏擔任靜街使，禁止軍隊搶掠。

高駢原先擔任鹽鐵使，多年都不向朝廷貢納，在揚州的錢財貨物，堆積如山。高駢製作郊天祭祀大典和皇帝登樓宣布大赦時六軍所用的儀仗服裝，以及大殿中元旦的盛會、內府官署供皇帝親臨時陳設的器物，都鑲嵌上金銀、珠玉，雕刻盤旋的龍、收翼的鳳，總共有幾十萬件，全部被亂兵搶掠，散入民間，陳設起來，寢處其中。

四月二十七日庚午，抓住了諸葛殷，用棍棒打死了他，棄屍路邊，諸葛殷的仇家挖出他的眼睛，割斷他的舌頭，大家用瓦礫、石塊扔他，不一會兒堆積成了墳墓。呂用之失敗時，他的黨羽鄭杞首先歸降畢師鐸，畢師鐸委任鄭杞管理海陵監的事務。鄭杞到了海陵，暗中記下鎮遏使高霸的過失，上報給畢師鐸。高霸拿了鄭杞的這份記錄，用棍棒拷打鄭杞的背部，砍斷了他的手腳，挖出眼睛，割下舌頭，然後把他殺了。

蔡州的將領盧瑭屯兵萬勝鎮，在汴水兩岸駐軍，用以切斷通往汴州的交通。朱全忠乘霧襲擊盧瑭，把他的士兵掩殺殆盡。於是蔡州的士兵都跑到張晊那裡，駐紮在赤岡。朱全忠又就地攻打他們，殺死二萬多人。蔡州的人非常害怕，有時軍隊中自相驚擾。朱全忠這才返回大梁，休養士兵。

四月二十八日辛未，高駢祕密地贈送金子給看守他的人，畢師鐸聽說了這件事。壬午日，又把高駢接到道院中居住，抓了高駢的子弟甥姪十多人一起囚禁起來。

前蘇州刺史張雄帥其眾自海泝❶江，屯於東塘，遣其將趙暉入據上元❷。

畢師鐸之攻廣陵也，呂用之詐為高駢牒，署廬州刺史楊行密行軍司馬，追❸兵入援。廬江❹人袁襲說行密曰：「高公昏惑❺，用之姦邪，師鐸悖逆❻，凶德參會❼，而求兵於我，此天以淮南授明公❽也！趣赴之！」行密乃悉發廬州兵，復借兵於和州刺史孫端❾，合數千人赴之。五月，至天長❿。鄭漢章之從師鐸也，留其妻守淮口，用之帥眾攻之，旬日不克，漢章引兵救之，用之聞行密至天長，引兵歸之⓫。

丙子⓬，朱全忠出擊張晊，大破之。秦宗權聞之，自鄭州引精兵會之⓭。

張神劍求貨⓮於畢師鐸，師鐸報以俟秦司空之命，神劍怒，亦以其眾歸楊行密。及海陵鎮遏使高霸、曲溪⓯人劉金、盱眙⓰人賈令威悉以其眾屬焉。行密眾至萬七千人，張神劍運高郵糧以給之。

朱全忠求救於兗、鄆，朱瑄、朱瑾皆引兵赴之，義成軍⓱亦至。辛巳⓲，全忠以四鎮兵攻秦宗權於邊孝村⓳，大破之，斬首二萬餘級。宗權宵遁⓴，全忠追之，至陽武橋㉑而還。全忠深德朱瑄，兄事之。蔡人之守東都、河陽、許、汝、懷、鄭、陝、虢者，聞宗權敗，皆棄去。宗權發鄭州，孫儒發河陽，皆屠滅其人，焚其廬舍而去，宗權之勢自是稍衰。朝廷以扈駕都頭楊守宗知許州事，朱全忠以其將孫從益知鄭州事。

錢鏐遣東安㉒都將杜稜，浙江都將阮結、靜江都㉓將成及將兵討薛朗。

甲午㉔，秦彥將宣歙兵三萬餘人，乘竹筏沿江而下，趙暉邀擊於上元，殺溺殆半。丙申㉕，彥入廣陵，自稱權知淮南節度事[1]，仍以畢師鐸為行軍司馬，補池州㉖刺史趙鍠為宣歙觀察使。戊戌㉗，楊行密帥諸軍抵廣陵城下，為八寨㉘以守之，秦彥閉城自守。

【章旨】以上為第四段，寫秦彥入據廣陵，高駢部屬廬州刺史楊行密藉高駢宣召之命起兵來爭奪廣陵。兩軍交戰，楊行密初戰取勝，秦彥困守廣陵。

【注釋】❶泝　逆流而上。❷上元　縣名，縣治在今江蘇南京北。❸追　催。❹廬江　縣名，縣治在今安徽廬江縣。❺昏惑　昏亂糊塗。❻悖逆　悖亂叛逆。❼凶德參會　指高駢之昏，呂用之之奸，畢師鐸之逆，三種凶德會合在一起。參會，合集。❽明公　對權貴長官的尊稱，此指楊行密。❾和州刺史孫端　中和三年（西元八八三年）孫端據和州。❿天長　縣名，縣治在今安徽天長。⓫引兵歸之　指呂用之帶兵投歸楊行密。⓬丙子　五月初三日。⓭會之　秦宗權率兵與張晊會合打擊朱全忠。⓮貨　財物。⓯曲溪　地名，在今江蘇盱眙西南。⓰盱眙　縣名，縣治在今江蘇盱眙。⓱義成軍　方鎮名，唐德宗貞元元年（西元七八五年）賜滑衛節度號義成軍，治所滑州，在今河南滑縣。唐僖宗光啓二年（西元八八六年）朱全忠襲滑州，擒節度使安師儒而還，以牙將胡真知義成留後。現徵其兵以攻蔡軍。⓲辛巳　五月初八日。⓳邊孝村　村名，在汴州北郊。⓴宵遁　乘夜逃跑。㉑陽武橋　在鄭州陽武縣（今河南原陽），縣在汴州西北九十里。㉒東安　地名，在杭州新城縣。㉓靜江都　與浙江都同屬錢鏐的二支部隊，分屯於杭州城外自定山至海門沿江一帶。㉔甲午　五月二十一日。㉕丙申　五月二十三日。㉖池州　州名，治所秋浦，在今安徽貴池區。㉗戊戌　五月二十五日。㉘為八寨　設置八個營寨。

【校　記】①節度事　原作「節度使」。據章鈺校，十二行本、乙十一行本皆作「節度事」，張敦仁《通鑑刊本識誤》同，今從改。

【語　譯】前任蘇州刺史張雄率領他的部眾從海上逆長江上行，屯兵東塘，派遣他的將領趙暉進入上元縣據守。

畢師鐸攻打廣陵時，呂用之偽造高駢的公文，委任廬州刺史楊行密為行軍司馬，催促他的軍隊前來援助。廬江人袁襲勸楊行密說：「高駢昏亂胡塗，呂用之奸詐邪惡，畢師鐸悖亂犯上，三個品德兇惡的人聚到了一起，求兵於我們，這是上天把淮南這個地方送給您！您趕快前去！」楊行密便全部調動廬州的軍隊，又向和州刺史孫端借兵，加起來有幾千人一同前往。五月，到達天長縣。鄭漢章跟隨畢師鐸出征時，留下他的妻子守衛淮口。呂用之率領部眾攻打淮口，十天未能攻克，鄭漢章帶兵救援。呂用之聽到楊行密到了天長縣，就帶兵回去了。

五月初三日丙子，朱全忠出擊張晊，把他打得大敗。秦宗權聽到這個消息，從鄭州帶領精銳的部隊與張晊會合。

張神劍向畢師鐸索求財物，畢師鐸回應說要等待秦彥的命令。張神劍很生氣，也率領他的部眾歸附楊行密。另外海陵鎮遏使高霸、曲溪人劉金、盱眙人賈令威全都把他們的部眾歸屬楊行密。楊行密的隊伍達到一萬七千人，張神劍運送高郵的糧食供給楊行密。

朱全忠向兗州、鄆州求援，朱瑄、朱瑾都帶兵前往，義成軍也到了。五月初八日辛巳，朱全忠用四鎮的軍隊在邊孝村攻打秦宗權，把秦宗權打得大敗，斬了二萬多首級。秦宗權夜裡逃走了，朱全忠追趕秦宗權，到達陽武橋才返回。朱全忠深為感謝朱瑄，像兄長一樣對待他。蔡州軍隊守衛東都、河陽、許、汝、懷、鄭、陝、虢等地的，聽到秦宗權失敗了，都放棄守地逃走了。秦宗權從鄭州出逃，孫儒從河陽出逃，都把那地方的人屠殺了，燒毀了那裡的房屋後才離去，秦宗權的勢力從此漸漸地衰弱。朝廷任命扈駕都頭楊守宗來掌管許州的事務，朱全忠用他的將領孫從益掌管鄭州的事務。

錢鏐派遣東安都將杜稜、浙江都將阮結、靜江都將成及帶兵討伐薛朗。

五月二十一日甲午，秦彥統率宣歙的軍隊三萬多人，乘竹筏沿江而下，趙暉在上元縣截擊，殺死和淹死的士兵幾乎有一半。二十三日丙申，秦彥進入廣陵，自稱暫時代理淮南節度之事，仍以畢師鐸任行軍司馬，補任池州刺史趙鍠為宣歙觀察使。二十五日戊戌，楊行密統率各路軍隊抵達廣陵城下，設置了八個營寨守住廣陵周圍，秦彥關閉城門自守。

六月戊申❶，天威都❷頭楊守立與鳳翔節度使李昌符爭道，麾下相毆，帝命中使諭之，不止。是夕，宿衛❸皆嚴兵為備。己酉❹，昌符擁兵燒行宮。庚戌❺，復攻大安門❻，守立與昌符戰於通衢❼，昌符兵敗，帥麾下走保隴州❽。杜讓能聞難，挺身步入侍上❾[1]。韋昭度質❿其家於軍中，誓誅反賊，故軍士力戰而勝之。守立，復恭之假子也。壬子⓫，以扈蹕都將、武定節度使李茂貞為隴州招討使，以討昌符。

甲寅⓬，河中牙將常行儒殺節度使王重榮。重榮用法嚴，末年尤甚，行儒嘗被罰，恥之，遂作亂。夜，攻府舍，重榮逃於別墅。明旦，行儒得而殺之。制⓭以陝虢節度使王重盈為護國節度使⓮，又以重盈子珙⓯權知陝虢留後。重盈至河中，執行儒，殺之。

戊午⑯，秦彥遣畢師鐸、秦稠將兵八千出城，西擊楊行密，稠敗死，士卒死者什七八。城中乏食，樵採⑰路絕，宣州軍始食人。○壬戌⑱，亳州將謝殷逐其刺史宋袞。

孫儒既去河陽，李罕之召張全義於澤州⑲，與之收合餘眾。罕之據河陽，全義據東都，共求援於河東。李克用以其將安金俊為澤州刺史，將騎助之，表罕之為河陽節度使，全義為河南尹⑳。

初，東都經黃巢之亂，遺民聚為三城以相保，繼以秦宗權、孫儒殘暴，僅存壞垣㉑而已。全義初至，白骨蔽地，荊棘彌望㉒，居民不滿百戶，全義麾下纔百餘人，相與保中州城㉓，四野俱無耕者。全義乃於麾下選十八人材器可任者，人給一旗一牓，謂之屯將，使詣十八縣㉔故墟落㉕中，植旗張牓，招懷流散，勸之樹藝㉖。惟殺人者死，餘但笞杖㉗而已，無嚴刑，無租稅，民歸之者如市㉘。又選壯者教之戰陳㉙，以禦寇盜。數年之後，都城坊曲㉚，漸復舊制，諸縣戶口，率皆歸復，桑麻蔚然㉛，野無曠土㉜。其勝兵者㉝，大縣至七千人，小縣不減二千人，乃奏置令佐㉞以治之。全義明察，人不能欺，而為政寬簡㉟。出，見田疇㊱美者，輒下馬，與僚佐共觀之，召田主，勞以酒食。有蠶麥善收㊲者，或親至其家，悉呼出老幼，賜以茶綵㊳衣物。民間言：「張公不喜聲伎㊴，見之未嘗笑，獨見佳麥良繭則笑耳。」有田荒穢㊵者，則集眾杖之。或訴以乏人牛㊶，乃召其鄰里責之曰：「彼誠乏人牛，何不助之？」眾皆謝，乃釋之。由是鄰里有無相助，故比戶㊷皆有蓄積，凶年不饑，遂成富庶焉。

【章旨】以上為第五段，寫唐僖宗返京途中的兵變，河中、河南的變局，王重榮為其部屬所殺，張全義入據東都。張全義招聚流亡，勸之農桑，數年後東都恢復為富庶之鄉。

【注釋】❶戊申 六月初六日。❷天威都 為神策五十四都之一。❸宿衛 值宿警衛。❹己酉 六月初七日。❺庚戌 六月初八日。❻大安門 行宮門。❼通衢 四通八達的大道。❽隴州 州名，治所汧源，在今陝西隴縣西南。由鳳翔向西北至隴州一百五十里。❾步入侍上 步行到宮中侍奉皇上。❿質 作為保證人。杜讓能挺身而出，韋昭度質家軍中，皆表示討叛決心。⓫壬子 六月初十日。⓬甲寅 六月十二日。⓭制 皇帝所下制令。⓮護國節度使 唐僖宗光啟元年（西元八八五年）賜河中節度號護國軍節度。王重盈為王重榮之兄。⓯珙 （？—西元八九九年）河中節度使王重榮兄王重盈之子。王重榮死，王重盈繼任河中節度使。重盈死，眾立王重榮養子王珂為節度使，王珙與珂爭位，珙為部將李璠所殺。傳見《舊唐書》卷一百八十二、《新唐書》卷一百八十七、《舊五代史》卷十四。⓰戊午 六月十六日。⓱樵採 打柴。⓲壬戌 六月二十日。⓳澤州 州名，治所晉城，在今山西晉城。⓴河南尹 官名，即河南府尹，河南府的行政長官。㉑壞垣 斷塌了的牆壁。㉒彌望 滿眼。㉓中州城 洛陽三城之中城，在二城之中，故稱中州城。㉔十八縣 河南府二十縣，除河南、洛陽二縣在城中，還有偃師、鞏、緱氏、陽城、登封、陸渾、伊闕、新安、澠池、福昌、長水、永寧、壽安、密、河清、潁陽、伊陽、王屋十八個縣。㉕墟落 村落。㉖樹藝 種植。㉗笞杖 用竹板或荊條打人脊背或臀腿的刑罰。㉘如市 形容歸順的人很多，像趕往市場一樣。㉙戰陳 作戰的陣法。陳，通「陣」。㉚坊曲 小街曲巷。㉛蔚然 生長茂盛的樣子。㉜曠土 閒置的土地。㉝勝

兵者　能夠扛武器服兵役的人，指戰士。勝，勝任。㉞令佐　縣令和佐吏。㉟為政寬簡　施政寬鬆簡易。㊱田疇　耕熟的田地。穀地為田，麻地為疇。這裡指地上的莊稼長得好。㊲善收　收成好的。㊳綵　通「彩」。彩色絲織物。㊴聲伎　聲樂舞伎。㊵荒穢　荒蕪。穢，田中雜草。㊶乏人牛　缺少人力、耕牛。㊷比戶　每戶；戶戶。

【校　記】1上　原無此字。據章鈺校，十二行本、乙十一行本、孔天胤本皆有此字，張敦仁《通鑑刊本識誤》同，今據補。

【語　譯】六月初六日戊申，天威都頭楊守立和鳳翔節度使李昌符爭搶道路，部下互相毆打，僖宗派遣中使勸告他們，但沒有止住。當天晚上，值宿的警衛都嚴加防備。初七日己酉，李昌符帶兵燒毀了行宮。初八日庚戌，又攻打大安門，楊守立與李昌符在大路上交戰，李昌符兵敗，率領部下逃走守護隴州。杜讓能聽說發生戰亂，挺身步行到宮中侍奉僖宗。韋昭度把他的家屬質押在軍隊中，發誓要殺了造反的賊兵，所以軍中士兵奮力作戰，戰勝了叛兵。楊守立，是楊復恭的義子。初十日壬子，任命扈駕都將、武定節度使李茂貞為隴州招討使，去討伐李昌符。

六月十二日甲寅，河中牙將常行儒殺了節度使王重榮。王重榮用法森嚴，晚期更加厲害，常行儒曾經被處罰，感到羞恥，就起來作亂。夜裡，攻打官署和住宅，王重榮逃往別墅。第二天早晨，常行儒抓到王重榮把他殺了。僖宗下制書任命陝虢節度使王重盈為護國節度使，又任命王重盈的兒子王珙暫時代理陝虢留後。王重盈到達河中，抓住了常行儒，把他殺了。

六月十六日戊午，秦彥派遣畢師鐸、秦稠率兵八千人出城，西進攻打楊行密，秦稠戰敗身亡，士兵死去的有十分之七八。城裡缺少吃的，砍柴的路也斷了，宣州的軍隊開始吃起人來。〇二十日壬戌，亳州的將領謝殷驅逐了刺史宋袞。

孫儒已經離開河陽，李罕之叫張全義到澤州來，與他收聚餘下的部眾。李罕之佔據了河陽，張全義佔據了東都，一起向河東求援。李克用任命他的將領安金俊為澤州刺史，率領騎兵來援助他們，上表請求任命李罕之為河陽節度使，張全義為河南尹。

當初，東都洛陽經過黃巢之亂，遺留下來的民眾聚集在三個城裡相互保護，接著秦宗權、孫儒兇殘暴虐，只剩下毀壞的城牆而已。張全義剛剛到達時，白骨遍地，滿目荊棘，居住的民眾不滿一百戶，張全義的部下才一百多人，他們一起保護中州城，四面的曠野裡都沒有耕種的人。張全義便在部下選出十八個有才能有器度可以任用的，每人給一面旗幟、一張榜示，稱之為屯將，使他們前往河南十八縣的舊時村落中，豎起旗幟，張貼榜示，招撫流散的民眾，勉勵他們種植莊稼。只有殺人的處死，其餘的僅用竹板、荊條拷打一下而已，沒有嚴刑，沒有租稅，民眾回來的人多得像集市一樣。又挑選身強力壯的人，訓練他們作戰，用來防禦寇盜。幾年以後，都城中的街坊曲巷，逐漸恢復到原來的規模，各縣的戶口，大致恢復到過去的水平，桑麻茂盛，田野裡沒有空閒的土地。那些能拿武器服兵役的人，大縣達到七千人，小縣不少於二千人，於是奏請設置縣令、佐吏來治理這些地方。張全義明察秋毫，人們欺騙不了他，而他為政寬容簡易。外出時，看見田裡莊稼長得好的，常常下馬，和幕僚佐吏一起觀賞，叫來田地的主人，用酒食加以慰勞。有養蠶種麥收成好的，有時親自到他們家裡，把全家老幼叫出來，賞賜他們茶葉、彩色絲綢、衣服和日用物品。民間說：「張全義不喜歡聲樂舞伎，看到那些未嘗發笑；只有看到好麥子、好蠶繭才發笑。」有讓田地荒蕪的人，張全義就集合民眾用棍棒打他。有人說這人是因為缺少人力和耕牛，張全義便叫來這人的鄰里責備說：「他真的缺乏人力和耕牛，你們為什麼不幫助他？」大家都認錯道歉，這才放過了那個人。從此鄰里相助，互通有無，所以戶戶都有積蓄，大災之年也沒有飢餓，這裡便成了富庶的地方。

杜棱等敗薛朗將李君晧于陽羨❶。

秋，七月癸未❷，淮南將吳苗帥其徒八千人踰城❸降楊行密。

八月壬寅朔❹，李茂貞奏隴州刺史薛知籌以城降，斬李昌符，滅其族。◯朱全忠引兵過亳州，遣其將霍存襲謝殷❺，斬之。〇丙子❻，以李茂貞同平章事、充鳳翔節度使。〇以韋昭度守❼太保❽、兼侍中。

朱全忠欲兼兗、鄆，而以朱瑄兄弟有功於己❾，攻之無名，乃誣瑄招誘宣武軍士，移書誚讓❿。瑄復書不遜⓫，全忠遣其將朱珍、葛從周襲曹州。壬子⓬，拔之，殺刺史丘弘禮。又攻濮州，與兗、鄆兵戰於劉橋⓭，殺數萬人，朱瑄、朱瑾僅以身免。全忠與兗、鄆始有隙。

秦彥以張雄兵彊，冀得其用，以僕射告身授雄，以尚書告身⓮三通⓯授裨將馮弘鐸等。廣陵人競以金玉珠繒⓰[1]詣雄軍貿食⓱，通犀⓲帶一，得米五升，錦衾⓳一，得糠五升。雄軍既富，不復肯戰，未幾，復助楊行密。

丁卯⓴，彥悉出城中兵萬二千人，遣畢師鐸、鄭漢章將之，陳於城西，延袤㉑數里，軍勢甚盛。行密安臥帳中，曰：「賊近告我。」牙將李宗禮曰：「眾寡不敵，宜堅壁㉒自守，徐圖㉓還師。」李濤怒曰：「吾以順討逆㉔，何論眾寡，大軍至此，去將安歸！濤願將所部為前鋒，保為公破之！」濤，趙州㉕人也。行密乃積金帛麴㉖米於一寨，使羸弱守之，多伏精兵於其旁，自將千餘人衝其陳㉗。兵始交，行密陽㉘不勝而走，廣陵兵追之，入空寨，爭取金帛麴米，伏兵四起，廣陵眾亂，行密縱兵擊之，俘斬殆盡，積尸十里，溝瀆㉙皆滿，師鐸、漢章單騎僅免。自是秦彥不復言出師矣。

九月，以戶部侍郎、判度支㉚張濬㉛為兵部侍郎、同平章事。

高駢在道院，秦彥供給甚薄，左右無食，至然㉜木像、煮革帶食之，有相啗㉝者。彥與畢師鐸出師屢敗，疑駢為厭勝㉞，外圍益急，恐駢黨有為內應者。有妖尼㉟王奉仙言於彥曰：「揚州分野㊱極災，必有一大人死，自此喜矣。」甲戌㊲，命其將劉匡時殺駢，并其子弟甥姪無少長皆死，同坎瘞之㊳。乙亥㊴，楊行密聞之，帥士卒縞素向城大哭三日。

【章旨】以上為第六段，寫朱全忠欲併兗、鄆，與朱瑄、朱瑾交惡。秦彥出戰楊行密，兵敗而怒，誅殺高駢一門。

【注釋】❶陽羨　縣名，縣治在今江蘇宜興南。❷癸未　七月十二日。❸踰城　翻越揚州城。❹壬寅朔　八月初一日。❺霍存襲謝殷　是年六月，謝殷殺刺史，據亳州。後為部將霍存所殺。❻丙子　八月壬寅朔，無丙子，疑為丙午，八月初五日。❼守　官吏試職稱守。❽太保　官名，三公之一，位次於太傅。多為勳戚文武大臣加銜。❾有功於己　朱瑄、朱瑾曾破蔡兵救汴州。❿誚讓　譙責。⓫不遜　不謙虛；不恭敬。⓬壬子　八月十一日。⓭劉橋　在今山東鄄城西南。⓮告身　委任官職的文憑。唐末官爵冗濫，有很多空白告身，可以隨時填人名。此授張雄、馮弘鐸的告身即是高駢任諸道都統時，朝廷給的空白告身。⓯三通　三份。⓰繒　絲織品的總稱。⓱貿食　換東西吃。貿，以物易物。⓲通犀　犀牛角的一種，即通天犀，中央色白上下通貫的犀牛角。⓳錦衾　錦繡的被子。⓴丁卯　八月二十六日。㉑延袤　綿延而連續。㉒堅壁　堅守營壘。㉓徐

圖　慢慢地想辦法。㉔以順討逆　以正義之師討伐叛逆之兵。㉕趙州　州名，治所平棘，在今河北趙縣。州南汶河上的安濟橋，即舉世聞名的趙州橋。㉖麰　大麥。㉗衝其陳　衝擊畢師鐸、鄭漢章的軍陣。㉘陽　表面上。㉙溝瀆　溝渠。㉚判度支　唐代度支為戶部第二司，中期以後往往特派大臣專判度支，可以是戶部的官，也可以是戶部以外的官，權勢很重。㉛張濬（？—西元九〇二年）字禹川，河間（今河北河間）人，官至尚書右僕射，致仕居洛長水墅。朱全忠篡唐，畏張濬不附己，盜殺張濬，屠其家百餘人。傳見《舊唐書》卷一百七十九、《新唐書》卷一百八十五。㉜然　通「燃」。因住道院，故可以燒木像。㉝相啗　人吃人。㉞厭勝　古時迷信認為能以詛咒制勝。㉟尼　尼姑。㊱分野　古代天文學說，把天上十二星辰的位置跟地上州、國的位置相對應。就天文說，稱為分星；就地上說，稱為分野。戰國以後也有以二十八宿來劃分分野的。迷信的說法，認為天上該區發生的天象預兆著各對應地區的吉凶。㊲甲戌　九月初四日。㊳同坎瘞之　同穴埋葬。坎，穴。瘞，埋。㊴乙亥　九月初五日。

【校記】①金玉珠繒　原作「珠玉金繒」。據章鈺校，十二行本、乙十一行本皆作「金玉珠繒」，今從改。

【語譯】杜稜等人在陽羨打敗了薛朗的將領李君晤。

秋，七月十二日癸未，淮南將領吳苗率領他的部眾八千人翻越城牆投降楊行密。

八月初一日壬寅，李茂貞奏報隴州刺史薛知籌舉城投降，殺了李昌符，滅了他的家族。〇朱全忠帶兵經過亳州，派遣他的將領霍存襲擊謝殷，殺了謝殷。〇丙子日，任命李茂貞為同平章事，充任鳳翔節度使。〇任命韋昭度任太保，兼任侍中。

朱全忠打算兼併兗州、鄆州，但是因為朱瑄兄弟對自己有功，攻打他們沒有理由，就誣陷朱瑄招引宣武的軍士，送去書信責備他。朱瑄回信不恭敬，朱全忠派遣他的將領朱珍、葛從周襲擊曹州。八月十一日壬子，攻取曹州，殺了刺史丘弘禮。又攻打濮州，在劉橋和兗州、鄆州的軍隊交戰，殺了幾萬人，朱瑄、朱瑾僅僅自己脫身免死。朱全忠和朱瑄、朱瑾開始有了怨仇。

秦彥因為張雄的兵力強盛，希望張雄能為自己所用，便拿僕射的委任狀授予張雄，拿尚書的委任狀三件授予副將馮弘鐸等人。廣陵人爭著用金銀、玉石、珠寶、絲綢前往張雄的軍中交換糧食，一根通天犀帶，換取米五升，一床絲綢被子，換取糠五升。張雄的士兵富有後，就不想再打仗，沒多久，又去幫助楊行密。

八月二十六日丁卯，秦彥出動城中全部士兵一萬二千人，派遣畢師鐸、鄭漢章統率他們，在廣陵城西布陣，綿延數里，軍勢極為旺盛。楊行密安穩地躺在軍帳中，說：「敵寇靠近了來告訴我。」牙將李宗禮說：「敵眾我寡，打不過敵人，我們應該堅守壁壘，加強防守，慢慢想辦法讓部隊撤還。」李濤生氣地說：「我們以正義討伐叛逆，為什麼要談論人多人少呢，大軍到了這裡，撤離後將要到什麼地方去？我李濤願意率領所轄部隊擔任前鋒，保證為您打敗他們！」李濤，是趙州人。楊行密便把金銀、布帛、糧食堆積在一個營寨，派遣老弱病殘來防守，在旁邊埋伏了很多精銳的士兵，自己率領一千多人去衝擊敵人的軍陣。兩軍剛交戰，楊行密假裝不勝逃走，廣陵的軍隊追趕他們，進入空寨中，爭著搶奪金銀、布帛、糧食，伏兵四起，廣陵的軍隊大亂，楊行密縱兵攻擊，幾乎把敵軍俘虜、斬殺光了，堆積的屍體有十里路長，溝渠中都填滿了。畢師鐸、鄭漢章僅僅單騎逃脫，免於一死。從此，秦彥不再說出兵了。

九月，任命戶部侍郎、判度支張濬擔任兵部侍郎、同平章事。

高駢住在道院中，秦彥供給高駢的食品很少，身邊的人沒有吃的，以至於燒木像、煮皮帶來吃，更有吃人的。秦彥和畢師鐸出兵多次失敗，懷疑高駢使用了詛咒致勝的巫術。外面圍攻更加緊急，害怕高駢的黨羽有做內應的人。有一個妖尼王奉仙告訴秦彥說：「揚州分野有大災，必定有一位大人物死亡，從此以後這個地方就會好起來。」九月初四日甲戌，秦彥命令他的將領劉匡時殺掉高駢，連高駢的子弟甥姪不論年齡大小，全部處死，同埋在一個坑中。初五日乙亥，楊行密聽到這個消息，率領士兵穿著白色喪服面向廣陵城大哭了三天。

朱珍攻濮州，朱瑄遣其[1]弟罕將步騎萬人救之。辛卯❶，朱全忠逆擊❷罕於范❸，擒斬之。

冬，十月，秦彥遣鄭漢章將步騎五千出擊張神劍、高霸寨，破之，神劍奔高郵，霸奔海陵❹。○丁未❺，朱珍拔濮州，刺史朱裕奔鄆，珍進兵攻鄆。瑄使裕詐遺珍書，約為內應，珍夜引兵赴之，瑄開門納汴軍，閉而殺之，死者數千人，汴軍乃退。瑄乘勝復取曹州，以其屬郭詞為刺史。

甲寅❻，立皇子陞❼為益王。○杜稜等拔常州，丁從實奔海陵❽。錢鏐奉周寶歸杭州，屬橐鞬❾，具部將禮❿，郊迎之。

楊行密圍廣陵且半年，秦彥、畢師鐸大小數十戰，多不利。城中無食，米斗直錢五十緡，草根木實皆盡，以菫泥⓫為餅食之，餓死者太半。宣軍掠人詣肆⓬賣之，驅縛屠割如羊豕⓭，訖⓮無一聲，積骸⓯流血，滿於坊市。彥、師鐸無如之何，嚬蹙⓰而已。外圍益急，彥、師鐸憂懣⓱，殆無生意⓲，相對抱膝，終日悄然⓳。行密亦以城久不下，欲引還⓴。己巳㉑夜，大風雨，呂用之部將張審威帥麾下士三百，晨，伏於西壕㉒，俟守者易代㉓，潛登城，啟關㉔納其眾，守者皆不鬬而潰。先是，彥、師鐸信重尼奉仙，雖戰陳日時，賞罰輕重，皆取決㉕焉。至是復咨㉖於奉仙曰：「何以取濟㉗？」奉仙曰：「走為上策！」乃自開化門出奔東塘。行密帥諸軍合萬五千人入城，以梁纘不盡節㉘於高氏，為秦、畢用，斬於戟門㉙之外，韓問㉚聞之，赴井死。以高駢從孫愈攝副使，使改殯㉛駢及其族。城中遺民纔數百家，飢羸㉜非復人狀，行密輦㉝西寨米㉞以賑之。行密自稱淮南留後。

【章旨】以上為第七段，寫秦彥敗走，楊行密入據廣陵。

【注釋】❶辛卯　九月二十一日。❷逆擊　迎擊。❸范　縣名，縣治在今河南范縣。❹神劍奔高郵二句　高郵和海陵，為張神劍、高霸舊屯之地。❺丁未　十月初七日。❻甲寅　十月十四日。❼陞　李陞（？—西元八八七年），僖宗次子，封益王。傳見《舊唐書》卷一百七十五、《新唐書》卷八十二。❽奔海陵　丁從實於光啓二年六月取常州，至此而敗。❾屬櫜鞬　佩繫著弓箭。古時迎接貴賓，命人負櫜鞬為前導。櫜鞬，盛弓箭之器。櫜以受弓，鞬以受箭。❿具部將禮　杭州本為鎮海軍巡屬，故錢鏐以部將之禮迎接周寶。具，備辦。⓫堇泥　粘土。⓬肆　店鋪。⓭驅縛屠割如羊豕　宣州軍綁縛驅趕屠殺百姓如同豬羊一樣。豕，豬。⓮訖　終了。⓯積骸　屍骨堆積。⓰嚬蹙　皺眉蹙額，表示憂慮和難過。嚬，眉蹙貌。⓱憂懣　憂愁煩悶。⓲殆無生意　幾乎沒有活下去的念頭。⓳悄然　憂愁的樣子。⓴引還　帶兵返回廬州。㉑己巳　十月二十九日。㉒壕　護城河。㉓易代　交接班的時候。㉔啓關　打開城門。㉕取決　依之以決斷。㉖咨　詢問；徵求意見。㉗取濟　取得成功。指挽救危局。㉘不盡節　指梁纘原為高駢部將，現為秦、畢所用。㉙戟門　唐代有立戟於門的制度。廟社宮殿及各級官府依級別立戟數不同。㉚韓問　與梁纘為一體之人，皆高駢舊將。梁纘被殺，韓自知不免於死，故赴井而死。其事略見《舊唐書》卷一百八十二、《新唐書》卷二百二十四下〈高駢傳〉。㉛改殯　重新安葬高駢。㉜飢羸　飢餓瘦弱。㉝輦　用車拉。㉞西寨米　楊行密營寨在廣陵城西，此為餉軍之米。

【校記】[1]其　原無此字。據章鈺校，十二行本、乙十一行本皆有此字，今據補。

【語譯】朱珍攻打濮州，朱瑄派遣他的弟弟朱罕統率步兵、騎兵一萬人援救濮州。九月二十一日辛卯，朱全忠在范縣迎擊朱罕，抓住朱罕殺了。

冬，十月，秦彥派遣鄭漢章率領步兵、騎兵五千人出擊張神劍、高霸的營寨，攻破了營寨。張神劍跑往高郵，高霸跑往海陵。〇初七日丁未，朱珍攻取濮州，刺史朱裕跑往鄆州，朱珍進兵攻打鄆州。朱瑄讓朱裕送給朱珍一封欺騙他的書信，說是約好作為內應。夜裡朱珍帶兵前往，朱瑄打開城門迎入汴州的軍隊，關閉城門後殺了他們，死了幾千人，汴州的軍隊便撤退了。朱瑄乘勝又攻取曹州，派他的部下郭詞擔任刺史。

十月十四日甲寅，封皇子李陞為益王。○杜稜等人攻取常州，丁從實逃往海陵。錢鏐護侍周寶返回杭州，佩繫著弓箭，準備好了部將對上司的禮儀，在郊外迎接周寶。

楊行密包圍廣陵城已近半年，秦彥、畢師鐸大小數十仗，大多都戰敗了。城裡沒有吃的，一斗米值五十緡錢，草根、樹皮都吃光了，用粘土做成餅子來吃，餓死的人有一大半。宣州的士兵搶人到市場上出賣，就像羊和豬一樣驅趕、捆綁、屠殺他們，終了沒有說一句話，堆積的屍骸，流出的鮮血，遍布市場。秦彥、畢師鐸也沒有什麼辦法，皺眉蹙額而已。外面圍攻更加緊急，秦彥、畢師鐸憂愁煩悶，幾乎沒有活下去的念頭，抱膝相對，成天憂心忡忡。楊行密也因為廣陵城久攻不下，想要率軍返回。十月二十九日己巳夜裡，風雨大作，呂用之的將領張審威率領部下士兵三百人，凌晨埋伏在西邊的壕溝裡，等到守城的人換班時，偷偷地登上城牆，打開城門放部隊進去。守城的人都沒有抵抗就潰逃了。此前，秦彥、畢師鐸信任依重妖尼王奉仙，即使是打仗時日、賞罰輕重，都取決於她。到這時又詢問王奉仙說：「怎麼樣才能渡過這個危難？」王奉仙說：「走為上策！」於是從開化門出去逃往東塘。楊行密率領各路軍隊總共一萬五千人進入城中，因梁纘不能向高駢竭盡臣節，被秦彥、畢師鐸所用，就在戟門之外把他殺了，韓問聽到這個消息，跳到井裡死了。任命高駢的姪孫高愈代理副使的職務，讓他改葬高駢及其族人。城中剩下的百姓只有幾百家，飢餓瘦弱得不像人樣子，楊行密用車子拉著軍糧來賑濟他們。楊行密自稱為淮南留後。

秦宗權遣其弟宗衡將兵萬人度淮，與楊行密爭揚州，以孫儒為副，張佶、劉建鋒、馬殷及宗權族弟彥暉皆從。十一月辛未❶，抵廣陵城西，據行密故寨❷，行密輜重之未入城者，為蔡人所得。秦彥、畢師鐸至東塘，張雄不納，將度江趣宣州，宗衡召之，乃引兵還，與宗衡合。

未幾，宗權召宗衡還蔡，拒朱全忠。孫儒知宗權勢不能久，稱疾不行。宗衡屢促之，儒怒，甲戌❸，與宗衡飲酒，坐中手刃❹之，傳首❺於全忠。宗衡將安仁義❻降於行密。仁義，本沙陀將也，行密悉以騎兵委之，列於田頵之上❼。儒分兵掠鄰州，未幾，眾至數萬，以城下乏食，與彥、師鐸襲高郵。

初，宣武都指揮使朱珍與排陳斬斫使❽李唐賓，勇略、功名略相當，全忠每戰，使二人偕❾，往無不捷，然二人素不相下❿。珍使[1]迎其妻於大梁，不白⓫全忠，全忠怒，追還其妻，殺守門者，使親吏⓬蔣玄暉⓭召珍，以唐賓[2]代總其眾。館驛巡官⓮馮翊敬翔⓯諫曰：「朱珍未易輕取，恐其猜懼⓰生變。」全忠悔，使人追止之。珍果自疑，丙子⓱夜，珍置酒召諸將。唐賓疑其有異圖⓲，斬關⓳奔大梁，珍亦棄軍單騎繼至。全忠兩惜其才，皆不罪，遣還濮州，因引兵歸。

全忠多權數⓴，將佐莫測其所為，惟敬翔能逆知㉑之，往往助其所不及，全忠大悅，自恨得翔晚，凡軍機㉒、民政悉以咨之。

辛巳㉓，高郵鎮遏使張神劍帥麾下二百人逃歸揚州。丙戌㉔，孫儒屠高郵。

戊子㉕，高郵殘兵七百人潰圍而至，楊行密慮其為變，分隸諸將，一夕盡阬㉖之。明日，殺神劍於其第。

楊行密恐孫儒乘勝取海陵。壬寅㉗，命鎮遏使高霸帥其兵民悉歸府城㉘，曰：「有違命者，族之。」於是數萬戶棄資產、焚廬舍，挈老幼遷於廣陵。戊戌㉙，霸與弟晊㉚、部將余繞山、前常州刺史丁從實至廣陵，行密出郭㉛迎之，與霸、晊約為兄弟㉜，置其將卒於法雲寺㉝。○己亥㉞，秦宗權陷鄭州。○朝廷以淮南久亂，閏月，以朱全忠兼淮南節度使、東南面招討使。

【章旨】以上為第八段，寫秦宗權遺將與楊行密爭揚州，朝廷任命朱全忠兼淮南節度使、東南面招討使平淮南之亂。

【注釋】❶辛未 十一月初二日。❷故寨 楊行密攻廣陵，在城西紮寨，現蔡軍又據西寨。❸甲戌 十一月初五日。❹手刃 親手殺之。❺傳首 將首級傳送。❻安仁義 原為沙陀將，在李國昌部下，後入秦宗權軍中。其事散見《新唐書》卷一百八十八〈楊行密傳〉等。❼行密悉以騎兵委之二句 楊行密起於合肥，當時田頵為諸將之冠。現把全部騎兵託付給安仁義，位在田頵之上，表現楊行密知人善任。❽排陳斬斫使 官名，藩鎮自行任命的軍職。陳，通「陣」。❾偕 一起。❿素不相下 平素互不服氣，誰也不願居於下位。⓫白 稟告。⓬親吏 身邊親信官吏。⓭蔣玄暉 （？—西元九〇五年）朱全忠的心腹。昭宗東遷，為樞密使。唐昭宗天復四年（西元九〇四年），蔣玄暉與龍武統軍朱友恭、氏叔琮殺昭宗。後被朱全忠車裂。傳見《新唐書》卷二百二十三。⓮館驛巡官 官名，唐制，節度屬官有館驛巡官四人。⓯敬翔 （？—西元九二三年）字子振，同州馮翊（今陝西大荔）人，朱溫的親信，朱溫稱帝後，知崇政院事，封平陽郡侯，朱友珪即位，為宰相。傳見《舊五代史》卷十八、《新五代史》卷二十一。⓰猜懼 猜疑而恐懼。⓱丙子 十一月初七日。⓲異圖 反叛的圖謀。⓳斬關 殺掉守護城門的士兵。關，城門；城門門閂。⑳權數　謀略；權術。㉑逆知　預先知道。㉒軍機　軍中機要之事。朱全忠凡事諮詢敬翔，篡奪唐朝政權，全賴敬翔之力。㉓辛巳　十一月十二日。㉔丙戌　十一月十七日。㉕戊子　十一月十九日。㉖阬同「坑」。活埋。㉗壬寅　上文敘事到十一月十九日戊子的次日，即二十日己丑，下文敘事起於十一月二十九日戊戌，「壬寅」當在這一時間內。但從二十日至二十九日之間無「壬寅」，疑為「壬辰」之誤。壬辰是十一月二十三日。㉘府城　揚州府城。㉙戊戌　十一月二十九日。㉚晧　高霸之弟高晧。㉛郭　外城。㉜與霸晧約為兄弟　楊行密為了安定高霸兄弟的心，所以出郭相迎，約為兄弟。約，盟約。㉝法雲寺　寺廟名，在揚州城內。㉞己亥　十一月三十日。

【校　記】①使　原作「使人」。據章鈺校，十二行本、乙十一行本皆無「人」字，今據刪。②唐賓　原作「漢賓」。張敦仁《通鑑刊本識誤》作「唐賓」，當是，今從改。

【語　譯】秦宗權派遣他的弟弟秦宗衡率領士兵一萬人渡過淮水，與楊行密爭奪揚州，任命孫儒為副將，張佶、劉建鋒、馬殷以及秦宗權的堂弟秦彥暉跟隨一起去。十一月初二日辛未，到達廣陵城的西邊，佔據了楊行密以前的舊營寨，楊行密沒有運進城去的軍用物資，被秦宗衡的部隊得到了。秦彥、畢師鐸到達東塘，張雄不肯接納他們。他們準備渡江前往宣州，秦宗衡召喚他們，他們便帶領軍隊返回，與秦宗衡會合。

沒多久，秦宗權叫秦宗衡返回蔡州，抵禦朱全忠。孫儒知道秦宗權的勢力不會太長久，便藉口有病不去。秦宗衡一再催促他，孫儒很生氣，十一月初五日甲戌，和秦宗衡喝酒，在酒席上親手殺了秦宗衡，把他的首級傳送給朱全忠。秦宗衡的部將安仁義投降了楊行密。安仁義，本來是沙陀的將領，楊行密把所有的騎兵都交給他帶領，地位排在田頵的上面。孫儒分派士兵搶掠鄰州，沒有多久，部眾達到幾萬人。因為城下缺少食物，和秦彥、畢師鐸去襲擊高郵。

當初，宣武都指揮使朱珍和排陳斬斫使李唐賓，勇敢、謀略、功勞、名位大體相當，朱全忠每次作戰，讓兩人一同前往，所向沒有不勝利的，可是兩個人平時互不服氣。朱珍派人到大梁去迎接他的妻子，沒有告訴朱全忠，朱全忠生氣了，追回了他的妻子，殺了守門的人，派親近的官吏蔣玄暉召回朱珍，讓李唐賓代為總領朱珍的部眾。館驛巡官馮翊人敬翔勸諫說：「朱珍不能輕易取代，恐怕他疑懼生亂。」朱全忠後悔了，派人追上去阻止。朱珍果然自生疑心，十一月初七日丙子夜裡，朱珍擺設酒席叫來各個將領。李唐賓懷疑他圖謀叛亂，殺了守護城門的士兵，跑往大梁，朱珍也丟下部隊獨自騎馬跟著到了大梁。朱全忠愛惜他們的才能，都未加處罰，送他們返回濮州，然後帶兵回去了。

朱全忠多權謀，部將、佐吏們猜不出他想幹什麼，只有敬翔能夠預先知道他的想法，常常幫助朱全忠彌補沒有料到的地方，朱全忠非常高興，恨自己得到敬翔晚了，凡是軍事機密、民政大事都詢問敬翔的意見。

十一月十二日辛巳，高郵鎮遏使張神劍率領部下二百人逃回揚州。十七日丙戌，孫儒屠滅高郵。十九日戊子，高郵殘存的士兵七百人衝破包圍回來，楊行密怕他們叛亂，把他們分別隸屬各個將領，在一個晚上全都活埋了。第二天，在張神劍的府第把他殺了。

楊行密害怕孫儒乘勝奪取海陵。壬寅日，命令鎮遏使高霸率領他的士兵和民眾都返回揚州府城，說：「有違反命令的，殺了他全族。」於是幾萬戶人家丟棄資產，焚燒房屋，扶老攜幼，遷入廣陵城。十一月二十九日戊戌，高霸和他的弟弟高晤、部將余繞山、前常州刺史丁從實到達廣陵，楊行密出城迎接他們，和高霸、高晤結拜為兄弟，把他們的將領和士兵安置在法雲寺。〇三十日己亥，秦宗權攻陷鄭州。〇朝廷因為淮南長期戰亂，閏十一月，任命朱全忠兼任淮南節度使、東南面招討使。

陳敬瑄惡顧彥朗與王建相親❶，恐其合兵圖己，謀於田令孜。令孜曰：「建，吾子❷也，不為楊興元❸所容，故作賊耳。今折簡❹召之，可致麾下。」乃遣使以書召之，建大喜，詣梓州見彥朗曰：「十軍阿父❺見召，當往省❻之。因見陳太師❼，求一大州，若得之，私願足矣！」乃留其家於梓州❽，帥麾下精兵二千，與從子宗鐬、假子❾宗瑤、宗弼、宗侃、宗弁俱西。宗瑤，燕❿人姜郅。宗弼⓫，許人魏弘夫。宗侃，許人田師侃。宗弁，鹿弁也。

建至鹿頭關⓬，西川參謀⓭李乂謂敬瑄曰：「王建，虎也，柰何延⓮之入室？彼安肯為公下乎！」敬瑄悔，亟遣人止之，且增修守備。建怒，破關而進，敗漢州刺史張頊於綿竹⓯，遂拔漢州，進軍學射山⓰，又敗西川將句惟立於蠶北⓱[1]，又拔德陽⓲。敬瑄遣使讓⓳之，對曰：「十軍阿父召我來，及門而拒之，重為顧公⓴所疑，進退無歸矣。」田令孜登樓㉑慰諭㉒之，建與諸將於清遠橋㉓上髡髮㉔羅拜㉕，曰：「今既無歸，且辭阿父作賊矣！」顧彥朗以其弟彥暉㉖為漢州刺史，發兵助建，急攻成都，三日不克而退，還屯漢州。

敬瑄告難㉗於朝，詔遣中使和解之。又令李茂貞以書諭之，皆不從。

【章　旨】以上為第九段，寫西川王建發兵取成都，連戰皆捷，陳敬瑄告難於朝。

【注　釋】❶相親　相友善、親近。王建與顧彥朗原都在神策軍，後顧彥朗為東川節度使，王建據閬州後，顧多次遣使問候，並贈軍餉。❷吾子　中和四年（西元八八四年）王建怕鹿晏弘猜忌，與張造、晉暉等逃奔行在，田令孜養為假子。❸楊興元　即楊守亮。楊為山南西道節度使，駐節興元，故稱楊興元。傳見《舊唐書》卷一百八十四、《新唐書》卷一百八十六。❹折簡　古人以竹簡作書，簡長二尺四寸，短者一半。折半之簡，言禮輕、隨便。此處意謂隨便寫封信他就會來。❺十軍阿父　即田令孜。田曾為神策十軍觀軍容使，又待王建情同父子，故稱。傳見《舊唐書》卷一百八十四、《新唐書》卷二百八。❻省　探望；問候。❼陳太師　即陳敬瑄。唐僖宗自成都東還，進陳敬瑄為檢校太師，故稱。傳見《新唐書》卷二百二十四下。❽梓州　州名，治所在今四川三臺。當時顧彥朗治梓州。❾假子　王建和田令孜一樣，也愛認乾兒子，所以義子很多。❿燕州　州名，州治在今北京市順義北。⓫宗弼　王建養子王宗弼（？—西元九二五年），原名魏弘夫，許州人，官至中書令。蜀亡，為郭崇韜所殺。傳附《新五代史》卷六十三〈王建傳〉。⓬鹿頭關　關名，在今四川德陽北。⓭參謀　官名，唐天下兵馬元帥下有行軍參謀，參與軍中機密。⓮延　邀請。⓯綿竹　縣名，縣治在今四川綿竹。⓰學射山　山名，在四川成都北四十里。⓱鸒北　鎮名，在成都府成都縣。⓲德陽　縣名，縣治在今四川德陽。⓳讓　責備。⓴顧公　即顧彥朗。傳見《新唐書》卷一百八十六。㉑樓　成都南門樓，即大玄樓。㉒慰諭　安慰並說明情況使其理解。㉓清遠橋　在成都南門大玄樓前面。㉔髡髮　剃去頭髮。㉕羅拜　羅列而拜。㉖彥暉　顧彥朗之弟顧彥暉（？—西元八九七年）。傳見《新唐書》卷一百八十六。㉗告難　報告王建、顧彥暉急攻成都之難。

【校　記】①鸒北　原作「鸒此」。據章鈺校，乙十一行本作「鸒北」，今從改。

【語　譯】陳敬瑄厭惡顧彥朗和王建兩人親近，害怕他們連兵圖謀自己，就和田令孜商議。田令孜說：「王建是我的養子，不被楊守亮所容納，所以做了賊寇。現在我寫封信招呼他，就可以來到你的部下。」於是派遣使者用書信招呼王建，王建很高興，前往梓州去見顧彥朗說：「我的養父叫我去，我應當前去探望他。順便進見陳敬瑄，要一個大州，如果得到了，我的個人願望就滿足了！」就把他的家屬留在梓州，率領部下精兵二千人，和姪子王宗鐬以及養子王宗瑤、王宗弼、王宗侃、王宗弁一同西去。王宗瑤，就是燕人姜郅。王宗弼，就是許人魏弘夫。王宗侃，就是許人田師侃。王宗弁，就是鹿弁。

王建到達鹿頭關。西川參謀李乂對陳敬瑄說：「王建，是頭老虎，為什麼把他請到室內來呢？他怎麼肯處在您的下位啊！」陳敬瑄後悔了，急忙派人阻止王建，並且增加守備。王建大怒，攻破鹿頭關向前進軍，在綿竹打敗了漢州刺史張頊，又攻下漢州，進兵學射山；還在鸒北鎮打敗了西川將領句惟立，又攻取了德陽。陳敬瑄派遣使者去責備他，王建回答說：「我的養父招呼我來，到了關門口反而拒絕我，又加上被顧彥朗懷疑，真是進退都沒有出路了。」田令孜登上城樓安慰他，說明情況，王建和各將領在清遠橋上，剪去頭髮，羅列參拜，說：「今天既然沒有了歸路，只得告別您去做賊寇了！」顧彥朗派遣他的弟弟顧彥暉為漢州刺史，調兵幫助王建，急攻成都，三天未能攻克，就撤退了，返回後屯駐在漢州。

陳敬瑄向朝廷告急，僖宗下詔派遣中使調解他們。又下令李茂貞用書信曉諭他們，都沒有聽從。

楊行密欲遣高霸屯天長以拒孫儒，袁襲曰：「霸，高氏舊將，常挾❶兩端，我勝則來，不勝則叛。今處之天長，是自絕其歸路也，不如殺之。」己酉❷，行密伏甲❸執霸及丁從實、余繞山，皆殺之。又遣千騎掩殺其黨於法雲寺，死者數千人。是日，大雪，寺外數坊❹地皆赤❺。高晫出走，明日，獲而殺之。

呂用之之在天長也，紿楊行密曰：「用之有銀五萬鋌❻，埋於所居，克城之日，願備麾下一醉之資❼。」庚戌❽，行密閱❾士卒，顧用之曰：「僕射許此曹❿銀，何食言⓫邪！」因牽下械繫⓬，命田頵鞫⓭之，云：「與鄭杞、董瑾謀因⓮中元⓯夜，邀高駢至其第建黃籙齋⓰，乘其入靜⓱，縊殺⓲之，聲言上升⓳。因令莫邪都⓴帥諸軍推用之為節度使。」是日，腰斬用之，怨家刳裂[1]立盡，并誅其族黨。軍士發㉑其中堂㉒，得桐人，書駢姓名於胸，桎梏㉓而釘之。

袁襲言於行密曰：「廣陵飢弊已甚，蔡賊㉔復來，民必重困，不如避之。」甲寅㉕，行密遣和州將延陵宗㉖以其眾二千人歸和州。乙卯㉗，又命指揮使蔡儔將兵千人，輜重數千兩[28]，歸于廬州。

趙暉據上元，會周寶敗，浙西潰卒[29]多歸之，眾至數萬。暉遂自驕大，治南朝[30]臺城[31]而居之，服器〔2〕奢僭[32]。張雄在東塘，暉不與通問，雄泝江而上，暉以兵塞其中流[33]。雄怒，戊午[34]，攻上元，拔之。暉奔當塗[35]，未至，為其下所殺。餘眾降，雄悉阬之。

朱全忠遣內客將[36]張廷範[37]致朝命於楊行密，以行密為淮南節度副使，又以宣武行軍司馬李璠為淮南留後，遣牙將郭言將兵千人送之。

感化節度使時溥自以於全忠為先進[38]，官為都統[39]，顧不得領〔3〕淮南，而全忠得之，意甚恨望[40]。全忠以書假道[41]於溥，溥不許。璠至泗州[42]，溥以兵襲之，郭言力戰得免而還，徐、汴始構怨[43]。

十二月癸巳[44]，秦宗權所署山南東道留後趙德諲[45]陷荊南，殺〔4〕節度使張瓌，留其將王建肇守城而去，遺民纔數百家。○饒州[46]刺史陳儒[47]陷衢州[48]。○上蔡[49]賊帥馮敬章陷蘄州[50]。○乙未[51]，周寶卒[52]於杭州。○錢鏐以杜稜為常州制置使。命阮結等進攻潤州，丙申[53]，克之，劉浩[54]走，擒薛朗以歸。

【章 旨】以上為第十段，寫楊行密誅殺呂用之。感化軍節度使時溥不服朱全忠得淮南節度使之職，徐汴始交惡。

【注 釋】❶挾 夾持。❷己酉 閏十一月初十日。❸伏甲 埋伏甲兵。甲，甲冑；盔甲。指全副武裝的士兵。❹坊 街坊。❺赤 紅色。被殺死的人數千之多，幾條街坊都被鮮血染紅。❻鋌 專門鑄成各種形狀的金銀塊，可作為貨幣流通。❼一醉之資 一次喝酒的錢。是說這些銀子可獻給楊行密犒勞將士，用作買酒之資。❽庚戌 閏十一月十一日。❾閱 檢閱。❿曹輩。⓫食言 說話不算話。⓬械繫 戴上刑具。械，桎梏。繫，捆綁。⓭鞫 審訊。⓮因 趁。⓯中元 道家書以正月十五為上元，七月十五為中元，十月十五為下元。⓰黃籙齋 道教設此齋，普召天神、地祇、人鬼，設壇祈禱，追懺罪根，祈求升仙界。⓱入靜 道家語。靜處一室，屏去左右，澄神靜慮，無思無營，以接天神。⓲縊殺 勒頸致死。⓳上升 離世成仙。⓴莫邪都 軍名。㉑發 挖掘。㉒中堂 廳堂的正中。㉓桎梏 腳鐐手銬。㉔蔡賊 指孫儒。㉕甲寅 閏十一月十五日。㉖延陵宗 畢師鐸攻廣陵時，楊行密向和州借兵，孫端所派即延陵宗部。現遣還。㉗乙卯 閏十一月十六日。㉘兩 通「輛」。㉙潰卒 敗潰之兵。上元縣近京口，攻浙西潰兵多歸之。㉚南朝 宋、齊、梁、陳。㉛臺城 古城名，本三國吳後苑城，東晉成帝時改建，為東晉、南朝臺省（中央政府）和宮殿所在地，故名臺城。隋平陳時，已全部毀掉，耕墾為田，至此時已堙廢很久。故址在今江蘇南京雞鳴山南乾河沿北。㉜奢僭 器物服飾華麗超過制度。㉝中流 江流中心。㉞戊午 閏十一月十九日。㉟當塗 縣名，縣治在今安徽當塗。㊱內客將 官名，主唱導贊禮，接待賓客。㊲張廷範 以優人為朱全忠所愛，官至河南尹、太常卿。朱全忠怒其加九錫遲緩，誅殺蔣玄暉，張廷範被車裂於洛陽。傳見《新唐書》卷二百二十三〈姦臣傳〉下。㊳先進 前輩。㊴都統 官名，可督統諸道之兵，位在節度使之上。㊵望 怨；怨望。㊶假道 借路。㊷泗州 州名，治所臨淮，在今江蘇盱眙對岸。㊸構怨 結怨。時溥為感化節度使，治徐州，故云徐、汴結怨。㊹癸巳 十二月二十五日。㊺趙德諲字光儀，蔡州人，趙匡凝之父。傳見《新唐書》卷一百八十六，並附《舊五代史》卷十七、《新五代史》卷四十一〈趙匡凝傳〉。㊻饒州 州名，治所鄱陽，在今江西鄱陽。㊼陳儒 胡三省注引路振《九國志》：「陳儒，同安賊也。」與上卷朱敬玫將陳儒同名，非一人。㊽衢州 州名，治所信安，在今浙江衢州。㊾上蔡 縣名，縣治在今河南上蔡。㊿蘄州 州名，治所蘄春，在今湖北蘄春。(51)乙未 十二月二十七日。(52)周寶卒 唐末周寶為鎮海軍節度使兼南面招討使，與都統高駢共討黃巢，鎮杭州。傳見《新唐書》卷一百八十六。本傳載，周寶為錢鏐所殺。據胡三省注所引《吳越備史》，周寶為病卒。(53)丙申 十二月二十八日。54劉浩 原為鎮海軍將，光啓三年（西元八八七年）逐周寶而奉薛朗為鎮海留後。其事略見《新唐書》卷一百八十六〈周寶傳〉等。

【校 記】1劙裂 原作「劙割」。據章鈺校，十二行本、乙十一行本、孔天胤本皆作「劙裂」，今從改。2服器 原作「服用」。據章鈺校，十二行本、乙十一行本皆作「服器」，今從改。3領 據章鈺校，十二行本、乙十一行本皆無此字。按，有「領」字義長。4殺 原無此字。張敦仁《通鑑刊本識誤》有此字，當是，今據補。

【語 譯】楊行密打算派遣高霸駐紮在天長以便抵禦孫儒。袁襲說：「高霸是高駢的舊時將領，常常腳踏兩條船，我們勝了就來我們這裡，不勝他就叛變。如今把他安置在天長，這是自己斷了退路，不如把他殺了。」閏十一月初十日己酉，楊行密埋伏甲兵抓住了高霸和丁從實、余繞山，把他們都殺了。又派遣一千名騎兵到法雲寺襲殺了他們的同夥，死的有幾千人。這一天，下了大雪，法雲寺外幾個街市的地上都染紅了。高晲出逃，第二天，抓住後把他殺了。

呂用之在天長時，欺騙楊行密說：「我呂用之有銀子五萬錠，埋在居住的地方，攻下城池那一天，我願意備作您部下一次飲酒的費用。」閏十一月十一日庚戌，楊行密檢閱士兵，回頭看著呂用之說：「你答應給我部下銀子，為什麼說話不算數啊！」因此把他帶下去，戴上刑具，命令田頵審問他，田頵說：「呂用之和鄭杞、董瑾謀劃趁七月十五日中元節的夜裡，邀請高駢到他的府第去舉行黃籙大齋，藉著他入靜時，勒死他，對外聲稱高駢升天成仙了。乘機命令莫邪都率領各路軍隊推舉呂用之為節度使。」這一天，腰斬了呂用之，他的仇家又劙裂屍體上的皮肉，立刻沒了，又一起誅殺了呂用之的家族和同黨。士兵們掘開呂用之廳堂的正中，得到一個桐木雕刻的人，把高駢的姓名書寫在胸部，戴上刑具，身上釘了釘子。

袁襲告訴楊行密說：「廣陵城飢餓到了極點，蔡州賊軍再次前來，老百姓的窮困會更加深重，不如躲開他。」閏十一月十五日甲寅，楊行密派遣和州的將領延陵宗帶領他的部眾兩千人返回和州。十六日乙卯，又命令指揮使蔡儔率領士兵一千人，運載軍用物資的車子幾千輛，返回廬州。

趙暉佔據上元縣，適逢周寶戰敗，浙西潰敗的士卒多來歸附他，部眾達到幾萬人。趙暉便驕傲自大起來，整修南朝的臺城來居住，衣服、器物奢侈越制。張雄在東塘，趙暉不和他互通問候，張雄逆江而上，趙暉派兵在江中心堵塞他們。張雄生氣了，閏十一月十九日戊午，攻打上元縣，攻取了他。趙暉逃往當塗，還未到達，被部下所殺。剩餘的部眾投降了，張雄全都活埋了他們。

朱全忠派遣內客將張廷範送朝廷的命令給楊行密，任命楊行密為淮南節度副使，又任命宣武行軍司馬李璠為淮南留後，派遣牙將郭言率兵一千人護送李璠。

感化節度使時溥自認為比朱全忠資格老，官為都統，反而不能統領淮南之地，而被朱全忠得到了，心中極為怨恨。朱全忠寫信向時溥借道，時溥不答應。李璠到達泗州，時溥派兵襲擊他，郭言奮力作戰才得以脫身返回。徐州的時溥、汴州的朱全忠開始結下了怨仇。

十二月二十五日癸巳，秦宗權所委任的山南東道留後趙德諲攻陷荊南，殺了節度使張瓌，留下自己的將領王建肇守城，然後離去，遺留的百姓才幾百家。〇饒州刺史陳儒攻陷衢州。〇上蔡賊寇的首領馮敬章攻陷蘄州。〇二十七日乙未，周寶死於杭州。〇錢鏐委任杜稜為常州制置使。命令阮結等人進攻潤州，二十八日丙申，攻克潤州，劉浩逃走了，活捉了薛朗返回。

文德元年（戊申　西元八八八年）

春，正月甲寅❶，孫儒殺秦彥、畢師鐸、鄭漢章。彥等之歸秦宗衡[1]也，其眾猶二千餘人，其後稍稍為儒所奪。裨將唐宏知其必及禍❷，恐并死❸，乃誣告彥等潛召汴軍。儒殺彥等，以宏為馬軍使❹。

張守一與呂用之同歸楊行密，復為諸將合❺仙丹，又欲干❻軍府之政，行密怒而殺之。○蔡將石璠將萬餘人寇陳、亳，朱全忠遣朱珍、葛從周將數千騎擊擒之。癸亥❼，以全忠為蔡州四面行營都統❽，代時溥，諸鎮兵皆受全忠節度❾。

張廷範至廣陵，楊行密厚禮之。及聞李璠來為留後，怒，有不受❿之色。廷範密使人白全忠，宜自以大軍赴鎮，全忠從之。至宋州⓫，廷範自廣陵逃來，曰：「行密未可圖也。」甲子⓬，李璠至，言徐軍⓭遮道，全忠乃止。

丙寅⓮，錢鏐斬薛朗，剖其心以祭周寶⓯，以阮結為潤州制置使。

二月，朱全忠奏以楊行密為淮南留後。○乙亥⓰，上不豫⓱。壬午⓲，發鳳翔⓳。己丑⓴，至長安。庚寅㉑，赦天下，改元㉒。以韋昭度兼中書令。

【章旨】以上為第十一段，寫徐州時溥遮道，朱全忠不得入廣陵，奏請楊行密為留後。僖宗還京師。

【注釋】❶甲寅　正月十六日。❷及禍　遭禍殃。❸并死　一起死。❹馬軍使　官名，節度使自行任命的官職，統馬軍。❺合　配。❻干　干預；過問。❼癸亥　正月二十五日。❽四面行營都統　官名，戰時設置以節制各節度使的統領，戰罷即省。❾節度　節制調度。諸鎮兵受朱全忠統率，討伐秦宗權。❿不受　不接受朝命。朱全忠派張廷範來宣布朝命，以楊行密為淮南節度副使，又以李璠為淮南留後，故楊行密不悅。⓫宋州　州名，治所宋城，在今河南商丘。⓬甲子　正月二十六日。⓭徐軍　指時溥軍。⓮丙寅　正月二十八日。⓯祭周寶　薛朗曾逐周寶，故剖其心祭之。⓰乙亥　二月初七日。⓱不豫　皇帝有病的諱稱。⓲壬午　二月十四日。⓳發鳳翔　車駕從鳳翔出發。⓴己丑　二月二十一日。㉑庚寅　二月二十二日。㉒改元　改元文德。

【校記】1秦宗衡　原無「秦」字。據章鈺校，十二行本、乙十一行本皆有此字，張敦仁《通鑑刊本識誤》、張瑛《通鑑校勘記》同，今據補。

【語　譯】文德元年（戊申　西元八八八年）

春，正月十六日甲寅，孫儒殺死秦彥、畢師鐸、鄭漢章。秦彥等人歸附秦宗衡時，他們的部眾仍有兩千多人，後來逐漸被孫儒所奪。秦彥的裨將唐宏知道秦彥等人必遭禍殃，害怕一起死去，便誣告秦彥等暗中招引汴州的軍隊。孫儒殺死秦彥等人，任命唐宏為馬軍使。

張守一和呂用之一起歸附楊行密，又給各將領調配仙丹，又想干預軍府政務，楊行密很生氣，殺了張守一。○蔡州的將領石璠率領一萬多人去侵掠陳州、亳州，朱全忠派遣朱珍、葛從周統率幾千名騎兵攻打石璠，活捉了他。正月二十五日癸亥，任命朱全忠為蔡州四面行營都統，代替時溥，各鎮軍隊都受朱全忠的節制調度。

張廷範到達廣陵，楊行密對他厚禮相待。等到聽說李璠要來這裡擔任留後，非常生氣，有不接受的神色。張廷範暗中派人報告朱全忠，應該親自率領大軍前往鎮所，朱全忠聽從了他的意見。到達宋州，張廷範從廣陵跑來，說：「還不能圖謀楊行密。」正月二十六日甲子，李璠到了，說時溥的徐州軍阻攔道路，朱全忠這才止步。

正月二十八日丙寅，錢鏐殺死薛朗，挖出他的心來祭奠周寶，派阮結為潤州制置使。

二月，朱全忠奏請任命楊行密擔任淮南留後。○初七日乙亥，僖宗生病。十四日壬午，僖宗從鳳翔出發。二十一日己丑，到達長安。二十二日庚寅，赦免天下，改換年號。任命韋昭度兼任中書令。

魏博節度使樂彥禎[1]，驕泰❶不法，發六州❷民，築羅城❸，方八十里，人苦其役，其子從訓，尤凶險。既殺王鐸❹，魏人皆惡之。從訓聚亡命五百餘人為親兵，謂之子將，牙兵❺疑之，藉藉❻[2]不安。從訓懼，易服❼逃出，止於近縣，彥禎因以為相州❽刺史，從訓遣人至魏運甲兵、金帛，交錯於路，牙兵益疑。彥禎懼，請避位，居龍興寺為僧，眾推都將趙文玣知留後事。

從訓引兵三萬至城下，文玣不出戰，眾復殺之，推牙將貴鄉羅弘信❾知留後事。先是，人有言「見白須翁，言弘信當為地主❿」者，文玣既死，眾羣聚呼曰：「誰欲為節度使者？」弘信出應曰：「白須翁已命我矣。」眾環視曰：「可也。」遂立之。弘信引兵出，與從訓戰，敗之。從訓收餘眾保內黃⓫，魏人圍之。

先是，朱全忠將討蔡州，遣押牙雷鄴以銀萬兩請糴⓬於魏。牙兵既逐彥禎，殺鄴於館。從訓既敗，乃求救於全忠。

初，河陽節度使李罕之與河南尹[3]張全義刻臂為盟，相得歡甚。罕之勇而無謀，性復貪暴，意輕⓭全義，聞其勤儉力穡⓮，笑曰：「此田舍一夫耳！」全義聞之，不以為忤⓯。罕之屢求穀帛，全義皆與之。而罕之徵求無厭，河南不能給⓰，小不如⓱所欲，輒械⓲河南主吏[4]至河陽杖之，河南將佐皆憤怒。全義曰：「李太尉⓳[5]所求，柰何不與！」竭力奉之，狀若畏之者，罕之益驕。罕之所部不耕稼，專以剽掠⓴為資，啗人為糧，至是悉其眾攻絳州㉑，絳州刺史王友遇降之。進攻晉州㉒，護國節度使王重盈密結全義以圖之。全義潛發屯兵㉓，夜，乘虛襲河陽，黎明，入三城㉔，罕之踰垣步走，全義悉俘其家，遂兼領河陽節度使。罕之奔澤州㉕，求救於李克用。

【章　旨】以上為第十二段，寫魏博鎮內訌，眾推羅弘信為留後。河南尹張全義敗李罕之，兼領河陽節度使。

【注　釋】❶驕泰　傲慢奢侈。❷六州　指魏、博、貝、相、澶、衛六州。❸羅城　魏州外圍大城。❹殺王鐸　事見上卷中和四年。❺牙兵　一名牙中軍，即衙軍。親兵或衛隊。魏博牙中軍是唐肅宗至德年間，田承嗣召募軍中子弟所建，頗擁權勢，常常廢置主帥。❻藉藉　紛紛。牙兵本為親兵，現樂從訓又置子將，牙兵懷疑即將失勢，故不安。❼易服　更換便服。❽相州　州名，治所安陽，在今河南安陽。❾羅弘信　（西元八三六－八九九年）字德孚，魏州貴鄉（今河北大名）人，魏州節度使。傳見《舊唐書》卷一百八十、《新唐書》卷二百十、《舊五代史》卷十四、《新五代史》卷三十九。❿地主　地方之主。⓫內黃　縣名，縣治在今河南內黃西北。⓬糴　買糧食。⓭意輕　內心看不起。⓮力穡　盡力耕作。⓯忤　抵觸；不順從。⓰給　足；充足。⓱小不如　稍有不能滿足。⓲械　枷鎖、鐐銬一類刑具。此處用如動詞。⓳李太尉　指李罕之。⓴剽掠　搶劫。㉑絳州　州名，治所正平，在今山西新絳。㉒晉州　州名，治所臨汾，在今山西臨汾。㉓屯兵　即民兵。張全義為河南尹，在所屬十八個縣各置屯將，帶領、訓練屯兵。㉔三城　河陽有南城、北城、中潬城。㉕澤州　州名，治所晉城，在今山西晉城。河陽向北至澤州九十里。

【校　記】①樂彥禎　據章鈺校，十二行本、乙十一行本皆作「樂彥楨」。按，《舊唐書》、《新唐書》皆作「樂彥禎」，無「樂彥楨」。②藉藉　原作「籍籍」。據章鈺校，十二行本、乙十一行本皆作「藉藉」，今從改。③河南尹　原無此三字。據章鈺校，十二行本、乙十一行本、孔天胤本皆有此三字，張敦仁《通鑑刊本識誤》同，今據補。④主吏　據章鈺校，乙十一行本作「注吏」。按，「主吏」為節度使幕僚，非有「注吏」，乙十一行本恐有誤。⑤太尉　據章鈺校，十二行本、乙十一行本皆作「太傅」。

按，時李罕之官拜河陽節度使，似不當為太傅。「太尉」義長。

【語　譯】魏博節度使樂彥禎，傲慢奢侈，不守法紀，調動魏、博、貝、相、澶、衛六州民眾修築魏州的羅城，方圓八十里，人們深感勞役的苦重，他的兒子樂從訓，尤為兇狠陰險。殺了王鐸後，魏州的民眾都憎恨他。樂從訓聚集亡命徒五百多人做親兵，稱為子將，牙兵懷疑這件事，紛紛騷動不安。樂從訓很害怕，換衣服逃了出去，在附近的縣停留下來。樂彥禎便任命他擔任相州刺史。樂從訓派人到魏州搬運鎧甲、兵器、金銀、布帛，車輛在道路上交錯來往，牙兵更加懷疑。樂彥禎很害怕，請求辭職，住在龍興寺做了和尚，大家推舉都將趙文玣掌管留後的職務。

樂從訓帶領士兵三萬人到達魏州城下，趙文玣不出來作戰，大家又殺掉了他，推舉牙將貴鄉人羅弘信掌管留後的職務。此前，民眾中有說「看到白鬍鬚的老翁，說羅弘信應當做本地的長官」的人，趙文玣死後，大家成群聚集在一起，呼叫說：「哪個人想做節度使？」羅弘信出來回答說：「白鬍鬚的老翁已經命令我做了。」大家圍著看他，說：「可以。」於是擁立了羅弘信。羅弘信帶兵出城，與樂從訓交戰，打敗了他。樂從訓收攏餘下的部眾據守內黃縣，魏州的士兵包圍了他。

此前，朱全忠即將討伐蔡州，派遣押牙雷鄴用一萬兩銀子到魏州買糧食。牙兵既然趕走了樂彥禎，便在客舍把雷鄴殺了。樂從訓戰敗後，就向朱全忠求救。

當初，河陽節度使李罕之和河南尹張全義割臂結盟，關係融洽，非常高興。李罕之勇而無謀，性格又貪婪殘暴，心裡輕視張全義，聽說他勤勞節儉，盡力農耕，便笑著說：「這個人只是田舍的一個農夫而已！」張全義聽到了，也不因此有所抵觸。李罕之多次索求糧食、布帛，張全義都給了他。但李罕之索求無厭，河南不能滿足，稍微不能如願，就把河南的主管官吏戴上刑具送到河陽用棍棒拷打。河南的將領、佐吏都很憤怒。張全義說：「李罕之所要求的，為什麼不給他呢！」張全義盡力侍奉李罕之，好像很害怕他的樣子，李罕之愈加驕傲起來。李罕之所轄部隊不種田，專門以搶掠作為供給，把吃人肉作為食糧。到這時，他率領所有的部眾攻打絳州，絳州刺史王友遇投降了。李罕之進軍攻打晉州，護國節度使王重盈祕密聯合張全義來謀算他。張全義暗中調動民兵，夜裡，乘著李罕之後方空虛襲擊河陽，天亮時，攻入河陽的南城、北城、中潬城，李罕之翻越城牆徒步逃走，張全義把他的全家都俘虜了，便兼領河陽節度使。李罕之逃往澤州，向李克用求救。

三月戊戌朔❶，日有食❷之，既❸。

己亥❹，上疾復作❺。壬寅❻，大漸❼。皇弟吉王保❽，長而賢，羣臣屬望❾。十軍觀軍容使楊復恭請立其弟壽王傑❿。是日，下詔，立傑為皇太弟，監軍國事。右軍中尉⓫劉季述⓬遣兵迎傑於六王宅⓭，入居少陽院⓮，宰相以下就見之。癸卯⓯，上崩於靈符殿⓰。遺制，太弟傑更名敏，以韋昭度攝冢宰⓱。

昭宗即位，體貌明粹，有英氣，喜文學，以僖宗威令不振，朝廷日卑⓲，有恢復前烈⓳之志，尊禮⓴大臣，夢想賢豪，踐阼之始，中外忻忻㉑焉。

朱全忠裹糧㉒於宋州，將討[1]秦宗權。會樂從訓來告急，乃移軍屯滑州，遣都押牙李唐賓等將步騎三萬攻蔡州，遣都指揮使朱珍等分兵救樂從訓。自白馬㉓濟河㉔，下黎陽㉕、臨河㉖、李固㉗三鎮。進至內黃，敗魏軍萬餘人，獲其將周儒等十人。

李克用以其將康君立為南面招討使，督李存孝、薛阿檀、史儼、安休休五將、騎七千，助李罕之攻河陽。張全義嬰城[28]自守，城中食盡，求救於朱全忠，以妻子為質。

王建攻彭州[29]，陳敬瑄救之，乃去。建大掠西川，十二州[30]皆被[31]其患。

夏，四月庚午[32]，追尊上母王氏曰恭憲皇后。○壬午[33]，孫儒襲揚州，克之。楊行密出走，儒自稱淮南節度使。行密將奔海陵，袁襲勸歸廬州，再為進取之計，從之。

朱全忠遣其將丁會[34]、葛從周、牛存節[35]將兵數萬救河陽。李存孝令李罕之以步兵攻城，自帥騎兵逆戰於溫[36]，河東軍敗，安休休懼罪，奔蔡州。汴人分兵欲斷太行路[37]，康君立等懼，引兵還。全忠表丁會為河陽留後，復以張全義為河南尹。會，壽春[38]人。存節，博昌[39]人也。全義德全忠出己[40]，由是盡心附之，全忠每出戰，全義主給[41]其糧仗[42]無乏。

李罕之為澤州刺史，領河陽節度使。罕之留其子頎事克用，身還澤州，專以寇鈔[43]為事，自懷、孟、晉、絳數百里間，州無刺史，縣無令長，田無麥禾，邑[44]無煙火者，殆將十年。河中、絳州之間有摩雲山[45]，絕高，民保聚其上，寇盜莫能近，罕之攻拔之，時人謂之「李摩雲」。樂從訓移軍洹水㊻，羅弘信遣其將程公信擊從訓，斬之，與父彥禎皆梟首軍門。癸巳㊼，遣使以厚幣㊽犒全忠軍，請修好，全忠乃召軍還。詔以羅弘信權知㊾魏博留後。

【章旨】以上為第十三段，寫僖宗崩，昭宗即位。淮南孫儒敗楊行密入據廣陵，自稱淮南節度使。魏博羅弘信殺前任樂彥禎、樂從訓父子，與朱全忠交好。李罕之引李克用為援，張全義歸附朱全忠。

【注釋】❶戊戌朔　三月初一日。❷食　日蝕。❸既　食盡，日全蝕。❹己亥　三月初二日。❺上疾復作　指僖宗再次生病。❻壬寅　三月初五日。❼漸　病情加劇。❽吉王保　懿宗第六子李保，咸通十三年（西元八七二年）始封王。傳見《舊唐書》卷一百七十五、《新唐書》卷八十二。❾屬望　注目；嚮往。❿傑　即昭宗李傑。⓫右軍中尉　官名，即右神策軍護軍中尉。⓬劉季述　唐末大宦官，助楊復恭立昭宗，楊復恭被斥逐，劉季述驚恐，擅自廢帝立太子，欲盡誅百官，為宰相崔胤所殺。傳見《新唐書》卷二百八。⓭六王宅　僖宗兄弟八人，李侹早薨，現有六王，居六王宅。⓮少陽院　大明宮日華門外有史館，史館之北為少陽院。⓯癸卯　三月初六日。⓰上崩於靈符殿　僖宗崩年二十七。大明宮東內苑有靈符應聖院，靈符殿疑即此院之殿。⓱攝冢宰　總領百官為首席輔政。冢宰，古官名，《周官》：「冢宰掌邦治，統百官，均四海。」這裡借為首輔之意。⓲卑　指朝綱衰微。⓳前烈　前輩明君如唐太宗、唐玄宗的功業。烈，功業。⓴尊禮　敬重禮遇。㉑中外忻忻　朝廷內外欣喜的樣子。當時藩鎮割據，社會動亂。人心厭亂思治，見昭宗初政，期望他能有所作為。忻，通「欣」。㉒裹糧　攜帶糧食，準備出戰。㉓白馬　縣名，因其地有白馬山得名，縣治在今河南滑縣東。㉔濟河　渡過黃河。㉕黎陽　鎮名，在今河南浚縣東北。㉖臨河　縣名，縣治在今河南濮陽西六十里。㉗李固　鎮名，在今河北魏縣。㉘嬰城　環城。㉙彭州　州名，治所在今四川彭州。㉚十二州　西川節度統益、彭、蜀、漢、嘉、眉、邛、簡、資、雅、黎、茂十二州。㉛被　遭受。㉜庚午　四月初三日。㉝壬午　四月十五日。㉞丁會　（?—西元九一〇年）字道隱，壽州壽春（今安徽壽縣）人，朱全忠部將，多立戰功。不滿朱全忠篡唐，以潞州降李克用。傳見《舊五代史》卷五十九、《新五代史》卷四十四。㉟牛存節　字贊貞，青州博昌（今山東博興）人，本名禮，朱全忠改而字之。少以雄勇自負，投戎河陽節度使諸葛爽，爽卒，自歸朱全忠，勇冠三軍，官至六軍馬步都指揮使。梁末帝立，授鄆州節度使，加淮南西北面行營招討使，卒於官。傳見《舊五代史》卷二十二、《新五代史》卷二十二。㊱溫　縣名，縣治在今河南溫縣。㊲太行路　在河陽北，河東兵之歸路。㊳壽春　縣名，縣治在今安徽壽縣。㊴博昌　縣名，縣治在今山東博興。㊵出己　幫助自己脫險。出，脫離。㊶主給　主持供給；負責供給。㊷糧仗　糧食和武器。仗，刀戟等兵器的總稱。㊸寇鈔　為寇劫掠。㊹邑　城鎮。古時大城市叫都，小城市為邑。㊺摩雲山　山名，在當時蒲州、絳州之間。㊻洹水　縣名，縣治在今河北魏縣南。㊼癸巳　四月二十六日。㊽厚幣　豐厚的財物。㊾權知　暫代。

【校　記】1討　原作「攻」。據章鈺校，十二行本、乙十一行本皆作「討」，張敦仁《通鑑刊本識誤》同，今從改。

【語　譯】三月初一日戊戌，發生日蝕，是日全蝕。

三月初二日己亥，僖宗的病又發作了。初五日壬寅，病情大大加重。僖宗的弟弟吉王李保，年長而又賢明，群臣都對他寄託希望。十軍觀軍容使楊復恭請求立他的弟弟壽王李傑。這一天，下發詔命，立李傑為皇太弟，監領軍國大事。右軍中尉劉季述派遣士兵到六王宅迎接李傑，入住少陽院。宰相以下的官員到少陽院拜見李傑。初六日癸卯，僖宗在靈符殿去世。留下制命，皇太弟李傑改名李敏，任命韋昭度代理宰相。

昭宗即位，體貌明朗純美，有威武的氣概，喜歡文學。因為僖宗的威勢和政令不能提振，朝廷的威望一天比一天下降，昭宗有恢復先帝功業的志向，尊敬禮遇大臣，想得到賢士豪傑。即位初期，朝廷內外都很欣喜。

朱全忠在宋州攜帶糧食，即將討伐秦宗權。適逢樂從訓前來告急，於是調動軍隊屯駐滑州，派遣都押牙李唐賓等人統率步卒、騎兵三萬人攻打蔡州，派遣都指揮使朱珍等人分兵救援樂從訓。從白馬渡河，攻下黎陽、臨河、李固三個鎮。進兵到內黃，打敗了魏州的軍隊一萬多人，抓獲了他的將領周儒等十人。

李克用任命他的部將康君立為南面招討使，督領李存孝、薛阿檀、史儼、安金俊、安休休五個將領和騎兵七千人，幫助李罕之攻打河陽。張全義環城自守，城裡的糧食吃完了，向朱全忠求救，拿自己的妻兒作為人質。

王建攻打彭州，陳敬瑄救援他，王建才離去。王建大肆搶掠西川，十二個州都遭受了他的禍害。

夏，四月初三日庚午，追尊昭宗的母親王氏為恭憲皇后。〇十五日壬午，孫儒襲擊揚州，把他攻了下來。楊行密出走，孫儒自稱為淮南節度使。楊行密準備逃往海陵，袁襲勸他返回廬州，再作進兵的打算，楊行密同意了這一建議。

朱全忠派遣他的部將丁會、葛從周、牛存節率領幾萬士兵救援河陽。李存孝命令李罕之利用步兵攻城，自己率領騎兵在溫縣迎戰。河東的軍隊失敗了，安休休害怕獲罪，逃往蔡州。汴州軍隊分出部分兵力，打算切斷通往太行的道路，康君立等人害怕了，帶兵返回。朱全忠表請丁會為河陽留後，又以張全義為河南尹。丁會，是壽春人。牛存節，是博昌人。張全義感謝朱全忠幫助自己脫險，從此全心全意歸附他。朱全忠每次外出作戰，張全義負責供給他糧食、兵器，從不缺少。

李罕之擔任澤州刺史，兼領河陽節度使。李罕之留下他的兒子李頎侍奉李克用，本人返回澤州，專事為寇搶掠。從懷州、孟州、晉州、絳州幾百里之間，州沒有刺史，縣沒有令長，田地沒有禾麥，城邑沒有人煙，這種情況，將近有十年。河中、絳州之間有座摩雲山，極高，百姓聚集守護在上面，賊寇強盜不能接近，李罕之攻取了摩雲山，當時人稱他「李摩雲」。

樂從訓把軍隊遷徙到洹水，羅弘信派遣他的部將程公信攻打樂從訓，殺死了他，在軍門前與他父親樂彥禎都梟首示眾。四月二十六日癸巳，昭宗派遣使者帶著豐厚的財物犒勞朱全忠的軍隊，請求建立友好關係，朱全忠便下令軍隊返回。昭宗下詔任命羅弘信暫時代理魏博留後的職位。

歸州❶刺史郭禹❷擊荊南，逐王建肇❸，建肇奔黔州❹。詔以禹為荊南留後。

荊南兵荒之餘，止有一十七家，禹厲[1]精為治❺，撫集彫殘❻，通商務農，晚年❼殆及萬戶。時藩鎮各務❽兵力相殘，莫以養民為事，獨華州❾刺史韓建❿招撫流散，勸課⓫農桑，數年之間，民富軍贍⓬。時人謂之北韓南郭。

秦宗權別將⓭常厚據夔州⓮，禹與其將汝陽⓯許存攻奪之。久之，朝廷以禹為荊南節度使，建肇為武泰⓰節度使。禹奏復姓名為成汭。○加李克用兼侍中。五月己亥⓱，加朱全忠兼侍中。○趙德諲既失荊南⓲，且度秦宗權必敗。壬寅⓳，舉山南東道⓴來降，且自託㉑於朱全忠。全忠表請以德諲自副，制以山南東道為忠義軍，以德諲為節度使，充蔡州四面行營副都統。

朱全忠既得洛、孟，無西顧之憂，乃大發兵擊秦宗權，大破宗權於蔡州之南，克北關門㉒。宗權退[2]守中城㉓[3]，全忠分諸將為二十八寨以環㉔之。○加鳳翔節度使李茂貞檢校侍中。

陳敬瑄方與王建相攻，貢賦中絕㉕。建以成都尚彊，退無所掠，欲罷兵，周庠、綦毋諫以為不可，庠曰：「邛州㉖城塹完固，食支數年，可據之以為根本。」建曰：「吾在軍中久，觀用兵者不倚天子之重，則眾心易離。不若疏敬瑄之罪，表請朝廷，命大臣為帥而佐之，則功庶㉗可成。」乃使庠草表，請討敬瑄以贖罪，因求邛州。顧彥朗亦表請赦建罪，移敬瑄它鎮以靖㉘兩川。

初，黃巢之亂，上為壽王，從僖宗幸蜀。時事出倉猝㉙，諸王多徒行至山谷中，壽王疲乏，不能前，臥磻石㉚上。田令孜自後至，趣之行，王曰：「足痛，幸㉛軍容㉜給一馬。」令孜曰：「此深山，安得馬！」以鞭抶㉝王使前，王顧而不言，心銜㉞之。及即位，遣人監西川軍，令孜不奉詔㉟。上方憤藩鎮跋扈㊱，欲以威制之。會㊲得彥朗、建表，以令孜所恃㊳者敬瑄耳。六月，以韋昭度兼中書令，充西川節度使，兼兩川招撫、制置等使，徵㊴敬瑄為龍武統軍㊵。

王建軍新都㊶[4]，時綿竹㊷土豪何義陽、安仁㊸費師懃等所在擁兵自保，眾或萬人，少者千人。建遣王宗瑤說之，皆帥眾附於建，給其資糧，建軍復振。○置佑國軍㊹於河南府，以張全義為節度使。

秋，七月，李罕之引河東兵寇河陽，丁會擊卻之。○升鳳州㊺為節度府，割興、利州隸之，以鳳州防禦使滿存為節度使、同平章事。○以權知魏博留後羅弘信為節度使。

八月戊辰㊻，朱全忠拔蔡州南城。

【章 旨】以上為第十四段，寫成汭據荊南，朱全忠圍困秦宗權於蔡州，王建請朝命征討陳敬瑄，軍勢雄張。

【注 釋】❶歸州 州名，治所秭歸，在今湖北秭歸。❷郭禹 即成汭（？—西元九〇三年），淮西人，唐末割據荊南，入援鄂州，與楊行密戰，兵敗，投江而死。傳見《新唐書》卷一百九十、《舊五代史》卷十七。❸王建肇 趙德諲部將。去年十二月，趙德諲陷荊南，殺節度使張瓌，留王建肇守荊南。❹黔州 州名，治所彭水，在今重慶市彭水苗族土家族自治縣。❺厲精為治 振奮精神，想辦法把荊南治理好。❻撫集彫殘 撫慰招集疲困殘剩的民眾。❼晚年 唐昭宗天復三年（西元九〇三年），成汭被淮南將李神福擊敗投江而死。晚年即指天復三年。❽務 追求；勉力從事；致力於。❾華州 州名，治所鄭縣，在今陝西華縣。❿韓建 （西元八五四—九一二年）許州（今河南許昌）人，初為忠武軍校，唐僖宗朝拜華州刺史。唐昭宗乾寧三年（西元八九六年）李茂貞攻長安，韓建迎帝至華州，殺十一王。後降朱全忠。傳見《舊五代史》卷十五、《新五代史》卷四十。⓫勸課 勸勉考察。⓬軍贍 軍隊給養充足。⓭別將 分支部隊的將領。⓮夔州 州名，唐高祖武德二年（西元六一九年）改信州置夔州。治所奉節，在今重慶市奉節東。⓯汝陽 縣名，縣治在今河南汝陽。⓰武泰 方鎮名，唐昭宗大順元年（西元八九〇年）賜黔州觀察使號武泰軍節度。⓱己亥 五月初三日。⓲失荊南 趙德諲為秦宗權將，所守荊南當時被成汭所奪。⓳壬寅 五月初六日。⓴山南東道 道名，原為山南道，唐貞觀十道之一。開元時分為山南東道、山南西道。東道治所襄陽，在今湖北襄樊。中和四年（西元八八四年），秦宗權遣趙德諲據襄陽。㉑託 投靠；依托。㉒北關門 蔡州城北門。㉓中城 蔡州中城。㉔環 包圍。㉕貢賦中絕 朝貢斷絕。陳敬瑄在此之前常向朝廷輸送貢賦，由於和王建打仗，貢賦斷絕。王建恰好抓住這一罪名離間陳敬瑄和朝廷的關係。㉖邛州 州名，唐初治所依政，在今四川邛崍東南。唐高宗顯慶年間移治臨邛，在今四川邛崍。㉗庶 差不多。㉘靖 安定。王建於東川巡內起兵攻西川，連續打仗，兩川都不安定。㉙倉猝 也作「倉卒」。突然。㉚礌石 磐石；扁厚的大石。礌，通「磐」。㉛幸 希望。㉜軍容 田令孜時為神策十軍觀軍容使，故稱。㉝扶 鞭打。㉞銜 懷恨。㉟奉詔 接受皇帝的命令。時田令孜倚陳敬瑄，故不願離開西川。㊱跋扈 專橫暴戾。㊲會 恰好；適逢。㊳恃 依仗。㊴徵 召。㊵龍武統軍 官名，唐代中央禁軍分南、北衙，北衙六軍中有左右龍武軍，設大將軍、統軍、將軍。㊶新都 縣名，縣治在今成都北新都。㊷綿竹 縣名，縣治在今四川綿竹。㊸安仁 縣名，唐高祖武德三年（西元六二〇年）分臨邛、依政置安仁縣。縣治在今四川邛崍東北。㊹佑國軍 方鎮名，文德元年置。唐昭宗天復四年（西元九〇四年）遷都洛陽，徙佑國軍於長安，治所在今陝西西安。㊺鳳州　州名，治所梁泉，在今陝西鳳縣東北。僖宗中和二年（西元八八一年），以興、鳳二州置感義軍，楊晟為節度使，以守散關，但未及立軍府。楊晟敗走後，不再除帥，始立軍府於鳳州。㊻戊辰　八月初三日。

【校　記】①厲　原作「勵」。據章鈺校，十二行本、乙十一行本皆作「厲」，今從改。②退　原作「屯」。據章鈺校，十二行本、乙十一行本、孔天胤本皆作「退」，今從改。③中城　原作「中州」。嚴衍《通鑑補》改作「中城」，今據以校正。④薪都　原作「新都」。據章鈺校，孔天胤本作「薪都」，熊羅宿《胡刻資治通鑑校字記》同，今從改。

【語　譯】歸州刺史郭禹攻打荊南，驅逐了王建肇，王建肇逃往黔州。昭宗下詔任命郭禹為荊南留後。荊南在兵荒馬亂之後，僅有十七戶人家。郭禹振奮精神，努力治理，撫慰招集疲困殘剩的民眾，通商務農，他晚年時民戶有近萬家。當時各個藩鎮追求兵力相殘，沒有人以百姓休養生息為事，只有華州刺史韓建招集安撫流散的百姓，勸勉考察百姓種田植桑，幾年之間，百姓富有，軍隊給養充足。當時的人稱之為北韓南郭。

秦宗權的別將常厚佔據了夔州，郭禹和他的部將汝陽人許存攻取了夔州。過了好長時間，朝廷任命郭禹為荊南節度使，王建肇為武泰節度使。郭禹奏請恢復原來的姓名成汭。〇加封李克用兼任侍中。

五月初三日己亥，加封朱全忠兼任侍中。〇趙德諲已經喪失了荊南，又考慮到秦宗權必定失敗。初六日壬寅，他以山南東道前來投降，並且自己依托於朱全忠。朱全忠上表請以趙德諲為自己的副職，昭宗下制書以山南東道為忠義軍，任命趙德諲為節度使，充任蔡州四面行營副都統。

朱全忠得到了洛州、孟州後，沒有西面的顧慮了，便大規模調動軍隊攻打秦宗權，在蔡州的南面把秦宗權打得大敗，攻下了北關門。秦宗權退守中城，朱全忠把各路將領分為二十八個營寨來包圍秦宗權。〇加封鳳翔節度使李茂貞為檢校侍中。

陳敬瑄正和王建相攻，獻納朝廷的貢品、賦稅中斷了。王建因為成都還很強盛，撤退又沒有可以搶掠的，打算收兵。周庠、綦毋諫認為不可以，周庠說：「邛州的城牆溝塹完整堅固，糧食能夠支撐好幾年，可以佔據這個地方作為基礎。」王建說：「我在軍隊中很長時間，看到帶領軍隊的人如果不依靠皇帝的威望，那麼軍心就容易離散。不如上疏陳述陳敬瑄的罪過，上表請求朝廷，命令大臣為帥，我們輔佐他，那麼差不多可以成功。」於是讓周庠起草表文，請求討伐陳敬瑄來贖罪，趁機請求得到邛州這個地方。顧彥朗也上表請求赦免王建的罪過，遷徙陳敬瑄到別的鎮所，來安定東、西兩川。

當初，黃巢作亂時，昭宗還是壽王，隨從僖宗到達蜀地。當時事出倉促，諸王大多徒步走到山谷中。壽王疲困，不能前行，躺在一塊又厚又扁的大石頭上。田令孜從後面趕到，催促他往前走。壽王說：「我的腳疼，希望你能給我一匹馬。」田令孜說：「這裡是深山，哪裡能得到馬！」用鞭抽打壽王，讓他前行，壽王回視田令孜，沒有說話，心裡懷恨他。等到即皇帝位，派遣人監領西川軍，田令孜不接受詔令。昭宗正憤恨藩鎮驕橫跋扈，想利用威勢來制服他們。正好得到顧彥朗、王建的奏表，認為田令孜所依恃的只有陳敬瑄而已。六月，任命韋昭度兼中書令，充任西川節度使，兼任兩川招撫、制置等使，徵召陳敬瑄擔任禁軍的龍武統軍。

王建駐軍薪都，當時綿竹的土豪何義陽、安仁的費師懃等人在當地擁兵自守，部眾有的有一萬人，少的有一千人。王建派遣王宗瑤勸說他們，他們都率領部眾歸附王建，供給他財物糧食，王建的軍隊又振興起來。○在河南府設置佑國軍，任命張全義任節度使。

秋，七月，李罕之帶領河東的士兵入侵河陽，丁會打退了他。○把鳳州升為節度府，割取興州、利州隸屬鳳州，任命鳳州防禦使滿存為節度使、同平章事。○任命暫時代理魏博留後職位的羅弘信為節度使。

八月初三日戊辰，朱全忠攻取蔡州南城。

楊行密畏孫儒之逼，欲輕兵襲洪州❶，袁襲曰：「鍾傳定江西已久，兵強食足，未易圖也。趙鍠新得宣州❷，怙亂❸殘暴，眾心不附。公宜卑辭厚幣❹，說和州孫端、上元張雄，使自採石⑤濟江侵其境，彼必來逆戰，公自銅官⑥濟江會之，破鍠必矣。」行密從之，使蔡儔守廬州，帥諸將濟自糝潭⑦。

孫端、張雄為趙鍠所敗，鍠將蘇塘、漆朗將兵二萬屯曷山⑧。袁襲曰：「公引兵急趨曷山，堅壁自守，彼求戰不得，謂我畏怯，因其怠，可破也。」行密從之。塘等大敗，遂圍宣州。鍠兄乾之自池州⑨帥眾救宣州，行密使其將陶雅擊乾之于九華⑩，破之。乾之奔江西，以雅為池州制置使。

九月，朱全忠以饋運⑪不繼，且秦宗權殘破不足憂，引兵還。丙申⑫，遣朱珍將兵五千送楚州刺史劉瓚之官⑬。○錢鏐遣其從弟銶將兵攻徐約于蘇州。

冬，十月，徐兵⑭邀⑮朱珍、劉瓚不聽前⑯，珍等擊之，取沛⑰、滕⑱二縣，斬獲萬計。○孟方立遣其將奚忠信將兵三萬襲遼州⑲，李克脩邀擊，大破之，擒忠信送晉陽。○辛卯⑳，葬惠聖恭定孝皇帝于靖陵㉑，廟號㉒僖宗。○陳敬瑄、田令孜聞韋昭度將至，治兵完城㉓以拒之。

十一月，時溥自將步騎七萬屯吳康鎮㉔，朱珍與戰，大破之。朱全忠又遣別將攻宿州㉕，刺史張友降之。○丙申㉖，秦宗權別將攻陷許州，執忠武留後王蘊㉗，復取許州。

後。

十二月，蔡將申叢執宗權，折㉘其足而囚之，降於全忠，全忠表叢為蔡州留後。

初，咸義節度使楊晟既失興、鳳，走據文、龍、成、茂四州㉙。王建攻西川，田令孜以晟己之故將㉚，假㉛威戎軍㉜節度使，使守彭州。王建攻彭州，陳敬瑄眉州㉝刺史山行章將兵五萬壁㉞新繁㉟以救之。

丁亥㊱，以韋昭度為行營招討使，山南西道節度使楊守亮副之，東川節度使顧彥朗為行軍司馬。割邛、蜀、黎、雅置永平軍㊲，以王建為節度使，治邛州，充行營諸軍都指揮使。○戊子㊳，削陳敬瑄官爵。○山南西道節度使楊守亮[1]陷夔州。

【章　旨】以上為第十五段，寫楊行密失廣陵，兵圍宣州。秦宗權敗歿。王建討陳敬瑄，得朝命為永平軍節度使，充行營諸軍都指揮使。

【注　釋】❶洪州　治所南昌，在今江西南昌。唐僖宗中和二年，鍾傳據洪州。❷趙鍠新得宣州　趙鍠去年得宣州。❸怙亂　乘亂取利；趁火打劫。❹卑辭厚幣　謙卑的言辭、豐厚的財物。❺採石　地名，即采石磯。原名牛渚磯，三國吳時更名采石磯。在今安徽馬鞍山市長江東岸。為牛渚山突出長江而成，江面較狹，形勢險要，自古為江防重地。❻銅官　地名，在今安徽銅陵。❼糝潭　鎮名，在今安徽無為。❽曷山　在今安徽當塗西南。❾池州　州名，唐高祖武德四年（西元六二一年），以宣州之秋浦、南陵二縣置池州。唐太宗貞觀元年（西元六二七年）廢置。唐代宗永泰元年（西元七六五年）又分宣州之秋浦、青陽和饒州的至德置池州，治所秋浦，在今安徽貴池區。❿九華　山名，在今安徽青陽境。舊名九子山，李白以山峰有如蓮華，改名九華山。⓫饋運　軍餉運輸。⓬丙申　九月初二日。⓭送楚州刺史劉瓚之官　朱全忠兼領淮南，楚州是淮南巡屬，所以朱全忠可任命刺史。楚州，州名，治所山陽，在今江蘇淮安。之官，到任上去。⓮徐兵　時溥駐徐州，徐兵即時溥之兵。⓯邀　阻擊。⓰不聽前　不讓前行。⓱沛　縣名，縣治在今江蘇沛縣。⓲滕　縣名，縣治在今山東滕州。⓳遼州　州名，唐高祖武德三年（西元六二〇年）置遼州，治所遼山，在今山西左權。⓴辛卯　十月二十七日。㉑靖陵　在京兆奉天縣東北十里，今陝西乾縣境內。㉒廟號　皇帝死後，在太廟立室奉祀，並追尊以某祖、某宗的名號，稱廟號。始於殷代。㉓治兵完城　整頓武器軍備、修繕城池。㉔吳康鎮　鎮名，在今江蘇豐縣南。據《舊五代史・朱珍傳》，朱珍以兵援劉瓚赴楚州，遇時溥軍阻擊，朱珍攻豐縣，下之。時溥則以全師會戰於豐縣南吳康鎮。㉕宿州　州名，治所符離，在今安徽宿州北。㉖丙申　十一月初三日。㉗王蘊　去年秦宗權被朱全忠打敗，棄許州，朱全忠任命王蘊為忠武留後。㉘折　折斷。㉙文龍成茂四州　文州治所在今甘肅文縣西南，龍州治所在今四川江油東北，成州治所在今甘肅西和西，茂州治所羌山，在今四川阿壩藏族羌族自治州。㉚己之故將　楊晟原為神策軍指揮使，故田令孜說是他的故將。㉛假　代理職務。㉜威戎軍　田令孜臨時設置的方鎮，治所彭州，在今四川彭州。㉝眉州　州名，治所在今四川眉山市。㉞壁　築營壘駐紮。㉟新繁　縣名，縣治在今四川成都北新繁。㊱丁亥　十二月二十四日。㊲永平軍　方鎮名，僖宗文德元年（西元八八八年）置。領邛、蜀、黎、雅四州，治所邛州，在今四川邛崍。㊳戊子　十二月二十五日。

【校　記】[1]楊守亮　原作「楊守厚」。張敦仁《通鑑刊本識誤》作「楊守亮」，當是，今從改。按，楊守亮時帥山南西道，楊守厚為綿州刺史。

【語　譯】楊行密懼怕孫儒的逼迫，打算輕裝襲擊洪州。袁襲說：「鍾傳平定江西已經很長時間，兵力強大，糧食充足，不容易算計他。趙鍠剛剛得到宣州，乘亂取利，殘橫暴虐，民心不服。您應該言辭謙虛、錢財豐厚，去遊說和州的孫端、上元的張雄，讓他們從采石渡過長江，入侵趙鍠的邊境，趙鍠必定前來迎戰。您從銅官渡過長江與他們會合，肯定打敗趙鍠。」楊行密聽從了這一建議，派蔡儔守衛廬州，自己率領各將領從糝潭渡過長江。

孫端、張雄被趙鍠打敗，趙鍠的部將蘇塘、漆朗率兵二萬人屯駐曷山。袁襲說：「您帶領士兵快速趕赴曷山，加固壁壘，做好自身的防守。他們要求會戰，不能實現，就會認為我們懼怕了。乘著他們懈怠時，就可以打敗他們。」楊行密聽從了袁襲的意見。蘇塘等人大敗，楊行密便包圍了宣州。趙鍠的哥哥趙乾之從池州率軍救援宣州，楊行密派遣他的將領陶雅在九華山攻打趙乾之，打敗了他。趙乾之逃往江西。楊行密派陶雅擔任池州制置使。

九月，朱全忠因為軍需運送接續不上，而且秦宗權已經破敗，不值得憂慮，就帶兵回去了。初二日丙申，派遣朱珍率領軍隊五千人護送楚州刺史劉瓚赴任。○錢鏐派遣他的堂弟錢銶帶兵在蘇州攻打徐約。

冬，十月，時溥的徐州兵攔擊朱珍、劉瓚，不讓他們前進。朱珍等人攻打徐州兵，奪取了沛、滕兩個縣，殺死和俘虜的人數以萬計。○孟方立派遣他的部將奚忠信率領軍隊三萬人襲擊遼州。李克脩迎擊，把奚忠信的部隊打得大敗，活捉了奚忠信送往晉陽。○二十七日辛卯，在靖陵埋葬了惠聖恭定孝皇帝，廟號叫僖宗。○陳敬瑄、田令孜聽說韋昭度即將到達，便整頓軍備，修繕城池來抵抗韋昭度。

十一月，時溥親自率領步兵、騎兵七萬人屯駐吳康鎮。朱珍與時溥交戰，大敗時溥。朱全忠又派遣別將攻打宿州，刺史張友投降了朱全忠。○初三日丙申，秦宗權的別將攻陷許州，抓住了忠武留後王蘊，又奪取了許州。

十二月，蔡州的將領申叢抓住秦宗權，把他的腳折斷了囚禁起來，投降了朱全忠。朱全忠上表請求派申叢擔任蔡州留後。

當初，感義節度使楊晟失去興州、鳳州以後，逃走後佔據了文、龍、成、茂四個州。王建攻打西川，田令孜因為楊晟是自己的舊時部將，讓他代理威戎軍節度使，派他守衛彭州。王建攻打彭州，陳敬瑄下屬眉州刺史山行章率軍五萬人，在新繁修建營壘來救援楊晟。

十二月二十四日丁亥，任命韋昭度擔任行營招討使，山南西道節度使楊守亮做他的副使，東川節度使顧彥朗擔任行軍司馬。割取邛、蜀、黎、雅四州設置永平軍，任命王建擔任節度使，治所在邛州，充任行營諸軍都指揮使。○二十五日戊子，削除陳敬瑄的官爵。○山南西道節度使楊守亮攻陷夔州。

【研　析】本卷研析楊行密興起淮南、張全義復興東都、秦宗權為禍中原三件史事。

楊行密興起淮南。楊行密，字化源，廬州合肥人。高大有力，能舉重一百斤，與鄉人田頵、陶雅、劉威等交好。楊行密年二十投身黃巢起義，在作戰中被廬州刺史鄭棨俘獲，鄭棨異其狀貌，令充當州兵，逐漸提升為廬州牙將。西元八八三年，楊行密殺都將，統領諸營，廬州刺史被迫讓位，朝廷任命楊行密為廬州刺史，隸屬淮南節度使高駢。楊行密部屬劉威、陶雅、田頵、徐溫等三十六人，號三十六「英雄」，這些人是楊行密的腹心骨幹。西元八八七年，淮南節度使高駢被部將畢師鐸圍攻，宣歙觀察使秦彥率師三萬助畢師鐸攻入揚州。秦彥自稱淮南節度使，以畢師鐸為行軍司馬。楊行密奉高駢之命救援，圍攻揚州半年，秦彥、畢師鐸在圍城中乏糧，以人為食。揚州地處水陸交通要衝，人物殷阜，半年間居民被秦彥兵幾乎吃完。楊行密破城，只剩了幾百戶居民，全都是餓殍，一個個瘦弱不像人形，富饒的揚州成了一片廢墟。秦彥不甘失敗，引蔡州秦宗權救援。秦宗權遣其弟秦宗衡率領孫儒、劉建鋒、馬殷等來爭揚州，蔡州兵十倍於楊行密。楊行密棄城回江南廬州。數年爭戰，孫儒敗亡，楊行密重新佔領揚州，朝廷任命楊行密為淮南節度使。楊行密招撫流亡，減輕租賦徭役，以茶鹽與鄰道通商以足軍用。數年以後，民力恢復，淮南成為東南大鎮。北起海州，南至虔州，東起常州，西至沔口（今武漢），皆為淮南所有。朱全忠三次進攻，三次失敗。楊行密建立吳國，後為南唐，歷經五代阻擋了北方政權統一南方。朱梁、後唐兩代統治者十分兇殘。楊行密興起，隔離南北，保護了江南人民生活的穩定與發展，在當時有著積極和進步的意義。楊行密割據淮南，在唐末群雄中最為開明，是一個比較得民心的地方政權。

張全義復興東都。張全義，字國維，濮州臨濮人。年少時以農家子服縣役，數為縣令困辱，憤而投身黃巢起義軍中。黃巢入長安，任命張全義為吏部尚書、水運使。黃巢敗沒，張全義投依河陽節度使諸葛爽，爽死，事其子諸葛仲方。秦宗權遣將孫儒逐走諸葛仲方，張全義與李罕之分別據守河陽、洛陽依附於朱全忠。李罕之據河陽，張全義據洛陽。洛陽為唐東都，多次兵災之後成為一片廢墟，戶口不足一百。張全義據守以後披荊斬棘，招募流民，勸課耕殖，親自載以酒食在農忙時深入田間慰問。在洛陽築南北二城以護民人。數年以後，人物完盛，洛陽恢復了生氣，流民得到了安置。朱全忠劫遷唐昭宗到東都，繕理宮闕、府庫，都靠的是張全義之力。

張全義原名張言，唐昭宗賜名張全義。入梁，官拜河南尹，累遷至中書令，兼領忠武、陝虢、鄭滑、河陽節度使，判六軍諸衛事，天下兵馬副元帥，封魏王。入唐，莊宗加拜全義右師尚書令，改封齊王。

在唐末割據者中，多數如秦彥、孫儒那樣的吃人野獸，也有張全義這樣恤民的軍閥。張全義歷梁、唐兩朝得以善終，良有以也。

秦宗權為禍中原。秦宗權，亂國賊子。許州人，為郡牙將。僖宗廣明元年（西元八八〇年），黃巢渡淮北上，秦宗權抗擊有功，得授蔡州節度使。中和三年（西元八八三年），黃巢退出長安東走，秦宗權迎戰不利，投降黃巢。黃巢覆滅，秦宗權轉強。李克用與朱全忠交惡，朝廷田令孜專權與河中王重榮交惡，官軍無力征討蔡州，秦宗權趁機遣將四出攻掠，擴張地盤，部屬秦彥、秦賢、秦浩、孫儒、張晊、盧塘等皆虎狼之徒，以殺人為樂事。秦彥攻淮南，秦賢攻江南，秦浩攻襄陽，孫儒攻洛陽，張晊攻汝、鄧，盧塘攻汴州。各路共攻陷二十餘州，只有趙犨兄弟所守徐州、朱全忠所守汴州未下，城門之外為賊疆場，鄉村邑落被破壞無遺。賊眾所到之處，殘殺人物，焚燒都邑村落，西至關內，東到青、徐，南至江、淮，北到衛、滑，廣大中原大地，魚爛鳥散，人煙斷絕，荊榛蔽野。秦彥、孫儒最為野蠻，行軍不帶糧儲，以人為食，軍士臨屍而從。秦彥、孫儒入揚州，公然市賣人肉，全城士民幾乎殺光。秦宗權還狂妄稱帝於蔡州。在唐末軍閥割據中，秦宗權最為刻毒，他為禍中原，殘害百姓，純粹一個魔王。兩《唐書》入秦宗權為〈逆臣傳〉，與安祿山、史思明、朱泚等人並列。在諸逆臣中，秦宗權最為兇頑。西元八八八年，秦宗權被其愛將申叢捕獲，打斷雙腳，囚送京師，與其妻俱斬於獨柳之下。臨刑，秦宗權對監斬官京兆尹孫揆說：「尚書明鑑，秦宗權難道是一個造反的人嗎？只是表達忠心的方式不妥罷了。」可以說是無恥之尤，引得圍觀的人哈哈大笑。

卷第二百五十八

唐紀七十四

起屠維作噩（己酉 西元八八九年），盡重光大淵獻（辛亥 西元八九一年），凡三年。

【題解】本卷記事起西元八八九年，迄西元八九一年，記載史事凡三年。當唐昭宗龍紀元年至大順二年。昭宗體貌明粹，有英氣，感慨僖宗威令不振，朝廷日卑，發願重整雄風，恢復先代聖主的業績。他利用軍閥混戰，以朝命任命韋昭度征討西川陳敬瑄，納宰相張濬之謀，以朱全忠及河北三鎮為主力討伐李克用。此時朝廷既無郭子儀、李晟、李愬之英才用兵，又無李泌、陸贄之賢傑為之謀，韋昭度庸懦，張濬輕佻，結果韋昭度見逐於王建，張濬全軍敗沒。昭宗成府，巧藉楊復恭義子李順節以逐走楊復恭，繼殺李順節，朝綱仍然不振。宦官積惡已非一日，藩鎮跋扈禍行全國，正氣不伸，邪曲枉熾，一唐昭宗無如之何，蓋大廈將傾，非獨木能支也。此時期，軍閥混戰的主戰場一是江南，二是西川。江南爭戰主要是據揚州的孫儒與楊行密爭雄。楊行密得杭州錢鏐之助，孫儒則有徐州時溥之援，各自無後顧之憂，故拼全力以戰。孫儒兇殘，常勝而不得人心，最後燒積聚，掃境渡江孤注一擲以圖僥倖，取死之道。西川王建得勢破成都，是此時期最大的贏家。中原爭戰，朱全忠與李克用互有勝敗，打了一個平手。

昭宗❶聖穆景文孝皇帝上之上

龍紀元年（己酉　西元八八九年）

春，正月癸巳朔❷，赦天下，改元❸。○以翰林學士承旨、兵部侍郎劉崇望❹同平章事。○汴將龐師古拔宿遷❺，軍于呂梁❻。時溥逆戰，大敗，還保彭城❼。○王子❽，蔡將郭璠殺申叢，送秦宗權於汴，告朱全忠云：「叢謀復立宗權。」全忠以璠為淮西留後。○戊申❾，王建大破山行章於新繁，殺獲近萬人，行章僅以身免。楊晟懼，徙屯三交❿，行章屯濛陽⓫，與建相持。

二月，朱全忠送秦宗權至京師，斬于獨柳⓬。京兆尹⓭孫揆⓮監刑，宗權於檻車⓯中引首⓰謂揆曰：「尚書⓱察宗權豈反者邪？但輸忠不效⓲耳。」觀者皆笑。揆，遜⓳之族孫也。

三月，加朱全忠兼中書令，進爵東平郡王。全忠既克蔡州，軍勢益盛。○加忠義⓴[1]節度使趙德諲中書令，加蔡州節度使趙犨同平章事，充忠武節度使，以陳州為治所㉑[2]。會犨有疾，悉以軍府事授其弟昶㉒，表乞骸骨㉓，詔以昶代為忠武節度使。未幾，犨薨。○丙申㉔，錢銖[3]拔蘇州，徐約㉕亡入海而死。錢鏐以海昌㉖都將沈粲權知㉗蘇州。

夏，四月，賜陝虢軍號保義。

五月甲辰㉘，潤州制置使阮結卒，錢鏐以靜江㉙都將成及代之。

李克用大發兵，遣李罕之、李存孝攻孟方立，六月，拔磁、洺二州。方立遣大將馬溉、袁奉韜將兵數萬拒之，戰於琉璃陂㉚，方立兵大敗，二將皆為所擒，克用乘勝進攻邢州。方立性猜忌，諸將多怨，至是皆不為方立用，方立慙懼，飲藥死。弟攝洺州刺史遷㉛，素得士心，眾奉之為留後，求援於朱全忠。全忠假道於魏博，羅弘信不許。全忠乃遣大將王虔裕將精甲數百，間道入邢州共守。

【章旨】以上為第一段，寫朱全忠併滅秦宗權，軍力大盛，與李克用再次交戰。

【注釋】❶昭宗　原名傑，懿宗第七子，即位後改名敏，又改名曄。唐代第二十任國君，西元八八九—九〇四年在位。❷癸巳朔　正月初一日。❸改元　改文德二年為龍紀元年。❹劉崇望　滑州胙（今河南延津）人，字希徒，唐初功臣邢國公劉政會第七世孫。官至兵部尚書。傳見《舊唐書》卷一百七十九、《新唐書》卷九十。❺宿遷　縣名，縣治在今江蘇宿遷。❻呂梁　鎮名，在今江蘇徐州東南。❼彭城　縣名，縣治在今江蘇徐州銅山縣。❽壬子　正月二十日。❾戊申　正月十六日。❿三交　城名，在今陝西寶雞西。⓫濛陽　縣名，在今四川彭州東三十里。⓬獨柳　唐長安城有東、西市，西市有處決犯人之所，即獨柳。⓭京兆尹　官名，掌治京師。唐玄宗開元初改雍州為京兆府，往往以親王領雍州牧，改雍州長史為京兆尹。⓮孫揆（？—西元八九〇年）博州武水（今山東聊城西南）人，字聖圭，進士第，歷官戶部巡官、中書舍人、刑部侍郎、京兆尹。傳見《新唐書》卷一百九十三。⓯檻車　帶柵欄的囚車。⓰引首　伸長脖子。⓱尚書　對孫揆的尊稱。唐代京兆尹為重任，往往出為節鎮，內遷尚書侍郎，故稱。⓲輸忠不效　獻忠心而未奏效。⓳遜　孫遜（？—西元七六一年），唐玄宗朝判刑部侍郎。傳見《新唐書》卷二百二。孫揆是他的五世從孫。⓴忠義　方鎮名。文德元年（西元八八八年），以襄州為忠義軍，任命趙德諲為節度使。㉑治所　忠武節度使治所原為許州，因趙犨是陳州人，且守陳有功，故徙治所於陳州。㉒昶　趙昶（西元八四一－八九四年），字大東，趙犨部屬，繼犨任忠武節度使。傳附《新唐書》卷一百八十九〈趙犨傳〉，並見《舊五代史》卷十四、《新五代史》卷四十二。㉓表乞骸骨　上表乞身辭官。㉔丙申　三月初五日。㉕徐約　光啓三年（西元八八七年）徐約據蘇州，現敗死。㉖海昌　縣名，即鹽官縣，縣治在今浙江海寧西南二十里。㉗權知　代理治事。㉘甲辰　五月十三日。㉙靜江　錢鏐的一支部隊名靜江都，屯於杭州城外。㉚琉璃陂　地名，在今河北邢臺西南。㉛遷　孟遷，孟方立之從弟。傳附《新唐書》卷一百八十七〈孟方立傳〉。

【校　記】①忠義　原作「奉國」。嚴衍《通鑑補》改作「忠義」，今據以校正。按，朝廷於秦宗權歿後，未以奉國節度授人，此處當是「忠義」。②治所　原作「理所」。據章鈺校，十二行本、乙十一行本、孔天胤本皆作「治所」，今從改。③錢鉷　原作「錢鈢」。據章鈺校，十二行本、乙十一行本皆作「錢鉷」，今從改。

【語　譯】昭宗聖穆景文孝皇帝上之上

龍紀元年（己酉　西元八八九年）

春，正月初一日癸巳，赦免天下，改換年號。○任命翰林學士承旨、兵部侍郎劉崇望為同平章事。○汴州的將領龐師古攻取宿遷，駐軍呂梁。時溥迎戰，大敗，返回防守彭城。○二十日壬子，蔡州的將領郭璠殺了申叢，把秦宗權送往汴州。郭璠告訴朱全忠說：「申叢策劃再次擁立秦宗權。」朱全忠派郭璠為淮西留後。○十六日戊申，王建在新繁大敗山行章，殺死和俘虜的將近一萬人，山行章僅僅脫身免死。楊晟很懼怕，把軍隊遷移到三交駐紮，山行章駐紮在濛陽，和王建相對峙。

二月，朱全忠把秦宗權送到京師，在獨柳處斬。京兆尹孫揆監督行刑，秦宗權在檻車中伸長脖子對孫揆說：「您看我秦宗權難道是造反的人嗎？只是盡忠國家沒有效果而已。」觀看的人都笑了。孫揆，是孫逖的族孫。

三月，加封朱全忠兼任中書令，晉升爵位為東平郡王，朱全忠攻下蔡州後，兵力更加強大了。○加封忠義節度使趙德諲為中書令，加封蔡州節度使趙犨為同平章事，充任忠武節度使，以陳州作為治所。適逢趙犨有病，把全部軍府事務交給了他的弟弟趙昶，自己上表乞身辭職。昭宗下令趙昶代理忠武節度使。沒多久，趙犨去世。○初五日丙申，錢銖攻取蘇州，徐約逃亡到海上後死了。錢鏐派海昌都將沈粲暫時代理蘇州的事務。

夏，四月，賜予陝虢軍號叫保義。

五月十三日甲辰，潤州制置使阮結死了，錢鏐以靜江都將成及代替阮結。

李克用大舉調發軍隊，派遣李罕之、李存孝攻打孟方立。六月，攻取磁、洺二州。孟方立派遣大將馬溉、袁奉韜率領部隊幾萬人抵擋他們，在琉璃陂交戰。孟方立的部隊大敗，馬溉、袁奉韜二將都被俘虜了，李克用乘勝進攻邢州。孟方立性情猜疑妒忌，各個將領大多怨恨他，到這時都不替孟方立出力，孟方立又慚愧又害怕，喝毒藥死了。他的弟弟代理洺州刺史孟遷，一向深得軍心，大家擁舉他擔任留後，向朱全忠求援。朱全忠向魏博節度使羅弘信借路，羅弘信不答應；朱全忠便派遣大將王虔裕率領精兵幾百人，從小路進入邢州去共同防守。

楊行密圍宣州，城中食盡，人相啗，指揮使周進思據城逐趙鍠。鍠將奔廣陵，田頵追擒之。未幾，城中執進思以降。行密入宣州，諸將爭取金帛，徐溫❶獨據米囷，為粥以食餓者。溫，朐山人也。鍠將宿松❷周本，勇冠軍中，行密獲而釋之，以為裨將。鍠既敗，左右皆散，惟李德誠從鍠不去，行密以宗女妻之。德誠，西華❸人也。行密表言於朝，詔以行密為宣歙❹觀察使。

朱全忠與趙鍠有舊，遣使求之。行密謀於袁襲，襲曰：「不若斬首以遺之。」

行密從之。未幾，襲卒，行密哭之曰：「天不欲成吾大功邪❺？何為折吾股肱❻也！吾好寬❼而襲每勸我以殺，此其所以不壽與❽？」

孫儒遣兵攻廬州，蔡儔以州降之。

朱珍拔蕭縣❾，據之，與時溥相拒❿，朱全忠欲自往臨之。珍命諸軍皆葺馬廄，李唐賓部將嚴郊獨惰慢，軍吏責之，唐賓怒，見珍訴之。珍亦怒，以唐賓為無禮，拔劍斬之⓫，遣騎白全忠，云唐賓謀叛。淮南左司馬⓬敬翔，恐全忠乘怒，倉猝處置違宜⓭，故留使者，逮夜⓮，然後從容白之⓯，全忠果大驚。翔因為畫策，詐收唐賓妻子繫獄，遣騎往慰撫，全忠從之，軍中始安。

秋，七月，全忠如蕭縣，未至，珍出迎，命武士執之，責以專殺⓰而誅之。諸將霍存等數十人叩頭為之請，全忠怒，以牀擲之，乃退。丁未⓱，至蕭縣，以龐師古代珍為都指揮使。

八月丙子⓲，全忠進攻時溥壁，會大雨，引兵還。

【章旨】以上為第二段，寫楊行密得宣州，丟了廬州。朱全忠親赴前線督陣討時溥，會大雨而退兵。

【注釋】❶徐溫　（西元八六一—九二七年）字敦美，海州朐山（在今江蘇連雲港市）人，輔楊行密據淮南，後專政吳國，為大丞相，封東海郡王。傳見《新五代史》卷六十一。❷宿松　縣名，縣治在今安徽宿松。❸西華　縣名，縣治在今河南西華。❹宣歙　方鎮名，治所宣州，在今安徽宣州。❺邪　通「耶」。疑問詞。❻股肱　大腿和胳膊。借喻輔佐大臣。❼好寬　喜好施行寬大政策。❽與　通「歟」。疑問詞。❾蕭縣　縣名，縣治在今安徽蕭縣。在徐州西南。❿與時溥相拒　蕭縣在徐州西南，其時時溥在徐州，故朱珍拔蕭縣後則與時溥相抗。⓫拔劍斬之　朱珍與李唐賓久不和，乘怒斬之。⓬左司馬　官名，行軍司馬之一，為節度使重要助手，總攬全軍政令。朱全忠兼領淮南節度使，以敬翔為左司馬。⓭違宜　不合適；失宜。⓮逮夜　到了夜間。⓯從容白之　調空閒時告訴朱全忠。敬翔為人深沉有大略，從朱全忠用兵三十多年，朱全忠剛暴難近，凡遇不妥之處，敬翔一般都不當場直說。此及夜從容言之，朱全忠雖怒也不能爆發。⓰專殺　專權擅自殺人。⓱丁未　七月十七日。⓲丙子　八月十七日。

【語　譯】楊行密圍攻宣州，城裡的糧食都吃光了，人們吃起了人肉。指揮使周進思佔據宣州城，趕走了趙鍠。趙鍠打算逃往廣陵，田頵追趕趙鍠，抓住了他。沒多久，城裡的人抓住周進思來投降。楊行密進入宣州，各個將領爭相奪取金銀布帛，只有徐溫佔據了糧倉，煮粥給飢餓的人吃。徐溫，是朐山人。趙鍠的部將宿松人周本，勇冠全軍，楊行密把他俘虜後又釋放了，用他做副將。趙鍠失敗後，身邊的人全都散了，只有李德誠隨從趙鍠沒有離去，楊行密把同宗的女兒嫁給了李德誠。李德誠，是西華人。楊行密上表報告朝廷，昭宗下詔任命楊行密為宣歙觀察使。

朱全忠與趙鍠有舊交，派遣使者向楊行密索要趙鍠。楊行密和袁襲商議，袁襲說：「不如斬了趙鍠的首級送給朱全忠。」楊行密同意了這個建議。沒有多久，袁襲死了，楊行密為他痛哭，說：「這是上天不想成就我的偉大功業嗎？為什麼要折損我的輔佐呢！我喜歡寬厚，而袁襲每每勸我殺戮，這難道是袁襲不能長壽的原因嗎？」

孫儒派遣軍隊攻打廬州，蔡儔舉州投降孫儒。

朱珍攻取蕭縣，佔據了這個地方，和時溥對抗，朱全忠想親自去那裡督戰。朱珍命令各路軍隊都要整修馬廄，只有李唐賓的部將嚴郊懶惰怠慢，軍吏責備他，李唐賓很生氣，去見朱珍訴說。朱珍也非常生氣，認為李唐賓沒有禮貌，拔劍殺了李唐賓，派人騎馬報告朱全忠，說李唐賓謀反。淮南左司馬敬翔恐怕朱全忠趁著氣頭上，匆忙處理失宜，所以留下來報告的人，後來到了夜裡，閒下來，才向朱全忠報告這件事，朱全忠果然大吃一驚。敬翔接著替他出謀劃策，詐稱抓捕了李唐賓的妻子囚禁在監獄中，派遣騎兵前往朱珍那兒撫慰。朱全忠採納了敬翔的計策，軍隊開始安定下來。

秋，七月，朱全忠前往蕭縣，還未到達，朱珍出來迎接，朱全忠命令武士抓捕了朱珍，責備他專權殺戮，處死了朱珍。各路將領霍存等幾十個人磕頭求情，朱全忠大怒，拿坐床砸向他們，他們才退下。十七日丁未，到達蕭縣，任命龐師古代朱珍為都指揮使。

八月十七日丙子，朱全忠進攻時溥的營壘，正趕上大雨，朱全忠帶領軍隊撤還。

冬，十月，平盧節度使王敬武薨。子師範❶，年十六，軍中推為留後，棣州❷刺史張蟾不從。詔以太子少師崔安潛兼侍中，充平盧節度使。蟾迎安潛至州，與之共討師範。

以給事中❸杜孺休❹為蘇州刺史。錢鏐不悅，以知州事❺沈粲為制置指揮使。

○楊行密遣馬步都虞候田頵等攻常州。

十一月，上改名曄。

上將祀圜丘❻。故事❼，中尉、樞密皆襆衫侍從❽，僖宗之世，已具襴❾笏。至是，又令有司制法服❿，孔緯及諫官、禮官皆以為不可，上出手札諭之曰：「卿等所論至當⓫。事有從權⓬，勿以小瑕遂妨大禮。」於是宦官始服劍佩侍祠⓭。已酉⑭，祀圜丘，赦天下。

上在藩邸⑮，素疾宦官，及即位，楊復恭恃援立功，所為多不法，上意不平。政事多謀於宰相，孔緯、張濬勸上舉大中故事⑯抑宦者權。復恭常乘肩輿至太極殿⑰。他日，上與宰相言及四方反者，孔緯曰：「陛下左右有將反者，況四方乎！」上矍然⑱問之，緯指復恭曰：「復恭陛下家奴，乃肩輿造⑲前殿，多養壯士為假子，使典⑳禁兵，或為方鎮㉑，非反而何！」復恭曰：「子壯士，欲以收士心，衛國家，豈反邪！」上曰：「卿欲衛國家，何不使姓李而姓楊乎？」復恭無以對。

復恭假子天威軍使楊守立，本姓胡，名弘立，勇冠六軍，人皆畏之。上欲討復恭，恐守立作亂，謂復恭曰[1]：「朕欲得卿胡子在左右。」復恭見守立於上，上賜姓名李順節，使掌六軍管鑰㉒，不期年，擢至天武㉓都頭，領鎮海節度使，俄㉔加平章事[2]。及謝㉕日，臺吏㉖申請班見㉗百僚，孔緯判不集㉘。順節至中書，色不悅。他日，語微及㉙之，緯曰：「宰相師長百僚㉚，故有班見。相公職為都頭㉛，而於政事堂㉜班見百僚，於意安乎？」順節不敢復言。

朱全忠求領鹽鐵㉝，孔緯獨執㉞以為不可，謂進奏吏㉟曰：「朱公須㊱此職，非興兵㊲不可！」全忠乃止。

田頵攻常州，為地道入城。中宵，旌旗甲兵出於制置使杜稜之寢室，遂虜之，以兵三萬戍常州。

朱全忠遣龐師古將兵自潁上㊳趣淮南，擊孫儒。

十二月甲子㊴，王建敗山行章及西川騎將宋行能於廣都㊵。行能奔還成都，行章退守眉州。壬申㊶，行章請降於建。

戊寅㊷，孫儒自廣陵引兵度江。壬午㊸，逐田頵，取常州，以劉建鋒守之。儒還廣陵，建鋒又逐成及㊹，取潤州。

前山南東道節度使劉巨容之在襄陽也，有申屠生教之燒藥為黃金。田令孜之弟過襄陽，巨容出金示之。及寓居成都㊺，令孜求其方，不與，恨之，是歲，令孜殺巨容，滅其族。

【章　旨】以上為第三段，寫宦官楊復恭專橫，唐昭宗陰欲除之。朱全忠求領鹽鐵，昭宗不允。

【注　釋】❶師範　王師範（?—西元九〇七年），青州人，平盧節度使王敬武之子，年十六嗣位領軍，與朱全忠攻戰，殺朱全忠從子朱友寧。後兵敗降朱全忠，被族滅於洛陽。傳見《新唐書》卷一百八十七、《舊五代史》卷十三、《新五代史》卷四十二。❷棣州　州名，治所厭次，在今山東惠民東南。❸給事中　官名，門下省要職。掌侍從左右，獻納得失，駁正文書。因給事殿中，故名。❹杜孺休　京兆萬年（今陝西西安）人，中唐名相杜佑第三代孫，任給事中。大順元年（西元八九〇年），昭宗詔命杜孺休為蘇州刺史，被錢鏐都將沈粲所害。傳見《新唐書》卷一百六十六。❺知州事　官名，臨時代理本州政事。

去年冬，錢銶攻蘇州，刺史徐約入海而死，錢鏐以沈粲權知州事。現朝廷派杜孺休為刺史，錢鏐又以沈粲為制置使，控制軍權，架空杜孺休。❻圜丘　古時祭天的圓形高壇。❼故事　先例；舊日的典章制度。❽襏衫侍從　皇帝祭天時，神策軍中尉以及樞密使等宦官都要穿大襟分開的衣衫侍從。襏，衣裾；衣衫的大襟。❾襴　古時上下衣相連的服裝。因下施橫幅，故名。❿法服　符合禮制之服。此指冕服劍佩。⓫至當　非常正確。⓬從權　變通；機變。⓭侍祠　隨侍皇帝參與祭祀禮。⓮己酉　十一月二十一日。⓯藩邸　諸侯王的府第。⓰大中故事　唐宣宗大中八年（西元八五四年），宣宗曾與翰林學士韋澳、宰相令狐綯商量抑制宦官權勢問題。事見本書卷二百四十九。⓱太極殿　唐宮殿名，位於大明宮西，是西內的前殿。唐高宗龍朔以後，皇帝常居大明宮，遇大禮大事，方居太極宮。⓲矍然　驚惶四顧的樣子。⓳造　到；去。⓴典　主管；執掌。楊復恭以假子守立為天威軍使，守信為玉山軍使。㉑為方鎮　為節度使。楊復恭以假子守貞為龍劍節度，守忠為武定節度，守厚為綿州刺史，其餘假子為州刺史者很多。又養子六百人，監諸道軍。㉒掌六軍管鑰　北軍六軍分別屯駐苑中，屯營各有門，晨啟夕閉。㉓天武　神策五十四都之一。㉔俄　短時間。㉕謝　謝恩。㉖臺吏　臺省的官吏。唐代尚書省為中臺，門下省稱東臺，中書省稱西臺，統稱臺省。㉗班見　百官排列次序見面。㉘判不集　裁定臺吏申請，不同意集百官。㉙微及　稍微涉及。㉚師長百僚　宰相輔佐皇帝總百官、治萬事，為百官之長。㉛都頭　軍職名，神策五十四都每都統兵官名都頭，即都將。㉜政事堂　唐代宰相治理政務的處所。㉝領鹽鐵　兼領鹽鐵事，即擔任鹽鐵使，掌收運鹽鐵之稅。㉞執　堅持。㉟進奏吏　進奏院的官吏。唐代藩鎮皆在京師置邸，名為上都知進奏院。置進奏官，掌章奏、詔令及各種文書的投遞、承轉。㊱須　求。㊲興兵　起兵；打仗。因鹽鐵使掌全國重要稅源，權利皆重，人必爭之，故云。㊳潁上　縣名，縣治在今安徽潁上北。㊴甲子　十二月初七日。㊵廣都　縣名，縣治在今四川雙流東南。㊶壬申　十二月十五日。㊷戊寅　十二月二十一日。㊸壬午　十二月二十五日。㊹成及　當時成及為錢鏐守衛潤州。㊺寓居成都　中和四年（西元八八四年）劉巨容自襄陽奔成都。

【校　記】[1]日　原無此字。據章鈺校，十二行本、乙十一行本、孔天胤本皆有此字，今據補。[2]平章事　原作「同平章事」。據章鈺校，十二行本、乙十一行本皆無「同」，今據刪。

【語　譯】冬，十月，平盧節度使王敬武去世。他的兒子王師範，十六歲，軍中推舉為留後。棣州刺史張蟾不肯聽從。昭宗下詔任命太子少師崔安潛兼任侍中，充任平盧節度使。張蟾迎接崔安潛到棣州，和他一同討伐王師範。

任命給事中杜孺休擔任蘇州刺史。錢鏐不高興，派知州事沈粲為制置指揮使。○楊行密派遣馬步都虞候田頵等人攻打常州。

十一月，昭宗改名為曄。

昭宗準備在圜丘祭天。舊制，護軍中尉、樞密使都要穿分襟的衣服侍從，僖宗的時候，這些人已經穿上了上下衣相連的衣服並且手執朝笏。到這時，又命令有關官吏衙門製造禮法規定的法服。孔緯和諫官、禮官們都認為不可以，昭宗親手寫信曉諭他們說：「你們所討論的都很正確。但事情也有個變通，不要因為小的瑕疵妨礙了大的禮節。」從這時宦官開始冕服佩劍隨侍祭祀。十一月二十一日己酉，在圜丘祭天，赦免天下。

昭宗在壽王府時，一向痛恨宦官。等到即位後，楊復恭倚恃擁立昭宗的功勞，所作所為很多地方不守法紀，昭宗心裡不滿意。政事大都和宰相商議。孔緯、張濬勸昭宗按大中時舊事去做，抑制宦官的權力。楊復恭經常坐著轎子到太極殿。有一天，昭宗和宰相談到四面八方造反的人，孔緯說：「您的身邊就有準備造反的人，何況是四面八方呢！」昭宗驚惶四顧，問他，孔緯指著楊復恭說：「楊復恭是您的家奴，卻坐著轎子到前殿，又養了很多壯士做義子，使他們執掌禁兵，或者做節度使，這不是造反是什麼呢！」楊復恭說：「以壯士做義子，是想攏絡軍心，保衛國家，難道是造反嗎！」昭宗說：「你想要保衛國家，為什麼不讓他們姓李而要他們姓楊呢？」楊復恭無話可答。

楊復恭的義子天威軍使楊守立，本來姓胡，名叫弘立，勇冠六軍，人們都懼怕他。昭宗打算討伐楊復恭，擔心楊守立作亂，對楊復恭說：「我想要你的姓胡的義子跟隨我左右。」楊復恭向昭宗引見楊守立，昭宗賜給他姓名李順節，讓他掌管六軍營門的鑰匙，不滿一年，提升到天武都頭，兼領鎮海節度使，不久又加封平章事。等到謝恩的那一天，臺省的官吏申請按班次和百官相見，孔緯裁定不用會集百官。李順節到了中書省，臉色很不高興。有一天，說話間略微提到了這件事，孔緯說：「宰相為百官的師長，所以能按班次和百官相見。你的職位是都頭，而在政事堂中按班次和百官相見，你心裡安穩嗎？」李順節不敢再說什麼。

朱全忠要求兼領鹽鐵專賣的職務，孔緯獨自堅持認為不可以，對進奏昭宗的官吏說：「朱全忠求得此職，非起兵作亂不可！」朱全忠這才作罷。

田頵攻打常州，挖通地道進入城中。半夜裡，旌旗、披盔戴甲的士兵出現在制置使杜稜的臥室中，於是俘虜了杜稜，用三萬名士兵駐守常州。

朱全忠派遣龐師古領兵從潁上趕往淮南，攻打孫儒。

十二月初七日甲子，王建在廣都打敗了山行章和西川騎將宋行能。宋行能逃回成都，山行章撤退守衛眉州。十五日壬申，山行章向王建請求投降。

十二月二十一日戊寅，孫儒從廣陵帶兵渡過長江。二十五日壬午，趕走了田頵，攻取常州，派劉建鋒守衛常州。孫儒返回廣陵，劉建鋒又驅逐成及，攻取了潤州。

前山南東道節度使劉巨容在襄陽時，有一個叫申屠生的人教他燒藥煉黃金。田令孜的弟弟路過襄陽，劉巨容拿出黃金讓他看。等到劉巨容住到成都，田令孜向他索求燒藥煉黃金的方法，劉巨容不給他，田令孜懷恨劉巨容。這一年，田令孜殺了劉巨容，消滅了他的家族。

大順元年（庚戌　西元八九〇年）

春，正月戊子朔❶，羣臣上尊號曰聖文睿德光武弘孝皇帝；改元。◯李克用急攻邢州，孟遷食竭力盡，執王虔裕及汴兵以降。克用以安金俊為邢洺團練使。

壬寅❷，王建攻邛州，陳敬瑄遣其大將彭城楊儒將兵三千助刺史毛湘守之，湘出戰，屢敗。楊儒登城，見建兵盛，歎曰：「唐祚盡矣，王公❸治眾，嚴而不殘，殆可以庇❹民乎！」遂帥所部出降。建養以為子，更其姓名曰王宗儒。乙巳❺，建留永平❻節度判官張琳為邛南❼招安使，引兵攻[1]成都。琳，許州人也。

陳敬瑄分兵布寨於犀浦❽、郫❾、導江❿等縣，發⓫城中民戶一丁，晝則穿重壕，採竹木，運磚石，夜則登城，擊柝⓬巡警，無休息。◯韋昭度營於唐橋⓭，王建營於東閶門外，建事昭度甚謹。◯辛亥⓮，簡州⓯將杜有遷執刺史員虔嵩⓰降於建，建以有遷知州事。◯汴將龐師古等眾號十萬，度淮，聲言救楊行密，攻下天長。壬子⓱，下高郵⓲。

二月己未⓳，資州⓴將侯元綽執刺史楊戡降於王建，建以元綽知州事。◯乙丑㉑，加朱全忠守㉒中書令。◯龐師古引兵深入淮南，己巳㉓，與孫儒戰於陵亭㉔，師古兵敗而還。

楊行密遣其將馬敬言將兵五千，乘虛襲據潤州。◯李友將兵二萬屯青城㉕，將攻常州。安仁義、劉威、田頵敗劉建鋒於武進㉖，敬言、仁義、頵[2]屯潤州。友，合肥人。威，慎縣㉗人也。

李克用將兵攻雲州防禦使赫連鐸，克其東城。鐸求救於盧龍㉘節度使李匡威，匡威將兵三萬赴之。丙子㉙，邢洺團練使安金俊中流矢死，河東萬勝軍㉚[3]申信叛降於鐸。會幽州軍至，克用引還。

時溥求救於河東，李克用遣其將石君和將五百騎赴之。

李克用巡潞州，以供具㉛不厚，怒昭義節度使李克脩，詬而笞之。克脩慚憤成疾，三月，薨。克用表其弟決勝軍使克恭為昭義留後。〇賜宣歙軍號寧國，以楊行密為節度使。

夏，四月，宿州將張筠㉜逐刺史張紹光，附于時溥，朱全忠帥諸軍討之。溥出兵掠碭山㉝，全忠遣牙內都指揮使㉞朱友裕㉟擊之，殺三千餘人，擒石君和。友裕，全忠之子也。

乙丑㊱，陳敬瑄遣蜀州刺史任從海將兵二萬救邛州，戰敗，欲以蜀州降王建，敬瑄殺之，以徐公鉥[4]代為蜀州刺史。丙寅㊲，嘉州㊳刺史朱實舉州降于建。丙子㊴，僰道㊵土豪文武堅執戎州㊶刺史謝承恩降于建。

【章旨】以上為第四段，寫王建兵圍成都。朱全忠遣將深入淮南為孫儒所敗。楊行密乘機兵取潤州。朱楊聯手夾擊時溥，時溥北引李克用反夾擊朱全忠。

【注釋】❶戊子朔　正月初一日。❷壬寅　正月十五日。❸王公　指王建。❹庇　保護；蔭庇。❺乙巳　正月十八日。❻永平　方鎮名，唐代宗大曆七年（西元七七二年）賜滑亳節度永平軍號，治所汴州，在今河南開封。❼邛南　地區名，指邛水以南一帶。❽犀浦　縣名，縣治在今四川成都西北。❾郫　縣名，縣治在今四川郫縣。❿導江　縣名，縣治在今四川都江堰市東。⓫發　徵發。官府徵集動用民間人力。⓬柝　打更用的梆子。⓭唐橋　橋名，郫江橋，在成都東南。⓮辛亥　正月二十四日。⑮簡州　州名，治所陽安，在今四川簡陽西北。⑯員虔嵩　姓員。員虔嵩任簡州刺史被執事，《新唐書》卷十〈昭宗紀〉繫於正月壬寅，與《通鑑》不同。⑰壬子　正月二十五日。⑱高郵　縣名，縣治在今江蘇高郵。⑲己未　二月初三日。⑳資州　州名，治所在今四川資中。㉑乙丑　二月初九日。㉒守　署理的意思。官階低而所署官高叫守。㉓己巳　二月十三日。㉔陵亭　鎮名，在今江蘇興化南。㉕青城　鎮名，在今江蘇常州北。㉖武進　縣名，縣治在今江蘇常州。青城即屬武進縣。㉗慎縣　縣名，縣治在今安徽肥東縣北。㉘盧龍　方鎮名，治所幽州，在今北京市。㉙丙子　二月二十日。㉚萬勝軍　河東節度的一支部隊。㉛供具　擺設酒食的器具。此處指供應給與。㉜張筠　海州（治所在今江蘇東海縣）人，初事時溥為宿州刺史，後為昭德、永平節度使。傳見《舊五代史》卷九十、《新五代史》卷四十七。㉝碭山　縣名，縣治在今安徽碭山縣。㉞牙內都指揮使　官名，唐末藩鎮相沿以親子弟領衙內之職。牙，通「衙」。㉟朱友裕　朱全忠長子，全忠稱帝後封郴王。傳見《舊五代史》卷十二、《新五代史》卷十三。㊱乙丑　四月初十日。㊲丙寅　四月十一日。㊳嘉州　州名，治所在今四川樂山市。㊴丙子　四月二十一日。㊵僰道　縣名，縣治在今四川宜賓。㊶戎州　州名，治所僰道，在今四川宜賓。

【校　記】①攻　原作「還」。嚴衍《通鑑補》改作「攻」，張敦仁《通鑑刊本識誤》同，今據以校正。②顛　原作「威」。據章鈺校，十二行本、乙十一行本皆作「顛」，今從改。③萬勝軍　原作「萬勝軍使」。據章鈺校，十二行本、乙十一行本皆無「使」字，今據刪。④徐公鉥　據章鈺校，十二行本、乙十一行本皆作「徐公鉥」。

【語　譯】大順元年（庚戌　西元八九〇年）

春，正月初一日戊子，群臣上昭宗尊號為聖文睿德光武弘孝皇帝；改換年號。〇李克用急速攻打邢州，孟遷食竭力盡，抓了王虔裕和汴州的部眾向李克用投降。李克用任命安金俊為邢洺團練使。

正月十五日壬寅，王建攻打邛州，陳敬瑄派他的大將彭城人楊儒率兵三千人協助刺史毛湘守城。毛湘出戰，一再失敗。楊儒登上城牆，看見王建的軍隊氣勢很盛，感歎地說：「唐代的國運完了，王建治理軍隊，嚴格而不殘暴，大概可以庇護民眾吧！」於是率領所轄部隊出城投降。王建收養他做義子，把他的姓名改稱王宗儒。十八日乙巳，王建留下永平節度判官張琳擔任邛南招安使，自己帶兵攻打成都。張琳，是許州人。

陳敬瑄在犀浦、郫、導江等縣分兵布寨，徵發城中百姓每戶出一個壯丁，白天去挖雙重的壕溝，採伐竹子、樹木，搬運磚塊、石頭，夜晚就登上城牆，敲打木梆巡邏警戒，沒有休息的時候。○韋昭度在唐橋紮營，王建在東閶門外紮營，王建侍奉韋昭度非常恭敬小心。○二十四日辛亥，簡州將領杜有遷抓了刺史員虔嵩投降王建，王建讓杜有遷執掌州裡的事務。○汴州的將領龐師古等人的部眾號稱十萬人，渡過淮水，揚言救援楊行密，攻下了天長鎮。二十五日壬子，攻下了高郵。

二月初三日己未，資州將領侯元綽抓了刺史楊戡投降王建，王建讓侯元綽執掌州裡的事務。○初九日乙丑，加封朱全忠署理中書令。○龐師古率軍深入淮南，十三日己巳，在陵亭和孫儒交戰。龐師古兵敗撤回。楊行密派遣他的部將馬敬言率領士兵五千人，乘虛襲擊佔領了潤州。李友帶兵二萬人屯駐青城，準備攻打常州。安仁義、劉威、田頵在武進打敗了劉建鋒，馬敬言、安仁義、田頵屯駐潤州。李友，是合肥人。劉威，是慎縣人。

李克用率軍攻打雲州防禦使赫連鐸，攻克了雲州的東城。赫連鐸向盧龍節度使李匡威求救，李匡威帶兵三萬人前往雲州。二月二十日丙子，邢洺團練使安金俊被亂箭射死，河東萬勝軍申信叛變後向赫連鐸投降。正遇上幽州的軍隊到達，李克用帶兵撤還。

時溥向河東李克用請求救援，李克用派遣他的部將石君和帶領五百名騎兵趕往時溥那裡。

李克用巡視潞州，因為供奉的物品不豐富，對昭義節度使李克脩很生氣，責罵他，又用鞭子抽打他。李克脩愧恨成疾，三月，去世了。李克用向昭宗上表任用他的弟弟決勝軍使李克恭為昭義留後。○賜宣歙軍號叫寧國，任命楊行密擔任節度使。

夏，四月，宿州將領張筠趕走刺史張紹光，依附時溥，朱全忠統率各路軍隊討伐張筠。時溥出兵搶掠碭山，朱全忠派牙內都指揮使朱友裕攻打時溥，殺死三千多人，活捉了石君和。朱友裕，是朱全忠的兒子。

四月初十日乙丑，陳敬瑄派蜀州刺史任從海率兵二萬人救援邛州，打了敗仗，打算以蜀州投降王建，陳敬瑄殺了任從海，派徐公鉥擔任蜀州刺史。十一日丙寅，嘉州刺史朱實以全州投降王建。二十一日丙子，僰道的土豪文武堅抓住戎州刺史謝承恩投降了王建。

赫連鐸、李匡威表請討李克用❶。朱全忠亦上言：「克用終為國患，今因其敗，臣請帥汴、滑、孟三軍，與河北三鎮❷共除之。乞朝廷命大臣為統帥。」

初，張濬因楊復恭以進❸，復恭中廢❹，更附田令孜而薄復恭。及復恭再用事❺，深恨之。上知濬與復恭有隙，特親倚之。濬亦以功名為己任，每自比謝安❻、裴度❼。克用之討黃巢屯河中也，濬為都統判官❽。克用薄❾其為人，聞其作相❿，私謂詔使⓫曰：「張公好虛談而無實用，傾覆之士⓬也！主上采其名⓭而用之，他日交亂⓮天下，必是人也。」濬聞而銜之。

上從容與濬論古今治亂，濬曰：「陛下英睿⓯如此，而中外制於彊臣⓰，此臣日夜所痛心疾首也！」上問以當今所急，對曰：「莫若彊兵以服天下。」上於是廣募兵於京師，至十萬人。

及全忠等請討克用，上命三省、御史臺四品以上⓱議之，以為不可者什六七，杜讓能、劉崇望亦以為不可。濬欲倚外勢以擠楊復恭，乃曰：「先帝再幸山南⓲，沙陀所為也。臣常慮其與河朔⓳相表裏，致朝廷不能制。今兩河藩鎮⓴共請討之，此千載一時㉑。但乞陛下付臣兵柄，旬月可平。失今不取，後悔無及。」孔緯曰：「濬言是也。」復恭曰：「先朝播遷，雖藩鎮跋扈，亦由居中之臣㉒措置㉓未得其宜。今宗廟甫安，不宜更造兵端。」上曰：「克用有興復大功㉔，今乘其危而攻之，天下其謂我何㉕？」緯曰：「陛下所言，一時之體㉖也。張濬所言，萬世之利也！昨計用兵、饋運、犒賞之費，一二年間未至匱乏，在陛下斷志㉗行之耳。」上以二相㉘言叶㉙，僶俛㉚從之，曰：「茲事今付卿二人，無貽朕羞㉛！」

五月，詔削奪克用官爵、屬籍㉜，以濬為河東行營都招討、制置、宣慰使，京兆尹孫揆副之，以鎮國節度使韓建為都虞侯兼供軍糧料使，以朱全忠為南面招討使，王鎔為東面招討使[1]，李匡威為北面招討使，赫連鐸副之。

濬奏給事中牛徽㉝為行營判官，徽曰：「國家以喪亂之餘，欲為英武之舉㉞，橫挑彊寇㉟，離諸侯心㊱，吾見其顛沛㊲也！」遂以衰疾固辭。徽，僧孺之孫也。

【章旨】以上為第五段，寫唐昭宗講武於京師，誤用虛談士張濬為相，輕起戰端，興兵討李克用。

【注釋】❶赫連鐸句　李克用攻雲州赫連鐸失利，引軍撤退，所以赫連鐸、李匡威乘此有利形勢表請討伐李克用。❷河北三鎮　指盧龍節度使李匡威、成德節度使王鎔、魏博節度使羅弘信。❸張濬因楊復恭以進　張濬當初是由於楊復恭的推薦而拜太常博士、度支員外郎的。事見本書卷二百五十四僖宗廣明元年。因，依靠。❹中廢　中途被罷免。❺用事　當權。襄王熅之亂，田令孜自知不為天下所容，解西川監軍事，去依靠陳敬瑄。楊復恭再度被任用。❻謝安　東晉名相。淝水之戰，運籌帷幄，挫敗苻堅南侵，奠定中國南北對峙之局。傳見《晉書》卷七十九。❼裴度　唐憲宗時宰相。力主削除藩鎮，曾督師攻破蔡州，擒吳元濟，抑制住藩鎮叛亂的局面。傳見《舊唐書》卷一百七十、《新唐書》卷一百七十三。❽都統判官　官名，時王鐸為都統，張濬為判官。❾薄　鄙視。❿作相　任相；為相。時張濬復用為宰相、判度支。⓫詔使　下詔書至河東的使臣。⑫傾覆之士　禍國的人。⑬采其名　信用他的虛名。時人多說張濬有方略，能劃大計。⑭交亂　引起大亂。⑮英睿　英明睿智。⑯中外制於彊臣　朝內受制於宦官，朝外受制於方鎮。⑰三省御史臺四品以上　是指尚書左右丞及六部侍郎；門下、中書省左右諫議以上；御史臺中丞以上。三省，即尚書省、門下省、中書省。御史臺，官署名，為朝廷的監察機關。⑱再幸山南　指先帝僖宗第二次蒙塵巡幸山南。光啓二年（西元八八六年）李克用請誅田令孜，田令孜挾帝入散關赴興元。⑲河朔　泛指黃河以北的地方。⑳兩河藩鎮　指河南朱全忠、河北李匡威。㉑千載一時　千載難逢的好時機。㉒居中之臣　處於中央的重臣。㉓措置　所採取的措施和做法。㉔興復大功　指破黃巢、復京城的功勞。㉕天下其謂我何　意謂天下人將怎樣議論我呢。其，副詞。表示動作行為發生在未來。㉖一時之體　短期的、眼前的道理。㉗斷志　下決心。㉘二相　指孔緯、張濬。㉙叶　合；和洽。㉚僶俛　努力；勉力。此處有勉強不得已的意思。㉛無貽朕羞　不要給我留下羞辱。唐昭宗此言，擔心李克用太強大，事不奏效，反使國家受累。㉜屬籍　皇族的名冊。李克用原為沙陀人，其父朱邪赤心助唐鎮壓龐勛，賜姓李。同時，李克用有軍功，故編入屬籍。㉝牛徽　牛僧孺之孫。舉進士，累擢吏部員外郎，昭宗時官至刑部尚書。耿正敢言，為崔胤所忌，致仕，歸樊川。卒，贈吏部尚書。傳見《舊唐書》卷一百七十二、《新唐書》卷一百七十四。㉞英武之舉　英明威武的舉動。㉟橫挑彊寇　指挑動李克用出戰。㊱離諸侯心　使諸侯與朝廷離心。㊲顛沛　傾覆。牛徽料定此舉將會造成社會動亂。

【校　記】[1]王鎔為東面招討使　原無此八字。據章鈺校，十二行本、乙十一行本、孔天胤本皆有此八字，張敦仁《通鑑刊本識誤》、張瑛《通鑑校勘記》同，今據補。

【語　譯】赫連鐸、李匡威上表請求討伐李克用，朱全忠也進言說：「李克用終究要成為國家的禍患，現在乘著他失敗的時候，臣請求率領汴、滑、孟三鎮的軍隊和河北三鎮一起除掉他。請朝廷派大臣作為統帥。」

當初，張濬依靠楊復恭得以進用，楊復恭中途被廢黜，張濬改附田令孜而輕視楊復恭。等到楊復恭再次當權，對張濬深為痛恨。昭宗知道張濬和楊復恭有矛盾，就特別親近張濬並依靠他。張濬也以建功揚名作為自己的責任，常常自比為謝安和裴度。李克用討伐黃巢屯駐河中時，張濬擔任都統判官。李克用鄙視他的為人，如今聽說張濬做了宰相，私下告訴傳達詔書的使者說：「張濬喜歡空談而沒有實際的作用，是使國家滅亡的人啊！皇上聽信他的虛名而任用他，日後擾亂天下的，一定是這個人。」張濬聽到這話，懷恨李克用。

昭宗閒暇時和張濬討論古今治亂的事情，張濬說：「皇上如此英明睿智，可是在朝廷內外受制於強臣，這是臣子我日夜所痛心疾首的！」昭宗問張濬當前最緊急的事情，張濬回答說：「沒有比用強大的軍隊來使天下人服從更重要的了。」昭宗於是廣招士兵集中到京師裡來，達到了十萬人。

等到朱全忠等人請求討伐李克用時，昭宗命令尚書、門下、中書三省及御史臺四品以上的官員討論這件事，認為不可以的佔十分之六、七，杜讓能、劉崇望也認為不可行。張濬想要依靠朝廷外部的勢力來排擠楊復恭，便說：「先帝第二次蒙塵巡幸山南，就是沙陀人所造成的。臣常常顧慮他們和河朔地區的各個藩鎮相為表裡，致使朝廷不能控制。如今兩河藩鎮共同要求討伐李克用，這是千載難逢的好機會。只請求皇上給臣兵權，十天個把月可以討平他們。失去現在這個機會不去討伐他們，後悔就來不及了。」孔緯說：「張濬的話是正確的。」楊復恭說：「先帝奔走流離，雖然是因為藩鎮跋扈，也是由於身處朝中的大臣措施不恰當。現在王室剛剛穩定，不應該再起戰事。」昭宗說：「李克用有興復國家的重大功勞，現在乘著他的危難而去攻打他，天下的人會怎樣來說我呢？」孔緯說：「陛下所說的，是一時的道理。張濬所說的，是萬世之利！昨天計算過派用兵作戰、運送給養、犒勞賞賜的費用，一兩年之內不至於缺乏，事情在於陛下下決心去行動罷了。」昭宗因為張濬、孔緯兩位宰相說的相符合，勉強同意了他們的意見，說：「這件事今天就交給你們兩人了，不要給我留下恥辱啊！」

五月，昭宗下詔免除李克用的官職、爵位，把他從皇族的名冊中銷掉，任命張濬擔任河東行營都招討、制置、宣慰使，京兆尹孫揆擔任他的副使，任命鎮國節度使韓建擔任都虞候兼供軍糧料使，任命朱全忠擔任南面招討使，王鎔擔任東面招討使，李匡威擔任北面招討使，赫連鐸擔任副使。

張濬上奏請求給事中牛徽擔任行營判官。牛徽說：「國家在喪亂之後，想要做出英明威武的舉動，挑動強敵，使諸侯離心，我就要看到國家動盪了！」於是藉口衰老多病，堅決推辭。牛徽，是牛僧孺的孫子。

李克恭驕恣不曉軍事。潞人素樂李克脩之簡儉，且死非其罪❶，潞人憐之，由是將士離心。初，潞人叛孟氏❷，牙將安居受❸等召河東兵以取潞州。及孟遷以邢、洺、磁州歸李克用，克用寵任之，以遷為軍城都虞候，羣從皆補右職，居受等咸怨且懼。

昭義有精兵，號「後院將」。克用既得三州❹，將圖河朔，令李克恭選後院將尤驍勇者五百人送晉陽，潞人惜之。克恭遣牙將李元審及小校馮霸部送❺晉陽，至銅鞮❻，霸劫[1]其眾以叛，循山而南，至于沁水❼，眾已三千人。李元審擊之，為霸所傷，歸于潞。庚子❽，克恭就元審所館視之，安居受帥其黨作亂，攻而焚之，克恭、元審皆死。眾推居受為留後，附于朱全忠。居受使召馮霸，不至。居受懼，出走，為野人所殺。霸引兵入潞，自為留後。

時朝廷方討克用，聞克恭死，朝臣皆賀。全忠遣河陽留後朱崇節將兵入潞州，權知留後。克用遣康君立、李存孝將兵圍之。

壬子❾，張濬帥諸軍五十二都❿及邠、寧、鄜、夏⓫雜虜⓬合五萬人發京師，上御安喜樓⓭餞之。濬屏左右言於上曰：「俟臣先除外憂，然後為陛下除內患⓮。」楊復恭竊聽，聞之。兩軍中尉⓯餞濬於長樂坂⓰，復恭屬濬酒⓱，濬辭以醉，復恭戲之曰：「相公杖鉞⑱專征，作態⑲邪？」濬曰：「俟平賊還，方見作態⑳耳！」復恭益忌之。

癸丑㉑，削奪李罕之㉒官爵。六月，以孫揆為昭義節度使，充招討副使。◯丁巳㉓，茂州刺史李繼昌帥眾救成都。己未㉔，王建擊斬之。辛酉㉕，資簡都制置應援使㉖謝從本殺雅州㉗刺史張承簡，舉城降建。◯孫儒求好於朱全忠，全忠表為淮南節度使。未幾，全忠殺其使者，遂復為仇敵。

光啓初[2]，德州刺史盧彥威㉘逐義昌節度使楊全玫，自稱留後，求旌節㉙，朝廷未許。至是，王鎔、羅弘信因張濬用兵，為之請，乃以彥威為義昌節度使。◯張濬會宣武、鎮國、靜難、鳳翔、保大、定難諸軍於晉州㉚。

【章旨】以上為第六段，寫張濬領兵五萬出討李克用，大會諸鎮之兵於晉州。

【注釋】❶死非其罪　指李克脩並無當死之罪。❷潞人叛孟氏　孟方立嫌潞州地險人勁，將治所遷移到邢州，潞人不悅。孟氏，指原昭義節度使孟方立。❸安居受　當時為武鄉鎮使，偷偷地用蠟丸向李克用求救兵。《舊唐書》卷一百七十九、《新唐書》卷一百八十五〈張濬傳〉略載其事。❹三州　指邢、洺、磁三州。❺部送　統率送往。❻銅鞮　縣名，縣治在今山西沁縣南。❼沁水　縣名，縣治在今山西沁水縣。❽庚子　五月十五日。據下文，是日安居受作亂殺死李克恭，而《新唐書》卷十〈昭宗紀〉繫此事於五月壬寅。❾壬子　五月二十七日。❿五十二都　神策新軍共五十四都，每都千人。⓫邠寧鄜夏　皆州名，邠州治所在今陝西彬縣，寧州治所在今甘肅寧縣，鄜州治所在今陝西富縣，夏州治所在今陝西橫山縣西。⓬雜虜　諸多少數民族部眾之統稱。此指從邠、寧、鄜、夏等州徵發的各少數民族部眾組成的官軍。⓭安喜樓　唐東都洛陽有安喜門，長安無。此安喜樓為朱雀街東安上門樓。⑭內患　指楊復恭。⑮兩軍中尉　左右神策軍中尉。⑯長樂坂　即長樂坡。在長安禁苑東南門，即光泰門東七里。因臨滻水，又名滻坡。⑰屬濬酒　勸張濬喝酒。屬，勸。⑱杖鉞　手持黃色大斧，表示威力。此處比喻掌握兵權。⑲作態　故作姿態。楊復恭戲語中不懷善意。⑳方見作態　才能看到我真正的故作姿態。張濬戲語中暗含殺機。胡三省釋此語云：「未能成事而先為大言，此張濬之疏也。」這種理解，可備參考。㉑癸丑　五月二十八日。㉒李罕之　原依諸葛爽，唐僖宗文德元年（西元八八八年）投奔河東，李克用表為澤州刺史，領河陽節度使。削其官爵是因為依附於李克用。傳見《新唐書》卷一百八十七。㉓丁巳　六月初三日。㉔己未　六月初五日。㉕辛酉　六月初七日。㉖資簡都制置應援使　官名，負責經營謀劃資、簡等州軍務。簡，州名，治所陽安，在今四川簡陽西。㉗雅州　州名，治所在今四川雅安。雅州與邛州接壤，王建攻邛州，兵威所及，故謝從本以雅州降。㉘德州刺史盧彥威　當時盧彥威並非德州刺史，而是牙將。逐楊全玫後自稱留後。保鑾都將曹誠為義昌節度使，盧彥威始為德州刺史。事見本書卷二百五十六唐僖宗光啓元年。德州，州名，治所在今河北陵縣。㉙旌節　唐制節度使專制軍事，給雙旌雙節。行則建旌節。旌以專賞，節以專殺。此處說盧彥威求為義昌節度使。㉚晉州　州名，治所在山西臨汾。

【校　記】①劫　原作「招」。據章鈺校，十二行本、乙十一行本、孔天胤本皆作「劫」，張瑛《通鑑校勘記》同，今從改。②初　原作「末」。嚴衍《通鑑補》改作「初」，今據以校正。

【語　譯】李克恭驕橫放縱不懂軍事。潞州的人一向喜歡李克脩的儉省，而且李克脩之死，沒有當死之罪，潞州的人憐憫他，因此將士離心。當初，潞州的人背叛孟方立，牙將安居受等人招來河東的軍隊奪取潞州；等到孟遷以邢、洺、磁三州歸附李克用，李克用寵任孟遷，任用他為軍城都虞候，隨從孟遷的部下都擔任了上等職位。安居受等人全都又怨恨，又恐懼。

昭義有精銳的軍隊，號稱「後院將」。李克用取得了邢、洺、磁三州後，準備謀取河朔地區，命令李克恭挑選後院將中特別勇猛的士兵五百人送到晉陽，潞州的人感到惋惜。李克恭派遣牙將李元審和小校馮霸率領送往晉陽，到達銅鞮縣，馮霸奪取他的部眾反叛，沿著山往南走，到達沁水縣，部眾已有三千人。李元審攻打他們，被馮霸打傷，返回潞州。五月十五日庚子，李克恭到李元審住的地方看望他，安居受帶領他的黨羽作亂，攻打他們，並燒毀了房子，李克恭、李元審都死了。大家推舉安居受為留後，歸附朱全忠。安居受派人去叫喚馮霸，馮霸沒有來。安居受恐懼出逃，被田野的農夫殺了。馮霸帶兵進入潞州，自己擔任留後。

這時朝廷正開始討伐李克用，聽說李克恭死了，朝廷大臣都表示祝賀。朱全忠派遣河陽留後朱崇節帶兵進入潞州，暫時代理留後。李克用派遣康君立、李存孝帶兵包圍潞州。

五月二十七日壬子，張濬率領諸軍五十二都和邠、寧、鄜、夏等地少數民族的士兵共五萬人從京師出發，昭宗親自到安喜樓為他餞行。張濬躲開身邊的人對昭宗說：「等到臣先除掉外部的憂患，然後替陛下清除內患。」楊復恭偷聽，聽到了這些話。兩軍中尉在長樂坂為張濬餞行，楊復恭向張濬勸酒，張濬推辭說醉了，楊復恭戲弄他說：「您手持斧鉞專權征伐，為什麼還故作姿態呢？」張濬回答說：「等到平定了賊寇回來以後，才能看到我故作姿態罷了！」楊復恭聽了更加嫉恨他。

五月二十八日癸丑，免除李罕之的官職、爵位。六月，任命孫揆為昭義節度使，充任招討副使。〇初三日丁巳，茂州刺史李繼昌帶領部隊救援成都。初五日己未，王建擊殺了李繼昌。初七日辛酉，資州、簡州都制置應援使謝從本殺掉雅州刺史張承簡，以州城投降王建。〇孫儒向朱全忠要求友好相處，朱全忠表請朝廷任命孫儒為淮南節度使。沒多久，朱全忠殺死孫儒的使者，彼此又成了仇敵。

光啓初年，德州刺史盧彥威驅逐了義昌節度使楊全攻，自稱為留後，索取雙旌雙節，朝廷沒有答應。到這時，王鎔、羅弘信因為張濬已經出兵，便替盧彥威請求，朝廷才任命盧彥威為義昌節度使。〇張濬在晉州會合宣武、鎮國、靜難、鳳翔、保大、定難等各路軍隊。

更命義成軍曰宣義❶。辛未❷，以朱全忠為宣武、宣義節度使。全忠以方有事徐❸、楊❹，徵兵遣戍❺，殊為遼闊，乃辭宣義，請以胡真❻為節度使，從之。

然兵賦出入❼，皆制❽於全忠，一如巡屬❾。及胡真入為統軍❿，竟以全忠為兩鎮節度使，罷淮南不領焉。

秋，七月，官軍至陰地關⓫，朱全忠遣驍將葛從周將千騎潛自壺關⓬夜抵潞州，犯圍⓭入城。又遣別將李讜、李重胤、鄧季筠⓮將兵攻李罕之於澤州，又遣張全義、朱友裕軍於澤州之北，為從周應援⓯。季筠，下邑⓰人也。全忠奏臣已遣兵守潞州，請孫揆赴鎮。張濬亦恐昭義遂為汴人所據，分兵二[1]千，使揆將之趣潞州。

八月乙丑⓱，揆發晉州⓲，李存孝聞之，以三百騎伏於長子⓳西谷中。揆建牙杖節⓴，褒衣㉑大蓋㉒，擁眾而行。存孝突出，擒揆及賜旌節中使㉓韓歸範、牙兵五百餘人，追擊餘眾於刀黃嶺㉔[2]，盡殺之。存孝械揆及歸範，紖㉕以素練㉖，徇㉗於潞州城下曰：「朝廷以孫尚書㉘為潞帥，命韓天使㉙賜旌節，葛僕射可速歸大梁，令尚書視事㉚。」遂紖以獻於克用。克用囚之，既而使人誘之，欲以為河東副使，揆曰：「吾天子大臣，兵敗而死，分㉛也，豈能復[3]事鎮使㉜邪！」克用怒，命以鋸鋸之，鋸不能入。揆罵曰：「死狗奴！鋸人當用板夾，汝豈知邪！」乃以板夾之，至死，罵不絕聲。

【章　旨】以上為第七段，寫昭義節度使孫揆兵敗就義而死。

【注　釋】❶宣義　方鎮名，原為義成軍，大順元年，朱全忠因其父名誠，請改義成為宣義。❷辛未　六月十七日。❸徐　徐州。❹楊　揚州。❺徵兵遣戍　徵調兵員，遣送屯戍。❻胡真　江陵（今湖北江陵）人，曾為滑州節度留後、鄭滑節度使。傳見《舊五代史》卷十六。❼兵賦出入　兵事調動及財稅收支。❽制　受制；控制。❾巡屬　節度使治下的州縣屬官。❿入為統軍　指胡真後調到朝廷任右金吾衛大將軍。⓫陰地關　地名，在汾州靈石縣（今山西靈石）南。⓬壺關　縣名，在潞州東南二十五里。縣治在今山西壺關縣。⓭犯圍　衝破包圍。當時太原大將康君立圍潞州。⓮李讜李重胤鄧季筠　三人均朱全忠部屬，同為一傳，見《舊五代史》卷十九。⓯應援　接應援助。⓰下邑　縣名，縣治在今河南夏邑。⓱乙丑　八月十二日。⓲發晉州　從晉州向東，距潞州三百八十五里。⓳長子　縣名，縣治在今山西長子。⓴建牙杖節　凡節度使出行，前建牙旗，執持所賜節。㉑褒衣　大袖寬裾的衣服。㉒大蓋　即清涼傘。㉓中使　宮廷中派出的使者，由宦官擔任。㉔刀黃嶺　在山西長子西五十里。㉕紖　用繩捆繫。㉖素練　白色的絹。㉗徇　對眾宣示。㉘孫尚書　指孫揆。㉙韓天使　指韓歸範。韓持有天子之命，故稱。㉚視事　就職主持政事。此為諷刺語。㉛分　本分；自身所應做的。㉜鎮使　指李克用。節度使任居方鎮，孫揆鄙薄之，故呼之為鎮使。

【校　記】[1]二　原作「三」。據章鈺校，十二行本、乙十一行本皆作「二」，今從改。[2]刀黃嶺　原作「刁黃嶺」。據章鈺校，十二行本、乙十一行本皆作「刀黃嶺」，今從改。按，《新唐書》卷一百九十三〈忠義下〉載：「克用伏兵刀黃嶺，執揆。」[3]復　原作「伏」。據章鈺校，十二行本、乙十一行本、孔天胤本皆作「復」，今從改。

【語　譯】改名義成軍為宣義軍。六月十七日辛未，任命朱全忠為宣武、宣義節度使。朱全忠因為在徐州、揚州正逢上戰爭，徵調兵員前往鎮守，實在太遼遠，於是辭掉宣義節度使，請求任命胡真為節度使，朝廷同意了朱全忠的要求。然而宣義地方的軍事調動、賦稅進出，都受到朱全忠的控制，完全如同他巡視的屬地。等到胡真入朝做了統軍，最終委任朱全忠為宣武、宣義兩鎮節度使，免除了朱全忠兼管淮南軍的事務。

秋，七月，官軍到達陰地關，朱全忠派遣猛將葛從周統率一千名騎兵暗中從壺關出發，夜裡抵達潞州，衝破包圍，進入潞州城。又派遣別將李讜、李重胤、鄧季筠帶兵在澤州攻打李罕之，還派遣張全義、朱友裕在澤州的北面駐紮軍隊，作為葛從周的接應支援部隊。鄧季筠，是下邑人。朱全忠向昭宗上奏說臣已派兵守衛潞州，請孫揆前往潞州鎮所。張濬也擔心昭義軍被朱全忠的汴軍佔據，分派士兵二千人，讓孫揆率領他們趕往潞州。

八月十二日乙丑，孫揆從晉州出發，李存孝聽到這一消息，派三百名騎兵埋伏在長子縣西邊的山谷中。孫揆豎立牙旗，手持雙節，穿著衣袖衣襟寬大的衣服，坐在有清涼傘的車上，部眾簇擁著前進。李存孝突然出現，活捉了孫揆和賞賜旌節的中使韓歸範、牙兵五百多人，在刀黃嶺追擊殘餘的部眾，把他們全殺了。李存孝把孫揆和韓歸範戴上刑具，用白絹捆綁了，在潞州城下示眾，說：「朝廷任命孫揆為潞州的節度使，命令韓歸範賞賜旌節，葛從周可以從速返回大梁，讓孫揆來管理政事。」於是捆綁了他們獻給李克用。李克用囚禁了兩人，不久，派人引誘孫揆，打算讓他擔任河東副使。孫揆說：「我是天子的大臣，兵敗而死，是我的本分，怎麼能再侍候你這個鎮使呢！」李克用非常生氣，下令用鋸子鋸孫揆，但鋸子進不去。孫揆罵道：「你這個該死的狗奴！鋸人應該用木板把人夾住，你哪裡知道呢！」於是用木板把孫揆夾起來，一直到死，罵聲不絕。

丙寅❶，孫儒攻潤州。○蘇州刺史杜孺休到官，錢鏐密使沈粲害之。會楊行密將李友拔蘇州，粲歸杭州，鏐欲歸罪於粲而殺之，粲奔孫儒。○王建退屯漢州❷。○陳敬瑄括❸富民財以供軍，置徵督院❹，逼以桎梏❺箠楚❻，使各自占❼。凡有財者如匿贓、虛占❽，急徵，咸不聊生。○李罕之告急❾於李克用，克用遣李存孝將五千騎救之。

九月壬寅⑩，朱全忠軍于河陽。汴軍之初圍澤州也，呼李罕之曰：「相公每恃河東⑪，輕絕⑫當道⑬。今張相公⑭圍太原，葛僕射⑮入潞府，旬日[1]之間，沙陀⑯無穴自藏，相公何路求生邪！」及李存孝至，選精騎五百，繞汴寨呼曰：「我，沙陀之求穴者也，欲得爾肉以飽士卒，可令肥者出鬭！」汴將鄧季筠，亦驍將也，引兵出戰，存孝生擒之。是夕，李讜、李重胤收眾遁去，存孝、罕之隨而擊之，至馬牢山⑰，大破之，斬獲萬計，追至懷州⑱而還。存孝復引兵攻潞州，葛從周、朱崇節棄潞州而歸。戊申⑲，全忠庭責諸將橈敗⑳之罪，斬李讜、李重胤而還。

李克用以康君立為昭義留後，李存孝為汾州㉑刺史。存孝自謂擒孫揆功大，當鎮昭義，而君立得之，憤恚不食者數日，縱意刑殺，始有叛克用之志。

李匡威攻蔚州，虜其刺史邢善益，赫連鐸㉒引吐蕃、黠戛斯㉓眾數萬攻遮虜平㉔[2]，殺其軍使劉胡子。克用遣其將李存信擊之，不勝。更命李嗣源為存信之副，遂破之。克用以大軍繼其後，匡威、鐸皆敗走，獲匡威之子武州㉕刺史仁宗及鐸之壻，俘斬萬計。

李嗣源性謹重廉儉，諸將相會，各自詫㉖勇略，嗣源獨默然，徐曰：「諸君喜以口擊賊，嗣源但以手擊賊耳。」眾慚而止。

【章旨】以上為第八段，寫李克用遣將救澤州、潞州，大敗汴軍。

【注釋】❶丙寅　八月十三日。❷漢州　州名，治所在今四川廣漢。❸括　搜求。❹徵督院　臨時設置的衙署，專管督察徵收富人財貨。❺桎梏　刑具。此指戴上腳鐐手銬。❻箠楚　施以杖刑。箠，杖。楚，荊木。❼自占　自己申報財產數目。占，登記財產。❽虛占　申報虛假。意謂以多報少。胡三省注：「無其財而自占為有，謂之虛占。」可備一說。❾告急　李罕之被汴軍包圍，故向李克用告急。❿壬寅　九月十九日。⓫恃河東　依仗著李克用。⓬輕絕　輕易斷絕往來。⓭當道　即本道，汴軍自稱。⓮張相公　指張濬。⓯葛僕射　指葛從周。⓰沙陀　指李克用軍。⓱馬牢山　山名，在山西晉城東南六十里。⓲懷州　州名，治所在今河南沁陽。⓳戊申　九月二十五日。⓴橈敗　挫敗。㉑汾州　州名，治所隰城，在今山西汾陽。㉒赫連鐸　時為雲州防禦使。㉓黠戛斯　古族名，主要在今俄羅斯葉尼塞河上游流域。唐貞觀二十二年（西元六四八年）內附，唐以其地為堅昆都督府，屬燕然都護府。大中元年（西元八四七年）唐封其首領為英武誠明可汗。㉔遮虜平　即遮虜坪，在今山西五寨西北。㉕武州　州名，治所在今河北宣化。㉖詫　誇耀。

【校記】①旬日　原作「旬月」。據章鈺校，十二行本、乙十一行本皆作「旬日」，今從改。②遮虜平　原作「遮虜軍」。據章鈺校，十二行本、乙十一行本、孔天胤本皆作「遮虜平」，熊羅宿《胡刻資治通鑑校字記》同，今從改。

【語譯】八月十三日丙寅，孫儒攻打潤州。○蘇州刺史杜孺休到任就職，錢鏐暗中派沈粲害死了杜孺休。適逢楊行密的部將李友攻取蘇州，沈粲回到杭州；錢鏐想把殺害杜孺休的罪過歸於沈粲而殺了他，沈粲逃往孫儒那裡。○王建撤退屯駐漢州。○陳敬瑄搜刮富裕人家財物來供給軍隊使用，設置徵督院，用腳鐐手銬和木棍荊杖等刑具來逼迫富人，讓他們各自登記財物。凡是有財物的人，如果隱匿財物、申報虛假，便加急徵用，百姓都難以活命。○李罕之向李克用告急，李克用派遣李存孝率領五千名騎兵救援李罕之。

九月十九日壬寅，朱全忠駐軍河陽。朱全忠的汴軍當初包圍澤州時，向李罕之呼喊說：「你每每依靠河東李克用，輕易斷絕和我們汴軍的關係。如今張濬包圍太原，葛從周進入潞州府，十天之內，李克用的沙陀軍就無穴可藏了，你有什麼路可以求生呢！」等到李存孝到了，挑選精銳騎兵五百人，環繞汴軍的營寨叫喊說：「我們是沙陀軍尋找洞穴的人，想要得到你們的肉來餵飽士兵，可以讓肥胖的人出戰！」汴州的將領鄧季筠，也是猛將，帶兵出戰，李存孝活捉了他。當天晚上，李讜、李重胤收兵逃走了。李存孝、李罕之隨後追擊他們，到達馬牢山，把他們打得大敗，殺死和俘虜的數以萬計，追趕到懷州才返回。李存孝又帶兵攻打潞州，葛從周、朱崇節放棄潞州後回來了。二十五日戊申，朱全忠在大庭廣眾中斥責各個將領戰敗的罪過，殺了李讜、李重胤，撤了回去。

李克用任命康君立為昭義留後，李存孝為汾州刺史。李存孝自以為活捉孫揆功勞大，應該鎮守昭義，但是卻讓康君立得到了，好幾天氣憤不食，恣意刑殺，開始有背叛李克用的想法。

李匡威攻打蔚州，俘虜了蔚州刺史邢善益，赫連鐸帶領吐蕃、黠戛斯的部眾幾萬人攻打遮虜平，殺掉了遮虜軍的軍使劉胡子。李克用派遣他的部將李存信攻打赫連鐸，沒有取勝。另派李嗣源為李存信的副手，於是打敗了赫連鐸。李克用率領大軍繼踵其後，李匡威、赫連鐸都戰敗逃跑了，抓住了李匡威的兒子武州刺史李仁宗和赫連鐸的女婿，俘虜和斬殺的人數以萬計。

李嗣源為人謹慎自重，清廉節儉，各將領聚會時，各自誇耀有勇有謀，只有李嗣源默不作聲，慢慢地說道：「諸位喜歡用嘴巴來攻擊賊軍，我李嗣源只是用手來打擊賊軍罷了。」大家很慚愧，不再自我誇耀。

楊行密以其將張行周為常州制置使。閏月，孫儒遣劉建鋒攻拔常州，殺行周，遂圍蘇州。

邛州刺史毛湘，本田令孜親吏，王建攻之急，食盡，救兵不至。壬戌❶，湘謂都知兵馬使任可知曰：「吾不忍負田軍容，吏民何罪❷！爾可持吾頭歸王建。」乃沐浴以俟刃。可知斬湘及二子降於建，士民皆泣。甲戌❸，建持永平❹旌節入邛州，以節度判官張琳知留後。繕完城隍❺，撫安夷獠❻，經營蜀、雅❼。冬，十月癸未朔❽，建引兵還成都，蜀州將李行周逐徐公鉥，舉城降建。

乙酉❾，朱全忠自河陽如滑州❿視事，遣使者請糧馬及假道于魏以伐河東，羅弘信不許，又請於鎮⓫，鎮人亦不許，全忠乃自黎陽⓬濟河擊魏。○加邠寧節度使王行瑜侍中，佑國節度使張全義同平章事。

官軍出陰地關，遊兵⓭至于汾州。李克用遣薛志勤、李承嗣將騎三千營于洪洞⓮，李存孝將兵五千營于趙城⓯。鎮國節度使韓建以壯士三百夜襲存孝營，存孝知之，設伏以待之。建兵不利，靜難、鳳翔之兵不戰而走，禁軍自潰[1]。河東兵乘勝逐北，抵晉州西門，張濬出戰，又敗，官軍死者近三千人。靜難、鳳翔、保大、定難之軍先度河西歸，濬獨有禁軍及宣武軍合萬人，與韓建閉城拒守，自是不敢復出。存孝引兵攻絳州⓰。十一月，刺史張行恭棄城走。存孝進攻晉州，三日，與其眾謀曰：「張濬宰相，俘之無益。天子禁兵，不宜加害。」乃退五十里而軍。濬、建自含口⓱遁去。存孝取晉、絳二州，大掠慈⓲、隰之境。

先是，克用遣韓歸範歸朝⓳，附表訟冤，言：「臣父子三代，受恩四朝⓴，破龐勛，翦黃巢，黜襄王㉑，存易定㉒，致陛下今日冠通天之冠㉓，佩白玉之璽㉔，未必非臣之力也！若以攻雲州㉕為臣罪，則拓跋思恭之取鄜延㉖，朱全忠之侵徐、鄆㉗，何獨不討？賞彼誅此，臣豈無辭！且朝廷當阽危㉘之時，則譽臣為韓、彭、伊、呂㉙，及既安之後，則罵臣為戎、羯、胡、夷㉚。今天下握兵立功之臣[2]，獨不懼陛下他日之罵乎！況臣果有大罪，六師㉛征之，自有典刑㉜，何必幸㉝臣之弱㉞而後取之邪！今張濬既出師，則固難束手㉟，已集蕃、漢兵五十萬，欲直抵蒲㊱、潼㊲，與濬格鬬，若其不勝，甘從㊳削奪。不然，方且輕騎叫閽㊴[3]，頓首丹陛，訴姦回㊵於陛下之扆坐㊶，納制敕於先帝之廟庭㊷，然後自拘司敗㊸，恭俟鈇質㊹。」表至，濬已敗，朝廷震恐。濬與韓建踰王屋㊺至河陽，撤民屋為栰㊻以濟河，師徒㊼失亡殆盡。

是役也，朝廷倚朱全忠及河朔三鎮㊽。及濬至晉州，全忠方連兵徐、鄆，雖遣將攻澤州而身不至㊾。行營乃求兵糧於鎮、魏，鎮、魏倚河東為扞蔽㊿，皆不出兵，惟華、邠、鳳翔、鄜(51)、夏之兵會之。兵未交而孫揆被擒，幽、雲(52)俱敗，楊復恭復從中沮(53)之，故濬軍望風自潰(54)。

十二月己丑(55)[4]，孫儒拔蘇州，殺李友。安仁義等聞之，焚潤州廬舍，夜遁。儒使沈粲守蘇州，又遣其將歸傳道守潤州(56)。

辛丑㊼，汴將丁會、葛從周擊魏，度河，取黎陽、臨河㊽，龐師古、霍存下淇門㊾、衛縣㊿，朱全忠自以大軍繼之。○是歲，置昇州(61)於上元縣，以張雄為刺史。

【章　旨】以上為第九段，寫討晉官軍大敗而歸。

【注　釋】❶壬戌　閏九月初九日。❷吏民何罪　意謂不願有負於田令孜而投降王建，這樣必然遭到王建的進攻，給下屬官吏和百姓帶來災難。然而，他們有什麼罪過。❸甲戌　閏九月二十一日。❹永平　方鎮名。當時在邛州建永平軍，王建為節度使，故持永平旌節入邛州。❺城隍　城壕。❻夷獠　泛指少數民族。❼蜀雅　即蜀州和雅州。蜀州在邛州南七十里，雅州在邛州西南一百六十里。❽癸未朔　十月初一日。❾乙酉　十月初三日。❿滑州　州名，治所白馬，在今河南滑縣。⓫鎮州名，治所真定，在今河北正定。本名恆州，元和十五年（西元八二〇年）為避穆宗諱改名鎮州。⓬黎陽　縣名，縣治在今河南浚縣東北。⓭遊兵　無固定防地，流動出擊的軍隊。⓮洪洞　縣名，縣治在今山西洪洞。⓯趙城　縣名，縣治在今山西霍州南。⓰絳州　州名，治所在今山西新絳。⓱含口　地名，在今山西聞喜東南。洮水源出於山西聞喜清襄山，東經大嶺西流，其出處謂之含口。⓲慈　州名，治所在今山西吉縣。⓳歸朝　韓歸範與孫揆一起被擒，李克用遣送他回朝。⓴父子三代二句　李克用祖父朱邪執宜曾助唐平吳元濟，父朱邪赤心破龐勛，李克用滅黃巢，父子三代有功於唐，歷武、宣、懿、僖四朝。㉑黜襄王　指光啓二年廢黜襄王李熅事。㉒存易定　指光啓元年李克用援救義武（即易、定）節度使王處存，擊敗盧龍、成德兵事。㉓冠通天之冠　頭戴通天冠。首字「冠」用作動詞，戴帽。通天冠，皇帝戴的一種帽子。唐制，皇帝在重大活動中，如諸祭返回後，以及冬至朔日受朝、臨軒拜王公、元會、冬會時服戴。㉔璽　皇帝之印。㉕攻雲州　此次詔討李克用，起因於二月李克用攻雲州，雲州防禦使赫連鐸、盧龍節度使李匡威和朱全忠表請討伐李克用。㉖拓跋思恭之取鄜延　指拓跋思恭於唐僖宗中和元年（西元八八一年）乘亂取鄜延，以援其弟拓跋思考。鄜延，方鎮名，治所鄜州，在今陝西富縣。㉗朱全忠之侵徐鄆　指朱全忠於唐昭宗景福元年（西元八九二年）攻朱瑄於鄆州，景福二年攻克徐州，時溥舉族自焚而死。㉘阽危　臨危；垂危。㉙譬臣為韓彭伊呂　把李克用譬為西漢之韓信、彭越，商之伊尹，周之呂尚。㉚戎羯胡夷　北方四大部族名，即北戎、羯族、胡人、蠻夷。四字連用是對沙陀人李克用的蔑稱。從文字上與上句之韓、彭、伊、呂相對。㉛六師　即六軍。唐中央禁軍左右龍武、左右神武、左右神策號稱六軍。㉜典刑　法律、刑法。㉝幸　遇。㉞臣之弱　李克用攻雲州，赫連鐸求救於李匡威，匡威將兵三萬救之，李克用損兵折將而歸。㉟束手　自縛其手，表示不抵抗。㊱蒲　蒲州。㊲潼　潼關。㊳甘從　甘願服從。㊴方且輕騎叫閽　將要兵臨城下。叫閽，呼喊宮門守衛。㊵訴姦回　揭發奸邪之人。㊶扆坐　君主背靠屏風面南而坐，稱扆坐。扆，屏風。㊷納制敕於先帝之廟庭　在先帝的廟堂交還自己受委任的詔命敕書。即辭職致仕。㊸自拘司敗　謂自我拘繫，甘願接受刑部的審訊。司敗，即司寇，古代為六卿之一，掌刑獄。後人亦稱刑部尚書為司寇。㊹鈇質　腰斬之刑具。㊺踰王屋　翻過王屋山。王屋，山名，唐時屬王屋縣，在今河南濟源西北。㊻栰　渡水用的竹木排。張濬率眾翻越王屋山到了黃河邊，但無舟楫，故拆民房造木排渡河。㊼師徒　兵士。㊽河朔三鎮　指盧龍節度使李匡威、成德節度使王鎔、魏博節度使羅弘信。㊾身不至　朱全忠雖遣將攻澤州但自己沒有親赴前線指揮。㊿扞蔽　屏藩。起掩護作用。51鄜　胡三省注據《辯誤》，認為當作「鄜」。52幽雲　指李匡威和赫連鐸。53沮　阻止。54望風自潰　遠遠看到對方一點風塵就嚇得潰不成軍。55己丑　十二月初八日。56守潤州　楊行密遣安仁義破錢鏐之兵而取常、蘇、潤州，現又為孫儒所奪。57辛丑　十二月二十日。58臨河　縣名，縣治在今河南濮陽西。59淇門　鎮名，在今河南衛輝東北。60衛縣　縣名，縣治在今河南淇縣東。61昇州　州名，唐肅宗至德二載（西元七五七年）以潤州江寧縣置昇州，上元二年（西元七六一年）廢。現復置，治所上元縣，在今江蘇南京。

【校　記】①禁軍自潰　原無此四字。據章鈺校，十二行本、乙十一行本、孔天胤本皆有此四字，張敦仁《通鑑刊本識誤》、張瑛《通鑑校勘記》同，今據補。②臣　原作「人」。據章鈺校，十二行本、乙十一行本皆作「臣」，今從改。③叫閽　原作「叩閽」。據章鈺校，十二行本、乙十一行本皆作「叫閽」，今從改。④己丑　原無此二字。據章鈺校，十二行本、乙十一行本皆有此二字，張敦仁《通鑑刊本識誤》同，今據補。

【語　譯】楊行密派他的部將張行周擔任常州制置使。閏九月，孫儒派遣劉建鋒攻取常州，殺死張行周，便包圍了蘇州。

邛州刺史毛湘，本來是田令孜親近的官吏。王建對他攻打得很急，糧食吃光了，救兵沒有到來。閏九月初九日壬戌，毛湘對都知兵馬使任可知說：「我不忍心辜負田令孜，但是官吏和民眾有什麼罪過呢！你可以拿著我的頭顱投歸王建。」於是洗浴全身等待被殺。任可知殺死毛湘和他的兩個兒子投降王建，士民百姓都哭了。二十一日甲戌，王建立著永平軍的雙旌雙節進入邛州，任命節度判官張琳擔任留後。王建修繕城池，安撫夷獠，營建蜀州、雅州。冬，十月初一日癸未，王建帶兵返回成都，蜀州的將領李行周趕走了徐公鉥，以城投降王建。

十月初三日乙酉，朱全忠從河陽前往滑州去治理事務。派遣使者到魏州索求糧馬以及借路討伐河東，羅弘信沒有答應；又向鎮州請求，鎮州人也沒有同意，朱全忠就從黎陽渡河攻打魏州。〇加封邠寧節度使王行瑜任侍中，佑國節度使張全義任同平章事。

官軍從陰地關出發，遊動的部隊到了汾州。李克用派遣薛志勤、李承嗣帶領騎兵三千人紮營在洪洞，李存孝帶領士兵五千人紮營在趙城。鎮國節度使韓建派壯士三百人夜間襲擊李存孝的營寨，李存孝知道了韓建的計畫，設下埋伏等待韓建。韓建的部隊沒有佔到便宜，靜難、鳳翔的軍隊沒有打仗就退走了，禁軍自己潰散。河東的軍隊乘勝追擊退走的敵人，抵達晉州的西門。張濬出戰，又失敗了，官軍死的將近三千人。靜難、鳳翔、保大、定難的軍隊先渡河西去，張濬只有禁軍和宣武的軍隊共計一萬人，與韓建關閉城門堅守，從此不敢再出來。李存孝帶兵攻打絳州。十一月，絳州刺史張行恭棄城逃走。李存孝進攻晉州，打了三天，和他的部下商量說：「張濬是宰相，俘虜他沒什麼好處。皇帝的禁軍，加害他們不合適。」於是撤退五十里駐軍。張濬、韓建從含口逃走。李存孝奪取了晉、絳兩個州，大肆搶掠慈州、隰州地域。

先前，李克用遣送韓歸範返回朝廷，讓韓歸範附帶表章申訴冤屈說：「臣父子三代，受恩武宗、宣宗、懿宗、僖宗四朝，打敗龐勛，翦滅黃巢，廢黜襄王李熅，讓易州、定州存留下來，使陛下今天能戴著通天冠，佩帶白玉璽，這未必不是臣的力量啊！如果拿攻打雲州作為我的罪過，那麼拓跋思恭奪取鄜州、延州，朱全忠侵犯徐州、鄆州，為什麼不討伐呢？獎賞他們而誅伐臣下，臣怎麼能沒有話說呢！況且朝廷面臨危難的時候，就讚美臣是韓信、彭越、伊尹、呂尚；等到安定以後，就罵臣是戎、羯、胡、夷。現在天下掌握兵權建立功勳的臣子，難道不害怕陛下有一天罵他們嗎！何況如果臣有大罪，六軍來征討我，自有法律刑典，何必遇到臣力弱的時候來攻取我呢！現在既然張濬已經出兵，那麼臣確實很難束手就擒。臣已經集中了蕃人、漢人的士兵五十萬，想要直接抵達蒲州、潼關，和張濬交手，如果臣不能取勝，甘願聽從免去官爵。不然的話，臣將要率領輕騎兵呼喊陛下的宮門，到宮殿前的臺階上向陛下叩首，在陛下屏風南面的座位前揭發奸佞小人，在先帝的廟堂裡交還制書詔敕，然後自拘於刑部官員，恭候刑罰。」表章送達時，張濬已經失敗，朝廷驚駭。張濬與韓建越過王屋山到達河陽，拆除民房做成木筏來渡河，士卒亡失殆盡。

這一次戰役，朝廷依靠朱全忠和河朔三鎮。等到張濬抵達晉州，朱全忠才聯合徐州、鄆州的軍隊，雖然派遣將領去攻打澤州，而自己並沒有親身到那裡。出征的官軍向鎮州、魏州索求兵員和糧食，而鎮州、魏州靠著河東做屏障，都不肯出兵，只有華州、邠州，鳳翔、鄜州、夏州的軍隊與張濬會合。軍隊還沒有交戰而孫揆就被俘虜了，幽州的李匡威、雲州的赫連鐸也都失敗了，楊復恭又從中阻撓這件事，所以張濬的軍隊遠遠望見對方的風塵便自我崩潰了。

十二月初八日己丑，孫儒攻取蘇州，殺了李友。安仁義等人聽到消息，燒毀了潤州的房屋，夜裡逃走了。孫儒派沈粲守衛蘇州，又派遣他的部將歸傳道守衛潤州。

十二月二十日辛丑，汴州的將領丁會、葛從周攻打魏州，渡河，奪取了黎陽、臨河。龐師古、霍存攻克淇門、衛縣。朱全忠親自率領大軍繼踵其後。○這一年，在上元縣設置昇州，任命張雄擔任刺史。

二年（辛亥　西元八九一年）

春，正月，羅弘信軍于內黃❶。丙辰❷，朱全忠擊之，五戰皆捷，至永定橋，斬首萬餘級。弘信懼，遣使厚幣請和。全忠命止焚掠，歸其俘，還軍河❸上。魏博自是服於汴。

庚申❹，制以太保、門下侍郎、同平章事孔緯為荊南節度使，中書侍郎、同平章事張濬為鄂岳觀察使❺。以翰林學士承旨、兵部侍郎崔昭緯❻同平章事，御史中丞❼徐彥若❽為戶部侍郎、同平章事。昭緯，慎由從子。彥若，商之子也。

楊復恭使人劫孔緯於長樂坡，斬其旌節，資裝俱盡，緯僅能自免。李克用復遣使上表曰：「張濬以陛下萬代之業，邀自己一時之功，知臣與朱溫深仇，私相連結。臣今身無官爵，名是罪人，不敢歸陛下藩方❾，且欲於河中❿寄寓，進退行止，伏俟指麾⓫。」詔再貶孔緯均州⓬刺史，張濬連州⓭刺史。賜克用詔，悉復其官爵，使歸晉陽⓮。

【章旨】以上為第十段，寫唐昭宗貶逐孔緯、張濬，悉復李克用官爵。

【注釋】❶內黃　縣名，縣治在今河南內黃西。❷丙辰　正月初五日。❸河　黃河。❹庚申　正月初九日。❺張濬為鄂岳觀察使　孔緯、張濬二人同時罷相，出為節度使、觀察使，皆因晉、絳喪師。鄂岳，方鎮名，治所鄂州，在今湖北武漢。❻崔昭緯　奸佞之臣，昭宗朝官至宰相，貶梧州司馬，伏誅於行次荊南。傳見《舊唐書》卷一百七十九、《新唐書》卷二百二十三。❼御史中丞　官名，掌監察和覆審刑獄。❽徐彥若　則天朝名臣大理卿徐有功後裔，懿宗朝進士，昭宗朝官至宰相，遭崔胤排斥，出為嶺南東道節度使。傳見《舊唐書》卷一百七十九、《新唐書》卷一百十三。❾不敢歸陛下藩方　李克用原為河東節度使，被削奪官爵，故云不敢歸藩方。藩方，方鎮。❿河中　方鎮名，治所蒲州，在今山西永濟西。⓫伏俟指麾　敬候朝廷指示。指麾，即指揮、指示。⓬均州　州名，治所武當，在今湖北鄖縣東。⓭連州　州名，治所桂陽，在今廣東連州。⓮晉陽　河東節度使治所，在今山西太原。

【語　譯】二年（辛亥　西元八九一年）

春，正月，羅弘信駐軍內黃。初五日丙辰，朱全忠攻打羅弘信，五次交戰全部獲勝，抵達永定橋，斬獲首級一萬多。羅弘信很害怕，派遣使者拿了很多財貨請求和好。朱全忠命令停止焚燒搶掠，把俘虜歸還他，退兵回到黃河邊。從此魏博地區歸附了朱全忠。

正月初九日庚申，昭宗下制書任命太保、門下侍郎、同平章事孔緯擔任荊南節度使，中書侍郎、同平章事張濬擔任鄂岳觀察使。任命翰林學士承旨、兵部侍郎崔昭緯擔任同平章事，御史中丞徐彥若擔任戶部侍郎、同平章事。崔昭緯，是崔慎由的姪子。徐彥若，是徐商的兒子。

楊復恭派人在長樂坡劫持孔緯，砍斷了他的旌節，財物和行裝全沒有了，孔緯僅僅自免於死。李克用又派遣使者上表說：「張濬拿陛下萬世的基業，求取自己一時的功勞，他知道臣與朱溫仇深，私下相互勾結。臣現在身無官職爵位，名義上是個罪人，不敢回到陛下的藩鎮，暫時想在河中寄住，臣的進退行止，恭候指揮。」昭宗下詔再次貶謫孔緯為均州刺史，張濬為連州刺史。賜給李克用詔命，全部恢復李克用的官職爵位，讓他回到晉陽。

孫儒盡舉淮、蔡之兵濟江。癸酉❶，自潤州轉戰而南，田頵、安仁義屢敗退，楊行密城戍❷皆望風奔潰。儒將李從立奄❸至宣州東溪❹，行密守備尚未固，眾心危懼，夜，使其將合肥臺濛❺將五百人屯溪西❻。濛使士卒傳呼，往返數四，從立以為大眾繼至，遽❼引去。儒前軍至溧水❽，行密使都指揮使李神福拒之。神福陽❾退以示怯，儒軍不設備，神福夜帥精兵襲之，俘斬千人。

二月，加李克用守中書令，復李罕之官爵。再貶張濬繡州⑩司戶。○韋昭度將諸道兵十餘萬討陳敬瑄，三年⑪不能克，饋運不繼，朝議欲息兵。三月乙亥⑫，制復敬瑄官爵，令顧彥朗、王建各帥眾歸鎮⑬。

王師範遣都指揮使盧弘擊棣州⑭刺史張蟾，弘引兵還攻師範，師範使人以重賂⑮迎之，曰：「師範童騃⑯，不堪重任，願得避位⑰，使保首領，公之仁也！」弘以師範年少，信之，不設備。師範密謂小校安丘劉鄩⑱曰：「汝能殺弘，吾以汝為大將。」弘入城，師範伏甲而享⑲之，鄩殺弘於座及其黨數人。師範慰諭士卒，厚賞重誓⑳，自將以攻棣州，執張蟾，斬之。崔安潛㉑逃歸京師。師範以鄩為馬步副都指揮使。詔以師範為平盧節度使。

師範和謹㉒好學，每本縣令到官㉓，師範輒備儀衛往謁之㉔。令不敢當，師範命客將㉕扶持㉖[1]，令坐於聽事㉗，自稱「百姓王師範」，拜之於庭。僚佐或諫，師範曰：「吾敬桑梓㉘，所以教子孫不忘本也！」

張濬至藍田㉙，逃奔華州依韓建，與孔緯密求救於朱全忠。全忠上表為緯、濬訟冤，朝廷不得已，並聽自便。緯至商州㉚而還，亦寓居華州。

邢洛節度使㉛安知建潛通朱全忠，李克用表以李存孝代之。知建懼，奔青州，朝廷以知建為神武統軍㉜。知建帥麾下三千人將詣京師，過鄆州，朱瑄與克用方睦，伏兵河上，斬之，傳首晉陽。

夏，四月，有彗星見㉝于三台㉞，東行入太微㉟，長十丈餘。○甲申㊱，赦天下。

【章旨】以上為第十一段，寫孫儒恃強，大發兵渡江與楊行密爭江南。王師範年少智擒叛將盧弘，領平盧節度使。

【注釋】❶癸酉　正月二十二日。❷城戍　戍守城池的士兵。❸奄　忽然。❹東溪　水名，今名宛溪。源出安徽宣城東南嶧山，繞城東與句溪合，故又稱東溪，合青弋江出蕪湖入大江。❺臺濛　（？—西元九〇四年）字頂雲，田頵部屬，頵敗，歸服楊行密，行密表為宣州觀察使。傳附《新唐書》卷一百八十九〈田頵傳〉。❻溪西　宛溪之西。❼遽　急速。❽溧水　縣名，縣治在今江蘇溧水縣。❾陽　通「佯」。❿繡州　州名，治所常林，在今廣西玉林北。⓫三年　唐僖宗文德元年（西元八八八年）遣韋昭度為行營招討使討伐陳敬瑄，至今已三年。⓬乙亥　三月二十五日。⓭歸鎮　使顧彥朗歸梓州，王建歸邛州。⓮棣州　州名，治所厭次，在今山東惠民東南。⓯重賂　豐厚的財物。⓰騃　「呆」的異體字。傻；痴愚。⓱避位　讓出職位。⓲劉鄩　（西元八五六—九二〇年）安丘（今山東安丘）人，先事王敬武、王師範父子，後降梁，為大將、節度使。傳見《舊五代史》卷二十三、《新五代史》卷二十二。⓳享　宴會。此用如動詞，意為宴請。⓴誓　誓師，出兵時告誡將士。㉑崔安潛　王敬武死後，軍中推王師範為留後，張蟾不服。崔安潛充平盧節度使，並和張蟾共討師範。㉒和謹　謙和謹慎。㉓每本縣令到官　每當新任的青州縣令去上任時。本縣，王師範的桑梓之縣青州。到官，就任。㉔輒備儀衛往謁之　王師範常常備好了儀仗和衛士去拜見新縣令。㉕客將　主持唱導、儐贊儀禮的人。㉖扶持　牽扶。指將縣令扶到辦公廳堂上。㉗聽事　廳堂；辦公大堂。㉘桑梓　桑樹和梓樹為古代住宅旁常栽之樹木，故用以喻故鄉。㉙藍田　縣名，縣治在今陝西藍田。㉚商州　州名，治所在今陝西商縣。㉛邢洺節度使　邢、洺二州當時屬昭義節度。邢洺團練使原為安金俊，大順元年二月安金俊中流矢死，李克用以安知建代鎮邢洺。㉜神武統軍　武官名，唐代禁軍六軍中有左右神武，神武軍有大將軍、統軍、將軍。㉝見　通「現」。彗星出現在三台星區。㉞三台　星官名，也叫「三能」，屬太微垣，上、中、下三台各兩星。㉟太微　星官名，即太微垣。在北斗之南，軫宿和翼宿之北，有星十顆。以五帝座為中樞，成屏藩形狀。㊱甲申　四月初五日。

【校　記】①扶持　原作「挾持」。張敦仁《通鑑刊本識誤》作「扶持」，當是，今從改。

【語　譯】孫儒調動全部淮州、蔡州的軍隊渡江。正月二十二日癸酉，從潤州轉戰南進，田頵、安仁義屢屢敗退，楊行密的戍守城池的士兵全都望風潰逃。孫儒的部將李從立突然到達宣州的東溪，楊行密的守衛工作還沒有做好，人心自危，很害怕。夜裡，楊行密派遣部將合肥人臺濛率領士兵五百人駐紮在東溪西邊。臺濛讓士兵們來回呼喊，往返多次。李從立以為大部隊緊跟著來到，便急速帶兵離去。孫儒的前軍到達溧水，楊行密派遣都指揮使李神福抵抗孫儒。李神福假裝後退，顯出害怕的樣子，孫儒的軍隊未加防備，李神福夜裡率領精兵偷襲敵軍，俘虜和殺死了一千人。

二月，加封李克用為守中書令，恢復李罕之的官職爵位。再次貶謫張濬為繡州司戶。○韋昭度率領各道的軍隊十多萬人討伐陳敬瑄，三年未能戰勝，軍糧的供應接續不上，朝中議論打算停止戰事。三月二十五日乙亥，昭宗下制書恢復陳敬瑄的官職爵位，命令顧彥朗、王建各自率領部眾回到鎮所。

王師範派遣都指揮使盧弘攻打棣州刺史張蟾，盧弘帶兵回過頭來攻打王師範。王師範派人拿了豐厚的錢財迎接盧弘，說：「我王師範年幼呆傻，不能擔當重任，希望能夠讓出職位，使我保住腦袋，這是您的仁愛啊！」盧弘因王師範年紀小，相信了他，不加防備。王師範祕密對小校安丘人劉鄩說：「你能夠殺掉盧弘，我任命你為大將。」盧弘進入城中，王師範埋伏甲士後宴請他，劉鄩在宴席座上殺了盧弘和他的幾個黨徒。王師範安慰曉諭士兵，厚加獎賞，發下重誓，親自帶兵攻打棣州，抓住了張蟾，把他殺了。崔安潛逃回京師。王師範任命劉鄩為馬步副都指揮使。昭宗下詔任命王師範為平盧節度使。

王師範溫和謹慎，喜好讀書，每當本縣的縣令就任，王師範常常準備了儀仗和侍衛去拜見他。縣令不敢接受，王師範命令禮賓負責人牽扶縣令，讓他坐在辦公的廳堂上，自稱為「百姓王師範」，在廳堂拜見他。有的僚屬佐吏勸阻王師範，王師範說：「我尊崇故鄉，以此教育子孫不要忘本！」

張濬到達藍田，逃往華州依附韓建，和孔緯祕密向朱全忠求救。朱全忠上表替孔緯、張濬申冤，朝廷不得已，都聽任自己隨意行動。孔緯到了商州後返回，也客居在華州。

邢洺節度使安知建暗中和朱全忠相聯繫，李克用上表請求任命李存孝代替安知建。安知建害怕了，逃往青州，朝廷任命安知建為神武統軍。安知建率領部下三千人準備前往京師，經過鄆州，朱瑄和李克用感情正好，埋伏士兵在黃河的岸邊，殺了安知建，把他的首級傳送給晉陽李克用。

夏，四月，有彗星出現在三台的位置，向東移動進入太微星座，長十丈多。○初五日甲申，赦免天下。

成都城中乏食，棄兒滿路。民有潛入行營販米入城者，邏者得之，以白韋昭度，昭度曰：「滿城飢甚，忍不救之！」釋勿問。亦有白陳敬瑄者，敬瑄曰：「吾恨無術以救餓者，彼能如是，勿禁也！」由是販者浸多❶，然所致不過斗升，截筒❷，徑寸半，深五分，量米而鬻之，每筒百餘錢，餓殍狼籍❸。軍民彊弱相陵❹，將吏斬之不能禁。乃更為酷法，或斷腰，或斜劈，死者相繼而為者不止，人耳目既熟，不以為懼。吏民日窘❺，多謀出降，敬瑄悉捕其族黨殺之，慘毒備至。內外都指揮使、眉州刺史成都徐耕，性仁恕❻，所全活❼數千人。田令孜曰：「公掌生殺而不刑一人，有異志邪？」耕懼，夜，取俘囚戮於市。

王建見罷兵制書⑧，曰：「大功垂成，柰何棄之！」謀於周庠，庠勸建請韋公還朝，獨攻成都，克而有之。建表稱[1]：「陳敬瑄、田令孜罪不可赦，願畢命⑨以圖成功。」昭度無如之何，由是未能東還。建說昭度曰：「今關東藩鎮迭相吞噬，此腹心之疾⑩也，相公宜早歸廟堂，與天子謀之。敬瑄，疥癬⑪耳，當以日月制之⑫，責建，可辦也！」昭度猶豫未決。庚子⑬，建陰令東川將唐友通等擒昭度親吏駱保於行府⑭門，臠⑮食之，云其盜軍糧。昭度大懼，遽稱疾，以印節授建，牒建知三使⑯留後兼行營招討使，即日東還。建送至新都⑰，跪觴⑱馬前，泣拜而別。昭度甫出劍門⑲，即以兵守之，不復內東軍⑳。昭度至京師，除東都留守㉑。

建急攻成都，環城烽塹㉒亙㉓五十里。有狗屠㉔王鷂，請詐得罪亡入城說之，使上下離心，建遣之。鷂入見陳敬瑄、田令孜，則言建兵疲食盡，將遁矣，出則鬻茶於市，陰為吏民稱建英武，兵勢彊盛。由是敬瑄等懈於守備而眾心危懼㉕。建又遣其將京兆鄭渥詐降以覘㉖之，敬瑄以為將，使乘城㉗，既而復以詐得歸。建由是悉知城中虛實，以渥為親從都指揮使，更姓名曰王宗渥。

以武安㉘節度使周岳為嶺南西道㉙節度使。

【章 旨】以上為第十二段，寫唐昭宗赦陳敬瑄之罪，王建抗命，計奪韋昭度印節，仍以朝命攻圍成都。

【注 釋】❶浸多 漸漸增多。❷截筒 截斷竹筒製成的量米容器。❸餓殍狼籍 餓死的人縱橫滿地。籍，通「藉」。❹彊弱相陵 強者侵陵弱者。❺日窘 日子一天天更加艱難。❻仁恕 仁慈寬恕。❼全活 保全生命。❽罷兵制書 休兵詔令。制書，為皇帝詔敕之一。❾畢命 盡力效命。❿腹心之疾 最要害的疾患。⓫疥𤺋 疥瘡與癬瘡，比喻小患。𤺋，通「癬」。⓬以日月制之 再用一些時間就可以制服它，意即取勝指日可待。⓭庚子 四月二十一日。⓮行府 韋昭度攻成都，設置行府辦公。⓯臠 碎割。⓰三使 謂節度使、招撫使、制置使。⓱新都 縣名，縣治在今四川新都。⓲跪觴 跪著敬酒。觴，盛有酒的杯。⓳劍門 關名，在今四川劍閣東北。⓴不復內東軍 王建以兵守劍門，不許東邊的軍隊再入劍門。內，通「納」。㉑除東都留守 韋昭度被王建脅迫，授兵東歸，朝廷責其進退失據，故左遷東都留守。㉒烽塹 報警的烽燧和用作防禦的溝塹。㉓亙 綿延。㉔狗屠 宰狗為業的人。㉕眾心危懼 王鷂在陳敬瑄、田令孜面前說王建兵疲食盡，使其放鬆防守；在吏民中間散布王建兵勢強大，使人人自危。㉖覘 偷偷地察看。㉗乘城 登上城牆。㉘武安 方鎮名，唐僖宗中和三年（西元八八三年）升湖南觀察使為欽化軍節度使，光啓二年（西元八八六年）改為武安軍。治所衡州，在今湖南衡陽。㉙嶺南西道 嶺南道為唐代十道之一，唐懿宗咸通三年（西元八六二年）分嶺南為東西道，嶺南西道治邕州，在今廣西南寧。

【校 記】[1]稱 原作「請」。胡三省注云：「『請』恐當作『稱』。」據章鈺校，十二行本、乙十一行本皆作「稱」，張敦仁《通鑑刊本識誤》同，今從改。

【語 譯】成都城裡缺少食物，棄兒滿路。有的人潛入圍城的軍營裡買米進城，被巡邏的士兵抓到了，向韋昭度報告，韋昭度說：「全城的人極為飢餓，能忍心不救他們嗎！」便放了人不加追問。也有去報告陳敬瑄的，陳敬瑄說：「恨我沒有辦法來救濟飢餓的人，那人能這樣做，不要禁止！」從此販賣糧食的人逐漸增多，然而所得到的不過是一升半斗。截斷竹筒而成的量米容器，直徑有一寸半，深度是五分，用這個量米來賣，每一筒米一百多錢。餓死的屍體滿地縱橫。軍隊和百姓力強的欺陵力弱的，將領和官員斬殺他們也禁止不了。於是重新訂立了一套殘酷的刑法，或者砍斷腰部，或者斜劈下去，死的人相繼不絕，而犯法的人仍然止不住。人們耳聞目睹，習慣了，不再害怕。官吏和百姓一天比一天困迫，很多人策劃出城投降。陳敬瑄把他們的宗族、同黨全部抓來一起殺掉，殘酷狠毒，無所不至。內外都指揮使、眉州刺史成都人徐耕，人品仁慈寬恕，他保護下來的生命有好幾千。田令孜說：「你掌握著生殺大權而不加刑一人，有別的企圖嗎？」徐耕害怕了，夜裡，提取抓來的囚犯在街市上殺了。

王建看到休戰的詔令，說：「大功就要告成，為什麼要放棄呢！」他和周庠謀劃，周庠勸王建讓韋昭度返回朝廷，獨自攻打成都，攻下來後佔有它。王建上表說：「陳敬瑄、田令孜的罪過不能赦免，臣希望拼命來取得成功。」韋昭度拿他沒辦法，因此也不能東還京師。王建勸韋昭度說：「如今關東藩鎮互相吞併，這是我們的心腹大患！您應該早回朝廷，與皇上商量謀劃。陳敬瑄，疥瘡小患，當在幾天到個把月制服他，責成我王建，就可以辦成！」韋昭度猶豫不決。四月二十一日庚子，王建暗中命令東川將領唐友通等人在韋昭度的行營辦公處的門口把他的親信駱保抓住，切成肉塊吃了，說他偷盜軍糧。韋昭度大為恐懼，立刻說是有病，把大印和旌節給予王建，送上公文讓王建擔任節度使、招撫使、制置使等三使的留後職務，兼任行營招討使，自己當天東還。王建送韋昭度到新都，在馬前跪下向韋昭度敬酒，落淚跪拜後才分別。韋昭度剛出了劍門關，王建馬上派兵守衛，不再讓東邊的軍隊進入。韋昭度回到京師，被任命為東都留守。

王建急速攻打成都，環城設置烽火和溝塹綿延五十里。有一個殺狗的王鷂，請求假裝獲罪逃亡進入城中去遊說，讓他們上下離心，王建派他去了。王鷂入城後見到陳敬瑄、田令孜，就說王建的士兵疲乏，糧食吃光，即將逃走了，出來就在街市賣茶，暗中對官吏和百姓稱讚王建英勇威武，兵強勢盛。由此陳敬瑄等人守備鬆懈，而民眾心生危懼。王建又派遣他的部將京兆人鄭渥偽降，偷偷察看城中的情況。陳敬瑄任鄭渥為將領，派他登城守備，不久鄭渥又採用欺詐的方法跑回去了。王建因此完全知道了城中的虛實，任命鄭渥為親從都指揮使，改換姓名叫王宗渥。

任命武安節度使周岳為嶺南西道節度使。

李克用大舉擊赫連鐸，敗其兵於河上❶，進圍雲州。◯楊行密遣其將劉威、朱延壽將兵三萬擊孫儒于黃池❷，威等大敗。延壽，舒城❸人也。孫儒軍于黃池，五月，大水，諸營皆沒，乃還揚州，使其將康暀❹據和州，安景思據滁州。丙午❺，立皇子祐❻為德王。◯楊行密遣其將李神福攻和、滁，康暀降，安景思走。

秋，七月，李克用急攻雲州，赫連鐸食盡，奔吐谷渾❼部，既而歸於幽州。克用表大將石善友為大同防禦使。

朱全忠遣使與楊行密約共攻孫儒。儒恃其兵彊，欲先滅行密，後敵全忠，移牒藩鎮，數行密、全忠之罪，且曰：「俟平宣❽、汴❾，當引兵入朝，除君側之惡。」於是悉焚揚州廬舍，盡驅丁壯及婦女度江，殺老弱以充食。行密將張訓、李德誠潛入揚州，滅餘火，得穀數十萬斛以賑飢民❿。泗州⓫刺史張諫貸數萬斛以給軍，訓以行密之命饋之，諫由是德行密。

邢洺節度使李存孝勸李克用攻鎮州，克用從之。八月，克用南巡澤潞，遂涉⓬懷孟⓭之境。◯朱全忠遣其將丁會攻宿州⓮，克其外城。◯乙未⓯，孫儒自蘇州出屯廣德⓰，楊行密引兵拒之。儒圍其寨，行密將上蔡李簡帥百餘人力戰，破寨，拔⑰行密出之。

【章　旨】以上為第十三段，寫李克用大破赫連鐸，孫儒燒積聚，掃境南渡與楊行密決戰，孤注一擲以圖僥倖。

【注　釋】❶河上　北河之上。黃河由甘肅流向河套，至陰山南麓，分為南北二河，北邊的稱北河。❷黃池　鎮名，在今安徽蕪湖縣北。當時屬宣州當塗。❸舒城　縣名，縣治在今安徽舒城。❹康暀　人名，叛賊秦宗權之將孫儒屬下將官。《新唐書》卷一百八十八〈楊行密傳〉作「康旺」。❺丙午　五月己酉朔，無丙午。丙午，六月二十八。❻祐　據兩《唐書》昭宗德王本傳，「祐」應為「裕」之誤。李裕傳見《舊唐書》卷一百七十五、《新唐書》卷八十二。❼吐谷渾　亦作吐渾，北方古族名，唐代吐渾分散在今青海、甘肅、寧夏一帶。赫連鐸本為朔方吐谷渾酋長，唐文宗開成年間，其父率族人三千帳，守雲州十五年。至是而亡。❽宣　指寧國軍節度使楊行密。❾汴　指宣武節度使朱全忠。❿賑飢民　救濟飢民。由於孫儒焚房舍、殺老弱，而楊行密以穀賑濟飢民，所以，揚州百姓恨孫儒而感激楊行密。⓫泗州　州名，治所在今江蘇盱眙。⓬涉　進入。⓭懷孟　懷州和孟州，兩州均在澤州之南。⓮宿州　大順元年夏四月，宿州將張筠附於時溥。⓯乙未　八月十八日。⓰廣德　縣名，縣治在今安徽廣德。⓱拔　救出來。

【語　譯】李克用大舉進攻赫連鐸，在北河上打敗了他，進兵包圍雲州。○楊行密派他的將領劉威、朱延壽率兵三萬人在黃池鎮攻打孫儒，劉威等人大敗。朱延壽，是舒城人。孫儒屯兵黃池鎮，五月，發大水，各個營寨都淹沒了，便返回揚州，派他的將領康暀據守和州，安景思據守滁州。

丙午日，立皇子李祐為德王。○楊行密派遣他的將領李神福攻打和州、滁州，康暀投降，安景思逃走了。

秋，七月，李克用急速攻打雲州，赫連鐸的糧食吃光了，逃往吐谷渾部落，不久又回到幽州。李克用上表派大將石善友為大同防禦使。

朱全忠派遣使者和楊行密約定一起攻打孫儒。孫儒靠著自己的兵力強大，打算先消滅楊行密，然後再抵擋朱全忠。他傳送牒文給各個藩鎮，列舉楊行密、朱全忠的罪過，並且說：「等到平定宣州、汴州，自當帶兵入朝，清除皇上身邊的壞人。」於是全部燒毀了揚州的房屋，驅趕所有的壯年男子和婦女渡過長江，殺掉老弱來充做食物。楊行密的部將張訓、李德誠潛入揚州，撲滅餘火，得到糧食幾十萬斛，用來賑濟飢民。泗州刺史張諫要借幾萬斛糧食供給軍隊，張訓用楊行密的命令把糧食贈送給他，張諫因為此事很感激楊行密的恩德。

邢洺節度使李存孝勸李克用攻打鎮州，李克用同意了這一建議。八月，李克用南巡澤州、潞州，便進入了懷州、孟州的境內。〇朱全忠派遣他的將領丁會攻打宿州，攻下了外城。〇十八日乙未，孫儒從蘇州出發，屯兵廣德，楊行密率兵抵抗孫儒。孫儒包圍了楊行密的營寨，楊行密的將領上蔡人李簡帶領一百多人奮力作戰，衝破營寨，把楊行密從包圍中救了出來。

王建攻陳敬瑄益急，敬瑄出戰輒敗，巡內州縣率為建所取。威戎❶節度使楊晟時饋之食，建以兵據新都，彭州道絕❷。敬瑄出，慰勉士卒，皆不應。

辛丑❸，田令孜登城謂建曰：「老夫鄉❹於公甚厚，何見困如是？」建曰：「父子之恩❺豈敢忘！但朝廷命建討不受代者❻，不得不然。儻太師改圖，建復何求！」是夕，令孜自攜西川印節詣建營授之，將士皆呼萬歲。建泣謝，請復為父子如初。

先是❼，建常誘其將士曰：「成都城中繁盛如花錦，一朝得之，金帛子女恣汝曹所取，節度使與汝曹迭日為之❽耳！」壬寅❾，敬瑄開門迎建。建署其將張勍❿為馬步斬斫使⓫，使先入城。乃謂將士曰：「吾與汝曹三年百戰，今始得城，汝曹不憂不富貴，慎勿焚掠坊市。吾已委張勍護之矣，彼⓬幸⓭執而白我，我猶得赦之。若先斬而後白，吾亦不能救也！」既而士卒有犯令者，勍執百餘人，皆捶其胸而殺之，積尸於市，眾莫敢犯。故時人謂勍為「張打胸」。

癸卯⓮，建入城，自稱西川留後。小校韓武數於使廳⓯上馬，牙司⓰止之，武怒曰：「司徒⓱許我迭日為節度使，上馬何為⓲！」建密遣人刺殺之。

初，陳敬瑄之拒朝命⓳也，田令孜欲盜其軍政，謂敬瑄曰：「三兄⓴尊重，軍務煩勞，不若盡以相付㉑，日具記事咨呈㉒，兄但高居自逸㉓而已。」敬瑄素無智能，忻然㉔許之。自是軍事皆不由己，以至於亡㉕。建表敬瑄子陶為雅州刺史，使隨陶之官㉖。明年，罷歸，寓居新津㉗，以一縣租賦贍㉘之。

癸丑㉙，建分遣士卒就食諸州，更文武堅㉚姓名曰王宗阮，謝從本㉛曰王宗本。陳敬瑄將佐有器幹㉜者，建皆禮㉝而用之。

【章旨】以上為第十四段，寫王建三年征戰成都據有西川。

【注釋】❶威戎　方鎮名，唐僖宗文德元年（西元八八八年）升彭州防禦使為威戎軍節度使，領成、彭、文、龍、茂五州。治所彭州，在今四川彭州。❷彭州道絕　新都在彭州與成都中間，為楊晟送糧給陳敬瑄必經之路。王建據新都，故彭州至成都道絕。❸辛丑　八月二十四日。❹曏　舊時；從前。❺父子之恩　田令孜曾養王建為義子。❻討不受代者　文德元年（西元八八八年）昭宗以韋昭度為西川節度使兼兩川招撫制置使，徵陳敬瑄為龍武統軍。陳敬瑄、田令孜不受朝命，故王建云「討不受代者」。受代，官吏去職被人替代叫受代。不受代者，指陳敬瑄。❼先是　在此之前。❽迭日為之　王建引誘將士為他賣命，說攻下成都之後，和將士們輪流更替做節度使。迭日，更日。❾壬寅　八月二十五日。❿張勍　王建手下大將。事略載《新唐書》卷二百二十四下〈陳敬瑄傳〉、《舊五代史》卷一百三十六與《新五代史》卷六十三〈王建傳〉。⓫馬步斬斫使　臨時任命的官職，負責維持秩序，鎮壓動亂。⓬彼　指張勍。⓭幸　即僥倖。上下文意謂你們違反軍令被張勍抓住，如果僥倖地被送到我這兒來，向我稟告，那麼我還可以救你們。⓮癸卯　八月二十六日。⓯使廳　節度使辦公之廳。⓰牙司　官吏名，掌使衙之事。⓱司徒　指王建。王建曾為檢校司徒。⓲何為　有什麼了不起。⓳拒朝命　即拒絕交出西川去任龍武統軍之命。⓴三兄　陳敬瑄排行第三，故稱。㉑盡以相付　把軍政大權全部交給田令孜。㉒咨呈　呈送陳敬瑄徵求意見。㉓自逸　自己享受安逸。㉔忻然　高興的樣子。忻，通「欣」。㉕以至於亡　王建遷陳敬瑄於雅州，使人殺之。詳見《新五代史》卷六十三〈王建傳〉。㉖之官　到任所上去。此言使陳敬瑄隨其子陳陶到任所去。㉗新津　縣名，縣治在今四川新津。當時屬蜀州。㉘贍　贍養。㉙癸丑　九月初六日。㉚文武堅　僰道土豪。㉛謝從本　原為資簡都制置應援使，去年六月殺雅州刺史張承簡，舉城降王建。王建把他與文武堅更改姓名，收為義子。㉜器幹　才能；本領。㉝禮　用如動詞，給予禮遇。王建善於用人，這是他據有蜀地的重要條件。

【語　譯】王建愈益加緊攻打陳敬瑄，陳敬瑄出來應戰常常失敗，他管轄內的州縣大多被王建攻取。威戎節度使楊晟時常送給陳敬瑄糧食，王建用兵佔領了新都，通往彭州的道路斷絕了。陳敬瑄出來撫慰勉勵士兵，士兵都不回應。

八月二十四日辛丑，田令孜登城對王建說：「老夫以前對您十分厚愛，現在為什麼如此圍困我呢？」王建說：「父子之恩，怎麼敢忘記！只是朝廷命令我討伐不接受職務調動的人，我才不得不這樣做。如果太師您能改變主意，我王建還有什麼要求呢！」當晚，田令孜親自攜帶西川節度使的印章和旌節前往王建的軍營中授給王建，將領和士兵全都高呼萬歲。王建流著眼淚表示感謝，請求恢復父子關係，如同當初那樣。

此前，王建常常引誘他的將領和士兵說：「成都城裡繁榮昌盛，如花似錦，一旦得到了它，金銀、布帛、美女任憑你們去拿，節度使的職位我與你們輪流擔任！」八月二十五日壬寅，陳敬瑄打開城門迎接王建。王建委任他的將領張勍擔任馬步斬斫使，讓他首先進入城中。於是告訴將領和士兵說：「我和你們在三年中打了上百場戰鬥，現在才得到這座城市，你們不用發愁不富貴，要小心謹慎，不要焚燒搶掠街坊市場，我已委派張勍加以保護。如果僥倖他抓到了你們來告訴我，我還能赦免你們。如果他先斬首然後報告，我也不能救你們！」不久，士兵有違反命令的，張勍抓住了一百多人，都捶打他們的胸脯，殺了他們，屍體堆積在市場裡，部隊沒有人敢觸犯命令。所以當時人們稱張勍是「張打胸」。

八月二十六日癸卯，王建進入城中，自稱為西川留後。小校韓武多次在節度使的廳堂前上馬，牙司阻止他，韓武生氣地說：「司徒王建答應我輪流擔任節度使，在廳堂前上馬有什麼大不了！」王建祕密派人刺殺了韓武。

當初，陳敬瑄抗拒朝廷的命令，田令孜想要竊取他的軍政大權，對陳敬瑄說：「您是尊貴的人，軍隊中的事務既繁重又勞累，不如全部託付給我，我每天把事情全部記載下來，向您呈上徵求意見，您只需高高在上，自享安逸就可以了。」陳敬瑄向來沒有智慧和能力，欣然答應了。從此軍隊中的事務都不由自己做主，以至於身亡。王建上表請求任命陳敬瑄的兒子陳陶為雅州刺史，讓陳敬瑄跟隨陳陶到雅州上任。第二年，罷官回家，寄居在新津，利用一縣的租賦贍養他。

九月初六日癸丑，王建分別派遣士兵到各州就地籌糧食用，更改文武堅的姓名為王宗阮，更改謝從本的姓名為王宗本。陳敬瑄的部將佐吏有器識才幹的，王建都以禮相待，任用他們。

六軍十二衛觀軍容使、左軍[1]中尉楊復恭總宿衛兵，專制朝政，諸假子皆為節度使、刺史，又養宦官子六百人，皆為監軍。假子龍劍❶節度使守貞、武定❷

節度使守忠不輸貢賦，上表訕薄❸朝廷。

上舅王瓌求節度使，上訪❹於復恭，復恭以為不可，瓌怒，詬之。瓌出入禁中，頗用事❺，復恭惡之，奏以為黔南❻節度使，至吉柏津❼，令山南西道❽節度使楊守亮❾覆諸江中❿，宗族賓客皆死，以舟敗⓫聞。上知復恭所為，深恨之。

李順節⓬既寵貴，與復恭爭權，盡以復恭陰事⓭告上，上乃出復恭為鳳翔監軍。復恭慍懟⓮，不肯行，稱疾，求致仕⓯。九月乙卯⓰，以復恭為上將軍⓱致仕，賜以几杖⓲[2]。使者致詔命還，復恭潛遣腹心張綰刺殺之。

加護國節度使王重盈兼中書令。◯東川節度使顧彥朗薨，軍中推其弟彥暉⓳知留後。

冬，十月壬午⓴，宿州刺史張筠降于丁會。◯癸未㉑，以永平節度使王建為西川節度使。甲申㉒，廢永平軍㉓。建既得西川，留心政事，容納直言，好施樂士㉔，用人各盡其才，謙恭儉素。然多忌好殺，諸將有功名者，多因事誅之。

楊復恭居第近玉山營㉕，假子守信為玉山軍使，數往省之。咸[3]告復恭與守信謀反。乙酉㉖，上御安喜門[4]，陳兵自衛，命天威都將㉗李順節、神策軍使李守節將兵攻其第。張綰帥家眾㉘拒戰，守信引兵助之，順節等不能克。丙戌㉙，禁軍[5]守含光門㉚，俟其開，欲出掠兩市㉛，遇劉崇望㉜，立馬諭之曰：「天子親在街東督戰，汝曹皆宿衛之士，當於樓前殺賊立功，勿貪小利，自取惡名！」眾皆曰：「諾。」遂從崇望而東。守信之眾望見兵來，遂潰走。守信與復恭挈㉝其族自通化門㉞出，趣興元，永安都㉟頭權安追之，擒張綰，斬之。復恭至興元，楊守亮、楊守忠、楊守貞及綿州㊱刺史楊守厚同舉兵拒朝廷，以討李順節為名。守厚，亦復恭假子也。

【章　旨】以上為第十五段，寫唐昭宗藉楊復恭義子李順節之力逐走楊復恭。

【注　釋】❶龍劍　方鎮名，領龍、劍、利、閬四州，治所龍州，在今四川江油北。❷武定　方鎮名，唐僖宗光啟元年置武定軍節度使，領洋、果、階、扶四州，治所洋州，在今陝西西鄉。❸訕薄　譏毀輕蔑；訕笑輕視。❹訪　問。❺用事　當權。❻黔南　方鎮名，大順元年賜黔州觀察使號武泰軍節度，黔南即黔中以南諸州。❼吉柏津　渡口名，在利州益昌縣北，即今四川廣元西南。一作桔柏津，因益昌驛中有古柏，當地人叫做桔柏，並以此為渡口名。王瓌取道興元至吉柏津。❽山南西道　方鎮名，治所梁州，後改興元府，在今陝西漢中。❾楊守亮　（？—西元八九四年）曹州人，本姓訾，名亮，楊復光收為養子，改名楊守亮。傳見《舊唐書》卷一百八十四、《新唐書》卷一百八十六。❿覆諸江中　把王瓌的船翻沒江中。江，指嘉陵江。⓫舟敗　因船毀壞失事。⓬李順節　原名胡弘立，為楊復恭假子，改名楊守立，後昭宗賜姓名李順節，並提拔為天武都頭，領鎮海節度使，加同平章事。故云「寵貴」。其事散見《舊唐書》卷二十上〈昭宗紀〉、《新唐書》卷二百八〈楊復恭傳〉等。⓭陰事　祕事。⓮慍懟　氣憤怨恨。⓯致仕　辭官。⓰乙卯　九月初八日。⓱上將軍　官名，唐代各衛置上將軍，位在大將軍之上。⓲几杖　几案和手杖。古以賜几杖為敬老之禮。⓳彥暉　（？—西元八九七年）顧彥朗之弟。傳附《新唐書》卷一百八十六〈顧彥朗傳〉。⓴壬午　十月初五日。㉑癸未　十月初六日。㉒甲申　十月初七日。㉓廢永平軍　去年置永平軍，治所邛州，為王建所設。現王建既授西川節度使，故廢永平軍。㉔好施樂士　喜歡施捨周濟別人，樂於和有才能有本領的人交往。㉕居第近玉山營　據《舊唐書・楊復恭傳》，楊復恭宅第在昭化里，《長安志》云「昭化」即「廣化」之誤。居第，住宅。玉山營，軍營名。㉖乙酉　十月初八日。㉗天威都將　武官名，天威為神策五十四都之一。㉘家眾　楊復恭私養的家丁。㉙丙戌　十月初九日。㉚含光門　皇城南面自西數第一門。㉛兩市　唐代長安城有東、西兩市。東市在春明門內，西市在金光門內。㉜劉崇望　時任宰相。㉝挈　帶領。㉞通化門　長安城東面自北數第一門。㉟永安都　神策五十四都之一。㊱綿州　州名，治所在今四川綿陽東北。

【校　記】①左軍　原作「左神策軍」。據章鈺校，十二行本、乙十一行本皆無「神策」二字，今據刪。②几杖　原作「九杖」。據章鈺校，十二行本、乙十一行本、孔天胤本皆作「几杖」，張瑛《通鑑校勘記》同，今從改。③咸　原作「或」。據章鈺校，乙十一行本作「咸」，今從改。④安喜門　原作「安喜樓」。據章鈺校，十二行本、乙十一行本皆作「安喜門」，今從改。⑤禁軍　原作「禁兵」。據章鈺校，十二行本、乙十一行本皆作「禁軍」，今從改。

【語　譯】六軍十二衛觀軍容使、左軍中尉楊復恭總領宿衛的軍隊，專斷朝政。他的各個義子都擔任節度使、刺史，又養了宦官義子六百人，全都擔任監軍。義子龍劍節度使楊守貞、武定節度使楊守忠不再向朝廷輸送貢品、賦稅，上表譏毀鄙薄朝廷。

昭宗的舅舅王瓌求任節度使，昭宗問楊復恭，楊復恭認為不行，王瓌非常生氣，罵了楊復恭。王瓌出入禁中，很是當權主事，楊復恭對他很憎恨，奏請昭宗任命王瓌為黔南節度使，王瓌到達吉柏津，楊復恭命令山南西道節度使楊守亮把王瓌的舟船翻沒江中，王瓌的宗族、賓客都死了，以船壞了奏報昭宗。昭宗知道這是楊復恭幹的，對他深為憎恨。

李順節得寵顯貴後，和楊復恭爭奪權力，把楊復恭的祕密事情全部告訴昭宗，昭宗便外任楊復恭為鳳翔的監軍。楊復恭很憤恨，不肯前往，推說有病，要求辭職。九月初八日乙卯，昭宗任命楊復恭為上將軍，離職退休，賜給他几案和手杖。使者送去昭宗的詔書讓他返回，楊復恭暗中派遣他的心腹張綰刺殺了使者。

加封護國節度使王重盈兼任中書令。〇東川節度使顧彥朗去世，軍中推舉他的弟弟顧彥暉為留後。

冬，十月初五日壬午，宿州刺史張筠向丁會投降。○初六日癸未，任命永平節度使王建為西川節度使。初七日甲申，廢除永平軍。王建取得了西川後，留心政事，容許並採納大家的直言批評，喜歡施捨，樂於接納賢士，用人方面盡力讓每個人發揮才幹，謙虛恭敬，節儉樸素。但是多猜忌，好殺人，各將領立有功名的，大多利用某件事情殺了他。

楊復恭的宅第靠近玉山營，他的義子楊守信擔任玉山軍使，多次前去看望楊復恭。眾人皆舉報說楊復恭與楊守信陰謀造反。十月初八日乙酉，昭宗親臨安喜門，部署軍隊自衛，命令天威都將李順節、神策軍使李守節領兵攻打楊復恭的住宅。張綰率領楊復恭家裡的人進行抵抗，楊守信帶兵援助楊復恭，李順節等人攻打不下來。初九日丙戌，禁軍守衛含光門，等到門打開後，打算出去搶掠東市、西市，這時碰到了劉崇望。劉崇望停住馬告訴禁軍們說：「天子親自在街的東邊督戰，你們都是宿衛的士兵，應該在樓前殺敵立功，不要貪圖小利，自取惡名！」大家都說：「是的。」於是跟隨劉崇望往東。楊守信的士兵遠遠見到軍隊過來了，就潰逃了。楊守信和楊復恭帶領族人從通化門出來，跑向興元府。永安都頭權安追趕他們，活捉了張綰，把他殺了。楊復恭到達興元，楊守亮、楊守忠、楊守貞以及綿州刺史楊守厚共同起兵對抗朝廷，利用討伐李順節作為名義。楊守厚也是楊復恭的義子。

李克用攻王鎔，大破鎮兵❶於龍尾岡❷，斬獲萬計，遂拔臨城❸，攻元氏❹、柏鄉❺，李匡威引幽州兵救之。克用大掠而還，軍于邢州。

十一月，曹州❻都將郭銖殺刺史郭詞，降於朱全忠。○泰寧❼節度使朱瑾❽將萬餘人攻單州❾。

乙丑⑩，時溥將劉知俊⑪帥眾二千降於朱全忠[1]。知俊，沛人，徐之驍將也，溥軍自是不振。全忠以知俊為左右開道指揮使。○辛未⑫，壽州將劉弘鄂惡孫儒殘暴，舉州降朱全忠。

十二月乙酉⑬，汴將丁會、張歸霸與朱瑾戰於[2]金鄉⑭，大破之，殺獲殆盡，瑾單騎走免。

天威都將李順節恃恩驕橫，出入常以兵自隨。兩軍中尉⑮劉景宣、西門君遂惡之，白上，恐其作亂。戊子⑯，二人以詔召順節，順節入至銀臺門⑰，二人邀順節於仗舍⑱坐語，供奉官⑲似先知自後斬其首，從者大譟⑳而出。於是天威、捧日、登封㉑三都大掠永寧坊㉒，至暮乃定。百官表賀。

孫儒焚掠蘇、常，引兵逼宣州，錢鏐復遣兵據蘇州。儒屢破楊行密之兵，旌旗輜重亙百餘里。行密求救於錢鏐，鏐以兵食助之。

以顧彥暉為東川節度使，遣中使宋道弼賜旌節。楊守亮使楊守厚囚道弼，奪其[3]旌節，發兵攻梓州㉓。癸卯㉔，彥暉求救於王建。甲辰㉕，建遣其將華洪、李簡、王宗侃、王宗弼救東川。建密謂諸將曰：「爾等破賊，彥暉必犒師㉖，汝曹於行營報宴㉗，因而執之，無煩再舉㉘。」宗侃破守厚七砦㉙，守厚走歸綿州。彥暉具犒禮，諸將報宴，宗弼以建謀告之，彥暉乃以疾辭。

初，李茂貞養子繼臻據金州㉚，均州㉛刺史馮行襲㉜攻下之，詔以行襲為昭信㉝防禦使，治金州。楊守亮欲自金、商襲京師，行襲逆擊，大破之。

是歲，賜涇原軍㉞號曰彰義，增領渭、武二州。

福建觀察使陳巖疾病，遣使以書召泉州刺史王潮，欲授以軍政，未至而巖卒。巖妻弟都將范暉諷㉟將士推己為留後，發兵拒潮[4]。

【章旨】以上為第十六段，寫河北、徐淮、江南及隴蜀各地軍閥混戰。

【注釋】❶鎮兵　王鎔為成德軍節度使，成德軍治所恆州，即鎮州，故云鎮兵。❷龍尾岡　地名，在今河北臨城西北。❸臨城　縣名，本名房子，唐玄宗天寶元年（西元七四二年）改名臨城，縣治在今河北臨城。❹元氏　縣名，縣治在今河北元氏。❺柏鄉　縣名，縣治在今河北柏鄉。❻曹州　州名，治所在今山東定陶西。時為天平節度使朱瑄巡屬。❼泰寧　方鎮名，治所兗州，在今山東兗州。❽朱瑾　朱瑄從父弟。❾單州　州名，唐末，以宋州之單父、碭山，曹州之成武，兗州之魚臺置單州，治所在今山東單縣。當時屬朱全忠。❿乙丑　十一月十九日。⓫劉知俊　字希賢，徐州沛縣（今江蘇沛縣）人，始事徐州節帥時溥，後歸服朱全忠，功高遭妒，叛投李茂貞。傳見《舊五代史》卷十三、《新五代史》卷四十四。⓬辛未　十一月二十五日。⓭乙酉　十二月初九日。⓮金鄉　縣名，縣治在今山東金鄉。⓯兩軍中尉　左右神策軍中尉。⓰戊子　十二月十二日。⓱銀臺門　唐大明宮東有左銀臺門，西有右銀臺門，此為右銀臺門。⓲仗舍　儀衛所居。⓳供奉官　官名，在皇帝左右供職，宦官免任。⓴譟　喧鬧。㉑捧日登封　皆為神策五十四都之一。㉒永寧坊　位於朱雀門東第三街。即皇城東之第一街。㉓梓州　州名，治所在今四川三臺。㉔癸卯　十二月二十七日。㉕甲辰　十二月二十八日。㉖犒師　用酒食或財物慰勞軍隊。㉗報宴　答謝宴會。㉘無煩再舉　趁答謝宴會的機會把顧彥暉消滅，不需要以後再發起軍事行動。㉙砦　同「寨」。㉚金州州名，治所西城，在今陝西安康。㉛均州　州名，治所武當，在今湖北鄖縣東南。西至金州七百里。㉜馮行襲　均州（在今湖北均縣西北）人，先後任均州刺史、戎昭軍節度使、匡國軍節度使。傳見《新唐書》卷一百八十六、《舊五代史》卷十五、《新五代史》卷四十二。㉝昭信　方鎮名，唐僖宗光啓元年（西元八八五年）升金商都防禦使為節度使。是年，罷節度，置昭信防禦使，治所金州。㉞涇原軍　方鎮名，唐代宗大曆三年（西元七六八年）置涇原節度使，治所涇州，在今甘肅涇州北。涇原節度賜號彰義的時間，據《新唐書・方鎮表》應為乾寧元年（西元八九四年）。㉟諷　不正面說，而用婉言勸說。

【校　記】[1]朱全忠　據章鈺校，十二行本無「朱」字。[2]於　據章鈺校，十二行本、乙十一行本皆無「於」字。按，有「於」字義長。[3]其　原無此字。據章鈺校，十二行本、乙十一行本皆有此字，張敦仁《通鑑刊本識誤》同，今據補。[4]發兵拒潮　原無此四字。據章鈺校，十二行本、乙十一行本、孔天胤本皆有此四字，張敦仁《通鑑刊本識誤》、張瑛《通鑑校勘記》同，今據補。

【語　譯】李克用攻打王鎔，在龍尾岡大敗鎮州軍，殺死和俘虜的人數以萬計，於是攻取了臨城。李克用攻打元氏、柏鄉，李匡威帶領幽州的士兵救援王鎔。李克用大肆搶掠後返回，駐軍在邢州。

十一月，曹州都將郭銖殺掉刺史郭詞，投降朱全忠。〇泰寧節度使朱瑾率領一萬多人攻打單州。

十一月十九日乙丑，時溥的部將劉知俊率領部眾二千人投降了朱全忠。劉知俊是沛縣人，徐州的勇將。時溥的軍隊從此一蹶不振。朱全忠任命劉知俊為左右開道指揮使。〇二十五日辛未，壽州將領劉弘鄂憎恨孫儒的殘暴，以壽州投降朱全忠。

十二月初九日乙酉，汴州的將領丁會、張歸霸和朱瑾在金鄉交戰，把朱瑾的軍隊打得大敗，幾乎全部殺死和俘虜了敵人。朱瑾一人騎馬逃脫，免於一死。

天威都將李順節依仗昭宗的恩寵驕縱蠻橫，出入宮廷常常隨身帶著士兵。兩軍中尉劉景宣、西門君遂憎恨他，告訴了昭宗，害怕李順節作亂。十二月十二日戊子，兩人拿著詔書叫李順節來，李順節進入到銀臺門，兩人邀請李順節在儀衛房舍坐下說話，供奉官似先知從後面斬下他的首級，隨從們大聲呼喊著跑了出去。於是天威、捧日、登封三都的士兵大肆搶掠永寧坊，到了晚上才停止。百官上表慶賀。

孫儒焚燒搶掠蘇州、常州，帶兵逼近宣州，錢鏐再次派兵佔據蘇州。孫儒多次打敗楊行密的軍隊，旌旗和運載的軍用物資綿延一百多里。楊行密向錢鏐求救，錢鏐派遣士兵並運送食物去幫助他。

任命顧彥暉為東川節度使，派遣中使宋道弼賜給他旌節。楊守亮派楊守厚囚禁宋道弼，奪走他的旌節，調兵攻打梓州。十二月二十七日癸卯，顧彥暉向王建求救。二十八日甲辰，王建派遣他的部將華洪、李簡、王宗侃、王宗弼救援東川。王建暗中對各個將領說：「你們打敗了賊軍，顧彥暉一定會犒勞軍隊，你們在行營的答謝宴會上，順便把他抓起來，不必再次起兵攻打他。」王宗侃攻破了楊守厚的七個寨子，楊守厚逃回綿州。顧彥暉備辦了犒勞的禮物，各個將領也設宴答謝。王宗弼把王建的陰謀告訴了顧彥暉，顧彥暉便藉口有病推辭了。

當初，李茂貞的養子李繼臻佔據了金州，均州刺史馮行襲把它攻了下來，昭宗下詔任命馮行襲為昭信防禦使，治理金州。楊守亮打算從金州、商州襲擊京城，馮行襲迎擊，大敗楊守亮。

這一年，賜涇原軍號叫彰義，增加統領渭、武兩個州。

福建觀察使陳巖患病，派遣使者拿書信去叫泉州刺史王潮來，打算把軍政大權授予他。王潮沒有到達，陳巖就去世了。陳巖的妻弟都將范暉暗示將領和士兵推舉自己擔任留後，出兵抵抗王潮。

【研　析】 本卷研析張濬出討李克用，孫揆忠義，唐昭宗逐走楊復恭，王建取西川四大史事。

張濬出討李克用。唐昭宗痛恨藩鎮割據和宦官擅權，志欲革除唐朝政治上的這兩大積弊，只可惜志大才疏，既無匡復之才，又無任賢之識，一時興起，感情用事，加速了唐朝的滅亡。

張濬字禹川，河間人。頗涉獵文史，愛吹牛皮，自視甚高，行為輕浮，為鄉里士友所不齒，憤憤不平。張濬隱於金鳳山，學鬼谷子之術，想用遊說來取卿相。僖宗乾符年間因樞密使楊復恭推薦得為太常博士，轉度支員外郎。楊復恭失寵，張濬轉投田令孜。田令孜失勢，楊復恭復出，深恨張濬反覆無常，兩人有隙。於是唐昭宗特別親愛張濬，用以為相，抵制楊復恭。先前李克用討黃巢，屯兵河中，宰相王鐸兼行營都統，奏請張濬為都統判官。李克用見之，鄙薄張濬的為人。張濬自比謝安、裴度，以廓清天下為己任。李克用私下對詔使說：「張濬虛談之士，主上用以為相，往後引發禍亂，危害國家的人，一定是這位張公。」張濬聽到後，銜恨不已。朱李交惡，昭宗不問是非和稀泥，張濬更毀短李克用，煽動昭宗征討。張濬外連宣武朱全忠、幽州李匡威、雲州赫連鐸同時上奏請討李克用。昭宗下詔廷議，四品以上朝官與議，十之六、七認為不可，十之三、四認為可。張濬聳動昭宗，以出討立功來抑制楊復恭，認為這次出師是一箭雙雕，既削藩鎮，又除宦官。昭宗誤信邪說，於是下詔興師，削奪李克用一切官爵。昭宗大順元年（西元八九〇年）五月，張濬帥諸軍五十二都及西北諸州所徵發的雜虜軍隊五萬人，再會合宣武、鎮國、靜難、鳳翔、保大、定難諸鎮官軍會集晉州。張濬不武，各鎮所集烏合之眾，人數雖眾，非沙陀軍之敵，又師出無名，官軍一觸即潰，張濬大敗而歸。這次出師，唐昭宗乘黃巢覆滅、秦宗權授首的時機，一聲號令，能集聚諸鎮之兵，表明朝廷已有一定權威，這是中興的憑藉。隨著張濬出師的敗北，唐王室威信掃地，唐昭宗非中興之主，不過是一個輕狂急躁無所作為的庸君。此次官軍敗北，輕啟戰端，拉開了唐末軍閥大混戰的序幕。唐王室中興無望，它的覆滅，只是等待時日了。

孫揆忠義。孫揆，字聖圭，博州武水人。進士及第，歷官戶部巡官、中書舍人、刑部侍郎、京兆尹。昭宗討李克用，以揆為兵馬招討副使，授昭義軍節度使，以本道兵出戰，被李克用伏兵在半道擊敗，生俘孫揆。李克用以禮待孫揆，勸其為河東所用，孫揆大罵不止。李克用大怒，命人鋸解分屍，行刑人手顫抖鋸齒不前。孫揆大罵說：「死狗奴，鋸人要用木板夾，蠢東西連這都不知。」行刑人依法夾上木板，鋸解了孫揆，而孫揆至死罵聲不絕。孫揆從容就義，視死如歸，留取丹心照汗青。唐昭宗憐之，贈左僕射，《新唐書》列入〈忠義傳〉。

唐昭宗逐走楊復恭。楊復恭，字子恪，本姓林，因被樞密使宦官楊玄翼收為義子，改姓楊。楊玄翼之弟楊玄价收養一喬姓義子取名楊復光，所以楊復恭是楊復光的義兄，兄弟兩人都是唐末大宦官，號楊門二兄弟。懿宗咸通十年（西元八六九年），楊玄翼死，楊復恭接任父職，與大宦官田令孜同為樞密使。唐僖宗即位，爆發黃巢大起義，兩人在鎮壓黃巢起義的方針上發生分歧，田令孜主張武力鎮壓，楊復恭主張招降。僖宗倒向田令孜，楊復恭被排擠，家居藍田等待時局變化。僖宗第二次蒙塵，朝野一片聲反對田令孜，楊復恭東山再起，田令孜逃往西川。

楊復恭取代田令孜為神策軍中尉，兼六軍、十二衛觀軍容使，封魏國公，賜號「忠貞啟聖定國功臣」，掌控了朝廷軍政大權，「內外經略，皆出於復恭。」

唐昭宗即位，楊復恭以擁戴之功加開府、金吾上將軍，專典禁軍。楊復恭視新皇帝為玩偶，肆無忌憚擴張個人權力。他到處收養地方悍將為義子，布散州郡任職，號「外宅郎君」，分掌地方軍政。楊復恭又收養宦官六百多人為義子，監軍諸道，天下威權，盡歸楊門。宮中遍布耳目，昭宗舉動皆知。國舅王瓌求授節度使之職，楊復恭遣人殺之於半道。宰相孔緯指責楊復恭目無皇上，楊復恭雇兇刺殺孔緯，孔緯機警，幸免於難。

張濬出師征討李克用，也是朝官借用藩鎮矛盾，欲依朱全忠兵力斥逐楊復恭。官軍敗北，也是朝官對宦官爭鬥的又一次失敗。唐昭宗改變策略，離間楊復恭與義子的感情，用高官厚祿收買了勇冠六軍的楊守立，賜姓李，改名順節。楊守立本名胡弘立，楊復恭收為義子，官至天威軍使。昭宗向楊復恭指名要楊守立入宮警衛，掌宮禁六軍，異常寵信。這一回楊復恭失算，他很高興地把義子楊守立安插在昭宗身邊，沒想到楊守立更名為李順節之後，果真順守節義，助昭宗驅走了楊復恭。不過唐昭宗只是利用楊守立，並非真心寵信。驅走楊復恭之後，唐昭宗又殺了李順節。君臣之間，爾虞我詐，不成體統，時勢使然。君臣之間誠信底線被踐踏，唐王朝的氣數也就完了。

王建取西川。王建字光圖，許州舞陽人，狀貌偉岸，是一個帥哥，少時無賴，目不識丁，以屠牛、盜驢、販私鹽為業，被鄉人稱為「賊八王」。王建後從軍為忠武軍卒，稍遷隊將。黃巢入長安，忠武軍將鹿晏弘率兵八千從楊復光爭戰，楊復光分忠武兵為八都，每都千人，王建與鹿晏弘等八人為都將。黃巢敗走長安，鹿晏弘也擁眾東歸，王建等五都西奔入蜀，僖宗得之大喜，號「隨駕五都」，以屬十軍觀容使田令孜，田令孜把王建等收為養子。

昭宗文德元年（西元八八三年），以宰相韋昭度為西川節度使，分邛、蜀、黎、雅為永平軍，拜建為節度使。陳敬瑄抗拒朝命，不接受韋昭度入蜀，昭宗即命韋昭度率將王建等征討陳敬瑄。韋昭度庸懦無能，爭戰三年未能取勝。唐昭宗鑑於用兵河北之敗，赦免李克用，恢復一切官爵，於是一同赦免陳敬瑄之罪，詔韋昭度罷兵。王建不從，計奪韋昭度印節，自任招討，仍以朝命征討陳敬瑄，急攻成都。田令孜登城呼建敘父子之舊，王建以朝命討不受代為辭，田令孜無可奈何勸陳敬瑄交出節度使牌印授建。王建入成都領西川節度使，遷陳敬瑄於雅州，復以田令孜為西川監軍。隨後，建殺陳敬瑄，並殺田令孜。

王建因時順勢割據西川，得益於昭宗討蜀，是最大的贏家。

卷第二百五十九

唐紀七十五

起玄黓困敦（壬子　西元八九二年），盡閼逢攝提格（甲寅　西元八九四年），凡三年。

【題　解】本卷記事起西元八九二年，迄西元八九四年，載述史事凡三年。當唐昭宗景福元年至乾寧元年。此三年間各地軍閥混戰改變了格局，初步形成地區間的大軍閥。雄據中原的朱全忠，滅掉了徐州的時溥，轉而用兵鄆、兗，多次戰敗朱瑄、朱瑾，瑄、瑾孤立無助，指日可滅。朱全忠成為了全國第一大軍閥，佔有廣闊的中原，四圍諸鎮皆非敵手。李克用穩固佔有太原、河東，用兵河北諸鎮，北破幽州，是僅次於朱全忠的第二大軍閥。河北諸鎮依違於朱全忠與李克用之間，只求自保。王建已全據西川，誅殺了陳敬瑄、田令孜。楊行密經過數年爭戰，復據揚州，淮南為其所有。錢鏐據杭州，王潮據福州，地位不可動搖。由於朱全忠與李克用，爭逐河北，無暇西顧，唐王室名義上保有共主地位。唐昭宗不識英才，不顧大局，歇後鄭五為宰相，貽笑天下，又不聽杜讓能之諫，輕啟戰端，討伐鳳翔節度使李茂貞，結果兵敗加速了李茂貞坐大，又兼山南西道節度使，杜讓能蒙黿錯之冤而死。李茂貞陵蔑昭宗，唐王室進一步衰弱。

昭宗聖穆景文孝皇帝上之中（ㄓㄠ ㄗㄨㄥ ㄕㄥ ㄇㄨ ㄐㄧㄥ ㄨㄣ ㄒㄧㄠ ㄏㄨㄤ ㄉㄧ ㄕㄤ ㄓ ㄓㄨㄥ）

景福元年（壬子　西元八九二年）

春，正月丙寅❶，赦天下，改元❷。

鳳翔李茂貞、靜難王行瑜、鎮國韓建、同州王行約、秦州❸李茂莊五節度使上言楊守亮容匿❹叛臣楊復恭，請出軍討之，乞加茂貞山南西道招討使。朝議以茂貞得山南，不可復制，下詔和解之，皆不聽。

王鎔、李匡威合兵十餘萬攻堯山❺，李克用遣其將李嗣勳擊之，大破幽、鎮兵，斬獲三萬。

楊行密謂諸將曰：「孫儒之眾十倍於我，吾戰數不利，欲退保銅官❻，何如？」劉威、李神福曰：「儒掃地❼遠來，利在速戰。宜屯據險要，堅壁清野以老其師❽，時出輕騎抄其饋餉，奪其俘掠。彼前不得戰，退無資糧，可坐擒也！」戴友規曰：「儒與我相持數年❾，勝負略相當。今悉眾致死❿於我，我若望風棄城，正墮⓫其計。淮南士民從公渡江及自儒軍來降者甚眾，公宜遣將先護送歸淮南，使復生業⓬。儒軍聞淮南安堵⓭，皆有思歸之心，人心既搖，安得不敗！」行密悅，從之。友規，廬州人也。

【章　旨】以上為第一段，寫李茂貞等五節度使聯兵討楊復恭。孫儒與楊行密大戰於江南，楊行密堅壁不出以老其師。

【注　釋】❶丙寅　正月二十一日。❷改元　改元景福。❸秦州　州名，治所成紀，在今甘肅秦安西北。漢顯親故城。❹容匿　收容藏匿。❺堯山　山名，在今山西沁縣西三十里。❻銅官　鎮名，在今安徽銅陵北。❼掃地　全部掃取。喻集中全部軍力。❽老其師　使孫儒的軍隊疲困。❾相持數年　從唐僖宗光啓三年（西元八八七年）楊行密、孫儒爭奪揚州，至今已五年。❿悉眾致死　集中全部軍隊來拼命。致死，以死相拼。⓫墮　落入。⓬生業　謀生之業。⓭安堵　相安；安居。

【語　譯】昭宗聖穆景文孝皇帝上之中

景福元年（壬子　西元八九二年）

春，正月二十一日丙寅，大赦天下，改換年號。

鳳翔軍李茂貞、靜難軍王行瑜、鎮國軍韓建、同州的王行約、秦州的李茂莊五位節度使進言說楊守亮收容隱藏叛臣楊復恭，請出兵討伐他，要求加封李茂貞為山南西道招討使。朝廷中議論認為李茂貞得到山南，就不可能再控制。昭宗下詔對他們進行調停和解，他們都不聽從。

王鎔和李匡威合兵十幾萬人攻打堯山。李克用派遣他的部將李嗣勳攻擊他們，大敗幽、鎮兩州的軍隊，殺死和俘虜了三萬人。

楊行密對各將領說：「孫儒的軍隊是我們的十倍，我們作戰多次失利。我打算退兵防守銅官，怎麼樣？」劉威、李神福說：「孫儒傾全部軍隊從遠處前來，利在速戰。我們應該屯兵佔據險要的地方，堅壁清野，使他的軍隊疲困；不時出動輕騎兵抄掠他們運送的糧餉，奪取他們搶奪來的物資。他們向前不能作戰，退後沒有物資和糧食，我們坐等就可以活捉他們！」戴友規說：「孫儒和我們互相對峙已有數年，雙方勝負大致相當。現在他用全部兵力和我們以死相拼，我們如果看見對方的兵勢就放棄守城，正好落入他的計謀。淮南的士子百姓跟隨您渡江和從孫儒軍隊前來投降的人很多，您應該派遣將領先護送他們回到淮南，讓他們恢復生產。孫儒的軍隊聽到淮南安定了，都會有思歸之心，人心已經動搖，怎麼會不失敗呢！」楊行密很高興，聽從了他們的意見。戴友規，是廬州人。

威戎❶節度使楊晟，與楊守亮等約攻王建。二月丁丑❷，晟出兵掠新繁❸、漢州之境，使其將呂蕘❹將兵二千會楊守厚攻梓州❺。建遣行營都指揮使李簡擊蕘，斬之。

戊寅❻，朱全忠出兵擊朱瑄，遣其子友裕將兵前行，軍于斗門❼。

李茂貞、王行瑜擅❽舉兵擊興元。茂貞表求❾招討使不已，遺❿杜讓能、西門君遂⓫[1]書，陵蔑⓬朝廷。上意不能容⓭，御延英⓮，召宰相、諫官議之。時宦官有陰⓯與二鎮⓰相表裏者，宰相相顧不敢言。上不悅。給事中牛徽曰：「先朝多難，茂貞誠有翼衛之功⓱。諸楊⓲阻兵，亟出攻討，其志亦在疾惡⓳，但不當不俟詔命⓴耳。比㉑聞兵過山南，殺傷至多。陛下儻不以招討使授之，使用國法約束，則山南之民盡矣！」上曰：「此言是也。」乃以茂貞為山南西道招討使。

甲申㉒，朱全忠至衛南㉓，朱瑄將步騎萬人襲斗門，朱友裕棄營走，瑄據其營。全忠不知，乙酉㉔，引兵趣斗門，至者皆為鄆人所殺。全忠退軍瓠河㉕。丁亥㉖，瑄擊全忠，大破之，全忠走。張歸厚於後力戰，全忠僅免，副使李璠等皆死。○朱全忠奏貶河陽節度使趙克裕㉗，以佑國節度使張全義兼河陽節度使。

孫儒圍宣州。初，劉建鋒為孫儒守常州，將兵從儒擊楊行密，甘露鎮㉘使陳可言帥部兵千人據常州。行密將張訓引兵奄至城下，可言倉猝出迎㉙，訓手刃殺之，遂取常州。行密別將又取潤州。

朱全忠連年㉚攻時溥，徐、泗㉛、濠㉜三州民不得耕穫，兗、鄆、河東兵救之，皆無功，復值水災，人死者什六七。溥困甚，請和於全忠，全忠曰：「必移鎮㉝乃可。」溥許之。全忠乃奏請移溥他鎮，仍命大臣鎮徐州。詔以門下侍郎㉞、同平章事劉崇望同平章事，充感化節度使，以溥為太子太師。溥恐全忠詐而殺之，據城不奉詔，崇望及華陰㉟而還。

【章　旨】以上為第二段，寫朱全忠連年進攻時溥，時溥勢衰成困獸。

【注　釋】❶威戎　方鎮名，唐僖宗文德元年（西元八八三年）升彭州防禦使為威戎軍節度使，領彭、文、成、龍、茂五州，治所彭州，在今四川彭州。❷丁丑　二月初二日。❸新繁　縣名，縣治在今四川新繁。❹呂蕘　人名，楊晟部將。❺梓州　東川節度使顧彥暉治所，在今四川三臺。❻戊寅　二月初三日。❼斗門　即斗門城，在今河南濮陽境內。❽擅　不以天子之命擅自發兵。❾表求　上表請求朝廷任命他為招討使。❿遺　送給。此指送信。⓫杜讓能西門君遂　杜、西門為內外二大臣。杜讓能時為宰相，西門君遂時為神策軍中尉。⓬陵蔑　欺侮蔑視。⓭容　容忍。⓮延英　殿名，在大明宮內。⓯陰　暗中。

⑯二鎮　鎮，方鎮；州鎮。此指鎮帥，即鳳翔節度使李茂貞、邠寧節度使王行瑜。⑰翼衛之功　指光啓二年（西元八八六年）僖宗再幸山南時，李茂貞為扈蹕都將，扈從有功。翼衛，護衛。⑱諸楊　指楊復恭、楊守亮、楊守信、楊守貞等。⑲疾惡　痛恨邪惡勢力。⑳不當不俟詔命　不應當不等待朝廷的詔令就擅自出兵。俟，等待。牛徽此言替李茂貞開脫，認為他討伐諸楊為正義之舉，只不過沒有事先請命。㉑比　近來。㉒甲申　二月初九日。㉓衛南　縣名，縣治在今河南滑縣。㉔乙酉　二月初十日。㉕瓠河　即瓠河城，在今山東鄄城東南。㉖丁亥　二月十二日。㉗趙克裕　朱全忠巡屬。傳見《舊五代史》卷十五。㉘甘露鎮　鎮名，在潤州城（今江蘇鎮江市）東角土山上有甘露寺，前對北固山，後枕大江。唐敬宗寶曆年間，李德裕建寺，適有甘露降，所以命名為甘露寺。孫儒因寺而置甘露鎮。㉙倉猝出迎　匆忙出戰。㉚連年　朱全忠與時溥交兵始於唐僖宗光啓三年（西元八八七年），至今已歷時五年。㉛泗　州名，治所臨淮，在今江蘇泗洪東南，盱眙對岸。㉜濠　州名，治所在今安徽鳳陽臨淮關西。㉝移鎮　轉移鎮所離開徐州。㉞門下侍郎　官名，秦漢時原名黃門侍郎，為君主近侍之官。唐玄宗天寶元年（西元七四二年）改稱門下侍郎，為門下省長官侍中之副。唐末多以門下侍郎同平章事為宰相之職。㉟華陰　縣名，縣治在今陝西華陰。

【校　記】①西門君遂　據章鈺校，十二行本、乙十一行本皆作「西門重遂」。按，《舊唐書》作「西門君遂」，《新唐書》作「西門重遂」，未知孰是。

【語　譯】威戎節度使楊晟和楊守亮等人約定攻打王建。二月初二日丁丑，楊晟出兵搶掠新繁、漢州境內，派遣他的部將呂蕘帶兵兩千人會合楊守厚攻打梓州。王建派遣行營都指揮使李簡攻打呂蕘，把他殺了。

二月初三日戊寅，朱全忠出兵攻打朱瑄，派遣他的兒子朱友裕帶兵先行，駐軍在斗門城。

李茂貞和王行瑜擅自帶兵攻打興元。李茂貞不停地上表要求做招討使，寫信給杜讓能和西門君遂，信中蔑視朝廷。昭宗不能容忍，親臨延英殿，召集宰相、諫官議論這件事。當時宦官中有人和這兩鎮鎮帥內外相應，宰相們互相看著，不敢說話，昭宗很不高興。給事中牛徽說：「前朝多災多難，李茂貞確實有護衛的功勞。幾位姓楊的將領，依仗兵力，李茂貞緊急出兵討伐，他的心意也是在痛恨邪惡，只是不應該沒有等待詔命罷了。近來聽說部隊經過山南，殺傷的人極多。陛下如果不任命李茂貞為招討使，利用國家的法律來約束他，那麼山南的民眾都要被殺光了！」昭宗說：「這話是對的。」於是任命李茂貞擔任山南西道招討使。

二月初九日甲申，朱全忠到達衛南，朱瑄率領步兵、騎兵一萬人襲擊斗門城，朱友裕放棄營寨逃走了，朱瑄佔據了他的營寨。朱全忠不知道此事，初十日乙酉，帶兵前往斗門城，到達的人都被朱瑄的鄆州兵殺死了。朱全忠撤軍到瓠河鎮。十二日丁亥，朱瑄攻打朱全忠，把他打得大敗，朱全忠逃走。張歸厚在後面拼力作戰，朱全忠才脫身免死，副使李璠等人都死了。〇朱全忠上奏貶謫河陽節度使趙克裕，委派佑國節度使張全義兼任河陽節度使。

孫儒包圍宣州。當初，劉建鋒為孫儒守衛常州，率軍跟隨孫儒攻打楊行密，甘露鎮使陳可言率領部下一千人佔據了常州。楊行密的部將張訓帶兵突然到達城下，陳可言匆忙出城迎戰，張訓親手殺了陳可言，於是攻取了常州。楊行密的別將又攻取了潤州。

朱全忠連年攻打時溥，徐、泗、濠三州的百姓不能耕種收穫，兗州、鄆州、河東的軍隊救援時溥，都沒有成功，又碰上水災，百姓死亡的有十分之六七。時溥極為困窘，向朱全忠請求和好。朱全忠說：「一定要遷移鎮守地方才可以。」時溥同意了。朱全忠便奏請遷移時溥到其他的鎮所，再命令大臣來鎮守徐州。昭宗下詔任命門下侍郎、同平章事劉崇望為同平章事，充任感化節度使，任命時溥為太子太師。時溥害怕朱全忠欺騙他，把他殺害，據守城池不接受詔命，劉崇望到了華陰就回去了。

忠義節度使趙德諲薨，子匡凝❶代之。〇范暉❷驕侈失眾心，王潮以從弟彥復為都統，弟審知❸為都監❹，將兵攻福州。民自請輸米餉軍❺，平湖洞❻及濱海蠻夷❼皆以兵船助之。

辛丑❽，王建遣族子嘉州❾刺史宗裕、雅州刺史王宗侃、威信都指揮使華洪、茂州刺史王宗瑤將兵五萬攻彭州，楊晟逆戰而敗，宗裕等圍之。楊守亮遣其將符昭救晟[1]，徑趨⑩成都，營三學山⑪。建亟召⑫華洪⑬還。洪疾驅而至，後軍尚未集，以數百人夜去昭營數里，多擊更鼓⑭。昭以為蜀軍大至，引兵宵遁。

三月，以戶部尚書鄭延昌⑮為中書侍郎、同平章事。延昌，從讜⑯之從兄弟也。○左神策勇勝三都⑰都指揮使楊子實、子遷、子釗，皆守亮之假子也，自渠州⑱引兵救楊晟，知守亮必敗。壬子⑲，帥其眾二萬降於王建。

李克用、王處存合兵攻王鎔。癸丑⑳，拔天長鎮㉑。戊午㉒，鎔與戰於新市㉓，大破之，殺獲三萬餘人。辛酉㉔，克用退屯欒城㉕。詔和解河東及鎮、定、幽四鎮。

楊晟遺楊守貞、楊守忠、楊守厚書，使攻東川以解彭州之圍，守貞等從之。神策督將竇行實戍梓州，守厚密誘之為內應。守厚至涪城㉖，行實事泄，顧彥暉斬之。守厚遁去，守貞、守忠軍至，無所歸，盤桓㉗綿㉘、劍㉙間，王建遣其將吉諫襲守厚，破之。癸亥㉚，西川將李簡邀擊守忠於鍾陽㉛，斬獲三千餘人。夏，四月，簡又破守厚於銅鉾㉜，斬獲三千餘人，降萬五千人。守忠、守厚皆走。

乙酉㉝，置武勝軍於杭州，以錢鏐為防禦使。

【章　旨】以上為第三段，寫福州、西川、河北的混戰。

【注　釋】❶匡凝　趙德諲之子趙匡凝，字光儀，唐昭宗天祐元年（西元九〇四年）封楚王。傳見《新唐書》卷一百八十六、《舊五代史》卷十七、《新五代史》卷四十一。❷范暉　原為護閩都將，福建觀察使陳巖卒，其婿范暉擁兵自稱留後。其事散見《新唐書》卷十〈昭宗紀〉、卷一百九十〈王潮傳〉等。❸審知　王審知（西元八六一―九二五年），字信通，閩政權的創立者。傳見《舊五代史》卷一百三十四、《新五代史》卷六十八。❹都監　官名，掌本道屯戍、邊防、訓練之事。❺輸米餉軍　獻納糧食作為軍糧。❻平湖洞　地名，在泉州莆田縣（今福建莆田）界外。❼濱海蠻夷　指福建沿海少數民族。❽辛丑　二月二十六日。❾王建遣族子嘉州　王建遣重兵攻彭州，因彭州距成都只有九十多里，地壤相接，位置重要，故王建急攻之。嘉州，州名，治所在今四川樂山市。❿徑趨　直接趕往。⓫三學山　山名，在漢州金堂縣（今四川金堂西）東北十里。⓬亟召　緊急召還。⓭華洪　王建軍中的勇將。⓮更鼓　報更的鼓。官府或行軍每更擊之。華洪多擊更鼓是為了迷惑符昭，符昭以為華洪營寨很多，故乘夜逃走。⓯鄭延昌　字興遠，咸通末進士，歷官監察御史、翰林學士、兵部侍郎、京兆尹、判度支、戶部尚書，終官中書侍郎兼刑部尚書。傳見《新唐書》卷一百八十二。⓰從讜　唐僖宗乾符年間鎮河東。傳見《舊唐書》卷一百五十八、《新唐書》卷一百六十五。⓱勇勝三都　神策五十四都中的三都。⓲渠州　州名，治所在今四川渠縣。⓳壬子　三月初八日。⓴癸丑　三月初九日。㉑天長鎮　鎮名，在今河北平山縣東滹沱河東北。㉒戊午　三月十四日。㉓新市　鎮名，在鎮州治所真定。真定在今河北正定。㉔辛酉　三月十七日。㉕欒城　縣名，縣治在今河北欒城西。㉖涪城　縣名，屬綿州，縣治在今四川綿陽東南。㉗盤桓　逗留不進的樣子。㉘綿　州名，治所在今四川綿陽。㉙劍　州名，治所在今四川劍閣。劍州在綿州東北二百九十里。㉚癸亥　三月十九日。㉛鍾陽　鎮名，在綿州治所巴西縣。巴西縣在今四川綿陽東。㉜銅鉾　地名。㉝乙酉　四月十二日。

【校　記】[1]晟　原作「之」。據章鈺校，十二行本、乙十一行本皆作「晟」，今從改。

【語　譯】忠義節度使趙德諲去世，他的兒子趙匡凝代理他的職位。〇范暉驕傲奢侈，失去軍心，王潮派他的堂弟王彥復擔任都統，弟弟王審知擔任都監，率軍攻打福州。百姓自動請求運送糧食供應軍隊，平湖洞和濱海地區的蠻夷也都用兵力和船隻支援他們。

二月二十六日辛丑，王建派遣族子嘉州刺史王宗裕、雅州刺史王宗侃、威信都指揮使華洪、茂州刺史王宗瑤率軍五萬人攻打彭州，楊晟迎戰，失敗了，王宗裕等人包圍了楊晟。楊守亮派遣他的部將符昭救援楊晟，直接前往成都，在三學山紮營。王建馬上叫華洪返回。華洪驅馬飛奔到來，後面的軍隊還沒集結，便派幾百人夜裡去符昭營地，相距幾里，敲打許多更鼓。符昭以為蜀軍大量到達，晚上帶兵逃走了。

三月，任命戶部尚書鄭延昌擔任中書侍郎、同平章事。鄭延昌，是鄭從讜的堂兄弟。○左神策勇勝三都都指揮使楊子實、楊子遷、楊子釗，都是楊守亮的義子。他們從渠州率軍救援楊晟，知道楊守亮肯定要失敗。初八日壬子，率領他們的部眾二萬人投降了王建。

李克用和王處存合併兵力攻打王鎔。三月初九日癸丑，攻下了天長鎮。十四日戊午，王鎔在新市與他們交戰，把他們打得大敗，殺死和俘虜了三萬多人。十七日辛酉，李克用撤兵駐紮欒城。昭宗下詔調解河東與鎮、定、幽四鎮和好。

楊晟寫信給楊守貞、楊守忠、楊守厚，讓他們攻打東川來解除對彭州的包圍，楊守貞等聽從了他的意見。神策督將竇行實戍守梓州，楊守厚祕密引誘竇行實作為內應。楊守厚到達涪城，竇行實的事情洩漏了，顧彥暉殺了他。楊守厚逃走了。楊守貞、楊守忠的軍隊到達後，沒有歸宿，徘徊在綿州、劍州之間，王建派遣他的部將吉諫襲擊楊守厚，打敗了他。三月十九日癸亥，西川將領李簡在鍾陽城攔擊楊守忠，殺死和俘虜了三千多人。夏，四月，李簡又在銅鉾打敗了楊守厚，殺死和俘虜了三千多人，投降的有一萬五千人。楊守忠、楊守厚都逃走了。

四月十二日乙酉，在杭州設置武勝軍，任命錢鏐為防禦使。

天威軍使賈德晟，以李順節之死❶，頗怨憤，西門君遂惡之，奏而殺之。德晟麾下千餘騎奔鳳翔，李茂貞由是益彊。○李匡威出兵侵雲❷、代❸，壬寅❹，李克用始引兵還❺。◯時溥遣兵南侵，至楚州❻，楊行密將張訓、李德誠敗之于壽河❼，遂取楚州，執其刺史劉瓚❽。

五月[1]，加邠寧節度使王行瑜兼中書令。

楊行密屢敗孫儒兵，破其廣德❾營，張訓屯安吉❿，斷其糧道。儒食盡，士卒大疫⓫，遣其將劉建鋒、馬殷分兵掠諸縣。六月，行密聞儒疾瘧⓬，戊寅⓭，縱兵擊之。會大雨、晦冥⓮，儒軍大敗，安仁義破儒五十餘寨，田頵擒儒於陳⓯，斬之，傳首京師，儒眾多降於行密。劉建鋒、馬殷收餘眾七千，南走洪州⓰，推建鋒為帥，殷為先鋒指揮使，以行軍司馬[2]張佶⓱為謀主，比至江西，眾十餘萬。

丁酉⓲，楊行密帥眾歸揚州。秋，七月丙辰⓳，至廣陵⓴，表田頵守宣州，安仁義守潤州。◯先是，揚州富庶甲天下，時人稱揚一、益二㉑，及經秦、畢、孫、楊㉒兵火之餘，江、淮之間，東西千里掃地盡㉓矣。

【章旨】以上為第四段，寫楊行密滅孫儒，復據揚州。

【注釋】❶李順節之死　大順二年十二月，兩軍中尉劉景宣、西門君遂設計在銀臺門將李順節斬首。事見上卷。❷雲州　州名，治所雲中，在今山西大同。❸代　州名，治所雁門，在今山西代縣。❹壬寅　四月二十九日。❺引兵還　李克用自鎮州引兵還。❻楚州　州名，治所山陽，在今江蘇淮安。❼壽河　地名，在今江蘇淮安南。❽刺史劉瓚　唐僖宗光啓三年（西元八八七年）朱全忠以劉瓚為楚州刺史。❾廣德　縣名，縣治在今安徽廣德。❿安吉　縣名，縣治在今浙江安吉。⓫大疫　瘟疫廣為流行。⑫疾瘧　生瘧疾病。一種按時發冷發燒的傳染病。⑬戊寅　六月初六日。⑭晦冥　昏暗。⑮田頵擒儒於陳　田頵於陣前俘獲孫儒。孫儒和楊行密於光啓三年（西元八八七年）交兵，由於孫儒一味燒殺搶掠，失去人心，雖有十倍於楊行密的兵力，但最終徹底失敗。陳，通「陣」。⑯洪州　州名，治所在今江西南昌。⑰張佶　（？—西元九一一年）據路振《九國志》，張佶，京兆長安（今陝西西安）人，官至永順軍節度使。傳見《舊五代史》卷十七。⑱丁酉　六月二十五日。⑲丙辰　七月十四日。⑳廣陵　郡名，治所在今江蘇揚州。㉑揚一益二　天下富庶揚州居第一，益州（今四川成都）居第二。㉒秦畢孫楊　指秦彥、畢師鐸、孫儒、楊行密。四人先後爭奪揚州，長達六年之久。㉓掃地盡　指由於連年兵火，破壞無餘。

【校　記】①五月　原無此二字。據章鈺校，十二行本、乙十一行本、孔天胤本皆有此二字，張敦仁《通鑑刊本識誤》、張瑛《通鑑校勘記》同，今據補。②以行軍司馬　原無此五字。據章鈺校，十二行本、乙十一行本、孔天胤本皆有此五字，張敦仁《通鑑刊本識誤》、張瑛《通鑑校勘記》同，今據補。

【語　譯】天威軍使賈德晟，由於李順節的死，深為怨恨憤怒，西門君遂憎惡他，奏請後殺了賈德晟。賈德晟的部下一千多騎兵逃往鳳翔，李茂貞由此更加強大。〇李匡威出兵侵犯雲州、代州。四月二十九日壬寅，李克用才帶兵返回晉陽。〇時溥派兵南侵，到達楚州。楊行密的部將張訓和李德誠在壽河打敗了時溥，趁勢攻取楚州，抓住了楚州刺史劉瓚。

五月，加封邠寧節度使王行瑜兼任中書令。

楊行密多次打敗孫儒的軍隊，攻破他的廣德軍營，張訓屯兵安吉，切斷了孫儒的運糧通道。孫儒的糧食沒有了，士兵大範圍染上瘟疫，孫儒派遣他的部將劉建鋒和馬殷分兵幾路搶掠各縣。六月，楊行密聽說孫儒患了瘧疾，初六日戊寅，發兵攻打他。適逢大雨，天昏地暗，孫儒的軍隊大敗，安仁義攻破了孫儒五十多個營寨，田頵在陣前活捉了孫儒，把他殺了，首級傳送到京師，孫儒的部眾大多數投降了楊行密。劉建鋒和馬殷收攏剩餘的兵卒七千人，南逃洪州，推舉劉建鋒為統帥，馬殷為先鋒指揮使，行軍司馬張佶為主謀人，等到達江西，部眾有十多萬人。

六月二十五日丁酉，楊行密率領部眾返回揚州。秋，七月十四日丙辰，到達廣陵，上表請求派田頵守衛宣州，安仁義守衛潤州。○此前，揚州富庶居天下第一，當時人稱揚州第一，益州第二。等到經過秦彥、畢師鐸、孫儒、楊行密兵火之後，長江、淮河之間，東西一千里，所有東西，毀滅一空。

王建圍彭州，久不下，民皆竄匿❶山谷。諸寨日出俘掠❷，謂之「淘虜」，都將先擇其善者，餘則士卒分之，以是為常❸。

有軍士王先成者，新津人，本書生也。世亂，為兵，度❹諸將惟北寨王宗侃最賢，乃往說❺之曰：「彭州本西川之巡屬也，陳、田❻召楊晟，割四州❼以授之，偽署觀察使，與之共拒朝命。今陳、田已平而晟猶據之❽，州民皆知西川乃其大府❾，而司徒❿乃其主也，故大軍始至，民不入城而入山谷避之，以俟招安。今軍至累月，未聞招安之命，軍士復從而掠之，與盜賊無異，奪其貲財⓫，驅其畜產⓬，分其老弱婦女以為奴婢，使父子兄弟流離愁怨。其在山中者暴露於暑雨⓭，殘傷於蛇虎，孤危飢渴，無所歸訴。彼始以楊晟非其主而不從，今司徒不加存恤⓮，彼更思楊氏矣。」宗侃惻然⓯，不覺屢移其牀前問之⓰，先成曰：「又有甚於是者：今諸寨每旦⓱出六七百人，入山淘虜，薄暮⓲乃返，曾⓳無守備之意。賴⓴城中無人耳，萬一有智者為之畫策，使乘虛奔突㉑，先伏精兵千人於門內，登城望淘虜者稍遠，出弓弩手㉒、礮手[1]各百人，攻寨之一面，隨以役卒五百，負薪土㉓填壕為道，然後出精兵奮擊，且焚其寨。又於三面城下各出耀兵㉔，諸寨咸㉕自備禦，無暇相救，城中得以益兵繼出㉖，如此，能無敗乎！」宗侃矍然㉗曰：「此誠有之，將若之何？」

先成請條列為狀㉘以白王建，宗侃即命先成草之，大指㉙言：「今所白之事，須四面通共㉚，宗侃所司㉛止於北面，或㉜所白可從，乞以牙舉施行㉝。」事凡㉞七條：「其一，乞招安㉟山中百姓。其二，乞禁諸寨軍士及子弟無得㊱一人輒出淘虜，仍表㊲諸寨之旁七里內聽樵牧㊳，敢越表者斬。其三，乞置招安寨，中容數千人，以處所招百姓，宗侃請選所部將校謹幹者㊴為招安將，使將三十人晝夜執兵巡衛㊵。其四，招安之事須委一人總領，今牓帖㊶既下，諸寨必各遣軍士入山招安，百姓見之無不驚疑，如鼠見貍㊷，誰肯來者！欲招之必有其術，願降帖㊸付宗侃專掌其事。其五，乞嚴勒㊹四寨指揮使，悉索前日所虜彭州男女老幼集於營塲，有父子、兄弟、夫婦自相認者即使相從，牒具㊺人數，部㊻送招安寨，有敢私匿一人者斬。仍乞勒府㊼中諸營，亦令嚴索，有自軍前先寄㊽歸者，量㊾給資糧，悉部送歸招安寨。其六，乞置九隴行縣㊿於招安寨中，以前南鄭(51)令王不攝縣令，設置曹局(52)，撫理[2]百姓，擇其子弟之壯者，給帖(53)使自入山招其親戚，彼知司徒嚴禁侵掠，前日為軍士所虜者，皆獲安堵，必歡呼踴躍，相帥(54)下山，如子歸母，不日盡出。其七，彭州土地宜麻(55)，百姓未入山時多漚(56)藏者，宜令縣令曉諭，各歸田里，出所漚麻鬻之，以為資糧，必漸復業(57)。」建得之大喜，即行之，悉如所申(58)。

明日，牓帖至，威令赫然(59)，無敢犯者。三日，山中民競出，赴招安寨如歸市(60)，寨不能容，斥(61)而廣之。浸有市井(62)，又出麻鬻之。民見村落無抄暴(63)之患，稍稍辭縣令(64)，復故業。月餘，招安寨皆空。

【章旨】以上為第五段，寫蜀軍士王先成獻策七條以取彭州，招撫百姓，王建採納，月餘立見成效。

【注釋】❶竄匿　逃竄藏匿。❷俘掠　俘獲搶掠。❸以是為常　以這樣搶掠為常事。❹度　揣度；忖度。❺說　勸說。❻陳田　指陳敬瑄、田令孜兄弟。❼四州　指文、龍、成、茂四州。❽陳田已平而晟猶據之　文德元年，楊晟失興、鳳二州，陳敬瑄、田令孜割文、龍、成、茂四州給予楊晟。田令孜又以楊晟過去是神策軍指揮使，使守彭州。陳、田二人被平定後，楊晟仍佔據彭州。❾大府　節度使巡屬諸州，以節度使治所為大府，亦稱會府。❿司徒　指王建。時朝命以王建為檢校司徒，故稱。⓫貲財　資財。⓬驅其畜產　驅趕搶掠百姓牛羊等牲畜。⓭暑雨　酷暑和雨水。因逃至山中無房屋居住，忍受著酷暑和雨淋。⓮存恤　慰問撫恤。⓯惻然　憂傷的樣子。⓰移其牀前問之　因王先成所論打動了王宗侃，所以移座向前仔細詢問。⓱旦　早晨。⓲薄暮　迫近傍晚。⓳曾　副詞。簡直；竟然。⓴賴　所仗。㉑奔突　奔馳衝突。㉒弓弩手　習射的兵卒。㉓薪土　柴草和土。㉔耀兵　炫耀兵力以迷惑敵人。㉕咸　都。㉖益兵繼出　增兵繼續出擊。㉗矍然　驚恐的樣子。㉘狀　文體的一種。向上級陳述事實的文書。㉙大指　大旨；主旨；要點。㉚四面通共　四面採取共同的行動。四面，當時西川兵圍彭州，四面紮寨，王宗裕、王宗侃、華洪、王宗瑤各當一面。㉛司　主持；掌管。㉜或　如果。㉝牙舉施行　以節度使府的名義提出施行。牙，節度使衙署。㉞凡　共。㉟招安　勸說山中百姓使之歸順。㊱無得　不得。㊲表　標記。此處用如動詞，樹立標記。㊳聽樵牧　任憑百姓打柴放牧。㊴謹幹者　嚴謹幹練之人。㊵執兵巡衛　手拿兵器護衛招安寨。㊶牓帖　布告。㊷貍　貓屬。㊸降帖　下發軍帖。帖，寫有軍令的柬帖。㊹勒　勒令。㊺牒具　在簡牒上開列。㊻部　統率；帶領。㊼府指成都府。㊽寄　臨時。㊾量　用如動詞。給以一定數量的糧食和費用。㊿九隴行縣　九隴為彭州治所，在今四川彭縣。當時因彭州尚未攻下，所以先在招安寨中設九隴行縣。(51)南鄭　縣名，縣治在今陝西漢中。(52)曹局　分職治事的衙門。(53)帖榜帖；布告。(54)帥　帶領。(55)宜麻　適宜種麻。(56)漚　浸泡。麻於收割之後，需將麻莖在水中浸泡數小時乃至數日，使其自然發酵，達到脫皮取麻的目的。(57)必漸復業　一定會逐漸恢復家業。(58)悉如所申　一切都按照王宗侃所申述的辦。(59)赫然顯赫盛大。(60)歸市　趕赴集市。(61)斥　開拓；擴大。(62)浸有市井　漸漸地有了集市里巷。(63)抄暴　抄掠侵暴。(64)辭縣令　辭別縣令回到自己的家園。

【校　記】[1]手　據章鈺校，十二行本無此字，乙十一行本此字作空格。[2]撫理　原作「撫安」。據章鈺校，十二行本、乙十一行本皆作「撫理」，張敦仁《通鑑刊本識誤》同，今從改。

【語　譯】王建包圍彭州，久攻不下，百姓都逃竄到山谷中躲藏起來。各個寨子每天出去抓人搶劫，稱作「淘虜」，都將們先挑取那些好的，剩下的士兵們瓜分，把這樣做看得很平常。

有一個軍士叫王先成，是新津人，本是個讀書人。社會混亂，就去當兵。王先成考慮各個將領中，只有北寨的王宗侃最為賢明，就前往遊說他，說道：「彭州本來是西川的屬地，陳敬瑄、田令孜喚來楊晟，劃分出文、龍、成、茂四個州授予他，偽命為觀察使，和他共同抗拒朝廷的命令。現在陳敬瑄、田令孜已經平定，而楊晟仍然佔據著彭州。州中百姓都知道西川是他們的節度使治所，而司徒王建是他們的主管，所以大軍剛到達時，百姓不入城，而到山谷中躲避，以等待政府的招集安撫。如今大軍到這裡好幾個月了，沒有聽說招集安撫的命令，士兵又跟著來搶掠他們，和盜賊沒有差別，搶劫百姓的錢財，驅趕百姓的牲畜，分取老弱婦女做奴婢，使父子兄弟流離失所，愁苦哀怨。那些在山谷中的百姓，暴露在暑熱和雨水中，受到蛇、虎的傷害；孤苦困危，又飢又渴，無處訴說。他們開始時因為楊晟不是他們的主管而不服從他，如今司徒王建不加以慰撫，他們改變態度思念楊晟了。」王宗侃很憂傷，不知不覺多次向前移動座位詢問王先成。王先成說：「還有比這個更加糟糕的：現在各個寨子每天早晨出動六七百人，進入山中淘虜，黃昏時才回來，竟然沒有守衛的意圖。這是靠著城中沒有人罷了，萬一有個有智謀的人替城中人出謀劃策，讓他們乘我們空虛時來突襲，先在門內埋伏精兵一千人，登上城牆看見淘虜的人逐漸跑遠了，就出動弓箭手、炮手各一百人，攻打寨子的一面，接著再派五百名役卒，背著柴草、土塊填平壕溝形成道路，然後出動精兵奮力攻擊，再焚燒寨子。又在另外三面城下派出耀武揚威的軍隊，各個寨子全都自己防備禦敵，無暇相救，城中能夠不斷增加士兵繼續出擊。這樣，能夠不失敗嗎！」王宗侃驚恐地說：「這種情況確實是有的，該怎麼辦呢？」

王先成請求逐條列舉寫成書狀報告王建，王宗侃立刻命令王先成寫成草稿，大意是說：「今天所報告的事情，必須宗裕、宗侃、華洪、宗瑤四面共同行動，王宗侃所管轄的只有北面，如果所報告的事情可以依從，請求用節度使的名義提出施行。」書狀共有七件事：「第一件，請招集安撫山中百姓。第二件，請禁止各個寨子裡的士兵和子弟們，不得一人任意出去淘虜，還在各個寨子旁七里的地方做上標誌，標誌內允許砍柴、放牧，有敢越過標誌的人斬首。第三件，請設置招安寨，寨子中可容納幾千人，用來安置招回來的百姓，請王宗侃選擇所轄將領中謹慎幹練的人擔任招安將，派他們率領三十人晝夜拿著兵器巡邏保衛。第四件，招集安撫百姓的事情應該委派一個人總管。現在布告既然已經頒布，各個寨子必定各自派遣士兵進山招集安撫，百姓看到他們沒有不吃驚懷疑的，好像老鼠看到狸貓一樣，有誰肯來呢！想要招集他們，一定要有辦法，希望發下軍帖交給王宗侃專門管理這件事。第五件，請嚴格命令四面寨子的指揮使，把前些日子俘虜來的彭州男女老幼，全部集中在軍營的場子裡，如有父子、兄弟、夫婦自己相認的，就讓他們在一起。在簡牒上寫清人數，都送到招安寨，有敢私下藏匿一個人的就斬首。再請求命令成都府中的各個軍營，也要他們嚴格清查，如果有從軍中臨時先回去的，酌量給他們資財、糧食，全部都送回招安寨。第六件，請在招安寨中設置九隴行縣，任命前任南鄭縣令王丕代理縣令職務，縣內設置曹署，安撫治理百姓，選擇他們子弟中健壯的人，給他們布告，讓親自到山中招集他們的親戚，他們知道了司徒王建嚴格禁止侵擾掠奪，前些日子被士兵們俘虜去的人，都安定下來，一定會歡呼跳躍，互相領著下山，好像孩子回到母親懷抱，不用幾天全部都出山了。第七件，彭州的土地適合種麻，百姓還沒有進山時，很多人把漚過的麻藏了起來。應該讓縣令告訴大家，各自返回農田故里，把漚麻拿出來賣掉，用來換成物品和糧食，這樣一定會逐漸恢復家業。」王建得到了書狀非常高興，立即下令推行，全部如同王先成申述的那樣辦。

第二天，布告到達軍營，威令赫赫，沒有敢觸犯的。過了三天，山裡的百姓爭著出山，趕往招安寨好像去集市一樣，招安寨容納不下，外延擴大。慢慢有了集市里巷，百姓又把麻拿出來賣掉。民眾看到村落沒有抄掠侵暴之患，逐漸辭別縣令，回去恢復舊業。一個多月，招安寨全部空了。

己巳❶，李茂貞克鳳州，感義節度使滿存奔興元❷。茂貞又取興、洋二州，皆表其子弟鎮之。

八月，以楊行密為淮南節度使、同平章事，以田頵知宣州留後，安仁義為潤州刺史。○孫儒降兵多蔡人，行密選其尤勇健者五千人，厚其稟賜❸，以皁衣❹蒙甲，號「黑雲都」，每戰，使之先登陷陳❺，四鄰畏之。

行密以用度不足，欲以茶鹽易❻民布帛，掌書記❼舒城❽高勖曰：「兵火之餘，十室九空，又漁利❾以困之，將復離叛。不若悉我所有易鄰道所無，足以給軍。

選賢守令⑩，勸課⑪農桑，數年之間，倉庫自實⑫。」行密從之。田頵聞之曰：「賢者之言，其利遠哉⑬！」行密馳射武伎⑭，皆非所長，而寬簡⑮有智略，善撫御⑯將士，與同甘苦，推心待物⑰，無所猜忌。嘗⑱早出，從者斷馬鞦⑲，取其金，行密知而不問，他日，復早出如故，人服其度量。

淮南被兵六年⑳，士民轉徙㉑幾盡。行密初至，賜與㉒將吏，帛不過數尺，錢不過數百，而能以勤儉足用，非公宴，未嘗舉樂㉓。招撫流散，輕傜薄斂㉔，未及數年，公私富庶，幾復承平㉕之舊。

【章旨】以上為第六段，寫楊行密保境安民，輕傜薄賦，數年間揚州生息幾復承平之舊。

【注釋】❶己巳　七月二十七日。❷滿存奔興元　滿存於唐僖宗光啓二年（西元八八六年）得鳳州，現被李茂貞所敗，奔興元投楊守亮。❸稟賜　俸給賞賜。❹皁衣　黑色衣服。❺陷陳　衝入敵陣。❻易　交換。❼掌書記　節度使之屬官。位在判官之下，相當於六朝時的記室參軍，掌章表書記文檄。❽舒城　縣名，縣治在今安徽舒城。❾漁利　用不正當的手段謀取利益。❿賢守令　賢德的州郡長官。⓫勸課　勉勵考察。⓬實　充實。⓭其利遠哉　這項措施所帶來的好處是多麼深遠啊。⓮馳射武伎　騎馬射箭武藝。伎，通「技」。才能。⓯寬簡　為政寬和簡約。⓰撫御　安撫控御。⓱推心待物　待人接物能夠推心置腹。⓲嘗　曾經。⓳馬鞦　絡於馬股後的革帶。⓴淮南被兵六年　自唐僖宗光啓三年（西元八八七年）畢師鐸引兵入揚州，淮南始遭受戰亂，至今已六年。被兵，遭受戰爭。㉑轉徙　輾轉遷徙。㉒賜與　賞賜給予。㉓舉樂　演奏樂舞。㉔輕傜薄斂　減輕傜役少收租稅。㉕承平　太平盛世，社會秩序安定。

【語譯】七月二十七日己巳，李茂貞攻克了鳳州，感義節度使滿存逃往興元。李茂貞又攻取了興、洋兩個州，都上表推薦他的子弟來鎮守。

八月，任命楊行密擔任淮南節度使、同平章事，派田頵擔任宣州留後，安仁義擔任潤州刺史。○孫儒那邊投降的士兵大多是蔡州人，楊行密挑選其中特別勇敢健壯的五千人，給他們豐厚的給養和賞賜，因為用黑衣蒙著鎧甲，號稱「黑雲都」，每次作戰，派他們首先衝鋒陷陣，四面毗鄰地區都懼怕他們。

楊行密由於費用不足，想用茶葉和食鹽換取百姓的布帛，掌書記舒城人高勖說：「戰爭之後，十室九空，又要謀取利益，使百姓困苦，百姓又將叛離。不如拿出我們的全部所有和缺少這類東西的鄰近各道進行貿易，足以滿足軍隊的需要。挑選賢明的太守和縣令，勉勵考察百姓的農業耕作、植桑養蠶情況，幾年時間，糧倉府庫自然會充實起來。」楊行密聽從了高勖的意見。田頵聽到這件事後說：「這是賢人的話，它的益處久遠！」楊行密對於騎射武藝，都非長處，然而他寬厚儉樸，有智慧謀略，善於安撫駕御將士，和他們同甘共苦，待人接物能推心置腹，沒有任何猜疑妒忌。他曾早晨外出，隨從的人剪斷了馬股後的革帶，拿走了上面裝飾的黃金，楊行密知道了而不去追問，有一天，仍和以前一樣在早晨外出，大家都佩服他的度量。

淮南遭受戰爭災難已有六年，士民百姓轉移遷徙殆盡。楊行密剛到這裡時，賞賜給將領官吏的，布帛不過幾尺，錢幣不過幾百，然而他能夠靠著勤儉滿足軍隊的需用，不是公家的宴會，未曾演奏音樂。楊行密招集安撫流散的百姓，輕徭薄賦，沒有等到幾年時間，官府和百姓富庶，幾乎恢復了舊時的太平盛世。

李克用北巡至天寧軍❶，聞李匡威、赫連鐸將兵八萬寇雲州，遣其將李君慶發兵於晉陽❷。克用潛入新城❸，伏兵於神堆❹，擒吐谷渾邏騎❺三百，匡威等大驚。丙申❻，君慶以大軍至，克用還入雲州。丁酉❼，出擊匡威等，大破之。己亥❽，匡威等燒營而遁，追至天成軍❾，斬獲不可勝計。

辛丑⑩，李茂貞攻拔興元，楊復恭、楊守亮、楊守信、楊守貞、楊守忠、滿存奔閬州⑪。茂貞表其子繼密權知興元府事。

九月，加荊南節度使成汭同平章事。

時溥迫監軍奏稱將士留己⑫，冬，十月，復以溥為侍中、感化節度。朱全忠奏請追溥新命⑬，詔諭解之。

初，邢、洺、磁州⑭留後李存孝，與李存信俱為李克用假子，不相睦。存信有寵於克用，存孝在邢州，欲立大功以勝之，乃建議取鎮、冀⑮。存信從中沮⑯之，不時聽許⑰。及王鎔圍堯山，存孝救之，不克。克用以存信為蕃漢馬步都指揮使，與存孝共擊之，二人互相猜忌，逗留不進，克用更遣李嗣勳等擊破之。存信還，譖⑱存孝無心擊賊，疑與之有私約。存孝聞之，自以有功於克用，而信任顧⑲不及存信，憤怨，且懼及禍，乃潛結⑳王鎔及朱全忠，上表以三州㉑自歸於朝廷，乞賜旌節及會諸道兵以[1]討李克用。詔以存孝為邢、洺、磁節度使，不許會兵㉒。

【章旨】以上為第七段，寫李存孝憤怨李克用賞罰不公，以邢、洺、磁三州歸順朝廷。

【注釋】❶天寧軍　代州西有天安軍，唐玄宗天寶十二載（西元七五三年）置。疑此天寧軍即天安軍之誤。❷晉陽　縣名，河東節度使治所，在今山西太原。❸新城　鎮名，在今山西山陰東。為李克用祖父朱邪執宜保黃花堆時所築。❹神堆　即黃花堆，在雲州（今山西大同）城西南九十里。新城在其側。❺邏騎　巡邏的騎兵。❻丙申　八月二十五日。❼丁酉　八月二十六日。❽己亥　八月二十八日。❾天成軍　在雲州東北，在今山西天鎮。❿辛丑　八月三十日。⓫閬州　州名，治所在今四川閬中。⓬留己　挽留自己。是年二月，召時溥為太子太師，時溥藉口將士挽留他，不願離徐州赴京城。⓭新命　新的任命。⓮磁州　州名，治所在今河北磁縣。⓯鎮冀　鎮州和冀州。鎮州，州名，治所在今河北正定。冀州，州名，治所在今河北冀州。⓰沮　阻止。⓱不時聽許　指李克用不斷聽信李存信的話。⓲譖　誣陷。⓳顧　反而。⓴潛結　暗中勾結。㉑三州　即邢、洺、磁三州。㉒不許會兵　不許會諸道兵討伐李克用。

【校記】1以　原無此字。據章鈺校，孔天胤本有此字，張敦仁《通鑑刊本識誤》同，今據補。

【語譯】李克用向北巡視到了天安軍，聽說李匡威、赫連鐸帶兵八萬人侵犯雲州，便派遣他的部將李君慶從晉陽發兵。李克用潛入新城，在神堆埋伏士兵，抓住了吐谷渾的巡邏騎兵三百人，李匡威等人大為震驚。八月二十五日丙申，李君慶率領大軍到達，李克用遷入雲州。二十六日丁酉，李克用出兵攻打李匡威等，把他們打得大敗。二十八日己亥，李匡威等焚燒軍營逃走了，李克用追到天成軍，殺死和俘虜的人無法計算。

八月三十日辛丑，李茂貞攻取了興元，楊復恭、楊守亮、楊守信、楊守貞、楊守忠、滿存逃往閬州。李茂貞上表請求朝廷任命他的兒子李繼密暫時主持興元府的事務。

九月，加封荊南節度使成汭為同平章事。

時溥逼迫監軍上奏朝廷說將士們挽留他。冬，十月，又任命時溥擔任侍中、感化節度使。朱全忠上奏請求朝廷追回對時溥新的任命，昭宗下詔規勸朱全忠和時溥和解。

當初，邢、洺、磁三州的留後李存孝與李存信都是李克用的義子，不和睦。李克用寵愛李存信，李存孝在邢州，打算立大功來超過李存信，於是建議奪取鎮州、冀州。李存信從中阻止，李克用時不時地聽從李存信的意見。等到王鎔包圍堯山，李存孝去救援，沒有獲勝。李克用任命李存信為蕃漢馬步都指揮使，與李存孝一起攻打王鎔，兩個人互相猜忌，觀望逗留沒有進兵，李克用另派李嗣勳等人打敗了王鎔。李存信回來，誣陷李存孝無心攻打敵人，懷疑他和賊軍私下有盟約。李存孝聽到這事，自認為對李克用有功勞，然而李克用對他的信任趕不上李存信，十分怨憤，又怕遭遇禍難，於是暗中勾結王鎔和朱全忠，上表自己帶領邢、洺、磁三州歸附朝廷，請求賜給他節度使的旌節，並會合各道的軍隊以討伐李克用。昭宗下詔任命李存孝為邢、洺、磁三州節度使，不同意集合各道軍隊。

十一月，時溥濠州❶刺史張璲、泗州刺史張諫以州附于朱全忠。○乙未❷，朱全忠遣其子友裕將兵十萬攻濮州❸，拔之，執其刺史邵倫，遂令友裕移兵擊時溥。○孫儒將王壇陷婺州❹，刺史蔣瓌奔越州❺。

廬州刺史蔡儔❻發楊行密父祖[1]墓，與舒州❼刺史倪章連兵，遣使送印於朱全忠以求救。全忠惡其反覆，納其印，不救，且牒報❽行密，行密謝之。行密遣行營都指揮使李神福將兵討儔。

宣明曆❾浸差❿，太子少詹事⓫邊岡造新曆成，十二月，上之。命曰景福崇玄曆。

壬午⓬，王建遣其將華洪擊楊守亮於閬州，破之。建遣節度押牙延陵⓭鄭頊使於朱全忠，全忠問劍閣⓮，頊極言其險。全忠不信，頊曰：「苟⓯不以聞，恐誤公軍機。」全忠大笑。

是歲，明州⑯刺史鍾文季卒，其將黃晟自稱刺史。

【章旨】以上為第八段，寫朱全忠聲威遠播。

【注釋】❶濠州　州名，治所在今安徽鳳陽東北。濠州、泗州附朱全忠，時溥的巡屬皆附於汴，時溥僅保徐州。❷乙未　十一月辛丑朔，無乙未。乙未，十二月二十五日。❸濮州　州名，治所鄄城，在今山東鄄城北。濮州屬魏博節度，是朱瑄的巡屬。❹婺州　州名，治所金華，在今浙江金華。❺越州　州名，治所會稽，在今浙江紹興。❻蔡儔　唐僖宗光啓三年（西元八八七年）楊行密留蔡儔守廬州。次年，儔以州附孫儒。現孫儒既敗，蔡儔又舉兵拒楊行密。❼舒州　州名，治所懷寧，在今安徽潛山縣。❽牒報　以書札通報。❾宣明曆　唐穆宗即位後，認為歷代循用舊法，必更新曆，召掌天文曆數的日官改撰曆術，名為宣明曆。❿浸差　逐漸有了差誤。宣明曆自穆宗時啟用，至昭宗時已七十年。⓫太子少詹事　官名，唐代置詹事府，設太子詹事一人，少詹事一人，總管東宮內外庶務。⓬壬午　十二月十二日。⓭延陵　縣名，縣治在今江蘇丹徒。⓮劍閣　關名，在今四川劍閣東北，控扼川、陝通道咽喉，在大、小劍山之間，用棧道相通。⓯苟　如果。⓰明州　州名，治所鄮縣，在今浙江寧波南。

【校記】①父祖　原作「祖父」。據章鈺校，十二行本、乙十一行本、孔天胤本二字皆互乙，今從改。

【語譯】十一月，時溥的濠州刺史張璲、泗州刺史張諫拿這兩個州歸附朱全忠。〇乙未日，朱全忠派遣他的兒子朱友裕帶兵十萬人攻打濮州，把它攻取了，抓住了濮州刺史邵倫，於是命令朱友裕轉移軍隊攻打時溥。〇孫儒的部將王壇攻陷婺州，刺史蔣瓌逃往越州。

廬州刺史蔡儔挖開楊行密父親和祖父的墳墓，和舒州刺史倪章軍隊聯合，派遣使者送去印信向朱全忠求救。朱全忠憎恨蔡儔反覆無常，收下他的印信，不去救援，並且用書札通報楊行密，楊行密對朱全忠表示感謝。楊行密派遣行營都指揮使李神福率軍討伐蔡儔。

《宣明曆》逐漸出現誤差，太子少詹事邊岡完成新的曆法，十二月，上呈昭宗，命名為《景福崇玄曆》。

十二月十二日壬午，王建派他的部將華洪在閬州攻打楊守亮，打敗了他。王建派節度押牙延陵人鄭項出使到朱全忠那裡，朱全忠詢問劍閣的情況，鄭項極力說明它的險要。朱全忠不相信，鄭項說：「如果我不把情況讓您知道，恐怕要耽誤您的軍機大事。」朱全忠大笑。

這一年，明州刺史鍾文季去世，他的部將黃晟自稱為明州刺史。

二年（癸丑　西元八九三年）

春，正月，時溥遣兵攻宿州❶，刺史郭言戰死。

東川留後顧彥暉既與王建有隙❷，李茂貞欲撫之使從己，奏請更賜❸彥暉節。詔以彥暉為東川節度使。茂貞又奏遣知興元府事李繼密救梓州❹，未幾，建遣兵敗東川、鳳翔之兵於利州。彥暉求和，請與茂貞絕。乃許之。

鳳翔節度使李茂貞自請鎮興元，詔以茂貞為山南西道兼武定❺節度使，以中書侍郎、同平章事徐彥若同平章事，充鳳翔節度使，又割果❻、閬二州隸武定軍。茂貞欲兼得鳳翔，不奉詔。

二月甲戌❼，加西川節度使王建同平章事。

李克用引兵圍邢州，王鎔遣牙將王藏海致書解之。克用怒，斬藏海，進兵擊鎔，敗鎮兵於平山❽。辛巳❾，攻天長鎮❿，旬日不下。鎔出兵三萬救之，克用逆戰於叱日嶺⓫下，大破之，斬首萬餘級，餘眾潰去。河東軍無食，脯⓬其尸而啗⓭之。

時溥求救於朱瑾，朱[1]全忠遣其將霍存將騎兵三千軍⓮曹州⓯以備之。瑾將兵二萬救徐州，存引兵赴之，與朱友裕合擊徐、兗兵於石佛山⓰下，大破之，瑾遁歸兗州。辛卯⓱，徐兵復出，存戰死⓲。

李克用進下井陘⓳，李存孝將兵救王鎔，遂入鎮州，與鎔計事⓴。鎔又乞師㉑於朱全忠，全忠方與時溥相攻，不能救，但遺克用書，言鄴下㉒有十萬精兵，抑㉓而未進。克用復書，言[2]「儻實屯軍鄴下，顒望㉔降臨。必欲真決雌雄㉕，願角逐㉖於常山㉗之尾。」甲午㉘，李匡威引兵救鎔，敗河東兵於元氏㉙，克用引還邢州。鎔犒匡威於藁城㉚，輦㉛金帛二十萬以酬之。

【章　旨】以上為第九段，寫李茂貞跋扈，李克用與王鎔戰，兵敗元氏。

【注　釋】❶時溥遣兵攻宿州　此時宿州被朱全忠佔據。朱全忠取宿州在唐昭宗大順二年（西元八九一年）。❷有隙　有隔閡、裂痕。大順二年，楊守亮攻東川，王建派兵救之，並企圖趁此機會佔據東川。從此和顧彥暉有了仇怨。❸奏請更賜　大順二年，朝廷曾派中使賜顧彥暉節，被楊守厚迎而奪之，故李茂貞奏請朝廷重新賜節。❹救梓州　此時梓州並未被攻，李茂貞奏請救之，實際上是派兵助顧彥暉。❺武定　方鎮名，唐僖宗光啓元年（西元八八五年）置武定軍節度使，治所洋州，在今陝西西鄉。❻果　州名，治所南充，在今四川南充北。❼甲戌　二月初五日。❽平山　縣名，縣治在鎮州西六十五里，今河北平山縣東南。原名房山縣，唐肅宗至德元載（西元七五六年）改為平山縣。❾辛巳　二月十二日。❿天長鎮　鎮名，在今河北井陘西。⓫叱日嶺　山名，在今河北井陘西北。⓬脯　殺戮後將屍體剁為肉泥。⓭啗　吃。⓮軍　駐軍。⓯曹州　州名，治所在今山東菏澤。⓰石佛山　山名，在今江蘇徐州南。⓱辛卯　二月二十二日。⓲存戰死　霍存恃勝而不防備徐兵復出，故戰敗而死。⓳井陘　縣名，縣治在今河北井陘西北。⓴計事　商議軍事。㉑乞師　請求出兵。㉒鄴下　即鄴縣，縣治在今河北臨漳西南。㉓抑　按捺；克制。㉔顒望　仰望；企望。㉕決雌雄　分個高低勝負。㉖角逐　爭奪；競相取勝。㉗常山　即恆山，在山西渾源東。漢代因避文帝劉恆諱，改名常山。㉘甲午　二月二十五日。㉙元氏　縣名，縣治在今河北元氏。在鎮州之南，當時屬趙州。㉚藁城　縣名，縣治在今河北藁城。㉛輦　人拉的車。此處用如動詞，意為用車拉。

【校　記】①瑾朱　據章鈺校，十二行本、乙十一行本皆無此二字。按，有此二字義長。②言　原無此字。據章鈺校，十二行本、乙十一行本、孔天胤本皆有此字，張敦仁《通鑑刊本識誤》同，今據補。

【語　譯】二年（癸丑　西元八九三年）

春，正月，時溥派遣軍隊攻打宿州，宿州刺史郭言戰死。

東川留後顧彥暉已經和王建有矛盾，李茂貞想安撫顧彥暉，讓他服從自己，上奏昭宗請求重新賜給顧彥暉節度使旌節。昭宗下詔任命顧彥暉為東川節度使。李茂貞又奏請派遣掌管興元府事務的李繼密救援梓州。沒多久，王建派兵在利州打敗了東川、鳳翔的軍隊。顧彥暉向王建求和，請求與李茂貞斷絕關係。王建便答應了。

鳳翔節度使李茂貞自己要求鎮守興元府，昭宗下詔任命李茂貞為山南西道兼武定節度使，任命中書侍郎、同平章事徐彥若為同平章事，充任鳳翔節度使，又割取果、閬兩州隸屬於武定軍。李茂貞想要一併得到鳳翔，不接受昭宗的詔令。

二月初五日甲戌，加封西川節度使王建為同平章事。

李克用帶兵包圍邢州，王鎔派遣牙將王藏海送信給李克用進行解釋。李克用大怒，殺了王藏海，進軍攻打王鎔，在平山縣打敗了鎮州的軍隊。二月十二日辛巳，李克用攻打天長鎮，十來天沒有攻下來。王鎔派出士兵三萬人救援天長鎮，李克用在叱日嶺下迎戰，大敗王鎔的軍隊，斬獲首級一萬多，其餘的士兵潰逃了。李克用的河東軍沒有食物，把敵人的屍體剁成肉醬來吃。

時溥向朱瑾求救，朱全忠派他的部將霍存率領騎兵三千人駐紮曹州來防備朱瑾。朱瑾帶兵二萬人救援徐州，霍存帶兵趕去，和朱友裕在石佛山下會合攻打徐州、兗州的軍隊，把他們打得大敗，朱瑾逃回兗州。二月二十二日辛卯，徐州的軍隊再次出兵，霍存戰死。

李克用進兵攻下井陘，李存孝率軍救援王鎔，於是進入鎮州，和王鎔商量大事。王鎔又請求朱全忠出兵，朱全忠正在和時溥打仗，不能救援他，但寫了一封信給李克用，說在鄴下有十萬精兵，壓制著沒有前進。李克用回信，說「如果你真屯兵鄴下，企望大軍降臨。如果真要決出勝負，我願意決戰於常山腳下。」二月二十五日甲午，李匡威率軍救援王鎔，在元氏打敗了李克用的河東軍隊，李克用帶兵返回邢州。王鎔在藁城犒勞李匡威，用車子裝了金銀布帛二十萬來酬謝他。

朱友裕圍彭城❶，時溥數出兵，友裕閉壁❷不戰。朱瑾宵遁，友裕不追，都虞候朱友恭以書譖友裕於全忠，全忠怒，驛書❸下都指揮使龐師古，使代之將，且按❹其事。書誤達於友裕，友裕大懼，以二千騎❺逃入山中，潛詣碭山❻，匿❼於伯父全昱❽之所。全忠夫人張氏❾聞之，使友裕單騎詣汴州見全忠，泣涕拜伏於庭。全忠命左右捽抑❿，將斬之，夫人趨⓫就抱之，泣曰：「汝捨兵眾⓬，束身歸罪⓭，無異志⓮明矣。」全忠悟而捨之，使權知許州⓯。友恭，壽春⓰人李彥威也，幼為全忠家僮，全忠養以為子。張夫人，碭山人，多智略，全忠敬憚⑰之，雖軍府事，時與之謀議。或將兵出，至[1]中塗，夫人以為不可，遣一介⑱召之，全忠立為之返。○龐師古攻佛山寨⑲，拔之。自是徐兵不敢出。

李匡威之救王鎔也，將發幽州，家人會別⑳，弟匡籌㉑之妻美，匡威醉而淫之。三月[2]，匡威自鎮州還，至博野㉒，匡籌據軍府自稱留後，以符㉓追行營兵。匡威眾潰歸，但與親近留深州㉔，進退無所之㉕，遣判官李正抱[3]入奏，請歸京師。京師屢更㉖大亂，聞匡威來，坊市㉗大恐，曰：「金頭王來圖社稷。」士民或竄匿山谷。王鎔德其以己故致失地，迎歸鎮州，為築第㉘，父事之㉙。

【章旨】以上為第十段，寫朱全忠張夫人之智略，李匡威淫亂失節鎮。

【注釋】❶彭城　即徐州，治所在今江蘇徐州。❷閉壁　關閉軍壘不出戰。❸驛書　驛站傳遞的文書。❹按　追究。❺二千騎　據胡三省注，應為「二十騎」。薛居正《舊五代史・元貞張后傳》作「二十騎」，《舊五代史・朱友裕傳》作「數騎」。❻碭山　縣名，縣治在今安徽碭山縣。朱全忠兄弟本居碭山縣。❼匿　隱藏。❽全昱　（？—西元九一六年）朱全忠之長兄，全忠即位後封廣王。傳見《舊五代史》卷十二、《新五代史》卷十三。❾張氏　（？—西元九〇四年）朱全忠之妻，曾封魏國夫人，朱全忠即位，追冊為賢妃。梁末帝朱瑱立，追諡元貞皇太后。傳見《舊五代史》卷十一、《新五代史》卷十三。❿捽抑　揪住頭髮，按其頭頸。⓫趨　跑向前去。⓬捨兵眾　離開部隊；捨棄部隊。⓭束身歸罪　縛身回來請罪。束身，自我約束，比喻歸順，投案。⓮異志　叛變的意圖。⓯許州　州名，治所在今河南許昌。⓰壽春　縣名，縣治在今安徽壽縣。⓱敬憚　敬重畏懼。⓲一介　一人。⓳佛山寨　即石佛山寨。⓴家人會別　家人聚集在使宅送行。㉑匡籌　李匡籌（？—西元八九四年）逐李匡威自稱留後，昭宗即授檢校太保，為節度使，後被滄州節度使盧彥威殺死。傳見《舊唐書》卷一百八十、《新唐書》卷二百十二。㉒博野　縣名，縣治在今河北蠡縣。㉓符　即符信。以竹、木或金玉為之，上書文字，剖而為二，各執其一，使用時以兩片相合為驗。調兵之符為虎形，稱虎符。㉔深州　州名，治所在今河北深縣西。㉕無所之　無所往。㉖屢更　多次經受。㉗坊市　街市。㉘第第　修建住宅。㉙父事之　像對待父親一樣侍奉李匡威。

【校　記】①至　原無此字。據章鈺校，十二行本、乙十一行本、孔天胤本皆有此字，張敦仁《通鑑刊本識誤》同，今據補。②三月　原作「二月」。據章鈺校，十二行本、乙十一行本、孔天胤本皆作「三月」，今從改。③李正抱　原誤作「李抱真」。嚴衍《通鑑補》改作「李正抱」，張敦仁《通鑑刊本識誤》同，今據以校正。

【語　譯】朱友裕包圍彭城，時溥多次出兵，朱友裕關閉營門不迎戰；朱瑾夜間逃跑，朱友裕不去追趕。都虞候朱友恭寫信給朱全忠誣陷朱友裕，朱全忠很生氣，通過驛站傳信給都指揮使龐師古，派他代替朱友裕統率軍隊，並且審查朱友裕的這些事情。這封信誤送給了朱友裕，朱友裕非常恐懼，帶領了二千名騎兵逃入山中，暗中去往碭山，藏匿在伯父朱全昱那裡。朱全忠的夫人張氏聽說這件事，讓朱友裕一人騎馬前往汴州見朱全忠，朱友裕在廳堂上痛哭流涕，伏地跪拜。朱全忠命令身邊的人揪他頭髮，按他脖子，準備殺了他。夫人跑過去抱住朱友裕，哭著說：「你離開部隊，一個人回來認罪，沒有其他的意圖是很明白的。」朱全忠醒悟了，放過了朱友裕，讓他暫時代理許州的職務。朱友恭就是壽春人李彥威，幼年時是朱全忠的家僮，朱全忠收養為義子。張夫人，是碭山人，智謀很多，朱全忠敬畏她，即使是軍府要事，也常常和她謀劃商量。有時帶兵出征，到了半路，張夫人認為不可以，派一個人叫回朱全忠，朱全忠便立刻返回。〇龐師古攻打石佛山的營寨，把它攻了下來。從此時溥的徐州軍隊不敢出來打仗。

李匡威救援王鎔時，準備出發前往幽州，家人都集合起來給他送行。李匡威的弟弟李匡籌的妻子很美麗，李匡威喝醉酒後姦淫了她。三月，李匡威從鎮州回來，到達博野，李匡籌佔據軍府自稱為留後，用節度使的符節追回行營的軍隊。李匡威的部眾潰散返回，他只能和一些親近的人留在深州，或進或退，沒有地方可去，派遣判官李正抱入朝上奏，請求回到京城。京城屢遭戰亂，聽說李匡威要來，街市上的人大為恐懼，說：「金頭王李匡威要來謀取朝廷。」士民百姓有的逃匿山谷。王鎔因為李匡威是為了救援自己的緣故導致喪失了幽州，很感謝他，把李匡威接回鎮州，給他建造宅第，對他像自己父親一樣侍奉他。

以渝州❶刺史柳玭❷為瀘州❸刺史。柳氏自公綽❹以來，世以孝悌禮法為士大夫所宗❺。玭為御史大夫，上欲以為相，宦官惡之，故久謫於外。玭嘗戒其子弟曰：「凡門地高❻，可畏不可恃❼也。立身❽行己，一事有失，則得罪重於他人，死無以見先人於地下，此其所以可畏也。門高則驕心易生，族盛則為人所嫉。懿行❾實才❿，人未之信⓫，小有疵纇⓬，眾皆指之，此其所以不可恃也。故膏粱子弟⓭，學宜加勤，行宜加勵⓮，僅得比⓯他人耳！」

王建屢請殺陳敬瑄、田令孜，朝廷不許。夏，四月乙亥⓰，建使人告敬瑄謀作亂，殺之新津⓱。又告令孜通鳳翔⓲書，下獄死。建使節度判官馮涓草表奏之曰：「開匣出虎⓳，孔宣父⓴不責他人。當路斬蛇㉑，孫叔敖蓋非利己。專殺不行於閫外，先機恐失於轂中㉒。」涓，宿㉓之孫也。

汴軍攻徐州，累月㉔不克。通事官㉕張濤以書白朱全忠云：「進兵[1]時日非良㉖，故無功。」全忠以為然。敬翔曰：「今攻城累月，所費甚多，徐人已困，旦夕且下，使將士聞此言，則懈[27]於攻取矣。」全忠乃焚其書。癸未[28]，全忠自將如[29]徐州。戊子[30]，龐師古拔彭城，時溥舉族[31]登燕子樓[32]自焚死。己丑[33]，全忠入彭城，以宋州[34]刺史張廷範[35]知感化留後，奏乞朝廷除[36]文臣為節度使。

李匡威在鎮州，為王鎔完城塹，繕甲兵，訓士卒〔2〕，視之如子。匡威以鎔年少，且樂真定[37]土風，潛謀奪之。李正抱〔3〕自京師還，為之畫策，陰以恩施悅[38]其將士。王氏在鎮久，鎮人愛之，不徇[39]匡威。匡威忌日[40]，鎔就第[41]弔之，匡威素服衷甲[42]，伏兵劫之，鎔趨抱匡威曰：「鎔為晉人[43]所困，幾亡矣，賴公以有今日。公欲得四州[44]，此固鎔之願也，不若與公共歸府，以位讓公，則將士莫之拒矣。」匡威以為然，與鎔駢馬[45]，陳兵[46]入府。會大風雷雨，屋瓦皆振〔4〕。匡威入東偏門[47]，鎮之親軍閉之[48]，有屠者墨君和自缺垣[49]躍出，拳毆匡威甲士，挾鎔於馬上，負之登屋。鎮人既得鎔，攻匡威，殺之，并其族黨。鎔時年十七，體疏瘦[50]，為君和所挾，頸痛頭偏者累日。李匡籌奏鎔殺其兄，請舉兵復冤。詔不許。

幽州將劉仁恭[51]將兵戍蔚州[52]，過期未代[53]，士卒思歸。會李匡籌立，戍卒奉仁恭為帥，還攻幽州，至居庸關[54]，為府兵[55]所敗。仁恭奔河東，李克用厚待之。

【章旨】以上為第十一段，寫王建誅殺陳敬瑄、田令孜，朱全忠滅時溥，李匡威喪身於鎮州。

【注釋】❶渝州　州名，治所在今重慶市。❷柳玭　京兆華原（今陝西耀州）人，柳公綽之孫。官至御史大夫。傳附《舊唐書》卷一百六十五、《新唐書》卷一百六十三〈柳公綽傳〉。❸瀘州　州名，治所在今四川瀘州，在渝州西七百六十里。❹公綽　即柳公綽（?—西元八三〇年），唐名臣。敬宗朝為刑部、兵部尚書，邠寧慶、河東等節度使。傳見《舊唐書》卷一百六十五、《新唐書》卷一百六十三。❺宗　尊崇敬仰。❻門地高　高門大族。門地即門第，封建時代家族的等級。柳氏為名門望族，故柳玭以此戒其子弟。❼恃　仰仗；依靠。❽立身　樹立己身。❾懿行　善行；美德。❿實才　真才實學。⓫未之信　不相信。因門第高，雖有美德實才，別人會以為是依靠家庭而享虛名，故不相信。⓬玼纇　喻過失。玼，通「疵」。玉上的斑點。纇，即纇節，生絲上的外觀疵點。⓭膏粱子弟　指富貴人家的子弟。⓮勵　磨礪；修養。⓯比　並列。⓰乙亥　四月初七日。⓱殺之新津　陳敬瑄於大順二年寓居新津，至此被殺。⓲鳳翔　指鳳翔節度使李茂貞。⓳開匣出虎　打開籠子讓老虎跑出來。語出《論語・季氏》：「虎兕出於柙，龜玉毀於櫝中，是誰之過與?」當時魯國的大夫季氏要攻打魯的屬國顓臾，冉有、子路正輔相季康子，所以孔子責備他們沒有盡到責任，馮涓反用此典，是為王建殺死陳、田二人的行為作辯護。⓴孔宣父　即孔子。唐玄宗開元二十七年（西元七三九年）封孔子為文宣王，故稱孔宣父。父，古代男子的美稱。㉑當路斬蛇　傳說春秋時楚國令尹孫叔敖在幼時出去玩耍，回來憂愁不願吃飯。母親問他原因，他哭著回答：「今天我看見了一條兩頭蛇，恐怕我是快要死了。」母親問蛇在哪裡，他說：「我聽人說看見兩頭蛇的人會死，恐怕別人看見，我已把牠打死埋掉了。」母親說：「不要害怕，我聽說暗中施德給別人者，上天要賜福給他的。」馮涓用此典，以孫叔敖比王建，殺陳、田是為國為民除害。㉒專殺不行於閫外二句　意謂王建如果不在未得到朝命之前把陳、田二人殺掉，那麼對他們謀反的苗頭就失去了掌握，將釀成大禍。專殺，不待請命而殺。閫外，指統兵在外。閫，國門。先機，即先兆。事物初露的苗頭。彀中，弓弩射程所及的範圍。比喻盡在掌握之中。㉓宿　馮宿，字拱之，婺州東陽（今浙江金華）人，入朝為卿相，歷官中書舍人、集賢殿學士、工部、刑部二侍郎，出朝專方面，歷官華州刺史、河南尹、東川節度使。廉正有風骨。傳見《舊唐書》卷一百六十八、《新唐書》卷一百七十七。㉔累月　數月。自去年十一月攻徐州，到現在已五個月。㉕通事官　官名，掌通報傳達。㉖時日非良　時機不好。㉗懈　鬆懈。㉘癸未　四月十五日。㉙如　往。㉚戊子　四月二十日。㉛舉族　全家。㉜燕子樓　樓名，在江蘇徐州。唐德宗貞元年間，尚書張建封鎮徐州，築此樓讓愛妾盼盼居住。張死後，盼盼念舊愛不嫁，住樓中十多年。見白居易〈燕子樓〉詩序。㉝己丑　四月二十一日。㉞宋州　州名，治所在今河南商丘南。㉟張廷範　以優人為朱全忠所愛，官至太常卿，被車裂於河南市。傳見《新唐書》卷二百二十三〈姦臣傳〉下。㊱除　拜官授職。㊲真定　州名，即鎮州。治所真定，在今河北正定。㊳悅　取悅。李匡威為奪王鎔鎮州，以恩施取悅將士。㊴徇　順從。㊵忌日　父母逝世的日子，子女以為忌日。㊶就第　到李匡威住宅。㊷素服衷甲　在喪服內穿上盔甲。㊸晉人　謂河東李克用之兵。㊹四州　鎮、冀、深、趙四州。㊺駢馬　並馬而行。㊻陳兵　列兵。㊼東偏門　鎮州牙城的東偏門。㊽閉之　閉門。李匡威已入門，鎮州兵關閉城門，斷絕後繼的援兵。㊾缺垣　斷牆。㊿疏瘦　清瘦。(51)劉仁恭　（？—西元九一三年）深州樂壽（今河北獻縣）人，始事幽州李可舉，後投靠李克用，為盧龍軍節度使。傳見《新唐書》卷二百十二、《舊五代史》卷一百三十五、《新五代史》卷三十九。(52)蔚州　州名，治所靈丘，在今山西靈丘。(53)未代　無人帶兵前來換防。代，輪替。(54)居庸關　關隘名，長城要口之一，在今北京市昌平西北。(55)府兵　幽州節度使府之兵。

【校　記】①兵　原作「軍」。據章鈺校，十二行本、乙十一行本皆作「兵」，今從改。②訓士卒　原無此三字。據章鈺校，十二行本、乙十一行本、孔天胤本皆有此三字，張敦仁《通鑑刊本識誤》同，今據補。③李正抱　原誤作「李抱真」。嚴衍《通鑑補》改作「李正抱」，張敦仁《通鑑刊本識誤》同，今據以校正。④振　原作「震」。據章鈺校，十二行本、乙十一行本、孔天胤本皆作「振」，今從改。

【語　譯】任命渝州刺史柳玭擔任瀘州刺史。柳氏從柳公綽以來，世代都因為孝順父母、尊敬兄長、重禮守法而為士大夫們所尊崇。柳玭擔任御史大夫，昭宗想要任命他為宰相，宦官討厭他，所以長期貶謫在外。柳玭曾經告誡他的子弟說：「凡是門第高貴的人，令人可怕而不能有所恃。立身處事，一件事失誤了，獲罪就比別人嚴重，死後也沒有臉去和地下的祖先相見，這就是所以可怕的原因。門第高貴就容易產生驕傲的心理，家族興盛就會被人嫉妒；美好的品行，真實的才學，別人不一定相信，稍有瑕疵，大家全都指責他，這就是門第不可依恃的原因。所以富貴子弟，學習應該更加勤奮，行為應該更加勤勉，這樣也僅能和其他人相並列罷了！」

王建多次請求殺掉陳敬瑄、田令孜，朝廷不答應。夏，四月初七日乙亥，王建派人告發陳敬瑄陰謀作亂，在新津把他殺了。又告發田令孜與鳳翔節度使互通書信，把田令孜關進監獄而死。王建讓節度判官馮涓起草表文上奏朝廷說：「打開籠子放出老虎，孔子不責備別人。在路上殺死兩頭蛇，孫叔敖不是利於自己。率軍在外的將領不行使專殺的權力，機會就要在控制範圍內喪失。」馮涓，是馮宿的孫子。

汴州的軍隊攻打徐州，幾個月沒有攻下來。通事官張濤寫信報告朱全忠說：「進兵的時間不好，所以沒有效果。」朱全忠認為他說得對。敬翔說：「如今攻打徐州好幾個月，耗費很多，徐州的士民百姓已經很困乏，早晚之間就可以攻下來。將士們聽到了張濤的話，攻城的勁頭就會鬆懈了。」朱全忠便燒掉了張濤的信。四月十五日癸未，朱全忠親自率軍到達徐州。二十日戊子，龐師古攻取了彭城，時溥全族的人登上燕子樓自焚而死。二十一日己丑，朱全忠進入彭城，派宋州刺史張廷範擔任感化留後，上奏朝廷請求任命文官擔任節度使。

李匡威在鎮州為王鎔修繕城郭溝塹，整治甲冑兵器，訓練士兵，把王鎔視為自己的兒子一樣。李匡威因為王鎔年紀小，而且喜歡鎮州的水土風俗，暗中謀劃奪取鎮州。李正抱從京城回來，替李匡威出謀劃策，背地裡施恩取悅於王鎔的將士。王鎔一家在鎮州時間很長，鎮州人愛戴他們，不服從李匡威。李匡威父母去世的忌日，王鎔到他住處去弔唁，李匡威外穿白色喪服，裡面穿著鎧甲，埋伏士兵劫持了王鎔，王鎔跑上前抱住李匡威說：「我被李克用的晉軍圍困，幾乎滅亡，靠著您才有今天。您想得到鎮、冀、深、趙四個州，這本來是我的願望。不如和您一起回到府中，把節度使的職位讓給您，軍中的將士就沒有人反抗您了。」李匡威認為這話是對的，與王鎔並排騎著馬，部署好士兵，進入府中。正遇上大風雷雨，房頂上的瓦片都抖動了。李匡威進入東偏門，鎮州王鎔的親兵關上了東偏門，有個屠夫叫墨君和，從牙城的缺口跳出來，用拳頭毆打李匡威的穿戴甲冑的士兵，從馬背上把王鎔夾住，背起他登上了屋頂。鎮州的士兵得到了王鎔後，攻打李匡威，把他殺了，李匡威的族人和同黨也被一起殺死。王鎔當時十七歲，身體清瘦，被墨君和夾著走，脖子痛頭偏邪了好幾天。李匡籌上奏朝廷說王鎔殺了他的哥哥，請求發兵報仇。昭宗下詔不同意。

幽州將領劉仁恭率軍戍守蔚州，過了期限無人替換，士兵都想回家。正遇上李匡籌自封為留後，戍守蔚州的士兵擁戴劉仁恭為統帥，回來攻打幽州，到了居庸關，被幽州節度使的軍隊打敗。劉仁恭逃往河東，李克用對待他很優厚。

李神福圍廬州。甲午❶，楊行密自將詣廬州，田頵自宣州引兵會之。初，蔡人張顥以驍勇事秦宗權，後從孫儒，儒敗，歸行密，行密厚待之，使將兵戍廬州。蔡儔叛，顥更為之用❷。及圍急，顥踰城❸來降，行密以隸❹銀槍都❺使袁稹。稹以顥反覆，白行密，請殺之，行密恐稹不能容，置之親軍。稹，陳州❻人也。

王彥復、王審知攻福州，久不下❼。范暉求救於威勝❽節度[1]董昌，昌與陳巖昏姻❾，發溫❿、台⓫、婺州兵五千救之。彥復、審知以城堅，援兵且至，士卒死傷多，白王潮，欲罷兵更圖後舉⓬，潮不許。請潮自臨行營，潮報⓭曰：「兵盡添兵，將盡添將，兵將俱盡，吾當自來。」彥復、審知懼，親犯⓮矢石⓯急攻之。五月，城中食盡，暉知不能守，夜，以印授監軍，棄城走，援兵⓰亦還。庚子⓱，彥復等入城。辛丑⓲，暉亡抵沿海都⓳，為將士所殺。潮入福州，自稱留後，素服葬陳巖，以女妻其子延晦，厚撫其家。汀⓴、建㉑二州降，嶺海間羣盜二十餘輩皆降潰㉒。

閏月，以武勝㉓防禦使錢鏐為蘇杭觀察使。又以扈蹕都頭曹誠為黔中㉔節度使，耀德㉕都頭李鋋為鎮海㉖[2]節度使，宣威㉗都頭孫惟晟㉘為荊南節度使。六月，以捧日㉙都頭陳珮為嶺南東道節度使，並同平章事。時李茂貞跋扈，上以武臣難制，欲用諸王代之，故誠等四人皆加恩，解兵柄，令赴鎮㉚。

李匡籌出兵攻王鎔之樂壽、武強㉛，以報殺匡威之恥。

秋，七月，王鎔遣兵救邢州。李克用敗之于平山。壬申㉜，進擊鎮州。鎔懼，請以兵糧二十萬助攻邢州，克用許之。克用治兵於欒城㉝，合鎔兵三萬進屯任縣㉞，李存信屯琉璃陂㉟。

丁亥㊱，楊行密克廬州，斬蔡儔。左右請發儔父母冢㊲，行密曰：「儔以此得罪，吾何為效之！」○加天雄㊳節度使李茂莊同平章事。○錢鏐發民夫二十萬及十三都軍士㊴築杭州羅城㊵，周七十里。○昇州刺史張雄卒，馮弘鐸代之為刺史。

【章旨】以上為第十二段，寫王潮據福州，錢鏐築城杭州。

【注釋】❶甲午　四月二十六日。❷更為之用　改換門庭為蔡儔所用。❸踰城　越過城牆。❹隸　隸屬。❺銀槍都　楊行密的一支部隊，以長槍為武器。❻陳州　州名，治所在今河南淮陽。❼久不下　去年二月，王潮派王彥復等攻福州范暉，到現在的四月，已歷時一年多，故云「久不下」。❽威勝　方鎮名，唐僖宗中和三年（西元八八三年）升浙東觀察使為義勝節度使，光啓三年（西元八八七年）改為威勝節度使。❾昌與陳巖昏姻　董昌與陳巖為兒女親家，而范暉是陳巖的妻弟。❿溫　州名，治所在今浙江溫州。⓫台　州名，治所臨海，在今浙江臨海。⓬後舉　以後再興兵。⓭報　答覆。⓮犯　冒著。⓯矢石　箭與石頭。⓰援兵　指董昌的部隊。⓱庚子　五月初二日。⓲辛丑　五月初三日。⓳沿海都　駐守海濱的部隊。⓴汀　州名，治所在今福建長汀。㉑建　州名，治所建安，在今福建建甌。㉒降潰　群盜或降或潰。㉓武勝　方鎮名，景福元年賜杭州防禦使號武勝軍防禦使，治所杭州。蘇杭防禦使，錢鏐以杭併蘇，故命之。㉔黔中　方鎮名，治所黔州，在今重慶市彭水苗族土家族自治縣。㉕耀德　神策五十四都之一。㉖鎮海　方鎮名，治所杭州，在今浙江杭州。㉗宣威　神策五十四都之一。㉘孫惟晟　鹽州五原（今內蒙古五原）人，抗擊黃巢有功，拜右金吾衛大將軍。傳附《新五代史》卷四十三〈孫德昭傳〉，為孫德昭之父。《新五代史》作「惟最」。孫德昭以父任為神策軍指揮使，誅劉季述之亂，復辟唐昭宗，拜靜海軍節度使，賜姓李，號「扶傾濟難忠烈功臣」。㉙捧日　神策五十四都之一。㉚令赴鎮　朝廷解曹誠、李鋋等四人神策軍權，命令他們赴節度任所。但四鎮各有割據者，他們未能赴任。㉛武強　縣名，縣治在今河北武強西南。㉜壬申　七月初六日。㉝欒城　縣名，縣治在今河北欒城西。㉞任縣　縣名，縣治苑鄉城，在今河北任縣東北。㉟琉璃陂　鎮名，在邢州龍岡縣界，今河北邢臺西南。㊱丁亥　七月二十一日。㊲發儔父母冢　因蔡儔曾挖楊行密祖父墳，故有此議，以為報復。發冢，挖掘墳墓。㊳天雄　方鎮名，唐懿宗咸通四年（西元八六三年）置天雄軍於秦州，領成、河、渭等州。秦州治所在今甘肅秦安西北。㊴十三都軍士　錢鏐以八都兵起，至今已有十三都兵力，勢力日強。㊵羅城　為加強防守，在城牆外加建的凸出形的小城圈。

【校　記】①節度　原作「節度使」。據章鈺校，十二行本、乙十一行本皆無「使」字，今據刪。②鎮海　原作「鎮海軍」。據章鈺校，十二行本、乙十一行本皆無「軍」字，今據刪。

【語　譯】李神福包圍廬州。四月二十六日甲午，楊行密親自率軍前往廬州，田頵從宣州帶兵和他會合。當初，蔡州人張顥以驍勇善戰侍奉秦宗權，後來跟隨孫儒，孫儒失敗後，歸附楊行密，楊行密待他很優厚，派他率軍守衛廬州。蔡儔叛變後，張顥又為蔡儔所用。當廬州被包圍的危急時刻，張顥翻越城牆前來投降楊行密，楊行密讓他隸屬於銀槍都使袁稹。袁稹因為張顥反覆無常，報告楊行密，請求殺死張顥。楊行密擔心袁稹不能容納張顥，把張顥安置在親軍。袁稹，是陳州人。

王彥復、王審知攻打福州，長時間沒有攻克。范暉向威勝節度董昌求援，董昌和陳巖是姻親，調動溫州、台州、婺州士兵五千人救援范暉。王彥復、王審知因為福州城池堅固，援軍即將到達，士兵死傷很多，向王潮報告，打算撤兵，另謀以後起兵，王潮不答應。他們請王潮親自前來軍營，王潮回答說：「士兵光了增加士兵，將領沒了加派將領，士兵和將領全沒有了，我會親自前來。」王彥復、王審知害怕了，親自冒著弓箭、石頭加緊攻城。五月，城裡食物沒有了，范暉知道不能守住城池，夜裡，把官印交給監軍，丟下城池逃跑了，救援的軍隊也回去了。初二日庚子，王彥復等人進入福州城。初三日辛丑，范暉逃到駐守海濱的部隊，被將士所殺。王潮進入福州城，自稱留後，穿著喪服安葬了陳巖，把自己的女兒嫁給陳巖的兒子陳延晦，用優厚的待遇安撫他的家屬。汀、建二州投降，嶺南到海濱的二十多批盜賊有的投降有的潰散。

閏五月，任命武勝防禦使錢鏐為蘇杭觀察使。又任命扈蹕都頭曹誠為黔中節度使，耀德都頭李鋋為鎮海節度使，宣威都頭孫惟晟為荊南節度使。六月，任命捧日都頭陳珮為嶺南東道節度使，全都為同平章事。當時李茂貞飛揚跋扈，昭宗認為武臣難以控制，打算用諸王代替他們，所以曹誠等四人皆加恩封，解除兵權，命令他們前往鎮所。

李匡籌出兵攻打王鎔的樂壽縣、武強縣，以報王鎔殺死李匡威的恥辱。

秋，七月，王鎔派兵救援邢州。李克用在平山打敗了他。初六日壬申，李克用進軍攻打鎮州。王鎔很害怕，請求拿出軍糧二十萬助攻邢州，李克用答應了他。李克用在欒城整飭軍隊，加上王鎔的軍隊一共三萬人進駐任縣，李存信屯兵琉璃陂。

七月二十一日丁亥，楊行密攻克廬州，殺了蔡儔。身邊的人請求挖掘蔡儔父母的墳墓，楊行密說：「蔡儔因為此類事獲罪，我為什麼要效法他呢！」〇加封天雄節度使李茂莊為同平章事。〇錢鏐徵調民夫二十萬人和十三都的軍士修築杭州的外圍城，周長七十里。〇昇州刺史張雄去世，馮弘鐸替代他擔任刺史。

李茂貞恃功驕橫，上表及遺杜讓能書，辭語不遜。上怒，欲討之。茂貞又上表，略曰：「陛下貴為萬乘❶，不能庇❷元舅❸之一身；尊極九州❹，不能戮復恭之一豎❺。」又曰：「今朝廷但觀彊弱，不計是非。」又曰：「約衰殘而行法，隨盛壯以加恩❻；體物錙銖❼，看人衡纊❽。」又曰：「軍情易變，戎馬❾難羈❿，唯慮甸服⓫生靈⓬，因茲受禍，未審乘輿播越⓭，自此何之！」上益怒，決討茂貞，命杜讓能專掌其事。讓能諫曰：「陛下初臨大寶⓮，國步⓯未夷⓰，茂貞近在國門⓱，臣愚以為未宜與之構怨，萬一不克，悔之無及。」上曰：「王室日卑，號令不出國門，此乃志士憤痛之秋！藥弗瞑眩，厥疾弗瘳⓲。朕不能甘心為孱懦⓳之主，愔愔⓴度日，坐視陵夷㉑。卿但為朕調兵食㉒，朕自委諸王用兵，成敗不以責卿！」讓能曰：「陛下必欲行之，則中外大臣共宜協力以成聖志，不當獨以任臣。」上曰：「卿位居元輔㉓，與朕同休戚㉔，無宜避事！」讓能泣曰：「臣豈敢避事！況陛下所欲行者，憲宗之志㉕也。顧時有所未可，勢有所不能耳㉖。但恐他日臣徒受鼂錯㉗之誅，不能弭㉘七國之禍也。敢不奉詔，以死繼㉙之！」上乃命讓能留中書，計畫調度，月餘不歸㉚。崔昭緯陰結邠、岐㉛，為之耳目㉜，讓能朝發一言，二鎮夕必知之。李茂貞使其黨糾合市人數百千人，擁㉝觀軍容使西門君遂馬訴曰：「岐帥[34]無罪，不宜致討，使百姓塗炭。」君遂曰：「此宰相事，非吾所及。」市人又邀[35]崔昭緯、鄭延昌肩輿[36]訴之，二相曰：「茲事主上專委杜太尉[37]，吾曹不預知。」市人因亂投瓦石，二相下輿走匿民家，僅自免[38]，喪堂印[39]及朝服[40]〔1〕。上命捕其唱帥[41]者誅之，用兵之意益堅。京師民或亡匿山谷，嚴刑所不能禁。八月，以嗣覃王[42]嗣周為京西招討使，神策大將軍李鐬副之[43]。

丙辰[44]，楊行密遣田頵將宣州兵二萬攻歙州[45]。歙州刺史裴樞[46]城守[47]，久不下。時諸將為刺史者多貪暴，獨池州[48]團練使陶雅寬厚得民，歙人曰：「得陶雅為刺史，請聽命。」行密即以雅為歙州刺史，歙人納之。雅盡禮見樞，送之還朝。樞，遵慶[49]之曾孫也。◯朱全忠命龐師古移兵攻兗州，與朱瑾戰，屢破之。

九月丁卯[50]，以錢鏐為鎮海[51]節度使。

李存孝夜犯李存信營，虜奉誠軍使孫考老。李克用自引兵攻邢州，掘塹[52]築壘環之[53]。存孝時出兵突擊，塹壘不能成。河東牙將袁奉韜密使人謂存孝曰：「大王[54]惟俟塹成即歸晉陽，尚書[55]所憚者獨大王耳，諸將非尚書敵也。大王若歸，咫尺[56]之塹，安能沮尚書之鋒銳邪！」存孝以為然，按兵不出。旬日，塹壘成，飛走不能越，存孝由是遂窮。汴將鄧季筠[57]從克用攻邢州，輕騎逃歸。朱全忠大喜，使將親軍。

乙亥[58]，覃王嗣周帥禁軍三萬送鳳翔節度使徐彥若赴鎮，軍于興平[59]。李茂貞、王行瑜合兵近六萬，軍于盩厔[60]以拒之。禁軍皆新募市井少年，茂貞、行瑜所將皆邊兵百戰之餘。壬午[61]，茂貞等進逼興平，禁軍皆望風逃潰，茂貞等乘勝進攻三橋[62]，京師[2]大震，士民奔散，市人復守闕[63]請誅首議用兵者。崔昭緯心害太尉、門下侍郎、同平章事杜讓能，密遺茂貞書曰：「用兵非主上意，皆出於杜太尉耳。」甲申[64]，茂貞陳於臨臯驛[65]，表讓能罪，請誅之。讓能言於上曰：「臣固先言之矣，請以臣為解[66]。」上涕下不自禁，曰：「與卿訣[67]矣！」是日，貶讓能梧州[68]刺史，制辭[69]略曰[70]：「棄卿士[71]之臧謀[72]，構藩垣之深釁[73]，咨詢之際，證執[74]彌堅。」又流觀軍容使西門君遂于儋州[75]，內樞密使李周潼于崖州[76]，段詡于驩州[77]。乙酉[78]，上御安福門[79]，斬君遂、周潼、詡，再貶讓能雷州[80]司戶。遣使謂茂貞曰：「惑朕舉兵者，三人[81]也，非讓能之罪。」以內侍駱全瓘、劉景宣為左右軍中尉。

【章旨】以上為第十三段，寫唐昭宗不聽杜讓能之諫，討伐李茂貞，兵敗再損君威，唐室益衰。

【注釋】❶萬乘　周制，天子地方千里，出兵車萬乘，故以萬乘稱天子。❷庇　保護。❸元舅　指王瓌。王瓌為昭宗舅父，求節度使，楊復恭不同意，故意讓他出任黔南節度使，並指使楊守亮在中途將其害死。其事散見《舊唐書》卷一百八十四〈楊復恭傳〉、《新唐書》卷七十七〈恭憲王太后傳〉等。❹尊極九州　與「貴為萬乘」為互文，意即為天下之至尊。九州，代指全國。❺一豎　一個匹夫。豎，對人的鄙稱。猶言「小子」。❻約衰殘而行法二句　此二句謂約束衰敗的藩鎮，執行國家法律；順從勢力強大的藩鎮，封官晉爵，增加恩寵。李茂貞之表雖然言辭傲慢，但對當時政治形勢的分析卻是一針見血。❼體物錙銖　處事斤斤計較。錙銖，喻輕微，引申為斤斤計較。錙、銖，古代重量單位，六銖為錙，二十四銖為一兩。❽看人衡纊　對人權衡利害。衡，測定重量的器具。意謂揣摩衡量勢力的輕重。纊，絲棉絮，持纊測量氣的粗細。後用衡纊比喻勢利眼。❾戎馬　戰馬。❿羈　束縛；控制。⓫甸服　古代在王畿外圍，每五百里為一區劃，按距離遠近分為侯服、甸服等。此指都城郊外。⓬生靈　百姓。⓭未審乘輿播越　李茂貞是說只考慮京郊周圍百姓受到戰爭的禍害，至於皇帝流遷何方，沒有仔細考慮。輕蔑昭宗，溢於言表。⓮大寶　帝位。⓯國步　國家的命運。步，時運。⓰夷　平坦。⓱茂貞近在國門　當時李茂貞以功任鳳翔隴右節度使，鎮守鳳翔，鳳翔西距長安僅二百八十里，故云「近在國門」。國門，都城之門。⓲藥弗瞑眩二句　吃藥沒有吃到頭暈目眩的程度，不省人事、手足僵冷這樣的病就不能痊癒。此二句以吃藥比喻治理國家。昭宗認為面對唐朝目前的形勢應該下大劑量的藥，動大手術。厥，其。瘳，痊癒。⓳孱懦　懦弱。⓴愔愔　平靜安閒的樣子。㉑陵夷　衰落。㉒調兵食　調集軍用糧草。㉓元輔　宰相。以其輔佐皇帝而位居大臣之首，故稱。㉔休戚　喜樂與憂愁。㉕憲宗之志　憲宗即位後，志在振舉綱紀，裁制藩鎮，大治天下。㉖顧時有所未可二句　意謂看看時與勢，討伐李茂貞的條件，尚不具備。顧，觀看。㉗晁錯　亦作「鼂錯」。西漢政論家，景帝時任御史大夫，主張削藩以強化中央集權。吳、楚等七國藉口清君側起兵叛亂，晁錯被殺。傳見《史記》卷一百一、《漢書》卷四十九。㉘弭　消除。㉙繼　承受。㉚不歸　不回家。㉛邠岐　指邠寧節度使王行瑜、鳳翔節度使李茂貞。鳳翔本岐州，故稱。㉜耳目　偵察消息的人。㉝擁　包圍；阻塞。㉞岐帥　指李茂貞。㉟邀　攔截；遮阻。㊱肩輿　用人力抬扛的代步工具，中設軟椅以坐人。唐制，朝臣上朝皆乘馬，老病者可乘肩輿。㊲杜太尉　指杜讓能。太尉，三公之一。昭宗初立，即進杜讓能尚書左僕射、晉國公，賜鐵券，累進太尉。見《新唐書》卷九十六〈杜讓能傳〉。㊳自免　身免。指二相自身逃脫，只是免受傷害。㊴堂印　宰相居政事堂所用的官印。㊵朝服　朝會時所著之禮服。㊶唱帥　帶頭首倡之人。㊷覃王　順宗子李經封郯王，嗣周是其後。唐武宗名炎，會昌後為避武宗諱，改「郯」為「覃」。㊸李鐬副之　當時李鐬為招討使之副，率禁軍三萬討伐李茂貞。事載《舊唐書》卷一百七十七〈杜讓能傳〉、《新唐書》卷二百八

〈劉季述傳〉。(44)丙辰　八月二十一日。(45)歙州　州名，治所在今安徽歙縣。(46)裴樞　（西元八四〇—九〇五年）絳州聞喜（今山西聞喜）人，肅宗朝宰相裴遵慶之曾孫。傳附《舊唐書》卷一百十三、《新唐書》卷一百四十〈裴遵慶傳〉。(47)城守　據城堅守。(48)池州　州名，治所在今安徽貴池縣。(49)遵慶　裴遵慶（？—西元七七五年），即裴樞之曾祖，肅宗朝宰相，兩《唐書》均有傳。事又見本書卷二百二十二肅宗上元二年。(50)丁卯　九月初二日。(51)鎮海　軍鎮名，治所潤州，在今江蘇鎮江。時為安仁義所據，今以命錢鏐。至光化元年（西元八九八年），錢鏐徙軍鎮於杭州。(52)塹　壕溝。(53)環之　包圍邢州。(54)大王　指李克用，時李克用封隴西郡王。(55)尚書　指李存孝，時李存孝加官檢校尚書。(56)咫尺　八寸為咫。咫尺比喻距離很近。(57)鄧季筠　原為汴將，大順元年九月將兵攻李罕之於澤州，李罕之向李克用告急，克用派李存孝救之。存孝於陣前生擒鄧季筠。此次鄧又隨李克用攻存孝。傳見《舊五代史》卷十九。(58)乙亥　九月初十日。(59)興平　縣名，縣治在今陝西興平。(60)盩厔　縣名，縣治在今陝西周至。(61)壬午　九月十七日。(62)三橋　鎮名，在今陝西西安西。(63)守闕　守在宮門之外。(64)甲申　九月十九日。(65)臨皋驛　驛站名，在長安城西。(66)以臣為解　拿我杜讓能問罪以解除兵亂。(67)訣　永別。(68)梧州　州名，治所在今廣西梧州。離京都五千五百里。(69)制辭　詔書。(70)略曰　概括地說。昭宗貶杜讓能情不由己，故制書訴其衷曲。(71)卿士　執政者。(72)臧謀　好的意見。臧，善。(73)構藩垣之深釁　與藩鎮結下了很深的仇恨。構，結成。藩垣，藩衛；護衛國家的疆吏。此指李茂貞。釁，縫隙；裂痕。(74)證執　即執證，指固執地堅持自己的意見。(75)儋州　州名，治所在今海南儋州西北。(76)崖州　州名，治所在今海南海口東南。(77)驩州　州名，治所在今越南榮市。(78)乙酉　九月二十日。(79)安福門　長安宮城南門外有東西大街，街的西門叫安福門。(80)雷州　州名，治所在今廣東雷州半島海康。(81)三人　指西門君遂、李周潼、段詡。

【校　記】①朝服　據章鈺校，十二行本、乙十一行本皆作「朝報」。按，「朝服」義長。②京師　原作「京城」。據章鈺校，十二行本、乙十一行本、孔天胤本皆作「京師」，今從改。

【語　譯】李茂貞靠著有功勞驕恣蠻橫，向昭宗上表和給杜讓能寫信，言辭不恭敬。昭宗十分生氣，想要討伐他。李茂貞又一次上表，大略說：「陛下貴為萬乘之主，不能庇護皇舅一人之身；陛下為天下至尊，不能處死楊復恭這個傢伙。」又說：「當今朝廷只觀察各節度使的強弱，不計較是非曲直。」又說：「對勢力衰敗的加以約束，施以刑法，順從勢力強大的，對他們施加恩賞；對財物錙銖必較，對人權衡利害。」又說：「軍情容易變化，戰馬很難控制，我只考慮京城附近的百姓，會因此而遭受災禍，沒有考慮皇上遷徙流離，從此以後到哪裡去！」昭宗更加憤怒，決心討伐李茂貞，命令杜讓能專門負責這件事。杜讓能勸昭宗說：「陛下初即帝位，國家的命運還不平穩，李茂貞近在國門，臣認為不應該和他結仇，萬一不能戰勝他，後悔也就來不及了。」昭宗說：「皇室日益卑微，命令出不了都城，這是有志之士痛心疾首、悲憤難平的時候！用藥不到頭昏眼花的程度，病就不會痊癒。朕不能心甘情願地做一個軟弱無能的國君，安閒度日，坐在那裡看著別人來欺侮。卿只管給朕調集軍隊和糧食，朕自己委派各王帶兵打仗，成功失敗都不會責怪你！」杜讓能說：「陛下一定要興兵討伐，就應該讓朝廷內外大臣一起協力來完成陛下的心願，不應當把這一重任只交給臣一個人。」昭宗說：「卿位居宰輔，要和朕休戚與共，不應該迴避這件事！」杜讓能哭著說：「臣怎麼敢迴避這件事呢！況且陛下打算做的這件事，是當年憲宗的心願。只是時機不允許，形勢讓人不能那樣做罷了。臣只怕異日白白像晁錯一樣遭受殺害，不能平息吳、楚七國叛亂的災難。臣怎麼敢不奉行詔令，以死相繼！」昭宗於是命令杜讓能留在中書省，出謀劃策，調度兵馬，一個多月沒有回家。崔昭緯暗中勾結邠州、岐州，做他們的耳目，杜讓能早上說一句話，邠州、岐州二鎮晚上一定知道。李茂貞派他的黨羽糾集市民成百上千，堵住觀軍容使西門君遂的馬訴說：「岐州軍帥李茂貞沒有罪過，不應該前去討伐，讓百姓生靈塗炭。」西門君遂說：「這是宰相的事情，不是我力量所能做到的。」市民又攔住崔昭緯、鄭延昌的轎子訴說，兩位宰相說：「這件事皇上專門委任杜讓能，我們事先不知道。」市民乘機亂扔磚瓦石塊，兩位宰相下了轎子跑到老百姓家裡躲藏，只是脫身沒有受到傷害，丟失了官印和朝服。昭宗下令逮捕鬧事發起人，把他們殺了，出兵討伐的意願更加堅決。京城的民眾有的逃匿山谷，動用酷刑也不能禁止。八月，任命嗣覃王李嗣周擔任京西招討使，神策大將軍李鐬擔任李嗣周的副佐。

八月二十一日丙辰，楊行密派遣田頵率領宣州的軍隊二萬人攻打歙州。歙州刺史裴樞據城固守，長期不能攻克。當時各將領擔任刺史的大多貪婪暴虐，唯獨池州團練使陶雅待人寬厚深得民心。歙州人說：「如果得到陶雅來當歙州刺史，我們就聽從您的命令。」楊行密立刻任命陶雅為歙州刺史，歙州人就接納了他。陶雅用完備的禮節去看望裴樞，送他返回朝廷。裴樞，是裴遵慶的曾孫。〇朱全忠命令龐師古調動軍隊攻打兗州，與朱瑾交戰，多次打敗了朱瑾。

九月初二日丁卯，任命錢鏐擔任鎮海節度使。

李存孝在夜裡侵入李存信的軍營，俘虜了奉誠軍使孫考老。李克用親自帶兵攻打邢州，環繞邢州城挖溝築壘。李存孝不時出兵襲擊，壕溝營壘不能完成。河東牙將袁奉韜祕密派人對李存孝說：「李克用只等到壕溝挖成立即返回晉陽，尚書您所懼怕的只是李克用而已，其他各個將領都不是尚書您的對手。李克用如果返回晉陽，幾尺寬的壕溝，怎麼能阻擋尚書您的銳利鋒芒呢！」李存孝認為說得對，便按兵不出。過了十天，壕溝營壘修成了，飛跑著都不能越過，李存孝因此被圍困得毫無辦法。汴州的將領鄧季筠隨從李克用攻打邢州，鄧季筠騎馬輕裝逃回汴州。朱全忠十分高興，派鄧季筠統率親軍。

九月初十日乙亥，覃王李嗣周率領禁軍三萬人護送鳳翔節度使徐彥若前往鎮所，駐軍在興平。李茂貞、王行瑜把部隊集中起來將近六萬人，屯兵盩厔進行對抗。朝廷禁軍都是剛從街市上招募的年輕人，李茂貞、王行瑜所率領都是身經百戰的邊防士兵。十七日壬午，李茂貞等人進逼興平，禁軍全都望風潰逃，李茂貞等人乘勝攻打三橋，京師大為震動，士民百姓四處逃離，街市民眾又守在皇宮門前請求誅殺首先提議出兵征討的人。崔昭緯存心要陷害太尉、門下侍郎、同平章事杜讓能，祕密送信給李茂貞說：「這次用兵打仗不是皇上的意圖，都是杜讓能出的主意。」十九日甲申，李茂貞布陣臨皋驛，上表列舉杜讓能的罪過，請求殺死他。杜讓能對昭宗說：「臣本來早就說過了，現在請拿臣問罪來解除兵亂。」昭宗流淚不能自止，對杜讓能說：「和你永別了！」這一天，把杜讓能貶為梧州刺史，昭宗的詔書大略說：「放棄了卿士們很好的意見，與藩鎮們結下了深深的矛盾，在諮詢商量的時候，所堅持意見愈加牢固。」又把觀軍容使西門君遂流放到儋州，把內樞密使李周潼流放到崖州，把段詡流放到驩州。二十日乙酉，昭宗親臨安福門，殺了西門君遂、李周潼、段詡，把杜讓能再貶為雷州司戶。昭宗派遣使者對李茂貞說：「鼓動朕出兵的，是西門君遂、李周潼、段詡這三個人，不是杜讓能的罪過。」任命內侍駱全瓘、劉景宣為左、右軍中尉。

壬辰❶，以東都留守韋昭度為司徒❷、門下侍郎、同平章事❸，御史中丞崔胤❹為戶部侍郎、同平章事。胤，慎由之子也，外寬弘而內巧險❺，與崔昭緯深相結，故得為相。季父❻安潛謂所親曰：「吾父兄刻苦以立門戶❼，終為緇郎❽所壞！」緇郎，胤小字也。

李茂貞勒兵❾不解，請誅杜讓能，然後還鎮，崔昭緯復從而擠❿之。冬，十月，賜讓能及其弟戶部侍郎弘徽自盡。復下詔布告中外，稱讓能舉枉錯直⓫，愛憎繫於一時⓬。鬻獄⓭賣官，聚斂⓮踰⓯於巨萬。自是朝廷動息⓰皆稟⓱於邠、岐，南、北司⓲往往依附二鎮以邀恩澤。有崔鋋、王超者，為二鎮判官，凡天子有所可否，其不逞⓳者，輒訴於鋋、超，二人則教茂貞、行瑜上章論之，朝廷少有依違⓴，其辭語已不遜㉑。

制復以茂貞為鳳翔節度使兼山南西道節度使、守中書令，於是茂貞盡有鳳翔、興元、洋、隴秦㉒等十五州之地。以徐彥若為御史大夫。○戊戌㉓，以泉州刺史王潮為福建觀察使。○舒州刺史倪章棄城走㉔，楊行密以李神福為舒州刺史。

邠寧節度使、守侍中兼中書令王行瑜求為尚書令㉕。韋昭度密奏，稱[1]「太宗以尚書令執政，遂登大位，自是不以授人臣。惟郭子儀㉖以大功拜尚書令，終身避讓。「行瑜安可輕議！」十一月，以行瑜為太師，賜號尚父㉗，仍賜鐵券㉘。十二月，朱全忠請徙鹽鐵㉙於汴州以便供軍。崔昭緯以為全忠新破徐、鄆，兵力倍增，若更判鹽鐵，不可復制，乃賜詔開諭㉚之。○汴將葛從周攻齊州㉛刺史朱威，朱瑄、朱瑾引兵救之。

初，武安㉜節度使周岳殺閔勗，據潭州，邵州㉝刺史鄧處訥聞而哭之，諸將入弔。處訥曰：「吾與公等咸㉞受僕射大恩㉟，今周岳無狀㊱殺之，吾欲與公等竭一州之力，為僕射報仇，可乎？」皆曰：「善！」於是訓卒厲兵㊲。八年，乃結朗州刺史雷滿，共攻潭州，克之，斬岳，自稱留後。

【章旨】以上為第十四段，寫杜讓能蒙鼂錯之冤而死，李茂貞得勢，身兼鳳翔、山南西道兩節度使，奸險小人崔胤拜相。

【注釋】❶壬辰　九月二十七日。❷司徒　官名，三公之一。唐代司徒授給有資望的大臣，並非實職。❸門下侍郎同平章事　門下侍郎兼帶同平章事即為宰相之職。下文言崔胤以戶部侍郎兼帶同平章事，亦是宰相之職。❹崔胤　（西元八五三—九〇四年）宣宗朝宰相崔慎由之子，昭宗朝結援朱全忠誅殺宦官。傳見《舊唐書》卷一百七十七、《新唐書》卷二百二十三下。❺巧險　奸巧陰險。❻季父　叔父。崔慎由與崔安潛皆為崔從之子。❼父兄刻苦以立門戶　父崔從為人嚴謹，忠厚，立朝負有聲望。兄崔慎由端厚，有其父風采。❽緇郎　崔胤乳名。❾勒兵　統率軍隊。❿擠　摧逼；陷害。⓫舉枉錯直　選拔邪惡的人，放置在正直的人之上。枉，不正直；邪惡。錯，同「措」。放置。語出《論語．為政》：「舉直錯諸枉，則民服；舉枉錯諸直，則民不服。」⓬繫於一時　憑一時的感情。⓭鬻獄　賣獄索賄。⓮聚斂　搜刮財貨。⓯踰　超過。⓰動息　行動舉止。⑰稟　報告。⑱南北司　南司，唐代宰相官署。唐代以中書、門下、尚書三省共議國政，行宰相職權，三省都在皇宮南面，所以叫南衙，也叫南司。北司，唐內侍省。掌管宮內事務的機構，由宦官組成，在皇宮之北，故稱北司。⑲不逞　不能得逞。⑳依違　依從和違背。此謂不同意見。㉑其辭語已不遜　謂朝廷稍有不同意見，李茂貞、王行瑜的上章便出言不遜。不遜，不恭敬。㉒隴秦　方鎮名，即天雄軍節度。李茂貞原據鳳翔為一鎮，山南西道（治所興元）又一鎮，洋州（武定軍）又一鎮，加上秦隴天雄軍共兼有四鎮之地。㉓戊戌　十月初四日。㉔倪章棄城走　倪章原與蔡儔連兵，現蔡儔已敗，故棄城逃走。㉕尚書令　官名，尚書省長官，唐為宰相，因唐太宗曾為尚書令，後不再設此官，尚書省長官僅置左右僕射。㉖郭子儀　平定安史之亂的唐代中興功臣。傳見《舊唐書》卷一百二十、《新唐書》卷一百三十七。㉗尚父　周武王尊呂尚為尚父，後世尚父成為皇帝尊禮大臣所加的尊號。㉘鐵券　帝王頒賜功臣授以世代享受某種特權的鐵契。分左右二半，左頒功臣，右存內府。如功臣或其後代犯罪，取券合之，推念其功，可予以赦減。㉙鹽鐵　鹽鐵轉運使。㉚開諭　開導勸解。㉛齊州　州名，治所歷城，在今山東濟南。㉜武安　方鎮名，唐僖宗中和三年（西元八八三年）以湖南觀察使為欽化軍節度，光啟元年（西元八八五年）改欽化軍節度為武安軍節度使。治所潭州，在今湖南長沙。㉝邵州　州名，治所邵陽，在今湖南邵陽。㉞咸都；全。㉟受僕射大恩　邵州在閔勗巡屬之內，所以邵州刺史鄧處訥說「受僕射大恩」。僕射，指閔勗，曾加官檢校尚書僕射。㊱無狀　無禮。㊲訓卒厲兵　訓練士卒，磨礪武器。厲，通「礪」。

【校　記】①稱　原無此字。據章鈺校，十二行本、乙十一行本、孔天胤本皆有此字，張敦仁《通鑑刊本識誤》同，今據補。

【語　譯】九月二十七日壬辰，任命東都留守韋昭度為司徒、門下侍郎、同平章事，御史中丞崔胤為戶部侍郎、同平章事。崔胤是崔慎由的兒子，他外表寬宏大量，而內心奸詐陰險，和崔昭緯互相深加勾結，所以能夠做宰相。他的叔父崔安潛對親近的人說：「我的父親、哥哥辛勤勞苦為崔家創家立業，最終要被緇郎所敗壞！」緇郎是崔胤的小名。

李茂貞率領軍隊，沒有撤退，請求殺死杜讓能，然後返回鎮所，崔昭緯又從中擠壓杜讓能。冬，十月，昭宗賜命杜讓能和他的弟弟戶部侍郎杜弘徽自殺。又下詔宣告朝廷內外，說杜讓能舉用違法邪惡的人，放置在正直的人之上，對人的喜好和憎惡都憑一時決定。他賣獄索賄，售官鬻爵，搜刮的錢財超過億萬。從此，朝廷的一舉一動都要向邠州、岐州報告，南衙北司往往依附李茂貞和王行瑜獲取恩賞。有崔鋋、王超這兩個人，是邠州、岐州二鎮的判官，凡是昭宗所批示的同意與不同意的意見，只要有人對此不滿意，就告訴崔鋋、王超，這兩個人就唆使李茂貞、王行瑜送上表章進行論辯，朝廷稍有不同意見，他們的言辭就不恭敬了。

唐昭宗又下制書重新任命李茂貞為鳳翔節度使兼山南西道節度使，代理中書令，於是李茂貞佔有了鳳翔、興元、洋州、隴州、秦州等十五州的全部地方。朝廷任命徐彥若為御史大夫。〇十月初四日戊戌，任命泉州刺史王潮擔任福建觀察使。〇舒州刺史倪章棄城逃跑，楊行密任命李神福擔任舒州刺史。

邠寧節度使、代理侍中兼中書令王行瑜要求擔任尚書令。韋昭度祕密上奏，說「太宗擔任尚書令，執掌政務，由此登上帝位，從此以後不把這個官職授給大臣。只有郭子儀由於有大功拜為尚書令，但他終身避讓。王行瑜怎麼可以輕易要求這個官職呢！」十一月，任命王行瑜為太師，賜號尚父，還頒賜鐵券。

十二月，朱全忠請求把鹽鐵轉運使的官署轉移到汴州，以便向軍隊提供需求。崔昭緯認為朱全忠剛剛打敗了徐州、鄆州的軍隊，兵力倍增，如果再讓他掌管鹽鐵，不能再加控制，於是頒賜詔書勸導朱全忠。〇汴州的將領葛從周攻打齊州刺史朱威，朱瑄、朱瑾率軍援救朱威。

當初，武安節度使周岳殺死閔勗，佔據潭州。邵州刺史鄧處訥聽到這個消息後哭起來，各將領都去弔唁。鄧處訥對他們說：「我和你們都受到了閔勗的大恩，現在周岳無緣無故殺死了他，我想和你們一起竭盡邵州的全部軍力，替閔勗報仇，可以嗎？」大家都回答說：「好！」於是訓練士卒，磨礪兵器。過了八年，聯合朗州刺史雷滿共同攻打潭州，把它攻克了，殺了周岳，鄧處訥自稱為留後。

乾寧元年（甲寅　西元八九四年）

春，正月乙丑朔❶，赦天下，改元❷。〇李茂貞入朝，大陳兵❸自衛，數日歸鎮。◯以李匡籌為盧龍節度使。

二月，朱全忠自將擊朱瑄，軍于魚山❹。瑄與朱瑾合兵攻之，兗、鄆兵大敗，死者萬餘人。

以右散騎常侍❺鄭綮❻為禮部侍郎、同平章事。綮好詼諧，多為歇後詩❼，譏嘲時事。上以為有所蘊❽，手注班簿❾，命以為相，聞者大驚。堂吏❿往告之，綮笑曰：「諸君大誤，使天下更無人，未至鄭綮！」吏曰：「特出聖意⓫。」綮曰：「果如是，柰人笑何！」既而賀客至，綮搔首言曰：「歇後鄭五⓬作宰相，時事可知矣！」累讓不獲⓭，乃視事。

以邵州刺史鄧處訥為武安節度使。◯彰義⓮節度使張鈞薨，表其兄鐇為留後。

三月，黃州⓯刺史吳討⓰舉州降楊行密。

邢州城中食盡。甲申⓱，李存孝登城謂李克用曰：「兒蒙王恩得富貴，苟非⓲困於讒慝⓳，安肯捨父子而從仇讎⓴乎！願一見王，死不恨！」克用使劉夫人視之。夫人引存孝出見克用，存孝泥首㉑謝罪曰：「兒粗立微勞，存信逼兒，失圖㉒至此！」克用叱之曰：「汝遺朱全忠、王鎔書，毀我萬端㉓，亦存信教汝乎！」囚之，歸于晉陽，車裂㉔於牙門㉕。存孝驍勇，克用軍中皆莫及，常將騎兵為先鋒，所向無敵，身被重鎧㉖，腰弓㉗髀槊㉘，獨舞鐵檛㉙陷陳，萬人辟易㉚。每以二馬自隨，馬稍乏，就陳中易之，出入如飛。克用惜其才，意臨刑諸將必為之請，因而釋之。既而諸將疾其能，竟無一人言者。既死，克用為之不視事者旬日，私恨諸將，而於李存信竟無所譴。又有薛阿檀者，其勇與存孝相侔㉛，諸將疾之，常不得志，密與存孝通，存孝誅，恐事泄，遂自殺。自是克用兵勢浸弱㉜，而朱全忠獨盛矣。克用表馬師素為邢洺節度使。

【章旨】以上為第十五段，寫歇後鄭五拜相。李克用誅李存孝，自毀長城。

【注釋】❶乙丑朔　正月初一日。❷改元　改換年號為乾寧。❸大陳兵　大量部署軍隊。❹魚山　山名，又名魚條山，在今山東東阿西。❺散騎常侍　官名，在皇帝左右規諫過失，備顧問。在門下省者為左散騎常侍，在中書省者為右散騎常侍。❻鄭綮　字蘊武，昭宗朝官至宰相，三月而罷。傳見《舊唐書》卷一百七十九、《新唐書》卷一百八十三。❼歇後詩　詩體的一種。多用詼諧形象的語句，隱去後語，以前面的詩句示義。❽蘊　含有深奧的事理。❾手注班簿　昭宗親手把鄭綮之名添加在朝官班次簿錄中。注，記載。❿堂吏　唐代中書省辦事的官吏。⓫特出聖意　皇帝專門點的名。⓬鄭五　鄭綮排行老五，愛作歇後詩，時人稱為歇後鄭五體。⓭不獲　未獲批准辭官。⓮彰義　方鎮名，治所涇州，在今甘肅涇川縣北。⓯黃州　州名，治所黃岡，在今湖北新洲。當時黃州屬鄂岳節度，即武昌軍。⓰吳討　鄂州永興縣民，以當地民團起家，據黃州。其事散見《新唐書》卷一百九十〈杜洪傳〉等篇。⓱甲申　三月二十一日。⓲苟非　如果不是。⓳讒慝　惡言惡意，此指邪惡之人。⓴仇讎　仇人。此指朱全忠。㉑泥首　以泥塗腦袋，表示自辱服罪。㉒失圖　打錯了主意。㉓毀我萬端　百般誹謗我。萬端，千萬個方面。猶今言百般。㉔車裂　古代酷刑之一。以車撕裂人體。㉕牙門　軍帳前立大旗表示營門。㉖重鎧　厚重的鎧甲。㉗腰弓　腰間掛著弓。㉘髀槊　大腿外側挎著長矛。㉙鐵檛　粗鐵鞭。㉚辟易　驚退。㉛相侔　相等。㉜浸弱　逐漸衰弱。李克用自翦羽翼，所以力量漸弱。

【語 譯】乾寧元年（甲寅 西元八九四年）

春，正月初一日乙丑，大赦天下，改換年號。〇李茂貞來京朝見，部署大量軍隊自衛，幾天後返回鎮所。〇任命李匡籌為盧龍節度使。

二月，朱全忠親自率軍攻打朱瑄，屯兵魚山。朱瑄與朱瑾兵力聯合攻打朱全忠，朱瑄的鄆州軍和朱瑾的兗州軍大敗，死的有一萬多人。

任命右散騎常侍鄭綮為禮部侍郎、同平章事。鄭綮喜好詼諧，寫了很多歇後詩，諷刺時事。昭宗認為鄭綮內藏才幹，親手把他添加在朝官班次名錄中，任命鄭綮為宰相，聽到的人大為吃驚。中書省吏員前去告訴鄭綮這一任命，鄭綮笑著說：「你們大錯，假如天下都沒有人了，也輪不到我鄭綮做宰相！」吏員說：「這是特例出自皇上的旨意。」鄭綮說：「果然如此，讓別人怎麼笑話我啊！」沒多久，祝賀的客人來了，鄭綮用手抓著頭說：「我歇後鄭五當了宰相，當前國家大事怎麼樣，可想而知了！」鄭綮一再推辭，沒有獲准，只能上任視事。

任命邵州刺史鄧處訥為武安節度使。〇彰義節度使張鈞去世，上表請求任命他的哥哥張鐇擔任留後。

三月，黃州刺史吳討獻出州城投降了楊行密。

邢州城裡食物吃光了。三月二十一日甲申，李存孝登上城樓對李克用說：「兒蒙受父王的大恩才得到富貴，假如不是受到奸邪小人的逼迫，怎麼能捨棄父子之情而去跟隨您的仇敵呢！希望見父王一面，我死也沒有什麼遺憾啦！」李克用派劉夫人去看望他。劉夫人帶著李存孝出來看望李克用，李存孝以泥塗頭，謝罪說：「兒稍微立了一點功勞，李存信就逼迫兒，兒打錯了主意，落到如此地步！」李克用大聲斥責他說：「你送給朱全忠、王鎔的信，百般毀謗我，也是李存信教你的嗎！」李克用囚禁了李存孝，送回晉陽，在牙門前車裂處死。李存孝勇猛強悍，李克用軍中的將領沒有人比得上他，常常率領騎兵擔任先鋒，所向無敵，李存孝身上穿著厚重的鎧甲，腰間掛著弓箭，大腿外側挎著長矛，獨自揮舞鐵鞭衝鋒陷陣，驚退萬人。李存孝每次都帶著兩匹馬跟隨自己，騎著的馬稍有疲乏，就在陣地上換騎另一匹馬，出入戰陣如同飛翔。李克用愛惜李存孝的才幹，心想臨刑前各位將領一定替李存孝求情，他就可以乘機釋放李存孝。不料各位將領嫉妒李存孝的能力，竟然沒有一個說話的人。李存孝死後，李克用為此十多天不辦理政事，私下裡怨恨各位將領，但對李存信竟然沒有譴責。另外有一個叫薛阿檀的，他的勇敢和李存孝相當，各位將領嫉妒他，他常常感到不得志，暗中與李存孝交往，李存孝被殺後，他擔心事情洩露，就自殺了。從此，李克用的軍力逐漸衰弱，只有朱全忠最為強盛。李克用上表請求任命馬師素為邢洺節度使。

朱全忠遣軍將張從晦慰撫壽州。從晦陵侮❶刺史江彥溫而與諸將夜飲，彥溫疑其謀己。明日，盡殺在席諸將，以書謝全忠而自殺。軍中推其子從頊知軍州事，全忠為之腰斬從晦。

五月，加鎮海節度使錢鏐同平章事。

劉建鋒、馬殷引兵至澧陵❷，鄧處訥遣邵州指揮使蔣勛、鄧繼崇將步騎三千守龍回關❸。殷先至關下，遣使詣勛，勛等以牛酒犒師。殷使說勛曰：「劉龍驤❹[1]智勇兼人❺，術家言當興翼、軫間❻。今將十萬眾，精銳無敵，而君以鄉兵❼數千拒之，難矣。不如先下之，取富貴，還鄉里，不亦善乎！」勛等然之，謂眾曰：「東軍❽許吾屬還。」士卒皆讙呼，棄旗幟鎧仗遁去。建鋒令前鋒衣其甲❾，張其旗⑩，趨潭州。潭人以為邵州兵還，不為備。建鋒徑⑪入府，處訥方宴⑫，擒斬之。戊辰⑬，建鋒入潭州，自稱留後。

王建攻彭州，城中人相食，彭州內外都指揮使趙章出降。王先成請築龍尾道⑭，屬⑮于女牆⑯。丙子⑰，西川兵登城，楊晟猶帥眾力戰，刀子都虞候王茂權斬之。獲彭州馬步使安師建，建欲使為將，師建泣謝曰：「師建誓與楊司徒⑱同生死，不忍復戴日月⑲，惟速死為惠⑳。」再三諭之，不從，乃殺之，禮葬而祭之。更趙章姓名曰[2]王宗勉，王茂權名[3]曰宗訓，又更王釗名曰宗謹，李綰姓名曰王宗綰。

辛卯㉑，中書侍郎、同平章事鄭延昌罷為右僕射。◯朱瑄、朱瑾求救於河東，李克用遣騎將安福順及弟福慶、福遷督精騎五百假道於魏，度河應之。◯武昌節度使杜洪攻黃州㉒，楊行密遣行營都指揮使朱延壽等救之。

六月甲午㉓，以宋州刺史張廷範為武寧㉔節度使，從朱全忠之請也。◯蘄州㉕刺史馮敬章邀擊淮南軍，朱延壽攻蘄州，不克。

【章　旨】以上為第十六段，寫劉建鋒破潭州，王建下彭州。

【注釋】❶陵侮 欺陵侮辱。❷澧陵 縣名，縣治在今湖南醴陵。當時屬潭州，在州東南一百六十里。❸龍回關 關名，在今湖南隆回西北。❹劉龍驤 即劉建鋒。唐僖宗乾符年間，劉建鋒曾為龍驤指揮使。❺兼人 勝過別人。❻術家言當興翼軫間 星占家說劉龍驤當在楚地荊州興起。翼、軫，星宿名，翼、軫二宿為楚荊分野。❼鄉兵 蔣勛、鄧繼崇都是邵州土豪，所領之兵都是當地土人，故謂之鄉兵。❽東軍 劉建鋒軍隊從東邊來，故蔣勛稱為東軍。❾衣其甲 穿上蔣勛軍隊的鎧甲。❿張其旗 打著蔣勛軍隊的旗幟。張，張揚；大張聲勢。張旗，謂堂堂正正的舉旗。⓫徑 一直。⓬方宴 正在舉行宴會。⓭戊辰 五月初七日。⓮龍尾道 從城外築有臺階的蹬道，傾斜著向上，直接到城上短垣。這種道前高後低，最後接於地，好像龍垂尾的樣子，故謂龍尾道。⓯屬 連接。⓰女牆 城上矮牆。⓱丙子 五月十五日。⓲楊司徒 指楊晟。⓳復戴日月 重新換日月於頭頂。意謂更換主人，投靠王建。⓴惠 恩惠。㉑辛卯 五月三十日。㉒杜洪攻黃州 黃州刺史吳討舉州降楊行密，故杜洪攻之。㉓甲午 六月初三日。㉔武寧 方鎮名，治所徐州，在今江蘇徐州。徐州先賜號感化軍，屬朱全忠後，復為武寧軍。㉕蘄州 州名，治所在今湖北蘄春。屬武昌節度。

【校記】①劉龍驤 原無「龍」字。胡三省注云：「此必遺『龍』字。」據章鈺校，孔天胤本有「龍」字，今據補。②曰 原無此字。據章鈺校，十二行本、乙十一行本、孔天胤本皆有此字，張瑛《通鑑校勘記》同，今據補。③名 原無此字。據章鈺校，十二行本、乙十一行本、孔天胤本皆有此字，張瑛《通鑑校勘記》同，今據補。

【語譯】朱全忠派遣軍中將領張從晦慰問安撫壽州。張從晦陵辱壽州刺史江彥溫，而在夜裡和各位將領飲酒，江彥溫懷疑張從晦要算計自己。第二天，把在座飲酒的各位將領都殺了，寫信給朱全忠謝罪後自殺了。軍中將士推舉江彥溫的兒子江從頊來主持軍隊和壽州的事務。朱全忠為這件事把張從晦腰斬處死。

五月，加封鎮海節度使錢鏐為同平章事。

劉建鋒、馬殷帶領軍隊到達澧陵，鄧處訥派遣邵州指揮使蔣勛、鄧繼崇率領步兵、騎兵三千人防守龍回關。馬殷先到達龍回關下，派遣使者前往蔣勛那裡，蔣勛等人拿出牛肉和酒水犒勞馬殷的軍隊。馬殷的使者勸蔣勛說：「劉建鋒智勇過人，卜卦算命的人說他應在荊州、長沙一帶興起。現在劉建鋒率領十萬部眾，精銳無敵；而你用幾千名鄉兵抵抗他，實在太難。你不如先投降他，求得富貴，返回故鄉，不是很好嗎！」蔣勛等人認為很有道理，對部下說：「從東邊來的劉建鋒和馬殷的軍隊允許我們返回故鄉。」士兵們都歡呼起來，丟下旗幟、鎧甲和儀仗逃走了。劉建鋒命令前鋒部隊穿上蔣勛士兵的鎧甲，打著他們的旗幟，趕往潭州。潭州的人以為是邵州的軍隊回來了，未設防備。劉建鋒的軍隊直接進入府署，鄧處訥正在宴請賓客，劉建鋒把他抓住後殺死了。五月初七日戊辰，劉建鋒進入潭州，自稱為留後。

王建攻打彭州，城裡人們相食，彭州內外都指揮使趙章出城投降。王先成要求修建一條龍尾道，連接到城上的短牆。五月十五日丙子，王建的西川軍登上彭州城，楊晟仍率領部眾奮戰，刀子都虞候王茂權殺了楊晟。王建抓獲了彭州馬步使安師建，王建想讓他做將領，安師建哭著辭謝說：「我安師建發誓與楊晟同生共死，我不忍心改換主人，只求恩惠我快點死。」王建再三曉諭，安師建不肯依從，王建便把安師建殺死了，按禮節埋葬並祭奠他。王建更改趙章的姓名為王宗勉，更改王茂權的名字為宗訓，又更改王釗的名字為宗謹，更改李綰的姓名為王宗綰。

五月三十日辛卯，中書侍郎、同平章事鄭延昌罷免宰相職位，擔任右僕射。〇朱瑄、朱瑾向河東李克用求救，李克用派遣騎兵將領安福順和他的弟弟安福慶、安福遷督領精銳的騎兵五百人借道魏州，渡過黃河前去救應。〇武昌節度使杜洪攻打黃州，楊行密派遣行營都指揮使朱延壽等人前往救援黃州。

六月初三日甲午，朝廷任命宋州刺史張廷範為武寧節度使，這是聽從朱全忠的請求。〇蘄州刺史馮敬章截擊朱延壽的淮南軍隊，朱延壽攻打蘄州，沒有攻下來。

戊午❶，以翰林學士承旨、禮部尚書李谿❷同平章事，方宣制❸，水部郎中❹知制誥❺劉崇魯❻出班掠麻慟哭❼。上召崇魯，問其故，對言：「谿姦邪，依附楊復恭、西門君遂，得在翰林，無相業❽，恐危社稷。」谿竟罷為太子少傅。谿，鄘⑨之孫也。上師谿為文⑩，崔昭緯恐谿為相，分己權，故使崇魯沮⑪之。谿十表自訟⑫，醜詆⑬「崇魯父符⑭受贓枉法⑮，事覺自殺。弟崇望與楊復恭深交，崇魯庭拜⑯田令孜，為朱玫作勸進表⑰，乃云臣交結內臣⑱，何異抱贓唱賊⑲！且故事，絁巾⑳慘帶㉑，不入禁庭。臣果不才，崇魯自應上章論列㉒，豈宜[1]於正殿慟哭！為國不祥，無人臣禮，乞正其罪。」詔停崇魯見任㉓。谿猶上表不已，乞行誅竄㉔，表數千言，詬詈㉕無所不至。

李克用大破吐谷渾，殺赫連鐸，擒白義誠。

秋，七月，李茂貞遣兵攻閬州，拔之，楊復恭、楊守亮、楊守信帥其族黨犯圍㉖走。○禮部侍郎、同平章事鄭綮自以不合眾望㉗，累表避位，詔以太子少保致仕。以御史大夫徐彥若為中書侍郎兼吏部尚書、同平章事。○綿州刺史楊守厚卒，其將常再榮舉城降王建。

楊復恭、守亮、守信將自商山㉘奔河東，至乾元㉙，遇華州兵㉚，獲之。八月，韓建獻于闕下㉛，斬于獨柳。李茂貞獻復恭遺守亮書，訴致仕㉜之由云：「承天門乃隋家舊業㉝，大姪㉞但積粟訓兵㉟，勿貢獻。吾於荊榛㊱中立壽王㊲，纔得尊位，廢定策國老㊳，有如此負心門生天子㊴！」

【章　旨】以上為第十七段，寫唐王室朝綱不振，臣屬朝堂攻詰，全無體統。楊復恭伏誅。

【注　釋】❶戊午　六月二十七日。❷李谿　（？—西元八九四年）字景望，憲宗朝宰相李鄘之孫。昭宗朝官至宰相，死於李茂貞、王行瑜、韓建三節度之亂。傳見《舊唐書》卷一百五十七、《新唐書》卷一百四十六。谿，兩《唐書》作「磎」，二字同。❸方宣制　剛剛宣布任命詔命。❹水部郎中　官名，唐代工部第四司長官。❺知制誥　官名，掌起草文書詔誥。❻劉崇魯　劉政會七世孫，官至水部員外郎知制誥。傳見《舊唐書》卷一百七十九，並附《新唐書》卷九十〈劉政會傳〉。❼掠麻慟哭　指水部郎中知制誥劉崇魯自朝班中出來奪下詔書痛哭。掠麻，強行奪取詔書。唐代翰林學士所撰各種詔書皆用白麻紙。慟哭，指哀痛之至而大哭。❽相業　做宰相的業行與能力。❾鄘　李鄘（？—西元八二〇年），憲宗朝宰相。傳見《舊唐書》卷一百五十七、《新唐書》卷一百四十六。❿上師谿為文　昭宗以李谿為師，學習作文章。⓫沮　阻止。⓬自訟　為自己爭辯是非。⓭醜詆　毀謗。⓮符　劉崇魯之父。唐懿宗咸通年間為蔡州刺史。⓯受贓枉法　受賄違法。⓰庭拜　指劉崇魯曾在朝堂上叩拜田令孜，言其趨炎附勢。⓱勸進表　指劉崇魯受朱玫指使上呈勸襄王熅即帝位的表章。⓲內臣　指楊復恭、西門君遂等。⓳抱贓唱賊　自己抱著贓物卻喊捉賊。⓴絁巾　粗綢巾。㉑慘帶　淺色帶。古代淺色衣帶為喪服。㉒論列　議論陳述。㉓見任　現任職務。㉔乞行誅竄　請求進行誅殺或流放。㉕詬詈　辱罵。㉖犯圍　衝破包圍。㉗不合眾望　不符合大家的期望；不受眾人的擁護。㉘商山　山名，在今陝西商縣東。㉙乾元　縣名，即安業縣，唐肅宗乾元元年（西元七五八年）改名乾元縣。縣治在今陝西柞水縣。㉚華州兵　即鎮國軍節度使韓建的軍隊。鎮國軍治所華州，在今陝西華縣。㉛闕下　宮闕之下，指宮門外。㉜致仕　大順二年，昭宗派楊復恭為鳳翔監軍，楊復恭不肯赴任，以上將軍致仕。㉝承天門乃隋家舊業　長安太極宮南門。隋文帝派宇文愷營建。本名昭陽門，唐改名承天門。這裡借承天門在隋、唐兩朝的因襲變化，來指代隋、唐政權的關係。意謂唐室江山是隋朝的舊基業，他人為什麼不能取代唐朝，把唐室江山變成自己的舊基業。隱言改朝換代之意。㉞大姪　楊守亮為楊復光之養子，故楊復恭稱為大姪。㉟積粟訓兵　積聚糧食，訓練部隊。㊱荊榛　荊棘榛叢。喻艱難紛亂。㊲壽王　昭宗本封壽王。㊳定策國老　決定國策的元老。楊復恭自指。㊴門生天子　楊復恭自恃有援立之功，稱天子為門生。

【校　記】[1]宜　原無此字。胡三省注云：「『豈』下有『宜』字。」據章鈺校，孔天胤本有「宜」字，今據補。

【語　譯】六月二十七日戊午，任命翰林學士承旨、禮部尚書李谿為同平章事，正在宣讀昭宗制書的時候，水部郎中知制誥劉崇魯從大臣班次中出來奪過制書大聲痛哭。昭宗召見劉崇魯，問他是什麼原因。劉崇魯回答說：「李谿為人奸邪，依附楊復恭、西門君遂，得以列位翰林，沒有做宰相的能力，臣擔心他危害國家。」李谿竟然罷免舊職，擔任太子少傅。李谿，是李鄘的孫子。昭宗以李谿為師，學習寫文章，崔昭緯擔心李谿擔任宰相，分割自己的權力，所以指使劉崇魯加以阻止。李谿十次上表為自己爭辯，表中詆毀劉崇魯說「劉崇魯的父親劉符貪贓枉法，事情被發覺後自殺。弟弟劉崇望與楊復恭交情深厚，劉崇魯在朝堂上叩拜田令孜，替朱玫寫勸他即帝位的表文，反而說我結交宦官，這與懷抱贓物口喊捉賊有什麼區別！況且朝廷慣例，戴著粗絹巾，繫著淺色衣帶，不能進入朝堂。臣果真沒有才幹，劉崇魯自然應該呈上表章陳述，怎麼能在宮中的正殿大聲痛哭！對國家來說，是不吉利的，沒有做臣子的禮節，請治他的罪。」昭宗下詔停止劉崇魯現任官職。李谿還是上表不止，請求把劉崇魯誅殺或者流放，表文有幾千字，侮辱謾罵無所不至。

李克用把吐谷渾打得大敗，殺了赫連鐸，擒獲了白義誠。

秋，七月，李茂貞派兵攻打閬州，把閬州攻取了，楊復恭、楊守亮、楊守信率領他們的家族、同黨突圍逃走。〇禮部侍郎、同平章事鄭綮自己認為不符合大家的期待，多次上表請求退位，昭宗授予他太子少保官銜，離職退休。任命御史大夫徐彥若為中書侍郎兼吏部尚書、同平章事。〇綿州刺史楊守厚去世，他的部將常再榮獻出綿州城投降了王建。

楊復恭、楊守亮、楊守信將要從商山逃往河東，到達乾元縣，遇到華州軍隊，被他們抓獲。八月，韓建把楊復恭父子三人獻給朝廷，在獨柳殺了他們。李茂貞獻上楊復恭寫給楊守亮的信，信上訴說了他辭官退位的原因：「唐室江山本來是隋朝的舊基業，姪兒你只管聚積糧食，訓練軍隊，不要向朝廷獻納。我當初在荊榛叢生的環境中擁立壽王，才使他得到了皇位，他卻廢掉了我這個制定國家大計的元老，竟有這樣忘恩負義的門生天子！」

昭義節度使康君立詣晉陽謁李克用。己未❶，克用會諸將飲博❷，酒酣，克用語及李存孝，流涕不已。君立素與李存信善，一言忤旨❸，克用拔劍斫之❹，囚於馬步司❺。九月庚申朔❻，出之，君立已死。克用表雲州刺史薛志誠為昭義留後。

冬，十月丁酉❼[1]，封皇子祤為棣王，禊為虔王，禋為沂王，禕為遂王。

劉仁恭數因蓋寓❽獻策於李克用，願得兵萬人取幽州。克用方攻邢州，分兵數千，欲納仁恭於幽州，不克。李匡籌益驕，數侵河東之境。克用怒，十一月，大舉兵攻匡籌，拔武州❾，進圍新州❿。

以涇原留後張鐇為彰義節度使。

朱全忠遣使至泗州，使者[2]陵慢⓫刺史張諫，諫舉州降楊行密。行密遣押牙唐令回持茶萬餘斤如汴宋貿易，全忠執令回，盡取其茶。揚、汴始有隙。

十二月，李匡籌遣大將將步騎數萬救新州，李克用選精兵逆戰於段莊⓬，大破之，斬首萬餘級，生擒將校三百人，以練絙之⓭，狗⓮於城下。是夕，新州降。辛亥⓯，進攻嬀州⓰。壬子⓱，匡籌復發兵出居庸關，克用使精騎當其前以疲之，遣步將李存審⓲自他道出其背夾擊之，幽州兵大敗，殺獲萬計。甲寅⓳，李匡籌挈其族奔滄州[20]，義昌節度使盧彥威利其輜重、妓妾，遣兵攻之於景城[21]，殺之，盡俘其眾。存審本姓符，宛丘人，克用養以為子。丙辰[22]，克用進軍幽州，其大將請降。匡籌素暗懦[23]，初據軍府，兄匡威聞之，謂諸將曰：「兄失弟得，不出吾家，亦復何恨！但惜匡籌才短，不能保守，得及二年[24]，幸矣。」

加匡國[25]節度使王行約檢校侍中[26]。○吳討畏杜洪之逼[27]，納印[28]請代于楊行密，行密以先鋒指揮使瞿章權知黃州。

是歲，黃連洞[29]蠻二萬圍汀州，福建觀察使王潮遣其將李承勳將萬人擊之。蠻解去，承勳追擊之，至漿水口[30]，破之。閩地略定。潮遣僚佐巡州縣，勸農桑，定租稅，交好鄰道，保境息民，閩人安之。

封州[31]刺史劉謙卒，子隱[32]居喪於賀江[33]，土民百餘人謀亂，隱一夕盡誅之。嶺南節度使劉崇龜[34]召補右都押牙兼賀江鎮[box 3]使。未幾，表為封州刺史。

威勝[35][box 4]節度使董昌為政[box 5]苛虐，於常賦之外，加斂[36]數倍，以充貢獻及中外饋遺[37]，每旬發一綱[38]，金萬兩，銀五千鋌，越綾[39]萬五千匹，他物稱是[40]，用卒五百人，或遇雨雪風水違程[41]，則皆死。貢奉為天下最，由是朝廷以為忠，寵命[42]相繼，官至司徒、同平章事，爵隴西郡王。

昌建生祠㊸於越州，制度悉如禹廟㊹，命民間禱賽㊺者，無得之禹廟，皆之㊻生祠。昌求為越王，朝廷未之許，昌不悅，曰：「朝廷欲負我矣，我累年貢獻無筭㊼而惜一〔6〕越王邪！」有諂㊽之者曰：「王為越王，曷若㊾為越帝！」於是民間訛言㊿時世將變，競相帥填門(51)諠譟，請昌為帝。昌大喜，遣人謝之曰：「天時未至，時至我自為之。」其僚佐吳瑤、都虞候李暢之等皆勸成之，吏民獻謠讖(52)、符瑞(53)者不可勝紀，其始賞之以錢數百緡，既而獻者日多，稍減至五百、三百而已。昌曰：「讖云『兔子上金牀』，此謂我也。我生太歲(54)在卯，明年復在卯，二月卯日卯時，吾稱帝之秋也。」

【章旨】以上為第十八段，寫幽州李匡籌覆滅。

【注釋】❶己未　八月三十日。❷飲博　飲酒下棋。❸忤旨　違反李克用的心意。❹斫之　砍向康君立。❺馬步司　唐末藩鎮皆在馬步司設置監獄。❻庚申朔　九月初一日。❼丁酉　十月初八日。❽蓋寓　（？—西元九〇五年）蔚州（今山西靈丘）人，李克用的心腹。傳見《舊五代史》卷五十五。❾武州　州名，治所在今河北宣化。❿新州　州名，治所在今河北涿鹿。⓫陵慢　陵辱輕慢。⓬段莊　村鎮名，在新州東南。⓭以練絆之　用白綢拴縛。練，白綢。⓮狥　通「徇」。示眾。⓯辛亥　十二月二十三日。⓰嬀州　州名，治所在今河北懷來東南。⓱壬子　十二月二十四日。⓲李存審　（？—西元九二四年）本姓符，字德祥，陳州宛丘（今河南淮陽）人，先事李罕之，隨罕之歸李克用，為義兒軍使，賜姓李氏。傳見《舊五代史》卷五十六、《新五代史》卷二十五。⓳甲寅　十二月二十六日。⓴滄州　州名，治所在今河北滄州東南。㉑景城　縣名，縣治在今河北滄州西。㉒丙辰　十二月二十八日。㉓暗懦　昏庸懦弱。㉔得及二年　保有二年。李匡籌於景福二年據幽州軍府自稱留後，至今僅及二年。㉕匡國　即匡國軍，方鎮名，治所同州，在今陝西大荔。㉖檢校侍中　官名，侍中本是門下省長官。檢校侍中是加官。㉗吳討畏杜洪之逼　因吳討叛附楊行密，五月，武昌節度使杜洪攻黃州。㉘納印　交納印信。㉙黃連洞　地名，在汀州寧化縣（今福建寧化）東南。㉚漿水口　地名，在今福建寧化南。㉛封州　州名，治所在今廣東封開東南封川鎮。㉜隱　劉隱（西元八七三—九一一年），上蔡（今河南上蔡）人，南漢割據政權創建者。傳見《舊五代史》卷一百三十五、《新五代史》卷六十五。㉝賀江　水名，源出於賀州富川縣石龍，流經賀州治所臨賀，合桂嶺水，謂之賀江。在今廣西賀縣境。㉞劉崇龜　劉崇望之兄。傳附《舊唐書》卷一百七十九〈劉崇望傳〉，並附《新唐書》卷九十〈劉政會傳〉。㉟威勝　方鎮名。唐僖宗中和三年（西元八八三年）升浙江東道觀察使為義勝軍節度使，光啟三年（西元八八七年）改名為威勝軍節度。㊱加斂　加收賦稅。㊲中外饋遺　贈送內廷宦官及朝中大臣禮物。㊳綱　成批運送的一組貨物。㊴越綾　浙江生產的很薄並有彩紋的絲織品。㊵稱是　相等。㊶違程　董昌要求這些物品計日限程送至長安，不許因雨雪風水天氣誤期。沒有按期送達，即為違程。㊷寵命　加恩特賜的任命。㊸生祠　為活著的人立祠廟。此為董昌替自己建祠廟。㊹禹廟　為禹所立的廟宇，在越州會稽縣（今浙江紹興）東南。㊺禱賽　祈神求福謂之禱，其後到祠還願謂之賽。㊻之　往；到。㊼無筭　無數。筭，同「算」。㊽諂　諂媚。㊾曷若　何不。㊿訛言　謠言。(51)塡門　滿門；擁在門前。(52)謠讖　民間流傳的歌謠，預言吉凶得失的文字、圖記。(53)符瑞　祥瑞的徵兆。(54)太歲　古代天文學假設的星名。與歲星（即木星）相應。歸曆紀年值歲干支別名叫太歲。但習慣上只重視十二地支，所以「太歲」每十二年一循環。太歲在卯為兔年。

【校　記】①丁酉　原無此二字。據章鈺校，十二行本、乙十一行本、孔天胤本皆有此二字，今據補。②使者　原無此二字。據章鈺校，十二行本、乙十一行本、孔天胤本皆有此二字，張瑛《通鑑校勘記》同，今據補。③賀江鎮　原作「賀水鎮」。嚴衍《通鑑補》改作「賀江鎮」，今據以校正。④威勝　原作「義勝」。嚴衍《通鑑補》改作「威勝」，今據以校正。⑤為政　原無此二字。據章鈺校，十二行本、乙十一行本、孔天胤本皆有此二字，張敦仁《通鑑刊本識誤》同，今據補。⑥一　原無此字。據章鈺校，十二行本、乙十一行本、孔天胤本皆有此字，今據補。

【語　譯】昭義節度使康君立前往晉陽拜見李克用。八月三十日己未，李克用聚集各位將領飲酒下棋，喝到暢快時，李克用說到李存孝，流淚不止。康君立向來和李存信友善，一句話不合李克用的心意，李克用拔出劍砍他，把康君立囚禁在馬步司的監獄中。九月初一日庚申，釋放康君立，他已經死了。李克用上表朝廷請求任命雲州刺史薛志誠擔任昭義留後。

冬，十月初八日丁酉，封皇子李祤為棣王，李禊為虔王，李禋為沂王，李禕為遂王。

劉仁恭多次通過蓋寓向李克用獻計，希望能得到一萬名士兵奪取幽州。李克用正在攻打邢州，分給他士兵幾千人，想讓劉仁恭攻入幽州，但沒有攻克。幽州的李匡籌越加驕傲起來，一再侵犯河東界內。李克用非常生氣，十一月，大規模出動軍隊攻打李匡籌，攻取武州，進軍包圍新州。

任命涇原留後張鐇為彰義節度使。

朱全忠派遣使者到泗州，使者侮辱輕慢泗州刺史張諫，張諫獻出泗州城投降了楊行密。楊行密派遣押牙唐令回帶著茶葉一萬多斤前往汴州、宋州做買賣，朱全忠抓住了唐令回，把茶葉全部拿走了。揚州的楊行密和汴州的朱全忠之間開始有了矛盾。

十二月，李匡籌派遣大將率領步兵、騎兵幾萬人救援新州，李克用挑選精兵在段莊迎戰，把李匡籌打得大敗，斬獲首級一萬多，活捉將校三百人，用白綢捆住他們，在新州城下示眾。當夜，新州投降了。二十三日辛亥，李克用進攻媯州。二十四日壬子，李匡籌又調兵出居庸關，李克用派精銳的騎兵擋在他的前面，使他的士兵疲乏，派遣步兵將領李存審另路從李匡籌部隊背後出來夾擊，李匡籌的幽州軍隊大敗，被殺被活抓的人數以萬計。二十六日甲寅，李匡籌帶著他的家族逃往滄州，義昌節度使盧彥威看中了他的車載貨物和歌伎美妾，派兵在景城攻打李匡籌，把他殺死了，全部俘獲了他的人員。李存審本來姓符，宛丘人，李克用收養為義子。二十八日丙辰，李克用進軍幽州，幽州的大將請求投降。李匡籌一向昏庸懦弱，剛佔據軍府時，他的哥哥李匡威聽到了這件事，對各位將領說：「我做哥哥失去的，弟弟得到了，沒有出我們家門，我還有什麼怨恨！只是可惜李匡籌缺乏才幹，不能守住這個地方，能佔據到兩年，就很幸運了。」

加封匡國節度使王行約為檢校侍中。○吳討害怕杜洪的擠壓，交出官印請求楊行密派人替代他，楊行密任命先鋒指揮使瞿章暫時代理黃州刺史的職務。

這一年，黃連洞的蠻人兩萬人包圍了汀州，福建觀察使王潮派遣他的將領李承勳率領一萬人攻打蠻人。

蠻人解圍撤走，李承勳追擊他們，到達漿水口，打敗了蠻人。閩地大致上安定了。王潮派遣僚屬佐吏巡視州縣，勸勉百姓耕種紡織，確定租稅數額，交友相鄰各道，保護境內疆土，讓百姓休養生息，閩地民眾很安寧。

封州刺史劉謙去世，他的兒子劉隱住在賀江守喪，當地土著居民一百多人陰謀作亂，劉隱一個晚上把他們全殺了。嶺南節度使劉崇龜徵召他補授右都押牙兼賀江鎮使。沒多久，劉崇龜上表請求朝廷任命劉隱擔任了封州刺史。

威勝節度使董昌為政苛刻暴虐，在正常的賦稅之外，多加收好幾倍，用來進貢朝廷以及朝廷內外的饋送，每十天向京城發送一批貢品，有黃金一萬兩，白銀五千鋌，浙江的綢絹一萬五千匹，其他物品也大致相當，使用役夫五百人，有時遇到雨雪風水耽誤了行程，就把役夫全部處死。董昌向朝廷進貢的物品為天下第一，因此朝廷認為董昌忠於國家，加恩特賜的詔命前後相繼，官職升到司徒、同平章事，爵位是隴西郡王。

董昌在越州為自己修造祠堂，規模體制完全如同大禹廟，董昌命令民間求神祈福和得福還願的人，不得去大禹廟，都要前往到他的祠堂。董昌要求做越王，朝廷沒有答應他，他不高興，說：「朝廷想要辜負我了，我多年來向朝廷進貢物品不計其數，而朝廷卻吝惜一個越王爵位！」有諂媚奉承董昌的人說：「大王您與其做越王，何不做越帝！」於是民間謠傳世道要變了，大家爭先恐後擠滿了董昌的節度使府門喧譁叫鬧，請求董昌做皇帝。董昌大為高興，派人出去表示謝意，說：「天時還沒有到來，天時到來了我自然會稱帝的。」他的屬僚吳瑤、都虞候李暢之等人都勸董昌即皇帝位，官吏百姓獻上歌謠、讖語和吉祥徵兆的人，無法計算，開始時賞賜給他們幾百緡錢，後來進獻的人日漸增多，賞賜的錢漸漸減少到五百、三百文而已。董昌說：「有讖語說『兔子上金牀』，這就是說的我。我出生時是卯年，明年又是卯年，二月的卯日卯時，就是我稱帝的時候了。」

【研　析】 本卷研析李匡威喪身鎮州，杜讓能蒙鼂錯之冤，王先成建策王建取彭州，王潮入據福州四件史事。

李匡威喪身鎮州。李匡威，范陽人，其父李全忠事李可舉為牙將。李可舉為盧龍節度使，鎮幽州。可舉死，眾推李全忠為留後。僖宗光啓元年（西元八八五年），朝廷授李全忠為節度使，沒多久李全忠死了，李匡威繼任為盧龍節度使，有稱雄天下之意，於是助雲州赫連鐸攻太原，與李克用為敵。鎮州節度使王鎔年少，十餘歲繼父為節鎮。李克用攻王鎔，王鎔求救於李匡威。李匡威親自領兵救鎔，臨行，置酒大會，匡威之弟兵馬留後李匡籌之妻張氏，容貌絕美，匡威逼淫之而後行。李匡籌大怒，於是據城自為留後，上奏朝廷，昭宗即授李匡籌檢校太保、盧龍節度使。李匡威失節鎮，部屬散去無所歸，王鎔感念李匡威救援自己，迎請李匡威館於鎮州，以父事之。李匡威心懷不測，陰謀圖鎮州。李匡威父親忌日，王鎔來慰問，李匡威綁架王鎔，要挾讓出鎮州。王鎔十分鎮定，反誆李匡威入牙城議事。李匡威輕視王鎔，認為王鎔年少無所作為，遂與王鎔入牙城，王鎔暗示，鎮州將救走王鎔，擊殺李匡威。

起初，李匡威被李匡籌逐出幽州，李匡威歎息說：「哥哥丟了節鎮，弟弟佔有，還是一家。可惜匡籌無才守不住。」李匡威死後不久，李克用就攻克了幽州，完全應驗了李匡威的判斷。李匡威有知人之明，卻無自知之明，一世豪傑，為弟所逐，喪身鎮州，死於少年王鎔之手，可為貪淫貪利者戒。俗話說：「一葉障目，不見泰山。」李匡威的一雙慧眼，為其人心不足所障，死於非命，既可恨，亦可悲。

杜讓能蒙鼂錯之冤。西漢景帝時御史大夫鼂錯建削藩之策，為國家樹長畫，激起吳楚七國連兵反叛，以「誅鼂錯，清君側」為名，景帝冤殺鼂錯，吳楚並不罷兵。唐昭宗欲行唐憲宗之志，不顧時移勢轉，唐王室衰弱的現實，貿然興兵，張濬征討李克用，朝廷威權大損，已失之於前，今又因李茂貞上奏語言狂悖，再次興兵，宰相杜讓能諫其不可，昭宗不聽。杜讓能說：「陛下必欲興兵，當與中外大臣共議，團結一心，不當以臣獨任。」唐昭宗說：「卿位居宰輔，應當與朕休戚與共，不要推辭。」杜讓能說：「不是臣貪生怕死，只因不是時宜，只怕臣蒙受鼂錯之冤，無濟於事。臣只能奉詔，以死報陛下了。」事後，杜讓能不幸而言中，昭宗討李茂貞，輸光了老本，冤殺了杜讓能，自己也深陷賊臣之手。唐昭宗無識無才，既害人又害己，著實可憫。但唐昭宗不甘屈辱，奮曹髦之志，精神可嘉。

王先成建策王建取彭州。四川王建攻圍彭州，久久不能下。彭州鄉野土民藏匿山林，王建攻城軍士，各營每天出動兵士進山擄掠，稱為「淘虜」。淘虜所得，都將挑選自肥，其餘分給士兵，老弱婦女淪為奴婢。彭州之民，不聞招安，只見搶掠，更加堅定意志，抗擊王建軍隊。王建軍中有一個軍士叫王先成，新津人，原本是書生，世亂從軍。他觀察王建諸將，只有王宗侃不鼓勵淘虜，在諸將中最賢。王先成於是獻策王宗侃轉呈王建，稱招安七條。其一，發布招安令；其二，嚴禁各營士兵淘虜，違令者斬；其三，設置招安寨，專人管理，收容接受招安的民眾；其四，報告王建由王宗侃專職總領招安事宜；其五，嚴令各營退出目前淘虜所得財物，所掠民眾集於廣場使父子、兄弟、夫婦相認，各歸其家，統統收容於招安寨聽候安置，敢隱匿一人者斬；其六，選取地方土著的官吏和被淘虜釋放的壯士，帶著公文入山招安，宣傳政策；其七，彭州土著士民，各歸田里治理生業。王建得策大喜，立即施行，第二天就張榜申令，沒有一個人敢犯禁令。三天後，藏匿山中之民悉數出山，一個月之後，招安寨全部空無一人，悉數歸農，彭州不戰而下。孔子有言，一言以喪邦，一言以安邦。王先成建言，助成王建稱霸西川，可謂一言以興邦。王建得策採納，也是亂世中的一個賢明之主，他之所以能定霸西川，存有一分救民之心，這是秦宗權、孫儒等食人之獸類無法比擬的。

王潮入據福州。王潮，光州固始人，其弟王審知，字信通。家世為農，王潮為縣吏。唐末，黃巢大起義，壽州人王緒也拉起了隊伍。王緒攻陷固始，召置王潮兄弟為軍校。王緒受招安為光州刺史。西元八八五年，王緒被秦宗權攻擊，率眾南逃，入江西，轉福建，沿路搶掠，裹脅遊民，聚眾數萬。王緒性多猜疑，軍中賢能者遭荼毒，部屬人人自危。王潮因眾怒囚禁王緒，自領其眾為軍主。王潮整肅軍隊，紀律嚴明，受到泉州民眾的歡迎。泉州刺史貪暴，西元八八六年王潮取而代之，福建觀察使陳巖正式授命王潮為泉州刺史。西元八九一年陳巖死，都將范暉自為留後。范暉不得人心，王潮使其弟王審知攻福州，經過三年征戰攻下了福州。唐昭宗隨後任命王潮為福建觀察使，境內佔山為王的二十多支群盜被王潮悉數征服。王氏兄弟佔有福建全境。西元八九七年王潮死，王審知接任，保境安民，勸課農桑，一方社會平安。西元九〇七年，朱全忠代唐建立梁朝，封王審知為閩王。

卷第二百六十

唐紀七十六

起旃蒙單閼（乙卯　西元八九五年），盡柔兆執徐（丙辰　西元八九六年），凡二年。

【題解】本卷記事起西元八九五年，迄西元八九六年，載述史事凡兩年。當唐昭宗乾寧二年至三年。此時期全國割據軍閥角力爭勝，遠交近攻，異常激烈。北方李克用與朱全忠勢不兩立為主要戰場。河北幽州劉仁恭助李克用，魏州羅弘信助朱全忠。南方淮南楊行密與蘇杭錢鏐爭雄。錢鏐北連朱全忠夾擊楊行密，楊行密南連越州董昌夾擊錢鏐。董昌因稱帝而速亡，助錢鏐坐大與淮南爭衡。馬殷不意得長沙。關隴三鎮，邠寧王行瑜、鳳翔李茂貞、華州韓建連兵犯闕，欲廢唐昭宗，昭宗出京趣南山以避其鋒，李克用大發兵勤王，三帥各還本鎮。李克用滅了王行瑜，駐兵渭橋，迎昭宗車駕還京師。李克用欲進兵西討李茂貞，昭宗誤聽貴近之言，並存李克用與李茂貞以平衡勢力，朝廷在夾縫求生存。昭宗詔李克用與李茂貞和解，李克用罷兵，斷言李茂貞即將捲土重來。未幾，李茂貞果然以昭宗令諸王典兵為名，再次興兵犯闕，昭宗被迫出幸華州，唐王室直接為藩鎮所掌控，究其實，已亡矣。

昭宗聖穆景文孝皇帝上之下

乾寧二年（乙卯　西元八九五年）

春，正月辛酉❶，幽州軍民數萬以麾蓋❷歌鼓迎李克用入府舍。克用命符存審❸[1]、劉仁恭將兵略定巡屬❹。

癸未❺，朱全忠遣其將朱友恭圍兗州，朱瑄自鄆以兵糧救之，友恭設伏，敗之於高梧❻，盡奪其餉，擒河東將❼安福順、安福慶。○己巳❽，以給事中陸希聲❾為戶部侍郎、同平章事。希聲，元方❿五世孫也。○壬申⓫，護國節度使王重盈薨，軍中請以重榮子行軍司馬珂⓬知留後事。珂，重盈兄重簡之子也，重榮養以為子。○楊行密表朱全忠罪惡，請會易、定、兗、鄆、河東兵討之。

董昌將稱帝，集將佐議之。節度副使黃碣⓭曰：「今唐室雖微，天人未厭⓮。齊桓、晉文⓯皆翼戴⓰周室以成霸業。大王興於畎畝⓱，受朝廷厚恩，位至將相，富貴極矣，柰何一旦忽為族滅之計乎！碣寧死為忠臣，不生為叛逆！」昌怒，以為惑眾，斬之，投其首於廁中，罵之曰：「奴賊負我！好聖明時⓲三公⓳不能待，而先求死也！」并殺其家八十口，同坎⓴瘞㉑之。又問會稽㉒令吳鐐，對曰：「大王不為真諸侯以傳子孫，乃欲假天子以取滅亡邪！」昌亦族誅之。又謂山陰㉓令張遜曰：「汝有能政，吾深知之，俟吾為帝，命汝知御史臺㉔。」遜曰：「大王起石鏡鎮㉕，建節浙東，榮貴近二十年，何苦效李錡㉖、劉闢㉗之所為乎！浙東僻處海隅㉘，巡屬雖有六州㉙，大王若稱帝，彼㉚必不從，徒守孤城[2]，為天下笑耳！」昌又殺之，謂人曰：「無此三人者，則人莫我違矣！」

二月辛卯㉛，昌被㉜袞冕㉝登子城㉞門樓，即皇帝位。悉陳瑞物㉟於庭以示眾。先是，咸通㊱末，吳、越間訛言山中有大鳥，四目三足，聲云㊲「羅平天冊」，見者有殃㊳，民間多畫像以祀之，及昌將[3]僭號㊴，曰：「此吾鸑鷟㊵也。」乃自稱大越羅平國，改元順天，署城樓曰天冊之樓，令羣下謂己曰「聖人」。以前杭州刺史李邈、前婺州刺史蔣瓌、兩浙鹽鐵副使杜郢、前屯田郎中㊶李瑜為相。又以吳瑤等皆為翰林學士、李暢之等皆為大將軍。

昌移書錢鏐，告以權即羅平國位，以鏐為兩浙都指揮使。鏐遺昌書曰：「與其閉門作天子，與九族㊷、百姓俱陷塗炭，豈若開門作節度使，終身富貴邪！及今悛悔㊸，尚可及也！」昌不聽，鏐乃將兵三萬詣越州城下，至迎恩門㊹見昌，再拜言曰：「大王位兼將相，柰何捨安就危！鏐將兵此來，以俟大王改過耳。若天子命將出師[4]，縱大王不自惜，鄉里士民何罪，隨大王族滅乎！」昌懼，致犒軍錢二百萬，執首謀者吳瑤及巫覡㊺數人送於鏐，且請待罪天子。鏐引兵還，以狀聞㊻。

【章　旨】以上為第一段，寫董昌稱帝鬧劇。

【注　釋】❶辛酉　正月初三日。❷麾蓋　旌旗和傘蓋。❸苻存審　即李存審。❹巡屬　即盧龍節度使統屬的州縣。❺癸未　正月二十五日。❻高梧　即高魚，在今山東范縣東南，與鄆城接界。❼河東將　即安福順、安福慶，去年為李克用所遣救兗、鄆。❽己巳　正月十一日。❾陸希聲　陸元方五世孫，昭宗朝官至戶部侍郎，同中書門下平章事。傳附《新唐書》卷一百十六〈陸元方傳〉。❿元方　即陸元方，武則天時宰相。⓫壬申　正月十四日。⓬珂　王珂（？—西元九〇一年），河中節度使王重榮兄重簡之子，出繼重榮。傳見《舊唐書》卷一百八十二、《新唐書》卷一百八十七、《舊五代史》卷十四、《新五代史》卷四十二。⓭黃碣　（？—西元八九五年）閩人，初為閩小將，積功歷官漳水、婺州刺史，後為董昌所殺。傳見《新唐書》卷一百九十三。⓮天人未厭　上天與人心尚未厭棄唐朝。⓯齊桓晉文　即春秋時齊桓公、晉文公。⓰翼戴　輔佐、擁戴。⓱畎畝　指鄉間。⓲好聖明時　董昌自謂即位之時。⓳三公　唐代以太尉、司徒、司空為三公。⓴坎　墓穴。㉑瘞　埋葬。㉒會稽　縣名，縣治在今浙江紹興。㉓山陰　縣名，武德七年分會稽縣置，後屢有省置，縣治與會稽縣治在同城，在今浙江紹興。㉔御史臺　官署名，監察機構。長官為御史大夫。㉕石鏡鎮　鎮名，在今浙江臨安東。董昌補石鏡鎮將事見卷二百五十三。㉖李錡　（西元七四〇—八〇七年）憲宗時為鎮海節度使，謀反被腰斬。傳見《舊唐書》卷一百十二、《新唐書》卷二百二十四上。㉗劉闢　（？—西元八〇六年）憲宗時為西川節度使，謀反被斬。傳見《舊唐書》卷一百四十、《新唐書》卷一百五十八。㉘海隅　海角。㉙六州　即台、明、溫、處、婺、衢。㉚彼　指六州刺史。㉛辛卯　二月初三日。㉜被　穿著。㉝袞冕　袞衣和冕冠，古代皇帝的禮服。㉞子城　即內城。㉟瑞物　祥瑞物品。㊱咸通　唐懿宗的年號。㊲聲云　鳥的叫聲。㊳殃　災禍。㊴僭號　超越禮制的稱號。此處指董昌稱帝。㊵鸑鷟　鳳屬鳥。㊶屯田郎中　官名，工部屯田司長官，掌天下屯田及文武官之職田及公廨田。㊷九族　指本身及以上的父、祖、曾祖、高祖與以下的子、孫、曾孫、玄孫。也有一說除父族外，還包括母族和妻族。㊸悛悔　悔改。㊹迎恩門　越州城西門。㊺巫覡　女巫為巫，男巫為覡，合稱巫覡，以裝神弄鬼為人祈禱為職業的人。㊻聞　上奏於朝廷。

【校　記】1苻存審　原作「李存審」。據章鈺校，十二行本、乙十一行本皆作「苻存審」，今從改。2孤城　原作「空城」。

據章鈺校，十二行本、乙十一行本皆作「孤城」，張敦仁《通鑑刊本識誤》同，今從改。③將　原無此字。據章鈺校，十二行本、乙十一行本皆有此字，張敦仁《通鑑刊本識誤》同，今據補。④若天子命將出師　原無此七字。據章鈺校，十二行本、乙十一行本皆有此七字，張敦仁《通鑑刊本識誤》、張瑛《通鑑校勘記》同，今據補。

【語　譯】昭宗聖穆景文孝皇帝上之下

乾寧二年（乙卯　西元八九五年）

春，正月初三日辛酉，幽州的幾萬軍民手持旌旗與傘蓋，敲鑼打鼓、歡歌笑語地迎接李克用進入官署。李克用命令符存審、劉仁恭率領軍隊平定所屬的各個州縣。

正月二十五日癸未，朱全忠派遣他的部將朱友恭圍攻兗州。朱瑄從鄆州率軍攜帶糧食救援朱瑾。朱友恭設下埋伏，在高梧打敗朱瑄的援軍，把他攜帶的物資全部奪走，活捉河東將領安福順、安福慶。〇十一日己巳，任命給事中陸希聲為戶部侍郎、同平章事。陸希聲，是陸元方的第五代孫子。〇十四日壬申，護國節度使王重盈去世。軍中將士請求朝廷任命王重榮的兒子行軍司馬王珂主持留後事務。王珂是王重盈哥哥王重簡的兒子，王重榮收養為子。〇楊行密上表列舉朱全忠的罪惡，請求會合易州、定州、兗州、鄆州、河東的軍隊一同討伐他。

董昌將要稱帝，召集手下將領、僚佐進行商議。節度副使黃碣說：「現在唐室雖然衰敗，但上天和人民還沒有厭棄它。春秋時齊桓公、晉文公都是靠擁戴周天子才成就霸業。大王您從田間鄉里興起，受到朝廷優厚的恩惠，官位升到節度使和宰相，富貴已達到極點，怎麼突然要做出這種滅絕全族的計畫呢！我黃碣寧願做大唐忠臣而死，不願為活命而成為背叛國家的逆賊！」董昌大怒，認為黃碣是在惑亂人心，立即將黃碣斬首，並把他的頭顱扔到廁所裡，痛罵說：「你這個奴才賊子辜負了我！好端端聖明時代的三公高位不能等待，卻先要找死！」一起誅殺了他的全家八十口人，把他們埋葬在一個大坑裡。董昌又問會稽令吳鐐，吳鐐回答說：「大王您不做真正的諸侯來傳給子孫後代，卻要做假皇帝以自取滅亡嗎！」董昌也把他的宗族全都殺死。董昌又對山陰令張遜說：「我深知這一點，你有很好的政事才能，等我做了皇帝，任命你主管御史臺的事務。」

張遜說：「大王您從石鏡鎮興起，升任為浙東節度使，榮華富貴將近二十年，何苦效法李錡、劉闢那樣的叛逆行為呢！浙東地方偏僻，處於海邊，雖然管轄台、明、溫、處、婺、衢六州，但您如果稱帝，他們一定不會聽從。您只能守著越州這一座孤城，受天下人恥笑罷了！」董昌又將張遜殺掉，對大家說：「沒有這三個人，就沒人敢再違背我了！」

二月初三日辛卯，董昌穿著皇帝的禮服登上越州內城的門樓，即位稱帝。董昌把進獻的祥瑞物品都陳列在庭院中讓大家來觀看。先前，在懿宗咸通末年，吳、越之間流傳謠言，說山中有一隻大鳥，四隻眼睛三條腿，叫聲為「羅平天冊」，看到這鳥的人就會遭受災禍，於是老百姓多畫像祭祀牠。到董昌背叛朝廷將要自稱皇帝，就說：「這鳥就是我的鳳凰。」於是自稱為大越羅平國，改年號為順天，給城樓題字為天冊之樓，命令部下稱自己為「聖人」。董昌任命前杭州刺史李邈、前婺州刺史蔣瓌、兩浙鹽鐵副使杜郢、前屯田郎中李瑜為宰相。又任命吳瑤等人都為翰林學士，李暢之等人都為大將軍。

董昌發文給錢鏐，告訴錢鏐自己已經暫且即位做羅平國的皇帝，任命錢鏐為兩浙都指揮使。錢鏐寫信給董昌說：「您與其關起門來偷偷摸摸做皇帝，使得家族和老百姓一同陷入危難，怎麼比得上打開大門堂堂正正做節度使，取得終身富貴啊！現在後悔改過，還來得及！」董昌不聽，錢鏐就率領軍隊三萬人趕赴越州城下，到越州城西門迎恩門與董昌見面，兩次下拜，對董昌說：「您位居節度使和宰相，為什麼要捨棄安樂而選取危險呢！我率領軍隊到這裡來，就是等待您改過。如果皇上命令將軍出兵，即使您不顧惜自己，但鄉里的士人和百姓有什麼罪過，要隨著您一起被滅族呢！」董昌害怕了，送上二百萬錢犒勞軍隊，將首先為他謀劃稱帝陰謀的吳瑤以及幾個男女巫師逮捕送交錢鏐，並且向昭宗請罪，等待處治。錢鏐帶領軍隊返回，把這件事奏報朝廷。

王重盈之子保義❶節度使珙❷、絳州❸[1]刺史瑤❹舉兵擊王珂，表言珂非王氏

子。與朱全忠書，言「珂本吾家蒼頭❺，不應為嗣。」珂上表自陳，且求援於李克用。上遣中使諭解之。

上重李谿文學，乙未❻，復❼以谿為戶部侍郎、同平章事。◯己酉❽[2]，朱全忠軍于單父❾，為朱友恭聲援。◯李克用表劉仁恭為盧龍留後，留兵戍之。壬子❿，還晉陽。

嬀州人高思繼⓫兄弟，有武幹，為燕人所服，克用皆以為都將，分掌幽州兵。部下士卒，皆山北⓬之豪也，仁恭憚之。久之，河東兵戍幽州者暴橫，思繼兄弟以法裁之，所誅殺甚多。克用怒，以讓仁恭，仁恭訴稱高氏兄弟所為，克用俱殺之。仁恭欲收燕人心，復引其諸子⓭置帳下，厚撫之。

崔昭緯與李茂貞、王行瑜深相結，得天子過失，朝廷機事⓮，悉以告之。邠寧節度副使崔鋋，昭緯之族也，李谿再入相，昭緯使鋋告行瑜曰：「鄉者尚書令之命已行矣，而韋昭度沮之，今又引李谿為同列，相與熒惑⓯聖聽，恐復有杜太尉⓰之事。」行瑜乃與茂貞表稱谿姦邪，昭度無相業，宜罷居散秩⓱。上報曰：「軍旅之事，朕則與藩鎮圖之，至於命相，當出朕懷。」行瑜等論列不已，三月，谿復罷為太子少師。

王珙、王瑤請朝廷命河中帥⑱，詔以中書侍郎、同平章事崔胤同平章事，充護國節度使。以戶部侍郎、判戶部⑲王摶⑳為中書侍郎、同平章事。

【章　旨】以上為第二段，寫王重盈子姪內訌，李克用誅殺高思繼兄弟，崔昭緯結交藩鎮，並排擠韋昭度。

【注　釋】❶保義　方鎮名，唐文宗大和元年（西元八二七年），升晉慈觀察使為保義軍節度，同年罷。唐昭宗龍紀元年（西元八八九年）賜陝虢節度使號保義軍。❷珙　（？—西元八九九年）王重盈之子。傳附《舊唐書》卷一百八十二、《新唐書》卷一百八十七〈王重榮傳〉，並見《舊五代史》卷十四。❸絳州　州名，治所在今山西新絳。❹瑤　王珙之弟。❺蒼頭　奴僕。❻乙未　二月初七日。❼復　再次任命。去年命李谿為相，因劉崇魯阻撓而止，現再次任命。❽己酉　二月二十一日。❾單父　縣名，縣治在今山東單縣。❿壬子　二月二十四日。⓫高思繼　（？—西元八九五年）高行周之父，為幽州戍將，被李克用誅殺。傳見《舊五代史》卷一百二十三，並附《新五代史》卷四十八〈高行周傳〉。⓬山北　指在幽州西山之北的嬀、檀諸州。⓭諸子　即高行周等高氏諸子。⓮機事　機要事務。⓯熒惑　迷惑；誘惑。⓰杜太尉　指杜讓能。⓱散秩　閒散而無實權的官職。⓲請朝廷命河中帥　請求朝廷任命河中的統帥。⓳判戶部　官名，主持戶部事務，亦稱判戶部事。⓴王摶　（？—西元九〇〇年）字昭遠，進士及第，歷官戶部侍郎、中書侍郎、同平章事，後遭崔胤排擠陷害，貶崖州司戶參軍，賜死於途中。傳見《新唐書》卷一百十六。

【校　記】①絳州　原作「晉州」。嚴衍《通鑑補》改作「絳州」，今據以校正。②己酉　原無此二字。據章鈺校，十二行本、乙十一行本、孔天胤本皆有此二字，張敦仁《通鑑刊本識誤》、張瑛《通鑑校勘記》同，今據補。

【語　譯】王重盈的兒子保義節度使王珙、絳州刺史王瑤出兵攻打王珂，向朝廷上表說王珂並不是王氏子孫。他們寫信給朱全忠，說「王珂本來是我家的奴僕，不應該做繼承人。」王珂則向朝廷上表陳述自己的情況，並且向李克用求援。昭宗派遣宦官傳諭，讓雙方和解。

昭宗器重李谿的文才學識，二月初七日乙未，又任命李谿為戶部侍郎、同平章事。〇二十一日己酉，朱全忠率軍進駐單父縣，聲援正在圍攻兗州的朱友恭。〇李克用上奏朝廷，請求任命劉仁恭為盧龍留後，留下軍隊駐守幽州。二十四日壬子，李克用返回晉陽。

媯州人高思繼兄弟，有武藝才幹，被燕地的人所佩服，李克用任命他們都擔任都將，分別掌管幽州的軍隊。他們部下的兵士，都是幽州山北的豪傑，劉仁恭畏懼他們。後來，駐守幽州的河東士兵殘暴蠻橫，高思繼兄弟用軍法來審判他們，處死很多。李克用大怒，為此責備劉仁恭，劉仁恭聲稱這是高思繼兄弟所幹的，李克用就把他們都殺了。劉仁恭想要收買燕地的民心，就把高氏的幾個兒子安置在自己的身邊，優厚地安撫他們。

崔昭緯和李茂貞、王行瑜交誼很深，把自己得知的昭宗過失與朝廷的機要大事，都告訴李茂貞和王行瑜。邠寧節度副使崔鋋，是崔昭緯同族。李谿再次入朝為相，崔昭緯派崔鋋告訴王行瑜說：「以前皇上任命你擔任尚書令的詔命已經頒發了，卻被韋昭度從中阻攔。如今他又推薦李谿同為宰相，相互勾結，迷惑皇上，恐怕又要有杜讓能那樣的事發生。」王行瑜於是和李茂貞共同上表說李谿奸詐邪惡，韋昭度沒有做宰相的才幹，應該罷免他們的職務，給予閒散的職位。昭宗回答說：「軍隊征戰的事務，朕就與藩鎮們共同商議，至於任命宰相，應該出自朕的心意。」王行瑜等還爭論不休。三月，李谿又被罷免，改任太子少師。

王珙、王瑤請求朝廷任命河中的統帥，昭宗下詔以中書侍郎、同平章事崔胤為同平章事，出任護國節度使。任命戶部侍郎、判戶部王摶為中書侍郎、同平章事。

王珂，李克用之壻也。克用表重榮有功於國[1]，請賜其子珂節鉞。王珙厚結王行瑜、李茂貞、韓建三帥，更上表稱珂非王氏子，請以珂為陝州、珙為河中。

上諭以先已允克用之奏，不許。○加王鎔兼侍中。

楊行密浮❷淮至泗州，防禦使臺濛❸盛飾供帳❹，行密不悅。既行，濛於臥內得補綻衣❺，馳使歸之。行密笑曰：「吾少貧賤，不敢忘本。」濛甚慚。○行密攻濠州，拔之，執刺史張璲。

行密軍士掠得徐州人李氏之子❻，生八年矣，行密養以為子，行密長子渥❼憎之。行密謂其將徐溫❽曰：「此兒質狀性識，頗異於人，吾度渥必不能容，今賜汝為子。」溫名之曰知誥。知誥事溫，勤孝過於諸子。嘗得罪於溫，溫笞❾而逐之，及歸，知誥迎拜於門。溫問：「何故猶在此？」知誥泣對曰：「人子捨父母將何之！父怒而歸母，人情之常也。」溫以是益愛之，使掌家事，家人無違言❿。及長，喜書善射，識度⓫英偉。行密常謂溫曰：「知誥俊傑，諸將子皆不及也。」

丁亥⓬，行密圍壽州。

上以郊畿⓭多盜，至有踰垣⓮入宮或侵犯陵寢⓯者，欲令宗室諸王將兵巡警，又欲使之四方撫慰藩鎮。南北司用事之臣恐其不利於己，交章⓰論諫。上不得已，夏，四月，下詔悉罷之。

朝廷以董昌有貢輸之勤，今日所為，類得心疾⓱，詔釋其罪，縱歸田里。○

戶部侍郎、同平章事陸希聲罷為太子少師。

楊行密圍壽州，不克，將還。庚寅⑱，其將朱延壽⑲請試往更攻⑳，一鼓㉑拔之，執刺史江從勗。行密以延壽權知壽州團練使。

未幾，汴兵數萬攻壽州，州[1]兵少，吏民恟懼㉒。延壽制，軍中每旗二十五騎㉓。命黑雲隊長李厚將十旗擊汴兵，不勝。延壽將斬之，厚稱眾寡不敵，願益兵更往，不勝則死。都押牙汝陽㉔柴再用㉕亦為之請，乃益以五旗。厚殊死戰，再用助之，延壽悉眾乘㉖之，汴兵敗走。厚，蔡州人也。

行密又遣兵襲漣水㉗，拔之。○錢鏐表董昌僭逆㉘，不可赦，請以本道兵討之。○太傅、門下侍郎、同平章事韋昭度以太保㉙致仕。○戊戌㉚，以劉建鋒為武安㉛節度使。建鋒以馬殷為內外馬步軍都指揮使。○楊行密遣使詣錢鏐，言董昌已改過，宜釋之㉜，亦遣詣昌，使趣朝貢。○河東遣其將史儼㉝、李承嗣㉞以萬騎馳入于鄆，朱友恭退歸于汴。

五月，詔削董昌官爵，委錢鏐討之。

【章　旨】以上為第三段，寫楊行密攻取濠州、壽州及李昇的出身淵源。錢鏐討董昌。

【注釋】❶有功於國　指破黃巢、黜襄王李熅等事。❷浮　在水上泛行。❸臺濛　（？—西元九〇四年）字頂雲，合肥人，楊行密部將，擒殺田頵，官至宣州觀察使。傳附《新唐書》卷一百八十九〈田頵傳〉。❹供帳　供宴會用的帷帳等器物。❺補綻衣　打補丁的衣服。❻李氏之子　即李昪（西元八八八—九四三年），五代時南唐國的建立者。西元九三七—九四三年在位。字正倫，徐州人，少孤貧，楊行密收為養子，後轉為徐溫養子，改名徐知誥。建南唐後復名李昪。傳見《舊五代史》卷一百三十四、《新五代史》卷六十二。❼渥　楊渥（西元八八五—九〇八年），字承天，楊行密長子。傳附《舊五代史》卷一百三十四、《新五代史》卷六十一〈楊行密傳〉。❽徐溫　（西元八六一—九二七年）字敦美，海州朐山（今江蘇連雲港市）人，五代時吳國大丞相。傳見《新五代史》卷六十一。❾笞　用鞭、杖擊打。❿違言　以言語不合而失和。⓫識度　見識器度。⓬丁亥　三月三十日。⓭郊畿　京城郊外。⓮踰垣　翻牆。⓯陵寢　皇帝陵墓。⓰交章　奏章前後相交，一封接一封。⓱類得心疾　好像患有精神病。⓲庚寅　四月初三日。⓳朱延壽　（？—西元九〇三年）廬州舒城（今安徽舒城）人，楊行密妻弟，任秦州團練使。傳見《新唐書》卷一百八十九、《舊五代史》卷十七。⓴請試往更攻　請求再次進軍攻擊。㉑一鼓　一次衝鋒。古代作戰，以擊鼓為進攻信號。擂第一通鼓為一鼓。㉒恟懼　惶恐不安。㉓騎　指騎兵及其乘馬。㉔汝陽　縣名，縣治在今河南汝南縣。㉕柴再用　與李厚均為孫儒舊將，故替李厚求情，並助其再戰。㉖乘　乘勝出擊。㉗漣水　縣名，縣治在今江蘇漣水縣。當時屬泗州。㉘僭逆　逾越禮制，犯上作亂。㉙太保　官名，與太師、太傅合稱三師，正一品，多為榮譽職位，並無實權。㉚戊戌　四月十一日。㉛武安　方鎮名，唐僖宗光啓元年（西元八八五年）改欽化軍節度使為武安軍節度使，治所潭州，在今湖南長沙。㉜釋之　楊行密的意圖在於保存董昌以制約錢鏐，使錢鏐不得與自己抗衡。㉝史儼　（？—西元九一六年）代州雁門（今山西代縣）人，李克用部將，奉命與李承嗣入援楊行密，被朱全忠隔絕，遂轉投楊行密，成為淮南驍將。傳見《舊五代史》卷五十五。㉞李承嗣　（西元八六五—九二〇年）代州雁門人，轉投淮南後，官至楚州刺史。傳見《舊五代史》卷五十五。

【校記】①州　原作「州中」。據章鈺校，十二行本、乙十一行本皆無「中」字，今據刪。

【語譯】王珂，是李克用的女婿。李克用上表說王重榮有功於國家，請求賜給他的兒子王珂符節、斧鉞等節度使儀仗。王珙送上重禮去結交王行瑜、李茂貞、韓建三位節度使，他們一再上表說王珂不是王家的兒子，請求任命王珂為陝州刺史、王珙為河中節度使。昭宗傳諭說已經先允諾李克用的奏請，不同意他們的請求。

○加封王鎔兼任侍中。

楊行密渡過淮河到達泗州，防禦使臺濛大肆裝飾接待用的帷帳，楊行密很不高興。楊行密離開泗州後，臺濛在楊行密臥室內得到一件補過的衣服，派人騎快馬把那件衣服送還楊行密。楊行密笑著說：「我小時候貧窮，出身低微，不敢忘本。」臺濛聽後感到很慚愧。○楊行密攻打濠州，把它攻取了，抓住了刺史張璲。

楊行密部下士兵搶到徐州姓李人家的一個小孩，已經八歲，楊行密收養他為義子，楊行密的長子楊渥很厭惡他。楊行密對他的部將徐溫說：「這個小孩的資質、體貌、性情、見識，和一般人都不一樣，我料想楊渥一定不能容納他，現在賞給你做養子。」徐溫給他起名叫知誥。徐知誥侍奉徐溫，勤勞孝順勝過徐溫的幾個孩子。有一次徐知誥得罪徐溫，徐溫把他鞭打後趕出家門，等到徐溫回家時，徐知誥在門口跪拜迎接。徐溫問他：「你為什麼還在這裡？」徐知誥哭泣著回答說：「做兒子的離開父母將到哪裡去啊！父親生氣，就躲到母親那裡，這是人之常情。」徐溫因此更加疼愛徐知誥，派他管理家中事務，家中的人沒有不聽他話的。等到徐知誥長大了，喜歡讀書，擅長射箭，有見識，有器度，英俊高大。楊行密常常對徐溫說：「徐知誥是個傑出人才，各位將領的兒子都比不上他。」

三月三十日丁亥，楊行密包圍壽州。

昭宗因為長安郊外有很多盜賊，有的甚至翻牆進入宮中或者侵犯皇家陵墓，想命令宗室諸王帶領軍隊巡邏警戒，又想派他們到各地去安撫慰問藩鎮。朝中大臣和有權的宦官擔心這些舉動對自己不利，不斷進呈奏章進行勸阻。昭宗不得已，夏，四月，下詔全部停止。

朝廷因為董昌過去勤於進貢錢財貨物，這次稱帝背叛朝廷，好像是患上瘋病，昭宗下詔赦免他的罪過，放他回到故里。○戶部侍郎、同平章事陸希聲被罷免，改任太子少師。

楊行密包圍壽州，沒有攻下，將要退兵。四月初三日庚寅，他的部將朱延壽請求前去再試攻一次，一鼓作氣把城攻取了，活捉了刺史江從勗。楊行密任命朱延壽暫時代理壽州團練使。

沒多久，朱全忠的汴州軍隊幾萬人攻打壽州，州裡兵少，官吏和百姓惶恐不安。朱延壽規定，軍隊每一面旗幟下有二十五名騎兵。他命令黑雲隊長李厚率領十旗騎兵攻擊汴州軍隊，未能取勝。朱延壽要殺死李厚，李厚說因為敵眾我寡才抵擋不住，希望能增加士兵再次前往，如果不能獲勝甘願一死。都押牙汝陽人柴再用也替李厚求情，於是朱延壽給他增加五旗的騎兵。李厚拼死作戰，柴再用協助他，朱延壽乘勢率領全軍一起攻擊，汴州軍隊戰敗逃走。李厚，是蔡州人。

楊行密又派遣軍隊襲擊漣水縣，把它攻取了。○錢鏐上表說董昌稱帝有叛逆大罪，不可赦免，請求率領本道軍隊討伐他。○太傅、門下侍郎、同平章事韋昭度以太保的官銜退休。○四月十一日戊戌，朝廷任命劉建鋒為武安節度使。劉建鋒任命馬殷為內外馬步軍都指揮使。○楊行密派遣使者前往錢鏐那裡，說董昌已經改正過錯，應該赦免他，也派遣使者前往董昌那裡，讓他趕快向朝廷進貢財物。○河東節度使李克用派遣他的部將史儼、李承嗣率領騎兵一萬人飛馳進入鄆州，朱友恭撤退返回汴州。

五月，昭宗下詔削除董昌的官職爵位，派錢鏐討伐他。

初，王行瑜求尚書令不獲，由是怨朝廷。畿內有八鎮兵，隸左右軍❶。郃陽❷鎮近華州，韓建求之。良原❸鎮近邠州❹，王行瑜求之。宦官曰：「此天子禁軍，何可得也！」王珂、王珙爭河中，行瑜、建及李茂貞皆為珙請，不能得，恥之。珙使人語三帥曰：「珂不受代而與河東婚姻，必為諸公不利，請討之。」行瑜使其弟匡國❺節度使行約攻河中，珂求救於李克用。行瑜乃與茂貞、建各將精兵數千入朝。甲子❻，至京師，坊市民皆竄匿。上御安福門以待之，三帥盛陳甲兵，拜伏舞蹈❼於門下。上臨軒❽，親詰之曰：「卿等不奏請俟報，輒稱兵❾入京城，其志欲何為乎？若不能事朕，今日請避賢⑩路！」行瑜、茂貞流汗不能言，獨韓建粗述入朝之由。上與三帥宴，三帥奏稱：「南、北司互有朋黨⑪，隳紊⑫朝政。韋昭度討西川失策，李谿作相，不合眾心，請誅之。」上未之許。是日，行瑜等殺昭度、谿於都亭驛⑬，又殺樞密使康尚弼及宦官數人。又言：「王珂、王珙嫡庶之[1]分，請除王珙河中，徙王行約於陝，王珂於同州。」上皆許之。始，三帥謀廢上，立吉王保⑭。至是，聞李克用已起兵於河東，行瑜、茂貞各留兵二千人宿衛京師，與建皆辭還鎮。貶戶部尚書楊堪為雅州刺史。堪，虞卿⑮之子，昭度之舅也。

初，崔胤除河中節度使，河東進奏官薛志勤揚言曰：「崔公雖重德，以之代王珂，不若光德劉公⑯於我公厚也。」光德劉公者，太常卿⑰劉崇望也。及三帥入朝，聞志勤之言，貶崇望昭州⑱司馬。李克用聞三鎮兵犯闕⑲，即日遣使十三輩⑳發北部兵㉑，期以來月度河入關。

六月庚寅㉒，以錢鏐為浙東招討使。鏐復發兵擊董昌。

辛卯㉓，以前均州刺史孔緯、繡州司戶張濬並為太子賓客㉔。壬辰㉕，以緯為吏部尚書，復其階爵。癸巳㉖，拜司空㉗，兼門下侍郎、同平章事。以張濬為兵部尚書、諸道租庸使[28]。時緯居華州，濬居長水[29]，上以崔昭緯等外交藩鎮，朋黨相傾，思得骨鯁[30]之士，故驟用[31]緯、濬。緯以有疾，扶輿[32]至京師，見上，涕泣固辭。上不許。

李克用大舉蕃、漢兵南下，上表稱王行瑜、李茂貞、韓建稱兵犯闕，賊害[33]大臣，請討之，又移檄三鎮，行瑜等大懼。克用軍至絳州，刺史王瑤閉城拒之。克用進攻，旬日，拔之，斬瑤於軍門，殺城中違拒者千餘人。秋，七月丙辰朔[34]，克用至河中，王珂迎謁於路。

匡國節度使王行約敗於朝邑[35]。戊午[36]，行約棄同州走。己未[37]，至京師。行約弟行實時為左軍[38]指揮使，帥眾與行約大掠西市[39]。行實奏稱同華已沒，沙陀將至，請車駕幸邠州。庚申[40]，樞密使駱全瓘奏請車駕幸鳳翔。上曰：「朕得克用表，尚駐軍河中。就使沙陀至此，朕自有以枝梧[41]，卿等但各撫本軍，勿令搖動。」

右軍指揮使李繼鵬，茂貞假子也，本姓名閻珪，與駱全瓘謀劫上幸鳳翔。中尉劉景宣與王行實知之，欲劫上幸邠州。孔緯面折[42]景宣，以為不可輕離宮闕。向晚[43]，繼鵬連奏請車駕出幸，於是王行約引左軍攻右軍，鼓譟震地。上聞亂，登承天樓㊹，欲諭止之，捧日都頭李筠將本軍，於樓前侍衛。李繼鵬以鳳翔兵攻筠，矢㊺拂㊻御衣，著㊼于樓桷㊽，左右扶上下樓。繼鵬復縱火焚宮門，煙炎蔽天。時有鹽州㊾六都兵屯京師，素為兩軍所憚㊿，上急召令入衛。既至，兩軍退走，各歸邠州及鳳翔。城中大亂，互相剽掠，上與諸王及親近幸李筠營，護蹕都(51)頭李居實帥眾繼至。

或傳王行瑜、李茂貞欲自來迎車駕，上懼為所迫。辛酉(52)，以筠、居實兩都兵自衛，出啓夏門(53)，趣南山(54)，宿莎城鎮(55)。士民追從車駕者數十萬人，比至谷口(56)，暍(57)死者三之一，夜，復為盜所掠，哭聲震山谷。時百官多扈從(58)不及，戶部尚書、判度支及鹽鐵轉運使薛王知柔(59)獨先至，上命權知中書事及置頓使。

【章旨】以上為第四段，寫鳳翔李茂貞、邠寧王行瑜、華州韓建三鎮連兵犯闕，唐昭宗蒙塵南山。

【注釋】❶左右軍　指左右神策軍。❷郃陽　縣名，屬同州，縣治在今陝西合陽。❸良原　縣名，屬涇州，縣治在今甘肅崇信東南。❹邠州　州名，治所在今陝西彬縣。❺匡國　方鎮名，乾寧二年升同州為匡國軍節度。同州在今陝西大荔。❻甲子　五月初八日。❼舞蹈　朝拜帝王的禮節。❽軒　殿堂前簷下的平臺。❾稱兵　舉兵。❿避賢　讓賢。⓫朋黨　由政見相同的人構成的利益集團。⓬隳紊　敗壞擾亂。⓭都亭驛　驛站名，在朱雀門外西街，含光門自北數第二坊。⓮吉王保　懿宗子，咸通十三年（西元八七二年）封王。傳見《舊唐書》卷一百七十六、《新唐書》卷八十二。⓯虞卿　楊虞卿，字師皋，號州弘農（在今河南靈寶北）人，歷仕唐順宗、憲宗、穆宗、敬宗、文宗五朝，官至弘文館學士。傳見《舊唐書》卷一百七十六、《新唐書》卷一百七十五。⓰光德劉公　指劉崇望。光德，里名，在長安城朱雀街西第三街自北數第六坊。唐末，大臣有名望者，時人常以所住之里坊名稱之。⑰太常卿　官名，九卿之一，掌宗廟祭祀之事。⑱昭州　州名，治所在今廣西平樂。⑲犯闕　調動軍隊侵犯宮廷。⑳輩　批次。㉑北部兵　代北諸蕃落之兵。㉒庚寅　六月初四日。㉓辛卯　六月初五日。㉔太子賓客　太子官屬，掌侍從規諫，贊相禮儀。㉕壬辰　六月初六日。㉖癸巳　六月初七日。㉗司空　官名，三公之一，參議國事，為榮譽職務。㉘租庸使　官名，唐玄宗開元十一年（西元七二三年）置，掌租庸地稅。後省置無常，多以戰爭而設。㉙長水　縣名，縣治在今河南洛寧西長水鎮。㉚骨鯁　剛正忠直。㉛驟用　突然起用。孔緯、張濬被貶事見本書卷二百五十八。㉜扶輿　抱病勉強乘車。㉝賊害　殺害。㉞丙辰朔　七月初一日。㉟朝邑　縣名，縣治在今陝西大荔朝邑鎮。㊱戊午　七月初三日。㊲己未　七月初四日。㊳左軍　此時宿衛禁中的左、右軍已經不是原來的禁衛六軍。左軍為邠寧節度使王行瑜所留之軍；右軍為鳳翔節度使李茂貞所留之軍。㊴西市　長安城朱雀街西的市場叫做西市。㊵庚申　七月初五日。㊶枝梧　支撐；應付。㊷面折　當面指斥。㊸向晚　傍晚。㊹承天樓　太極宮正門承天門樓。㊺矢　箭。㊻拂　掠過。㊼著　落。㊽桷　方形的椽子。㊾鹽州　州名，治所在今陝西定邊。鹽州六都兵為孫德昭所領之兵。㊿憚　畏懼。(51)護蹕都　神策軍五十四都之一。(52)辛酉　七月初六日。(53)啓夏門　長安城南面東起第一門。(54)南山　即終南山。(55)莎城鎮　鎮名，在長安城南郊。(56)谷口　南山山谷口。(57)暍　中暑；受暴熱。(58)扈從　隨從帝王出巡。(59)知柔　薛王李業的曾孫。傳見《新唐書》卷八十一。

【校　記】1之　原作「不」。張敦仁《通鑑刊本識誤》作「之」，今從改。按，嫡庶有別，欲辨不難；王珙為嫡，故以此享有繼承權。作「之」義長。

【語　譯】起初，王行瑜要求擔任尚書令，沒有成功，因此怨恨朝廷。京城長安周圍有八鎮軍隊，隸屬左、右神策軍。郃陽鎮靠近華州，韓建請求由他管理。良原鎮在邠州附近，王行瑜也想要得到它。宦官們說：「這是皇帝的禁軍，怎麼能讓他們得到呢！」王珂、王珙爭奪河中，王行瑜、韓建以及李茂貞都替王珙請求，結果王珙沒有得到，他們對此覺得很羞辱。王珙派人告訴他們三位統帥說：「王珂不接受我的替代，而成為河東李克用的女婿，這必然對你們不利，請發兵討伐他。」王行瑜派他的弟弟匡國節度使王行約攻打河中，王珂向李克用求救，王行瑜就和李茂貞、韓建各自率領精兵數千人入朝。五月初八日甲子，到達京城長安，長安街坊市場的居民都逃跑藏匿起來。昭宗來到安福門等待他們，三位統帥把全副武裝的士兵大規模排列開，在安福門下行跪拜舞蹈禮。昭宗走到門樓前，親自責問他們說：「你們不上表奏請並等待朝廷回答，就舉兵進入京城，你們到底想幹什麼？如果不能侍奉我，今天我就退位讓給賢明的人！」王行瑜、李茂貞汗流浹背講不出一句話，只有韓建大致述說了進入朝廷的理由。昭宗宴請三位統帥，他們三人上奏說：「朝中大臣和宮內宦官相互勾結，結成朋黨，擾毀朝政。韋昭度討伐西川時決策失誤，李谿擔任宰相不符合大家的心意，請求殺掉他們。」昭宗沒有同意。當天，王行瑜等人在朱雀門外的都亭驛殺死韋昭度、李谿，又殺死樞密使康尚弼和幾個宦官。他們又說：「在任用王珂、王珙的問題上，嫡庶有別，請任命王珙為河中節度使，調王行約到陝州，調王珂到同州。」昭宗都答應了。開始，三位統帥陰謀廢掉昭宗，擁立吉王李保為帝。到這時，聽說李克用已經從河東起兵，王行瑜、李茂貞各留下二千名士兵守衛京城，與韓建一同辭別昭宗返回鎮所。戶部尚書楊堪被貶為雅州刺史，楊堪，是楊虞卿的兒子，韋昭度的舅舅。

當初，崔胤出任河中節度使，河東進奏官薛志勤揚言說：「崔胤雖然注重德行，但使用他來代替王珂，不如長安城裡光德坊的劉公與我主人李克用交誼深厚。」光德坊劉公，就是太常卿劉崇望。到王行瑜等三位統帥入朝，聽到薛志勤的話，就把劉崇望貶為昭州司馬。李克用聽到王行瑜等三鎮軍隊侵犯朝廷，當天就派遣使者十三批調發北方蕃落的軍隊，約定在下個月渡過黃河進入關中。

六月初四日庚寅，任命錢鏐擔任浙東招討使。錢鏐再次發兵攻打董昌。

六月初五日辛卯，任命前均州刺史孔緯、繡州司戶張濬同時擔任太子賓客。初六日壬辰，任命孔緯為吏部尚書，恢復他的官階、爵位。初七日癸巳，任命孔緯為司空，兼任門下侍郎、同平章事。任命張濬為兵部尚書、諸道租庸使。當時孔緯住在華州，張濬住在長水，昭宗因為崔昭緯等人對外結交藩鎮，形成朋黨，互相傾軋，很想得到剛直忠正的士人，所以突然任用孔緯、張濬。孔緯因為患病，乘車來到京師，見到昭宗，流著眼淚堅決推辭。昭宗不答應。

李克用大規模調動蕃族和漢人的軍隊南下，向昭宗上表聲稱王行瑜、李茂貞、韓建派兵進犯朝廷，殘害大臣，請求討伐他們。又發檄文給王行瑜、李茂貞、韓建三人，王行瑜等非常害怕。李克用的軍隊到達絳州，絳州刺史王瑤關閉城門抵抗李克用。李克用進軍攻城，十天，攻取了城池，在軍營門前殺死了王瑤，把城裡抵抗的人殺死了一千多。秋，七月初一日丙辰，李克用到達河中，王珂親自迎接，在路上拜見他。

匡國節度使王行約在朝邑被擊敗。七月初三日戊午，王行約放棄同州逃走。初四日己未，到達京師。王行約的弟弟王行實當時為左軍指揮使，率領部眾和王行約大肆搶掠長安西市。王行實上奏說同州、華州已經陷落，李克用的沙陀軍即將到來，請昭宗親臨邠州。初五日庚申，樞密使駱全瓘上奏請昭宗親臨鳳翔。昭宗說：「我收到李克用的表章，他還駐軍在河中。即使沙陀軍到達這裡，我自有辦法應付，你們只要各自安撫好本人的部隊，不要讓他們騷動不安。」

右軍指揮使李繼鵬，是李茂貞的義子，本來姓名叫閻珪，與駱全瓘陰謀劫持昭宗到鳳翔。中尉劉景宣和王行實知道此事，打算劫持昭宗到邠州。孔緯當面斥責劉景宣，認為昭宗不可輕易離開宮廷。傍晚，李繼鵬接連上奏請昭宗外出避難，於是王行約帶領左軍攻打李繼鵬的右軍，鼓聲與吶喊聲震天動地。昭宗聽到發生變亂，登上承天樓，想下令制止他們。捧日都頭李筠率領自己的部隊，在承天樓前護衛昭宗。李繼鵬指揮鳳翔的軍隊攻打李筠，飛箭擦過昭宗的衣服，插在承天樓的椽子上，身邊侍衛攙扶著昭宗下樓躲避。李繼鵬又縱火焚燒宮門，濃煙遮蔽了天空。當時有鹽州六都軍隊駐紮在京城，左、右兩軍一向很懼怕他們，昭宗急忙下令召他們入宮護衛。他們到達後，左、右兩軍撤走了，各自回到邠州和鳳翔。長安城裡大亂，相互搶奪，昭宗與各王以及親信到李筠的軍營躲避，護蹕都頭李居實率領部眾相繼到達。

有人傳說王行瑜、李茂貞要親自來迎接昭宗，昭宗害怕受到他們的逼迫。七月初六日辛酉，用李筠、李居實的兩都軍隊自行護衛，從啓夏門出來，前往南山，在莎城鎮過夜。追隨昭宗的士民有幾十萬人，快要到達南山的谷口時，中暑而死的人有三分之一。夜裡，又遭到強盜搶劫，哭喊聲震動山谷。當時朝中官員大多數來不及跟從昭宗，只有戶部尚書、判度支及鹽鐵轉運使薛王李知柔一個人首先趕到，昭宗命令他暫時掌管中書省的事務，以及擔任置頓使。

壬戌①，李克用入同州。崔昭緯、徐彥若、王摶至莎城。甲子②，上徙幸石門鎮③，命薛王知柔與知樞密院劉光裕還京城，制置④守衛宮禁。丙寅⑤，李克用遣節度判官王瓌奉表問起居。丁卯⑥，上遣內侍⑦郗廷昱齎詔詣李克用軍，令與王珂各發萬騎同赴新平⑧。又詔彰義節度使張鐇以涇原⑨兵控扼⑩鳳翔。

李克用遣兵攻華州。韓建登城呼曰：「僕於李公未嘗失禮，何為見攻？」克用使謂之曰：「公為人臣，逼逐天子，公為有禮，孰為無禮者乎！」會郗廷昱至，言李茂貞將兵三萬至盩厔，王行瑜將兵至興平⑪，皆欲迎車駕，克用乃釋華州之圍，移兵營渭橋⑫。

以薛王知柔為清海⑬節度使、同平章事，仍權知京兆尹、判度支，充鹽鐵轉運使，俟反正日⑭赴鎮。

上在南山旬餘，士民從車駕避亂者日相驚曰：「邠、岐兵至矣！」上遣延王戒丕⑮詣河中，趣⑯李克用令進兵。壬午⑰，克用發河中。上遣供奉官張承業⑱詣克用軍。承業，同州人，屢奉使於克用，因留監其軍。己丑⑲，克用進軍渭橋，遣其將李存貞為前鋒。辛卯⑳，拔永壽㉑，又遣史儼將三千騎詣石門侍衛。癸巳㉒，遣李存信、李存審會保大節度使李思孝攻王行瑜梨園寨㉓，擒其將王令陶等，獻於行在。思孝本姓拓跋㉔，思恭之弟也。李茂貞懼，斬李繼鵬㉕，傳首行在，上表請罪，且遣使求和於克用。上復遣延王戒丕、丹王允㉖諭克用，令且赦茂貞，併力討行瑜，俟其殄㉗平，當更與卿議之。且命二王拜克用為兄。

以前河中節度使崔胤為中書侍郎、同平章事。

戊戌㉘，削奪王行瑜官爵。癸卯㉙，以李克用為邠寧四面行營都招討使，保大節度使李思孝為北面招討使，定難㉚節度使李思諫為東面招討使，彰義節度使張鐇為西面招討使。克用遣其子存勗㉛詣行在，年十一，上奇其狀貌，撫之曰：「兒方為國之棟梁，他日宜盡忠於吾家。」克用表請上還京，上許之。令克用遣騎三千駐三橋㉜為備禦。辛亥㉝，車駕還京師。

壬子㉞，司空兼門下侍郎、同平章事崔昭緯罷為右僕射。○以護國留後王珂、盧龍留後劉仁恭各為本鎮節度使。○時宮室焚毀，未暇完葺，上寓居尚書省㉟，百官往往無袍笏㊱僕馬。○以李克用為行營都統㊲。

【章旨】以上為第五段，寫李克用發兵勤王，迎昭宗還京。

【注釋】❶壬戌　七月初七日。❷甲子　七月初九日。❸石門鎮　鎮名，在石門山下。❹制置　部署規劃。❺丙寅　七月十一日。❻丁卯　七月十二日。❼內侍　官名，屬內侍省。在內侍監之下，內常侍之上，員四人，從四品上。❽新平　郡名，屬邠州，治所在今陝西彬縣。❾涇原　方鎮名，唐代宗大曆三年（西元七六八年）置，乾寧後號彰義軍。治所涇州，在今甘肅涇川縣北。❿控扼　控制。⓫興平　縣名，屬京兆府，唐中宗景龍二年（西元七〇八年）送金城公主下嫁吐蕃經過此處，故改名金城。唐肅宗至德二載（西元七五七年）又改為興平。縣治在今陝西興平。⓬渭橋　長安附近渭水上的橋樑，在今西安北。⓭清海　方鎮名，即嶺南節度，這一年賜名清海軍。⓮反正日　由禍亂復歸於正道的時候。反，通「返」。⓯戒丕　唐玄宗子李玢封延王，李戒丕為其後裔。⓰趣　催促。⓱壬午　七月二十七日。⓲張承業　（西元八四四—九二二年）字繼元，宦官。為李克用監軍，唐末轉佐李克用父子建立後唐。本姓康，為內常侍張泰之養子。傳見《舊五代史》卷七十二、《新五代史》卷三十八。⓳己丑　八月初五日。⓴辛卯　八月初七日。㉑永壽　縣名，縣治在今陝西永壽北。㉒癸巳　八月初九日。㉓梨園寨　鎮名，當時屬雲陽縣，在今陝西淳化。㉔拓跋　姓，原為鮮卑族的一支，以部為氏。㉕李繼鵬　李茂貞養子。李茂貞殺李繼鵬，是將禍亂京城的罪責推委給他。㉖允　丹王李逾之後，逾為代宗子。㉗殄　消滅。㉘戊戌　八月十四日。㉙癸卯　八月十九日。㉚定難　方鎮名，唐僖宗中和二年（西元八八二年）賜夏州節度號定難節度。治所朔方，在今陝西靖邊白城子。㉛存勗　即後唐莊宗李存勗（西元八八五—九二六年），五代唐王朝的建立者。西元九二三—九二六年在位。傳見《舊五代史》卷二十七、《新五代史》卷四。㉜三橋　鎮名，在長安城西。㉝辛亥　八月二十七日。㉞壬子　八月二十八日。㉟尚書省　在長安城朱雀門正街之東，自佔一坊，六部附麗其旁。㊱笏　即朝笏。大臣上朝時手中所執狹長形板子，用玉、象牙或竹片製成，可用於記事，以備遺忘。㊲行營都統　官名，征討方面軍的最高官職，統轄諸軍。

【語　譯】七月初七日壬戌，李克用進入同州。崔昭緯、徐彥若、王摶到達莎城。初九日甲子，昭宗遷移到石門鎮，命令薛王李知柔和知樞密院劉光裕返回京城長安，部署軍隊守衛皇宮。十一日丙寅，李克用派遣節度判官王瓌奉上表章問候昭宗的生活起居情況。十二日丁卯，昭宗派遣內侍郗廷昱攜帶詔書前往李克用的軍營，命令他和王珂各派出一萬名騎兵共同趕赴新平討伐王行瑜。昭宗又下詔命令彰義節度使張鐇帶領涇原的軍隊控制鳳翔的李茂貞。

李克用派兵攻打華州。韓建登上城樓呼喊說：「我對您從來沒有失禮，為何要受到攻擊？」李克用派人對他說：「你是唐朝的臣子，逼迫驅逐皇上，你這樣還算有禮，還有誰是無禮的呢！」適逢郗廷昱來到，說李茂貞帶兵三萬人抵達盩厔，王行瑜帶兵抵達興平，都想迎接昭宗去他們那裡。李克用便解除對華州的包圍，把軍隊轉移到渭橋紮營。

任命薛王李知柔為清海節度使、同平章事，仍然暫時代理京兆尹、判度支、充任鹽鐵轉運使，等到平定動亂後前往鎮所。

昭宗在南山十多天，跟隨昭宗避亂的士民天天相互驚恐地說：「邠州、岐州的軍隊到來了！」昭宗派遣延王李戒丕前往河中，催促李克用進兵。七月二十七日壬午，李克用從河中出發。昭宗派遣供奉官張承業前往李克用軍中。張承業是同州人，多次奉命出使李克用處，因此留在李克用軍中為監軍。八月初五日己丑，李克用進軍渭橋，派遣他的部將李存貞為前鋒。初七日辛卯，攻克永壽縣，又派遣史儼帶領三千名騎兵前往石門鎮護衛昭宗。初九日癸巳，李克用派遣李存信、李存審會合保大節度使李思孝攻打王行瑜的梨園寨，活捉了王行瑜的部將王令陶等人，把他們送到昭宗住處。李思孝本來姓氏是拓跋，是拓跋思恭的弟弟。李茂貞害怕了，殺死了李繼鵬，把他的頭顱傳送到昭宗住處，上表請罪；並且派遣使者向李克用求和。昭宗又派遣延王李戒丕、丹王李允曉諭李克用，讓他暫時赦免李茂貞，齊心合力討伐王行瑜，等到消滅了王行瑜，朝廷再和你商議如何處置李茂貞。昭宗又命令延王李戒丕、丹王李允拜李克用為兄長。

任命前河中節度使崔胤擔任中書侍郎、同平章事。

八月十四日戊戌，革除王行瑜的官職、爵位。十九日癸卯，任命李克用為邠寧四面行營都招討使，保大節度使李思孝為北面招討使，定難節度使李思諫為東面招討使，彰義節度使張鐇為西面招討使。李克用派遣他的兒子李存勗前往昭宗住處，李存勗十一歲，昭宗對他的體貌很驚奇，撫摩著他說：「你將成為國家的棟樑之才，以後應該為我李家盡忠。」李克用上表請昭宗返回京城，昭宗同意了。命令李克用派遣騎兵三千人駐紮在三橋執行警衛防禦。二十七日辛亥，昭宗返回京城。

八月二十八日壬子，司空兼門下侍郎、同平章事崔昭緯免職後擔任右僕射。〇任命護國軍留後王珂、盧龍軍留後劉仁恭分別擔任本鎮節度使。〇當時宮殿焚毀，無暇整修，昭宗寄住在尚書省，朝廷百官往往沒有長袍、笏板、僕人和馬匹。〇任命李克用擔任行營都統。

九月癸亥❶，司空兼門下侍郎、同平章事孔緯薨❷。◯辛未❸，朱全忠自將擊朱瑄，戰於梁山❹，瑄敗走還鄆。

李克用急攻黎園，王行瑜求救於李茂貞，茂貞遣兵萬人屯龍泉鎮❺，自將兵三萬屯咸陽之旁。克用請詔茂貞歸鎮，仍削奪其官爵，欲分兵討之。上以茂貞自誅繼鵬，前已赦宥❻，不可復削奪誅討，但詔歸鎮，仍令克用與之和解。以昭義節度使李罕之檢校侍中，充邠、寧四面行營副都統。史儼敗邠、寧兵於雲陽❼，擒雲陽鎮使王令誨等，獻之。

王建遣簡州❽刺史王宗瑤等將兵赴難。甲戌❾，軍于綿州❿。

董昌求救於楊行密，行密遣泗州防禦使臺濛攻蘇州⓫以救之，且表昌引咎⓬，願修⓭職貢，請復官爵。又遺錢鏐書，稱：「昌狂疾自立，已畏兵諫⓮。執送同惡⓯，不當復伐之。」

冬，十月丙戌⓰，河東將李存貞敗邠寧軍於黎園北，殺千餘人。自是黎園閉壁不敢出。◯貶右僕射崔昭緯為梧州司馬。◯魏國夫人陳氏⓱，才色冠後宮。戊子⓲，上以賜李克用。

克用令李罕之、李存信等急攻黎園。城中食盡，棄城走。罕之等邀擊⓳之，所殺萬餘人，克棃園等三寨，獲王行瑜子知進及大將李元福等，克用進屯棃園。庚寅⑳，王行約、王行實燒寧州㉑遁去。克用奏請以匡國㉒節度使蘇文建為靜難節度使，趣令赴鎮，且理寧州㉓，招撫降人。◯上還居大內㉔。◯朱全忠遣都將葛從周擊兗州，自以大軍繼之。癸卯㉕，圍兗州㉖。

楊行密遣寧國㉗節度使田頵、潤州團練使安仁義攻杭州鎮戍以救董昌，昌使湖州㉘將徐淑會淮南將魏約共圍嘉興㉙。錢鏐遣武勇都指揮使顧全武救嘉興，破烏墩㉚、光福㉛二寨。淮南將柯厚破蘇州水柵㉜。全武，餘姚㉝人也。

義武㉞節度使王處存薨，軍中推其子節度副使郜㉟為留後。◯以京兆尹武邑孫偓㊱為兵部侍郎、同平章事。

王行瑜以精甲五千守龍泉寨，李克用攻之。李茂貞以兵五千救之，營於鎮西㊲。李罕之擊鳳翔兵，走之。十一月丁巳㊳，拔龍泉寨。行瑜走入邠州，遣使請降於李克用[1]。

齊州㊴刺史朱瓊舉州降於朱全忠。瓊，瑾之從父兄也。◯衢州刺史陳儒卒，弟岌代之。

李克用引兵逼邠州，王行瑜登城，號哭謂克用曰：「行瑜無罪，迫脅乘輿㊵，皆李茂貞及李繼鵬所為，請移兵問鳳翔，行瑜願束身㊶歸朝。」克用曰：「王尚父㊷何恭之甚！僕受詔討三賊臣㊸，公預㊹其一，束身歸朝，非僕所得專也。」丁卯㊺，行瑜挈族棄城走。克用入邠州，封府庫。撫居人㊻，命指揮使高爽權巡撫軍城，奏趣㊼蘇文建赴鎮。行瑜走至慶州㊽境，部下斬行瑜，傳首。

【章旨】以上為第六段，寫李克用破滅邠寧，王行瑜授首。楊行密阻攔錢鏐進攻董昌。

【注釋】❶癸亥　九月初十日。❷薨　諸侯王或朝中高官逝世稱「薨」。❸辛未　九月十八日。❹梁山　山名，在今山東東平湖西、梁山縣南，周約十公里。❺龍泉鎮　鎮名，在邠州三水縣，今陝西旬邑東北。❻赦宥　赦免。❼雲陽　縣名，縣治在今陝西涇陽北。❽簡州　州名，治所在今四川簡陽。❾甲戌　九月二十一日。❿軍于綿州　王建遣兵赴難只軍於綿州，是觀望不進，並無救難解急的真心，且伺機進攻東川以廣地。綿州，州名，治所在今四川綿陽。⓫攻蘇州　當時蘇州屬錢鏐，楊行密攻蘇州就牽制了錢鏐的兵力，使其不能專攻董昌。⓬引咎　自己承擔罪責。⓭修　整治恢復。⓮兵諫　以武力迫使帝王或上級聽從意見。⓯同惡　共同作惡的同夥，指策劃董昌稱帝的首謀者吳瑤及巫覡等人。⓰丙戌　十月初三日。⓱魏國夫人陳氏　（？—西元九四一年）襄州（今湖北襄樊）人，本為昭宗之宮嬪，賜予李克用後，深受寵重。李克用死後，落髮為尼，法名智願。傳見《舊五代史》卷四十九。⓲戊子　十月初五日。⓳邀擊　截擊。⓴庚寅　十月初七日。㉑寧州　州名，治所在今甘肅寧縣。在邠州北一百二十五里。㉒匡國　方鎮名，是年，升同州為匡國軍節度。㉓理寧州　即治寧州。蘇文建代王行瑜，因邠州未攻下，所以暫時先以寧州為靜難軍節度治所。㉔大內　皇宮。㉕癸卯　十月二十日。㉖圍兗州　是年春，朱全忠曾圍兗州，因李克用救兵至而退，現又一次包圍。㉗寧國　方鎮名，景福元年（西元八九二年）升宣歙團練使為寧國節度使。㉘湖州　州名，治所在今浙江湖州。㉙嘉興　縣名，治所在今浙江嘉興南。㉚烏墩　鎮名，在湖州烏程縣。㉛光福　鎮名，在蘇州吳縣。㉜水柵　用竹、木等做成的阻攔物，置水中起到阻礙行船的作用。㉝餘姚　縣名，縣治在今浙江餘姚。㉞義武　方鎮名，唐德宗建中三年（西元七八二年）分易、定二州所置義武軍節度使。㉟部　王部，義武軍節度使王處存之子，繼父任義武軍節度使。後遭汴軍攻擊，兵敗奔太原投李克用，死於晉陽。傳見《舊唐書》卷一百十二、《新唐書》卷一百十六。㊱孫偓　武邑（今河北武邑）人，唐昭宗朝宰相。傳見《新唐書》卷一百八十三。㊲鎮西　龍泉寨之西。㊳丁巳　十一月初五日。㊴齊州　州名，治所歷城，在今山東濟南。㊵乘輿　皇帝乘坐的車輛，此用以代指皇帝。㊶束身　自己捆住自己，比喻歸順。㊷尚父　王行瑜曾被賜號尚父，此時已削奪，李克用出於諷刺，故稱。㊸三賊臣　指王行瑜、李茂貞、韓建。㊹預　參與。㊺丁卯　十一月十五日。㊻居人　居民百姓。㊼趣　催促。㊽慶州　州名，治所在今甘肅慶陽。

【校　記】1李克用　據章鈺校，乙十一行本無「李」字。

【語　譯】九月初十日癸亥，司空兼門下侍郎、同平章事孔緯去世。〇十八日辛未，朱全忠親自率軍攻打朱瑄，在梁山交戰，朱瑄戰敗逃走，返回鄆州。

李克用率軍急速攻打棃園，王行瑜向李茂貞求救。李茂貞派兵一萬人屯駐龍泉鎮，自己率軍三萬人屯駐咸陽附近。李克用請求朝廷下詔命令李茂貞返回鳳翔鎮所，仍然免除他的官職、爵位，打算分兵討伐他。昭宗認為李茂貞自己殺死李繼鵬，先前已經赦免，不能再削除他的官爵進行討伐，只是下詔命令李茂貞回到鳳翔鎮所，仍然命令李克用與李茂貞和解。任命昭義節度使李罕之為檢校侍中，充任邠、寧四面行營副都統。史儼在雲陽打敗王行瑜的邠、寧軍隊，活捉了雲陽鎮使王令誨等人，進獻給朝廷。

王建派遣簡州刺史王宗瑤等人率領軍隊解救朝廷危難。九月二十一日甲戌，屯兵綿州。

董昌向楊行密求救，楊行密派遣泗州防禦使臺濛攻打蘇州來救援他，並且向朝廷上表說董昌引咎自責，願意盡職納貢，請求恢復他的官職與爵位。楊行密又寫信給錢鏐說：「董昌瘋病發作，自立為帝，你率軍前去勸阻，他已經害怕了，他抓住了一起作惡的人送到你處，不應當再去討伐他。」

冬，十月初三日丙戌，河東將領李存貞在棃園的北面擊敗王行瑜的邠寧軍隊，殺了一千多人，從此棃園軍營關閉寨門，不敢出戰。〇朝廷貶右僕射崔昭緯為梧州司馬。〇魏國夫人陳氏，才能姿色冠絕後宮。初五日戊子，昭宗把她賜給李克用。

李克用命令李罕之、李存信等人加緊攻打棃園。城裡糧食吃光了，王行瑜棄城逃走。李罕之等人截擊他們，殺死一萬多人，攻克棃園等三個寨子，抓獲王行瑜的兒子王知進和大將李元福等人，李克用進兵屯駐棃園。十月初七日庚寅，王行約、王行實焚燒寧州後逃走。李克用上奏朝廷請求任命匡國節度使蘇文建為靜難節度使，催促他前往鎮所，暫時把鎮所設在寧州，招集安撫投降的人。○昭宗遷回皇宮居住。○朱全忠派遣都將葛從周攻打兗州，自己率領大軍隨後進發。二十日癸卯，包圍兗州。

楊行密派遣寧國節度使田頵、潤州團練使安仁義進攻錢鏐駐守杭州的軍隊，以救援董昌。董昌派湖州將領徐淑會合淮南將領魏約一起包圍嘉興。錢鏐派武勇都指揮使顧全武救援嘉興，攻破烏墩、光福兩個寨子。淮南將領柯厚攻破蘇州的水上柵欄。顧全武，是餘姚人。

義武節度使王處存去世，軍中將士推舉他的兒子節度副使王郜為留後。○朝廷任命京兆尹武邑人孫偓擔任兵部侍郎、同平章事。

王行瑜派遣穿戴甲冑的精兵五千人守衛龍泉寨，李克用攻打寨子。李茂貞派兵五千人救援，在龍泉鎮西面紮營。李罕之攻打李茂貞的鳳翔軍隊，打跑了鳳翔軍隊。十一月初五日丁巳，攻取了龍泉寨。王行瑜逃入邠州，派遣使者向李克用求降。

齊州刺史朱瓊獻出齊州向朱全忠投降。朱瓊，是朱瑾的堂兄。○衢州刺史陳儒去世，弟弟陳岌接替他的職位。

李克用帶兵進逼邠州，王行瑜登上城樓，號啕大哭，對李克用說：「我王行瑜沒有罪過，脅迫皇上，都是李茂貞和李繼鵬幹的，請您移兵鳳翔問罪李茂貞，我王行瑜願意捆綁起來回到朝廷。」李克用說：「你王行瑜為什麼如此謙恭！我接受詔令討伐三個賊臣，你就是側身其中的一個，你想捆綁起來回到朝廷，這不是我能擅自做主的。」十一月十五日丁卯，王行瑜帶著家族棄城逃跑。李克用進入邠州，封存官府庫房。安撫居民，命令指揮使高爽暫時代理巡撫軍城職務，上奏催促蘇文建前往邠州鎮所。王行瑜逃到慶州地界，他的部下殺死了他，頭顱被送到朝廷。

朱瑄遣其將賀瓌❶、柳存及河東將何懷寶[1]將兵萬餘人襲曹州，以解兗州之圍。瓌，濮陽❷人也。丁卯❸，全忠自中都❹引兵夜追之，比明，至鉅野❺南，及之，屠殺殆盡，生擒瓌、存、懷寶，俘士卒三千餘人。是日晡後❻，大風沙塵晦冥，全忠曰：「此殺人未足耳！」下令所得之俘盡殺之。庚午❼，縛瓌等徇於兗州城下，謂朱瑾曰：「卿兄已敗，何不早降！」

丁丑❽，雅州❾刺史王宗侃❿攻拔利州，執刺史李繼顒⓫，斬之。

朱瑾偽遣使⓬請降於朱全忠，全忠自就延壽門⓭下與瑾語。瑾曰：「欲送符印，願使兄瓊來領之。」

辛巳⓮，全忠使瓊往，瑾立馬橋上，伏⓯驍果⓰董懷進於橋下，瓊至，懷進突出，擒之以入，須臾，擲首城外。全忠乃引兵還⓱，以瓊弟玭為齊州防禦使，殺柳存、何懷寶[2]，聞賀瓌名，釋而用之。○李克用旋軍⓲渭北。○加靜難節度使蘇文建同平章事。

蔣勛⓳求為邵州刺史，劉建鋒不許，勛乃與鄧繼崇起兵，連飛山⓴、梅山㉑蠻寇湘潭㉒，據邵州，使其將申德昌屯定勝鎮㉓，以扼潭人。

十二月甲申㉔，閬州防禦使李繼雍、蓬州㉕刺史費存、渠州㉖刺史陳璠㉗各帥所部兵奔王建。○乙酉㉘，李克用軍于雲陽㉙。王建奏：「東川節度使顧彥暉不發兵赴難㉚，而掠奪輜重，遣瀘州㉛刺史馬敬儒斷峽路㉜，請興兵討之㉝。」戊子㉞，華洪㉟大破東川兵於楸林㊱，俘斬數萬，拔楸林寨。

乙未㊲，進李克用爵晉王㊳，加李罕之兼侍中，以河東大將蓋寓領容管㊴觀察使。自餘克用將佐、子孫並進官爵。克用性嚴急，左右小有過輒死，無敢違忤㊵，惟蓋寓敏慧，能揣㊶其意，婉辭裨益㊷，無不從者。克用或以非罪㊸怒將吏，寓必陽㊹助之怒，克用常釋之，有所諫諍，必徵㊺近事為喻。由是克用愛信之，境內無不依附，權與克用侔㊻。朝廷及鄰道遣使至河東，其賞賜賂遺㊼，先入克用，次及寓家。朱全忠數遣人間㊽之，及揚言云蓋寓已代克用，而克用待之益厚。

丙申㊾，王建攻東川，別將王宗弼為東川兵所擒，顧彥暉畜㊿以為子。戊戌(51)，通州(52)刺史李彥昭(53)將所部兵二千降於建。

【章旨】以上為第七段，寫李克用因勤王之功進爵晉王。西川王建假借勤王之名進兵東川，朱全忠藉機大力攻討鄆、兗朱瑄與朱瑾。

【注釋】❶賀瓌（西元八五三—九一五年）字光遠，濮州（治所在今山東鄄城北）人，賀瓌投降朱全忠，屢立戰功，官至相州刺史，轉左龍虎統軍。傳見《舊五代史》卷二十三、《新五代史》卷二十三。❷濮陽　縣名，縣治在今河南濮陽南。❸丁卯　十一月十五日。❹中都　縣名，縣治在今山東汶上。❺鉅野　縣名，縣治在今山東巨野。❻晡後　指傍晚。申時為下午三點至五點。❼庚午　十一月十八日。❽丁丑　十一月二十五日。❾雅州　州名，治所在今四川雅安。❿王宗侃　西川將。⓫李繼顒　鳳翔將。⓬偽遣使　因朱全忠誘降，故朱瑾派遣使者進行詐降。⓭延壽門　兗州城門。⓮辛巳　十一月二十九日。⓯伏　埋伏。⓰驍果　勇猛敢死之士。⓱引兵還　率軍返回。朱全忠見朱瑾殺其兄，知無降意，強攻又難以奏效，故還。⓲旋軍　回師；李克用自邠寧回屯渭北。⓳蔣勛　原為邵州指揮使。乾寧元年放棄龍回關，使劉建鋒順利地攻下長沙，故求為邵州刺史。⓴飛山　在邵州（治所在今湖南邵陽）西北，其山比周圍山峰高峻，四面懸崖峭壁。㉑梅山　在潭州（治所在今湖南長沙）西南，與邵州交界處。㉒湘潭　縣名，縣治洛口，在今湖南衡山縣東北。㉓定勝鎮　鎮名，在邵州東北。㉔甲申　十二月初二日。㉕蓬州　治所在今四川儀隴南。㉖渠州　治所在今四川渠縣。㉗陳璠　和李繼雍、費存三人都是鳳翔軍將領。閬州，治所在今四川閬中。㉘乙酉　十二月初三日。㉙雲陽　縣名，縣治在今陝西涇陽北。㉚不發兵赴難　指去年李茂貞、王行瑜、韓建三鎮連兵犯闕，顧彥暉不發兵勤王。赴難，救難，指勤王救天子之難。㉛瀘州　州名，治所在今四川瀘州。㉜峽路　長江自重慶市奉節瞿塘峽以下稱為峽江，水流最險，為長江出蜀的險隘。㉝興兵討之　指王建以顧彥暉不勤王為藉口而發兵征討。㉞戊子　十月初六日。㉟華洪　王建所遣討伐東川的大將。㊱楸林　鎮名。㊲乙未　十二月十三日。㊳晉王　李克用由隴西郡王進爵晉王。㊴容管　方鎮名，唐玄宗天寶十四載（西元七五五年）置容州管內經略使，治所容州，在今廣西北流。唐肅宗上元元年（西元七六〇年）升為容管觀察使。㊵違忤　違背、不服從。㊶揣　揣摩。㊷婉辭禆益　婉言相助。㊸非罪　沒有過失，強加罪責。㊹陽　表面上。㊺徵　徵引。㊻侔　齊等。㊼賞賜賂遺　朝廷給財物為賞賜，鄰道贈送財物為賂遺。㊽間　挑撥離間。㊾丙申　十二月十四日。㊿畜　收養。(51)戊戌　十二月十六日。(52)通州　州名，治所在今四川達縣。(53)李彥昭　鳳翔軍將領。

【校　記】[1]何懷寶　原作「薛懷寶」。據章鈺校，十二行本、乙十一行本、孔天胤本皆作「何懷寶」，今從改。[2]何懷寶　原無「何」字。據章鈺校，十二行本、乙十一行本皆有此字，今據補。

【語　譯】朱瑄派遣他的部將賀瓌、柳存和河東將領何懷寶帶兵一萬多人襲擊曹州，以求解除對兗州的包圍。賀瓌，是濮陽人。十一月十五日丁卯，朱全忠從中都縣率軍在夜間追趕他們，等到天亮，到達鉅野縣的南邊，追上了他們，把他們幾乎殺光，活捉賀瓌、柳存、何懷寶，俘獲士兵三千多人。這一天傍晚，颳起大風，沙塵彌漫，天昏地暗，朱全忠說：「這是殺人不夠造成的！」下命令把抓獲的俘虜全部殺掉。十八日庚午，捆綁賀瓌等人在兗州城下示眾，對朱瑾說：「你哥哥已經戰敗，你為什麼還不早點投降！」

十一月二十五日丁丑，雅州刺史王宗侃攻克利州，抓住刺史李繼顒，殺死了他。

朱瑾假意派遣使者向朱全忠請求投降，朱全忠親自到兗州城延壽門下與朱瑾說話。朱瑾說：「我打算交出符節和官印，希望讓我的堂兄朱瓊前來領取。」

十一月二十九日辛巳，朱全忠派朱瓊前來。朱瑾騎馬站立在城門前的橋上，把驍勇果敢的董懷進埋伏在橋下，朱瓊到了，董懷進突然從橋下衝出，捉住朱瓊帶入城中。一會兒，把朱瓊的頭顱扔出城外。朱全忠於是率軍返回汴州，任命朱瓊的弟弟朱玭為齊州防禦使，殺死柳存、何懷寶，因聽說賀瓌的名聲，將他釋放並加以任用。〇李克用從邠寧回師屯兵渭水北邊。〇朝廷加封靜難節度使蘇文建為同平章事。

蔣勛要求擔任邵州刺史，武安軍節度使劉建鋒不同意。蔣勛就和鄧繼崇起兵，聯合飛山、梅山的蠻人入侵湘潭，佔據邵州，派遣他的部將申德昌駐守定勝鎮，來扼制潭州人。

十二月初二日甲申，閬州防禦使李繼雍、蓬州刺史費存、渠州刺史陳璠各自率領所轄部隊投奔王建。〇初三日乙酉，李克用駐兵雲陽。

王建上奏說：「東川節度使顧彥暉不出兵為朝廷除危救難，反而搶劫我的軍用物資，派遣瀘州刺史馬敬儒切斷三峽水路，請求出兵討伐顧彥暉。」十二月初六日戊子，華洪在楸林大敗東川軍隊，俘虜和殺死了幾萬人，攻取了楸林寨。

十二月十三日乙未，朝廷晉升李克用為晉王，加封李罕之兼任侍中，任命河東大將蓋寓兼任容管觀察使。其餘李克用的部將、佐吏以及兒子、孫子都加官晉爵。李克用性情嚴厲急躁，身邊的人稍有過失就處死，沒有人敢於違抗，只有蓋寓聰敏靈慧，能夠揣摩他的心意，婉言相助，李克用沒有不聽從的。李克用有時很生氣地誤罪手下將吏，蓋寓必定會表面上促使他更為生氣，李克用反而常常息怒放過他們，蓋寓有所勸諫，一定徵引近期發生的事情來做比喻。因此李克用喜愛並信任他，所轄境內人士無不依附，權力和李克用相等同。朝廷和鄰近各道派遣使者到河東，他們賞賜贈送的錢財物品，先送給李克用，其次就送到蓋寓的家裡。朱全忠多次派人挑撥離間兩人的關係，甚至揚言說蓋寓已取代李克用，而李克用更加厚待蓋寓。

十二月十四日丙申，王建進攻東川軍隊，他的一個支隊將領王宗弼被東川的士兵擒獲，顧彥暉把王宗弼收養為義子。十六日戊戌，通州刺史李彥昭率領所轄部隊二千人投降王建。

李克用遣掌書記❶李襲吉❷入謝恩，密言於上曰：「比年以來，關輔❸不寧，乘此勝勢，遂取鳳翔，一勞永逸，時不可失。臣屯軍渭北，專俟進止。」上謀於貴近❹，或曰：「茂貞復滅❺，則沙陀大盛，朝廷危矣！」上乃賜克用詔，褒❻其忠款❼，而言：「不臣之狀，行瑜為甚。自朕出幸以來，茂貞、韓建自知其罪，不忘國恩，職貢相繼，且當休兵息民。」克用奉詔而止。既而私於詔使曰：「觀朝廷之意，似疑克用有異心也。然不去茂貞，關中無安寧之日。」又詔免克用入朝，將佐或言：「今密邇闕廷❽[1]，豈可不入見天子！」克用猶豫未決，蓋寓言於克用曰：「鄉者❾王行瑜輩縱兵狂悖❿，致鑾輿播越，百姓奔散。今天子還未安席，人心尚危，大王若引兵度渭，竊恐復驚駭都邑。人臣盡忠，在於勤王⓫，不在入覲⓬，願熟圖⓭之！」克用笑曰：「蓋寓尚不欲吾入朝，況天下之人乎！」

乃表稱：「臣總帥大軍，不敢徑入朝覲，且懼部落士卒侵擾渭北居人。」辛亥⑭，引兵東歸。表至京師，上下始安。詔賜河東士卒錢三十萬緡⑮。克用既去，李茂貞驕橫如故，河西⑯州縣多為茂貞所據，以其將胡敬璋為河西節度使。

朱全忠之去兗州⑰也，留葛從周將兵守之，朱瑾閉城不復出。從周將還，乃揚言「天平⑱、河東救兵至，引兵西北邀之」，夜半，潛歸故寨。瑾以從周精兵悉出，果出兵攻寨。從周突出奮擊，殺千餘人，擒其都將孫漢筠而還。

加鎮海節度使錢鏐兼侍中。○彰義節度使張鐇薨，以其子璉權知留後。○朱瑄、朱瑾屢為朱全忠所攻，民失耕稼，財力俱弊。告急於河東，李克用遣大將史儼、李承嗣將數千騎假道於魏以救之。

安州⑲防禦使家晟，與朱全忠親吏蔣玄暉⑳有隙，恐及禍，與指揮使劉士政、兵馬監押陳可璠將兵三千襲桂州，殺經略使周元靜而代之㉑。晟醉侮可璠，可璠手刃之，推士政知軍府事，可璠自為副使。詔即以士政為桂管[2]經略使。玄暉，吳人也。

【章旨】以上為第八段，寫唐昭宗聽信貴近之言，赦李茂貞之罪，詔李克用罷兵東歸，痛失割除肘腋之患。

【注釋】❶掌書記　官名，節度使府屬官，位在判官之下，掌朝覲、聘問、慰藉、獻祭祀、祈祝之文，與號令、升絀等事。❷李襲吉　（?—西元九〇六年）洛陽人，自稱中唐名相李林甫之後，善文辭，為李克用幕僚。傳見《舊五代史》卷六十、《新五代史》卷二十八。❸關輔　指京畿關中地區。❹貴近　身邊的顯貴大臣。❺復滅　又滅亡。指李茂貞繼王行瑜而滅亡。❻褒　誇獎。❼忠款　忠誠。❽密邇闕廷　靠近皇宮。❾曩者　先前。❿狂悖　狂亂違逆。⓫勤王　君王有難，臣下起兵援救君王。⓬入覲　入宮朝見皇帝。⓭熟圖　深思熟慮。⓮辛亥　十二月二十九日。⓯緡　錢的計量單位，用繩穿成串的一千文錢，亦稱作貫。⓰河西　方鎮名，唐睿宗景雲元年（西元七一〇年）置河西諸州軍節度，領涼、甘、肅、伊、瓜、沙、西諸州。治所涼州，在今甘肅武威。⓱去兗州　指朱全忠撤離兗州。⓲天平　方鎮名，唐憲宗元和十五年（西元八二〇年）賜鄆曹濮節度使號天平軍節度使，治所鄆州，在今山東鄆城東。⓳安州　州名，治所在今湖北安陸。⓴蔣玄暉　（?—西元九〇五年）朱全忠心腹幕僚，助朱全忠篡唐，但被朱全忠認為未盡力而誅死。傳見《新唐書》卷二百二十三下〈姦臣傳〉。㉑殺經略使周元靜而代之　家晟等人從安州（今湖北安陸）遠襲桂州（今廣西桂林）而且能夠取勝，主要由於江、湘一帶守兵單弱，城邑荒殘，一路上沒有阻截之患。而桂州不意其至，並無防範，故能殺其帥而代之。經略使，官名，唐太宗貞觀二年（西元六二八年）始於沿邊重要地區設置，是邊防軍事長官。

【校記】①闕廷　原作「闕庭」。據章鈺校，十二行本、乙十一行本皆作「闕廷」，今從改。②桂管　原無此二字。據章鈺校，十二行本、乙十一行本、孔天胤本皆有此二字，張瑛《通鑑校勘記》同，今據補。

【語譯】李克用派遣掌書記李襲吉入朝謝恩，祕密對昭宗進言，說：「近些年來，關中三輔地區不安寧，乘著現在勝利的形勢，進取鳳翔，可以一勞永逸，這個機會不能失去。臣的軍隊駐紮在渭水北邊，專門等待陛下的指揮。」昭宗和朝中近臣顯貴商量，有人說：「假如李茂貞又被消滅，那麼李克用的沙陀軍隊就會強大起來，朝廷就危險了！」昭宗於是頒賜詔書給李克用，褒獎他對朝廷的忠誠，說：「不像臣子樣，以王行瑜最為突出。自從我離開京城外出以來，李茂貞、韓建都知道自己的罪責，沒有忘記朝廷的恩德，物品貢納相繼。而且也應該停止軍事行動，讓百姓休養生息。」李克用接到詔令後停止了行動。不久他私下對朝廷傳達詔令的使臣說：「我看朝廷的意思，好像懷疑我李克用別有用心。然而不除掉李茂貞，關中地區就沒有安寧的日子。」昭宗又下詔免除李克用入朝拜見，李克用部下將佐中有人說：「現在我們已經靠近朝廷，怎麼能不入朝拜見天子呢！」李克用猶豫不決，蓋寓對李克用說：「先前王行瑜之輩放縱士兵狂亂悖逆，使得天子流離失所，百姓奔散逃亡。如今天子還不能安心休息，人心還惶恐不安，大王如果帶兵渡過渭水，我擔心又讓京城驚恐不安。身為臣子盡忠朝廷，在於為皇室扶危解難，而不在於入朝拜見天子，願您深思熟慮！」李克用笑著說：「蓋寓尚且不想讓我入朝，何況天下之人呢！」於是向朝廷上表說：「臣總領大軍，不敢徑自入朝拜謁，並且擔心部落士兵侵擾渭水北邊的居民。」十二月二十九日辛亥，李克用率軍東返晉陽。他的表章送到京城，君臣百姓才安定下來。昭宗下詔賞賜河東軍隊錢三十萬緡。李克用離開後，李茂貞驕縱蠻橫依然如故，河西一帶州縣大多被李茂貞佔領，李茂貞任命他的將領胡敬璋為河西節度使。

朱全忠離開兗州時，留下葛從周率軍圍守兗州，朱瑾關閉城門，不再出城交戰。葛從周即將返回，就揚言說「天平、河東的救兵到了，我領兵往西北方向去攔擊他們」，半夜，暗中回到原來的營寨。朱瑾以為葛從周的精兵都離開營寨，果然派出兵攻打寨子。葛從周突然殺出，奮勇攻擊，殺死一千多人，活捉了朱瑾的都將孫漢筠後返回。

加封鎮海節度使錢鏐兼任侍中。〇彰義節度使張鐇去世，任命他的兒子張璉暫時代理留後。〇朱瑄、朱瑾多次遭受朱全忠攻擊，百姓放棄了農耕，軍中物資人力都很匱乏。他們向河東李克用告急，李克用派遣大將史儼、李承嗣率領幾千名騎兵借路魏州去救援他們。

安州防禦使家晟與朱全忠親近的官吏蔣玄暉有矛盾，擔心陷入災禍，就和指揮使劉士政、兵馬監押陳可璠帶兵三千人襲擊桂州，殺死經略使周元靜，取代他的職位。家晟醉酒後侮辱陳可璠，陳可璠親手殺死家晟，推舉劉士政主持軍府中的事務，陳可璠自己擔任副使。朝廷即下詔任命劉士政為桂管經略使。蔣玄暉，是吳人。

三年（丙辰　西元八九六年）

春，正月，西川將王宗夔攻拔龍州❶，殺刺史田昉。○丁巳❷，劉建鋒遣都指揮使馬殷將兵討蔣勛，攻定勝寨，破之。

辛未❸，安仁義以舟師至湖州，欲度江❹應董昌，錢鏐遣武勇都指揮使顧全武、都知兵馬使許再思守西陵❺，仁義不能度。昌遣其將湯臼守石城❻，袁邠守餘姚❼。

閏月，李克用[1]遣蕃漢都指揮使李存信❽將萬騎假道于魏以救兗、鄆，軍于莘縣❾。朱全忠使人謂羅弘信曰：「克用志吞河朔❿，師還之日，貴道⓫可憂！」存信戢眾⓬不嚴，侵暴魏人，弘信怒，發兵三萬夜襲之。存信軍潰，退保洺州，喪士卒什二三，委棄⓭資糧兵械萬數；史儼、李承嗣之軍隔絕不得還。弘信自是與河東絕，專志於汴。全忠方圖兗、鄆，畏弘信議⓮其後，弘信每有贈遺，全忠必對使者北向拜授⓯之，曰：「六兄⓰於予，倍年⓱以長，固非諸鄰之比。」弘信信之，全忠以是得專意東方⓲。

丁亥⓳，果州⓴刺史張雄降于王建。

二月戊辰㉑，顧全武、許再思敗湯臼於石城。上用楊行密之請，赦董昌，復其官爵。錢鏐不從。○以通王滋㉒判侍衛諸將事㉓。朱全忠薦兵部尚書張濬，上欲復相之。李克用表請發兵擊全忠，且言「濬朝為相，臣則夕至闕庭！」京師震懼，上下詔和解之。

三月，以天雄㉔留後李繼徽為節度使。○保大節度使李思孝表請致仕，薦弟思敬自代，詔以思孝為太師，致仕，思敬為保大留後。○朱全忠遣龐師古將兵伐鄆州，敗鄆兵於馬頰㉕，遂抵其城下。○己酉㉖，顧全武等攻餘姚，明州刺史黃晟遣兵助之。董昌遣其將徐章救餘姚，全武擊擒之。

【章旨】以上為第九段，寫李克用發兵救鄆、兗，魏博羅弘信助朱全忠，截擊晉師。唐昭宗遣使和解朱李。

【注釋】❶龍州　州名，治所在今四川江油北。此時龍州當屬李茂貞。❷丁巳　正月初五日。❸辛未　正月十九日。❹度江　此處「江」係指浙江，即潤州團練使安仁義試圖自湖州入西陵渡浙江以接應董昌。❺西陵　渡口名，在浙江蕭山縣西。❻石城　鎮名，在山陰縣（今浙江紹興）北三十里。❼餘姚　縣名，縣治在今浙江餘姚。❽李存信　（西元八六一—九〇二年）本姓張，回紇李思忠的部人。武勇善戰，李克用賜姓李。傳見《舊五代史》卷五十三、《新五代史》卷三十六。❾莘縣　縣名，縣治在今山東莘縣。❿河朔　地區名，當今黃河以北河南及河北的地方。⓫貴道　指羅弘信統治的魏博鎮。⓬戢眾　意謂管束眾人。戢，收斂。⓭委棄　丟棄。⓮議　圖謀。⓯授　借作「受」。⓰六兄　羅弘信行六，故稱。⓱倍年　年齡比朱全忠大一倍。⓲專意東方　謂專心攻兗、鄆。⓳丁亥　閏正月初五日。⓴果州　州名，治所在今四川南充北。㉑戊辰　二月十七日。㉒通王滋　李滋（？—西元八九七年），宣宗子，會昌六年始封夔王，後徙通王。傳見《新唐書》卷八十二。㉓判侍衛諸將事　領侍衛諸軍。㉔天雄　方鎮名，唐宣宗大中三年（西元八四九年）升秦州防禦守捉使為秦、成兩州經略、天雄軍使。治所秦州，在今甘肅秦安西北。㉕馬頰　水名，禹疏九河之一。此指馬頰口，為馬頰水入濟之口，在今山東東阿南。㉖己酉　三月二十八日。

【校　記】①李克用　原作「克用」。張敦仁《通鑑刊本識誤》有「李」字，今據補。

【語　譯】三年（丙辰　西元八九六年）

春，正月，西川將領王宗夔攻取龍州，殺了龍州刺史田昉。○初五日丁巳，劉建鋒派遣都指揮使馬殷率軍討伐蔣勛，進攻定勝寨，攻破了營寨。

正月十九日辛未，安仁義率領水軍到達湖州，想要渡過浙江去接應董昌。錢鏐派遣武勇都指揮使顧全武、都知兵馬使許再思守衛西陵，安仁義不能渡江。董昌派遣他的將領湯臼守衛石城，袁邠守衛餘姚。

閏正月，李克用派遣蕃漢都指揮使李存信率領一萬名騎兵借道魏州救援兗州、鄆州，駐軍在莘縣。朱全忠派人對羅弘信說：「李克用志在吞併河朔，軍隊返回時，你的地盤可是令人擔憂！」李存信治軍不嚴，部下侵害魏州百姓。羅弘信很生氣，調動軍隊三萬人乘夜襲擊李存信。李存信的軍隊潰逃，退守洺州，損失的士兵有十分之二、三，丟棄的資財、糧食、兵器數以萬計；史儼、李承嗣的軍隊被阻隔，不能返回。羅弘信從此與河東李克用斷絕了關係，一心一意依附汴州的朱全忠。朱全忠正在圖謀攻打兗州、鄆州，害怕羅弘信暗算他的後方，羅弘信每次向他贈送禮物，朱全忠一定當著羅弘信的使者面向北方行拜手禮後接受禮物，說：「羅兄對我來說，年齡比我大一倍，本來就不是其他鄰近各道所能比的。」羅弘信相信了朱全忠，朱全忠因此能夠專心攻打東邊的兗州、鄆州。

閏正月初五日丁亥，果州刺史張雄向王建投降。

二月十七日戊辰，顧全武、許再思在石城打敗了湯臼。昭宗採納了楊行密的要求，赦免董昌，恢復他的官職、爵位。錢鏐不同意。○任命通王李滋兼管侍衛諸將事務。

朱全忠推薦兵部尚書張濬，昭宗打算重新任命張濬為宰相。李克用上表請求發兵攻打朱全忠，並且說「張濬如果早晨做了宰相，我傍晚就到達朝廷！」京城震恐，昭宗下詔勸他們和解。

三月，任命天雄軍留後李繼徽為節度使。〇保大節度使李思孝向朝廷上表請求退休，推薦弟弟李思敬代替自己。昭宗下詔以李思孝為太師，退職，任命李思敬為保大留後。〇朱全忠派遣龐師古率軍討伐鄆州，在馬頰打敗鄆州的軍隊，於是到達鄆州城下。〇二十八日己酉，顧全武等人攻打餘姚，明州刺史黃晟派兵幫助他。董昌派遣他的部將徐章救援餘姚，顧全武攻擊徐章，活捉了他。

夏，四月辛酉❶，河漲，將毀滑州城❷，朱全忠命決為二河，夾滑城而東，為害滋甚。〇李克用擊羅弘信，攻洹水❸，殺魏兵萬餘[1]，進攻魏州。

武安節度使劉建鋒既得志，嗜酒，不親政事。長直兵❹陳瞻妻美，建鋒私❺之，瞻袖鐵撾❻擊殺建鋒。諸將殺瞻，迎行軍司馬張佶❼為留後。佶將入府，馬忽踶齧❽，傷左髀❾。時馬殷攻邵州未下，佶謝諸將曰：「馬公勇而有謀，寬厚樂善，吾所不及，真乃主❿也。」乃以牒召之。殷猶豫未行，聽直軍將⓫汝南[2]姚彥章說殷曰：「公與劉龍驤⓬、張司馬⓭，一體之人⓮也，今龍驤遇禍，司馬傷髀，天命人望⓯，捨公尚誰屬哉！」殷乃使親從都副指揮使李瓊留攻邵州，徑詣長沙。

淮南兵與鎮海兵戰于皇天蕩⓰，鎮海兵不利，楊行密遂圍蘇州。〇錢鏐、鍾傳、杜洪畏楊行密之彊，皆求援於朱全忠。全忠遣許州刺史朱友恭⓱將兵萬人度淮，聽以便宜⑱從事。

董昌使人覘⑲錢鏐兵，有言其彊盛者輒怒，斬之，言兵疲食盡，則賞之。戊寅⑳，袁邠以餘姚降於鏐，顧全武、許再思進兵至越州城下。五月，昌出戰而敗，嬰城自守㉑，全武等圍之。昌始懼，去帝號，復稱節度使。

馬殷至長沙，張佶肩輿入府，坐受殷拜謁。已，乃命殷升聽事，以留後讓之，即趨下㉒，帥將吏拜賀，復為行軍司馬，代殷將兵攻邵州。

癸未㉓，蘇州、常熟㉔鎮使陸郢以州城應楊行密，虜刺史成及。行密閱及家所蓄，惟圖書、藥物，賢之，歸，署行軍司馬。及拜且泣曰：「及百口在錢公所，失蘇州不能死，敢求富貴！願以一身易百口之死㉕！」引佩刀欲自刺。行密遽執其手，止之，館㉖於府舍。其室中亦有兵仗，行密每單衣詣之，與之共飲膳，無所疑。

錢鏐聞蘇州陷，急召顧全武，使趨西陵備行密㉗，全武曰：「越州，賊之根本，柰何垂克㉘而[3]棄之？請先取越州，後復蘇州。」鏐從之。

淮南將朱延壽㉙奄㉚至蘄州，圍其城。大將賈公鐸方獵，不得還，伏兵林中，命勇士二人衣羊皮㉛夜入延壽所掠羊羣，潛入城，約夜半開門舉火為應，復衣皮反命㉜。公鐸如期引兵至城南，門中火舉，力戰，突圍而入。延壽驚曰：「吾常恐其潰圍而出，反潰圍而入，如此，城安可猝㉝拔！」乃白行密，求軍中與公鐸有舊者持誓書㉞、金帛往說之，許以昏。壽州團練副使柴再用請行，臨城與語，為陳利害。數日，公鐸及刺史馮敬章請降。以敬章為左都押牙㉟，公鐸為右監門衛將軍㊱。延壽進拔光州㊲，殺刺史劉存。

【章旨】以上為第十段，寫馬殷坐收漁人之利得潭州。錢鏐圍困董昌於越州，楊行密救董昌，攻拔蘇州。淮南將反擊朱全忠，助錢鏐下蘄州、光州。

【注釋】❶辛酉　四月初十日。❷滑州城　在今河南滑縣東。❸洹水　縣名，縣治在今河北魏縣西。❹長直兵　將帥身邊隨時使喚的士兵。❺私　私通。❻鐵撾　鐵鞭。撾，又作「鐹」、「檛」，或釋為鎌刀，鐵撾即鐵鎌。❼張佶　（?—西元九一一年）京兆長安（今陝西西安）人，官至朗州永順軍節度使，累加檢校太傅、同平章事。傳見《舊五代史》卷十七。❽踶齧　踢咬。❾髀　大腿。❿乃主　你們的主人。⓫聽直軍將　即值勤廳事之軍將。聽，通「廳」。⓬劉龍驤　即劉建鋒。⓭張司馬　即張佶。⓮一體之人　劉建鋒、張佶、馬殷同在孫儒軍中，儒敗，三人協力成軍以取湖南，故姚彥章說他們是「一體之人」。⓯人望　大家的期望。⓰皇天蕩　在蘇州長洲縣內，其水上承太湖，下通海。⓱朱友恭　（?—西元九〇四年）原名李彥威，壽州（今安徽壽春）人，朱全忠養以為子，改名朱友恭。傳見《新唐書》卷二百二十三下、《舊五代史》卷十九、《新五代史》卷四十三。⓲便宜　因利乘便，見機行事。⓳覘　窺視。⓴戊寅　四月二十七日。㉑嬰城自守　環城自守。㉒趨下　急速走下。張佶坐受拜謁，是作為留後受將校牙參之禮；以留後讓馬殷後，帥將吏拜賀，是作為行軍司馬賀新留後之禮。㉓癸未　五月初三日。㉔常熟　縣名，縣治在今江蘇常熟。㉕願以一身易百口之死　成及全家百口在錢鏐處，如果他投降楊行密，則全家百口難保。故願自殺以保全家。易，換。㉖館　止宿。㉗使趨西陵備行密　時錢鏐派顧全武、許再思進兵越州城下，急召使之趨西陵，既恐楊行密得蘇州後乘勝攻杭州，又恐其自海道取西陵。備，防備。㉘垂克　即將攻下。㉙朱延壽

（?—西元九〇三年）廬州舒城（今安徽舒城）人，楊行密之妻弟。後為楊行密所殺。傳見《新唐書》卷一百八十九、《舊五代史》卷十七。㉚奄　突然。㉛衣羊皮　穿著羊皮。㉜反命　回來覆命。㉝猝　突然。㉞誓書　寫有盟約和諾言的書信。㉟押牙　官名，管領儀仗侍衛。㊱右監門衛將軍　官名，掌領衛兵及門禁。㊲光州　州名，治所在今河南潢川縣。

【校　記】①萬餘　原作「萬餘人」。據章鈺校，十二行本、乙十一行本皆無「人」字，今據刪。②汝南　原無此二字。據章鈺校，十二行本、乙十一行本、孔天胤本皆有此二字，張敦仁《通鑑刊本識誤》同，今據補。③而　原無此字。據章鈺校，十二行本、乙十一行本、孔天胤本皆有此字，今據補。

【語　譯】夏，四月初十日辛酉，黃河漲水，將要淹毀滑州城。朱全忠下令把黃河挖成兩道河水，夾著滑州城東流，黃河為害更加嚴重。〇李克用攻打羅弘信，進攻洹水，殺死魏州士兵一萬多人，進軍攻打魏州。

武安節度使劉建鋒滿足了心願後，嗜好飲酒，不再親自料理政事。長值兵陳贍的妻子很漂亮，劉建鋒和她私通，陳贍在袖子裡暗藏鐵撾打死了劉建鋒。各將領殺了陳贍，迎接行軍司馬張佶擔任留後。張佶將要進入節度使府時，所騎的馬忽然對他又踢又咬，傷了左大腿。當時馬殷率軍攻打邵州，沒有攻下，張佶向各將領辭謝說：「馬殷勇敢而且有謀略，待人寬厚樂善好施，我比不上他，這才是你們真正的主帥。」於是用公文召馬殷回長沙。馬殷猶豫不決沒有動身，廳值軍將汝南人姚彥章對他說：「您與劉建鋒、張佶是位望相當的人，現在劉建鋒遇害，張佶大腿受傷，上天之意，人們所望，除了您以外還有誰呢！」馬殷於是派遣親從都副指揮使李瓊留下攻打邵州，自己直接前往長沙。

楊行密的淮南軍隊與錢鏐的鎮海軍隊在皇天蕩交戰，鎮海軍隊失利，楊行密於是包圍蘇州。〇錢鏐、鍾傳、杜洪對楊行密的強大很害怕，都向朱全忠求援。朱全忠派遣許州刺史朱友恭帶兵一萬人渡過淮水，授權朱友恭根據具體情況自主處理軍務。

董昌派人偵察錢鏐軍隊的情況，有說錢鏐軍隊強大的，董昌就發怒，把他處死，說錢鏐軍隊疲憊不堪糧食吃光的，就獎賞他。四月二十七日戊寅，袁郊獻出餘姚投降錢鏐，顧全武、許再思進兵到達越州城下。五月，董昌出戰失敗，環城自守，顧全武等人包圍了他。董昌開始害怕了，去除帝號，恢復稱節度使。

馬殷到達長沙，張佶坐著轎子進入節度使府，坐著接受馬殷的拜見。完畢後，就讓馬殷登上廳堂，把留後的職位讓給他，自己當即快步走下來，率領部將、屬吏拜賀馬殷。張佶重新擔任行軍司馬，代替馬殷率軍攻打邵州。

五月初三日癸未，蘇州常熟鎮使陸郢獻出州城響應楊行密，抓住了刺史成及。楊行密查看成及家裡的收藏，只有圖書、藥物，認為成及很有德行，把他放回去，任命為行軍司馬。成及流淚拜謝楊行密說：「我成及全家一百口在錢鏐那裡，我失去蘇州不能以身殉職，怎麼敢再求富貴呢！希望用我一個人來換取全家一百口的生命！」拿起佩刀就要自殺。楊行密急忙抓住成及的手，阻止他自盡，讓他住在節度使的府舍中。這個屋內也有兵器，楊行密經常穿著單衣到他那裡，和他一起喝酒吃飯，一點也不懷疑。

錢鏐聽說蘇州失陷，急忙召見顧全武，派他趕赴西陵防備楊行密。顧全武說：「越州，是董昌這夥賊寇的根據地，馬上就要攻克它，為什麼要放棄呢？請求先攻取越州，然後收復蘇州。」錢鏐聽從了他的意見。

淮南將領朱延壽突然到達蘄州，包圍蘄州城。蘄州大將賈公鐸正在打獵，不能返回，把軍隊埋伏在樹林中，命令兩個勇士身披羊皮在夜裡混入朱延壽所搶掠的羊群中，潛入城內，約定半夜打開城門，舉起火把互相呼應。他們又披著羊皮回來覆命。賈公鐸按照約定時間帶兵到達城南，城門內舉起火把，賈公鐸奮力作戰，突破包圍進入城內。朱延壽吃驚地說：「我常擔心他們突破包圍衝出來，他們反而衝破包圍進入城內，像這樣，蘄州城怎麼能很快攻取！」朱延壽就向楊行密報告，尋找軍中與賈公鐸有舊交的人拿著盟誓書信和金銀布帛前去說服賈公鐸，許諾和他結成姻親。壽州團練副使柴再用請求前往，在城牆邊與賈公鐸對話，講清利害得失。幾天後，賈公鐸和刺史馮敬章請求投降。楊行密任命馮敬章為左都押牙，賈公鐸為右監門衛將軍。朱延壽進軍攻克光州，殺了光州刺史劉存。

丙戌❶，上遣中使詣梓州❷和解兩川❸，王建雖奉詔還成都，然猶連兵未解。

○崔昭緯復求救於朱全忠。戊子❹，遣中使賜昭緯死，行至荊南，追及，斬之，中外咸以為快。

荊南節度使成汭與其將許存泝江❺略地❻，盡取濱江州縣❼。武泰❽節度使王建肇棄黔州，收餘眾保豐都❾。存又引兵西取渝❿、涪⓫二州，汭以其將趙武為黔中留後，存為萬州⓬刺史。

汭知存不得志，使人詗⓭之，曰：「存不治州事，日出蹴鞠⓮。」汭曰：「存將逃[1]，先匀足力⓯也。」遣兵襲之，存棄城走，其眾稍稍歸之，屯于茅埧⓰。趙武數攻豐都，王建肇不能守，與存皆降于王建。建忌存勇略，欲殺之，掌書記高燭曰：「公方總攬⓱英雄以圖霸業，彼窮來歸我，柰何殺之！」建使戍蜀州⓲，陰使知蜀州王宗綰察之。宗綰密言存忠勇謙厚[2]，有良將才，建乃捨之⓳，更其姓名曰王宗播，而宗綰竟不使宗播知其免己⓴也。宗播元從㉑孔目官㉒柳修業，每勸宗播慎靜㉓以免禍。其後宗播為建將，遇彊敵諸將所憚者，以身先之，及有功，輒稱病，不自伐㉔，由是得以功名終。

甲午㉕，夜，顧全武急攻越州。乙未㉖旦，克其外郭，董昌猶據牙城㉗拒之。戊戌㉘，鏐遣昌故將駱團紿㉙昌云：「奉詔，令大王致仕歸臨安㉚。」昌乃送牌印，出居清道坊㉛。己亥㉜，全武遣武勇都監使吳璋以舟載昌如杭州，至小江㉝南，斬之，并其家三[3]百餘人，宰相李邈、蔣瓌以下百餘人。昌在圍城中，貪吝益[4]甚，口率㉞民間錢帛，減戰士糧。及城破，庫有金帛[5]雜貨五百間，倉有糧三百萬斛。錢鏐傳昌首於京師，散金帛以賞將士，開倉以振㉟貧乏。

李克用攻魏博，侵掠徧六州㊱。朱全忠召葛從周於鄆州㊲，使將兵營洹水以救魏博，留龐師古攻鄆州。六月，克用引兵擊從周，汴人多鑿坎㊳於陳前，戰方酣，克用之子鐵林指揮使㊴落落馬遇坎而躓㊵，汴人生擒之；克用自往救之，馬亦躓，幾為汴人所獲。克用顧㊶射汴將一人，斃之，乃得免。克用請修好以贖落落，全忠不許，以與羅弘信，使殺之㊷。克用引軍還。

葛從周自洹水引兵濟河，屯于楊劉㊸，復擊鄆，及兗、鄆、河東之兵戰于故樂亭㊹，破之。兗、鄆屬城皆為汴人所據，屢求救於李克用，克用發兵赴之，為羅弘信所拒，不得前，兗、鄆由是不振。

【章旨】以上為第十一段，寫荊南節度使成汭得江濱之地而失勇將，錢鏐得志破滅董昌。李克用救鄆、兗受阻於魏博，為汴兵所敗。

【注釋】❶丙戌　五月初六日。❷梓州　州名，治所在今四川三臺。❸兩川　指西川、東川。時西川節度使為王建，東川節度使為顧彥暉。❹戊子　五月初八日。❺泝江　逆江水而上。❻略地　攻佔、奪取土地。❼盡取濱江州縣　此指成汭之軍攻佔長江三峽至渝、涪沿江兩岸的州縣。濱江，靠近江邊。❽武泰　方鎮名，唐昭宗大順元年（西元八九〇年）賜黔州觀察使號武泰軍節度使，治所黔州，在今重慶市彭水苗族土家族自治縣。❾豐都　縣名，縣治在今重慶市酆都。唐時屬忠州。❿渝州名，治所在今重慶市。⓫涪　州名，治所在今重慶市涪陵。⓬萬州　州名，治所在今重慶市萬州。⓭詗　刺探。⓮蹴鞠古代軍中習武之戲，類似今之踢足球。蹴，踢。鞠，用皮革製成的皮球，內裝獸毛。⓯先勻足力　先調治腳下的力量。成汭心胸狹隘，嫉賢妒能，先不見容於張瓌，現在自己卻不能容讓許存。勻，調理；調治。⓰茅垻　鎮名，在渝州江津縣。⓱總攬　廣攬人才。⓲蜀州　州名，治所在今四川崇州。⓳捨之　放過他；不再迫害。⓴免己　使自己得以免禍。㉑元從　從開始就相從的人員。㉒孔目官　官名，掌文書檔案，收貯圖書。㉓慎靜　謹慎寧靜。㉔自伐　自己誇功。㉕甲午　五月十四日。㉖乙未　五月十五日。㉗牙城　城邑外城亦稱大城，內城亦稱小城，圍繞衙署所築之城謂之牙城。㉘戊戌　五月十八日。㉙紿哄騙。㉚臨安　縣名，縣治在今浙江杭州。㉛清道坊　街道名，在越州牙城外東街。㉜己亥　五月十九日。㉝小江　即西江。源出諸暨縣界，東流過錢清鎮入於海，故又名錢清江。㉞口率　按人口收稅的定則。㉟振　通「賑」。救濟。㊱六州　魏、博、貝、衛、澶、相。㊲召葛從周於鄆州　葛從周是汴鎮的騎將，故調來對付李克用的便於鞍馬的沙陀兵。㊳坎　坑穴。㊴鐵林指揮使　官名，李克用鐵林軍的指揮官。㊵躓　被絆倒。㊶顧　回頭。㊷使殺之　朱全忠借刀殺人，羅弘信既殺克用之子落落，則與之結下深仇；而與朱全忠的關係則進一步鞏固。㊸楊劉　鎮名，在山東東阿北六十里。㊹故樂亭　地名。

【校　記】①逃　原作「逃走」。據章鈺校，十二行本、乙十一行本皆無「走」字，今據刪。②謙厚　原作「謙謹」。據章鈺校，十二行本、乙十一行本皆作「謙厚」，今從改。③三　原作「二」。據章鈺校，十二行本、乙十一行本、孔天胤本皆作「三」，今從改。④益　原作「日」。據章鈺校，乙十一行本作「益」，今從改。⑤金帛　原無此二字。據章鈺校，十二行本、乙十一行本、孔天胤本皆有此二字，張瑛《通鑑校勘記》同，今據補。

【語　譯】五月初六日丙戌，昭宗派遣宦官使者前往梓州勸說東川節度使顧彥暉與西川節度使王建和解。王建雖然奉詔回到成都，但是仍然雙方交兵，沒有和解。〇崔昭緯又向朱全忠求救。初八日戊子，朝廷派遣宦官使者賜崔昭緯自殺，走到荊南，追上崔昭緯，把他殺了。朝廷內外都很高興。

荊南節度使成汭和他的部將許存逆江而上攻城略地，把沿江州縣全部奪取了。武泰節度使王建肇放棄黔州，收攏剩餘的部眾退保豐都縣。許存又率軍向西攻取渝、涪兩個州，成汭任命他的部將趙武擔任黔中留後，許存擔任萬州刺史。

成汭知道許存不得志，派人去刺探他的情況，刺探的人回來說：「許存不治理州中事務，每天出去踢球。」成汭說：「許存即將逃走，先鍛鍊腳力。」便派兵襲擊許存，許存棄城逃走，他的部眾漸漸地歸隊，駐紮在茅壩。趙武多次進攻豐都，王建肇守不住，和許存都投降了王建。王建忌憚許存的勇氣和謀略，打算殺掉許存，掌書記高燭說：「您正在招攬英雄來謀求霸業，別人處境困難來歸附我們，怎麼能殺死別人呢！」王建派許存去鎮守蜀州，暗中讓知蜀州事王宗綰觀察他。王宗綰祕密向王建報告說許存忠誠勇敢，謙虛厚道，具有良將的才幹，王建才放過許存，把他的姓名改為王宗播，然而王宗綰最終也不讓王宗播知道是自己使他免除災禍的。原先跟隨王宗播的孔目官柳修業，經常勸告王宗播要謹慎鎮靜以免除災禍。後來王宗播成為王建的部將，遇到其他將領畏懼的強敵時，他身先士卒，等到有了功勞，經常自稱有病，不自我誇耀，因此他能夠終身保全功名。

五月十四日甲午，夜晚，顧全武加緊攻打越州。十五日乙未早晨，攻克外城，董昌仍然佔據牙城抵抗敵軍。十八日戊戌，錢鏐派遣董昌舊時部將駱團欺騙董昌說：「接到朝廷的詔令，命令您退職回到臨安。」董昌於是送上令牌印章，出牙城住到清道坊。十九日己亥，顧全武派遣武勇都監使吳璋用船送董昌往杭州，到了小江南面，殺死董昌，一起殺死他的家族三百多人，以及宰相李邈、蔣瓌以下官員一百多人。董昌身處圍城之中，貪婪吝嗇越來越厲害，按照人口數目來徵收老百姓的錢帛，減少士兵的糧食。等到越州被攻破時，府庫中儲存的金帛財物有五百間，倉內有糧食三百萬斛。錢鏐把董昌的頭顱送到京城，分發金銀布帛以獎賞將士，打開糧倉來救濟貧困百姓。

李克用攻打魏博節度使羅弘信，侵掠遍及魏、博、貝、衛、澶、相六州。朱全忠從鄆州召回葛從周，派他率軍在洹水紮營來救援魏博，留下龐師古攻打鄆州。六月，李克用率軍進擊葛從周，汴州軍隊在陣前挖了很多陷阱，雙方交戰正激烈時，李克用的兒子鐵林指揮使李落落的戰馬被陷阱絆倒，汴州軍隊活捉了李落落。

李克用親自前往救援，戰馬也被絆倒，險些被汴州軍隊擒獲。李克用回身射中一個汴州將領，把他射死了，才得以脫身。李克用請求與朱全忠和好以贖回李落落，朱全忠不答應，把李落落交給了羅弘信，讓羅弘信殺死李落落。李克用率軍返回晉陽。

葛從周從洹水率軍渡過黃河，駐紮在楊劉鎮，再次進攻鄆州，與兗州、鄆州、河東的軍隊在故樂亭交戰，打敗了他們。兗州、鄆州所屬城鎮都被汴州軍隊佔據，一再向李克用求救，李克用發兵前往救援，被羅弘信阻擋，不能前進。兗州、鄆州從此一蹶不振。

初，李克用屯渭北❶，李茂貞、韓建憚之，事朝廷禮甚恭。克用去❷，二鎮貢獻漸疏，表章驕慢。上自石門還，於神策兩軍之外，更置安聖❸、捧宸、保寧、宣化等軍，選補數萬人，使諸王將之。嗣延王❹戒丕、嗣覃王嗣周又自募麾下數千人。茂貞以為欲討己，語多怨望❺，嫌隙日構❻。茂貞亦勒兵揚言欲詣闕訟冤❼，京師士民爭亡匿山谷。上命通王滋及嗣周、戒丕分將諸軍以衛近畿❽，戒丕屯三橋❾。茂貞遂表言「延王無故稱兵討臣，臣今勒兵入朝請罪❿。」上遣使告急於河東。丙寅⓫，茂貞引兵逼京畿，覃王與戰於婁館⓬，官軍敗績。

秋，七月，茂貞進逼京師。延王戒丕曰：「今關中藩鎮無可依者，不若自鄜州⓭濟河，幸太原，臣請先往告之。」辛卯⓮，詔幸鄜州。壬辰⓯，上出至渭北。

韓建遣其子從允奉表請幸華州，上不許。以建為京畿都指揮⑯、安撫制置及開通四面道路、催促諸道綱運等使。而建奉表相繼，上及從官亦憚遠去。癸巳⑰，至富平⑱，遣宣徽使⑲元公訊召建，面議去留。甲午⑳，建詣富平見上，頓首涕泣言：「方今藩臣跋扈者，非止茂貞。陛下若去㉑宗廟園陵，遠巡邊鄙㉒，臣恐車駕濟河，無復還期。今華州兵力雖微，控帶㉓關輔，亦足自固。臣積聚訓厲，十五年矣㉔，西距長安㉕不遠，願陛下臨之，以圖興復。」上乃從之。乙未㉖，宿下邽㉗。丙申㉘，至華州，以府署為行宮。建視事於龍興寺㉙。茂貞遂入長安，自中和以來所葺宮室、市肆，燔燒俱盡㉚。

乙巳㉛，以中書侍郎、同平章事崔胤同平章事，充武安㉜節度使。上以胤，崔昭緯之黨也，故出之。○丙午㉝，以翰林學士承旨、尚書左丞㉞陸扆㉟為戶部侍郎、同平章事。扆，陝人也。

水部郎中㊱何迎表薦㊲國子毛詩博士㊳襄陽㊴朱朴㊵才如謝安㊶，道士許巖士亦薦朴有經濟才㊷。上連日召對，朴有口辯㊸，上悅之，曰：「朕雖非太宗㊹，得卿如魏徵㊺矣！」賜以金帛，并賜何迎。

以徐彥若為大明宮留守，兼京畿安撫制置等使。○楊行密表請上遷都江淮，王建請上幸成都㊻。

宰相畏韓建，不敢專決政事。八月丙辰㊼，詔建關議㊽朝政。建上表固辭㊾，乃止。

韓建移檄諸道，令共輸資糧詣行在。李克用聞之，歎曰：「去歲從余言，豈有今日之患！」又曰：「韓建天下癡物㊿，為賊臣弱(51)帝室，是不為李茂貞所擒，則為朱全忠所虜耳！」因奏將與鄰道發兵入援。

加錢鏐兼中書令。○癸丑(52)，以王建為鳳翔西面行營招討使(53)。○甲寅(54)，以門下侍郎、同平章事王摶(55)同平章事，充威勝(56)節度使。

【章旨】以上為第十二段，寫唐昭宗使諸王典兵遭李茂貞之忌，再次稱兵犯闕，昭宗出逃華州。

【注釋】❶屯渭北　李克用自邠寧返回時屯兵渭北。❷去　歸河東。❸安聖　與捧宸、保寧、宣化皆為禁衛軍。❹嗣延王　嗣王為親王之子承襲爵位所封位號，品班與郡王同。❺怨望　心懷不滿。❻嫌隙日構　由猜疑而形成的仇怨一天天加深。❼訟冤　申訴冤屈。❽近畿　京城近郊。❾三橋　鎮名，在長安城西郊。❿勒兵入朝請罪　係威脅之辭。勒兵，治兵；統帥軍隊。⓫丙寅　六月十七日。⓬婁館　鎮名，在長安西興平縣西。⓭鄜州　州名，治所在今陝西富縣。由鄜州渡河去太原，道路回遠。因為韓建在華州，李茂貞之養子李繼瑭在同州，不敢由同州出河中。⓮辛卯　七月十二日。⓯壬辰　七月十三日。⓰京畿都指揮　官名，唐昭宗欲幸太原，臨時任命韓建擔任此職。⓱癸巳　七月十四日。⓲富平　縣名，縣治在今陝西富平北。⓳宣徽使　官名，唐置宣徽南北院使，由宦官擔任，總領營內諸司及三班內侍的名籍及郊祀、朝會、宴饗、供帳等事宜。⓴甲午　七月十五日。㉑去　離開。㉒邊鄙　指太原。意謂距離京城較遠。㉓控帶　控制連帶。㉔臣積聚訓厲二句　韓建任華州刺史，當在光啓元年（西元八八五年）僖宗還長安之時，距今應是十二年。訓厲，教練士兵，磨礪兵器。厲，通「礪」。㉕西距長安　華州西至長安一百五十里。㉖乙未　七月十六日。㉗下邽　縣名，縣治在華州西北六十五里。㉘丙申　七月十七日。㉙龍興寺　寺廟名。㉚自中和以來二句　黃巢事起，宮室燔毀。僖宗中和年間以後，留守王徽補葺粗完。襄王之亂，又為亂兵所焚。及僖宗回京，復加整修。至此又被李茂貞燔毀。燔，焚燒。㉛乙巳　七月二十六日。㉜武安　方鎮名，唐僖宗中和三年（西元八八三年）升湖南觀察使為欽化軍節度使，光啓元年（西元八八五年）改為武安軍節度使，治所潭州，在今湖南長沙。㉝丙午　七月二十七日。㉞尚書左丞　官名，唐制尚書省僕射之下設左右丞，分別總領尚書省六部的事務。左丞領吏、戶、禮三部。左、右丞的地位與六部的侍郎相等。㉟陸扆　（西元八四六—九〇五年）字祥文，本名允迪，陸贄族孫，文思敏捷。本吳郡人，徙家於陝，遂為陝州人。傳見《舊唐書》卷一百七十九、《新唐書》卷一百八十三。㊱水部郎中　官名，唐制工部第四司置水部郎中員外郎，掌有關水道的政令。㊲表薦　上表推薦。㊳國子毛詩博士　官名，唐制，國子監置《五經》博士各一人，掌以其經之學教學子。《五經》即為《周易》、《尚書》、《毛詩》、《左氏春秋》、《禮記》。㊴襄陽　郡名，即襄州，治所在今湖北襄樊。㊵朱朴　負有虛名，昭宗用為相，舉朝驚愕。傳見《舊唐書》卷一百七十九、《新唐書》卷一百八十三。㊶謝安　（西元三二〇—三八五年）晉朝人，淝水之戰的指揮者。傳見《晉書》卷七十九。㊷經濟才　經國濟民之才。㊸口辯　有口才；能言善辯。㊹太宗　指唐太宗。㊺魏徵　（西元五八〇—六四三年）太宗朝諫議大夫、祕書監。遇事敢諫，為太宗所敬畏。傳見《舊唐書》卷七十一、《新唐書》卷九十七。㊻成都　府名，時為劍南西川節度使治所。楊行密、王建都要迎天子，實際上企圖挾天子以令諸侯。㊼丙辰　八月初八日。㊽關議　參與議論。㊾固辭　堅決推辭。韓建不願入朝，並非畏避權勢，而是由於自己目不知書，故辭。㊿癡物　傻瓜。(51)弱　使動用法，使帝室衰弱。(52)癸丑　八月初五日。(53)以王建句　欲使王建討伐李茂貞。(54)甲寅　八月初六日。(55)王摶　（？—西元九〇〇年）字昭逸。與崔胤並為宰相，遭胤排擠，光化三年（西元九〇〇年）罷為工部侍郎，貶崔州司戶參軍，出京後被賜死於藍田驛。傳見《新唐書》卷一百十六。(56)威勝　方鎮名，唐僖宗中和三年（西元八八三年）升浙江東道觀察使為義勝軍節度使，光啓三年（西元八八七年）改義勝軍為威勝軍節度使，治所越州，在今浙江紹興。

【語　譯】起初，李克用駐軍在渭水北面，李茂貞、韓建懼怕李克用，侍奉朝廷的禮節非常恭敬。李克用離開後，李茂貞、韓建向朝廷獻納的貢品逐漸減少，上奏的表章態度傲慢。昭宗從石門返回京城後，在左、右神策軍以外，又設置了安聖、捧宸、保寧、宣化等禁軍，挑選增補了幾萬人，派諸王來統率他們。嗣延王李戒丕和嗣覃王李嗣周又自己招募部下幾千人。李茂貞以為朝廷是想討伐他，話語中多有抱怨，與朝廷的裂痕日漸加深。李茂貞也整頓軍隊揚言說想到朝廷申訴冤情，京城中的士民爭相逃匿到山谷裡。昭宗命令通王李滋及李嗣周、李戒丕分別率領諸軍保衛京城附近地區，李戒丕駐守三橋。李茂貞於是上表說「延王李戒丕無故興兵討伐臣，臣如今統率軍隊入朝請罪。」昭宗馬上派遣使者向河東節度使李克用告急。六月十七日丙寅，李茂貞率軍逼近京城，覃王李嗣周和李茂貞在婁館交戰，官軍打敗了。

秋，七月，李茂貞進逼京城。延王李戒丕說：「現在關中地區的藩鎮沒有一個可以依靠，不如從鄜州渡過黃河，移駕太原，臣請求先去告訴李克用。」十二日辛卯，昭宗下詔前往鄜州。十三日壬辰，昭宗出城到達渭水北岸。韓建派遣他的兒子韓從允奉表請昭宗親臨華州，昭宗不同意。任命韓建為京畿都指揮、安撫制置及開通四面道路、催促諸道綱運等使。然而韓建不斷上表，昭宗和隨從官員也怕走得太遠。十四日癸巳，到達富平，派遣宣徽使元公訊召來韓建，當面商量去留。十五日甲午，韓建到達富平謁見昭宗，磕頭哭著說：「如今藩鎮驕橫跋扈的，不僅李茂貞一個人。陛下如果離開先皇的宗廟、園陵，到邊遠的地方去巡視，臣擔心陛下渡過黃河，再也沒有回來的時候。如今華州的兵力雖然弱小，但掌控關中三輔一帶，也足以自保。臣積聚糧草，訓練軍隊，已有十五年了，華州西距長安不遠，希望陛下能駕臨華州，來規劃復興大業。」昭宗於是聽從了韓建的意見。十六日乙未，昭宗在下邽縣住宿。十七日丙申，到達華州，把節度使府作為行宮。韓建在龍興寺處理政務。李茂貞便進入長安，自從中和年間以後所修建的宮殿、市場、店鋪，被李茂貞部下放火焚燒殆盡。

七月二十六日乙巳，任命中書侍郎、同平章事崔胤為同平章事，出任武安節度使。昭宗因為崔胤是崔昭緯的同黨，所以把他調出朝廷。〇二十七日丙午，任命翰林學士承旨、尚書左丞陸扆擔任戶部侍郎、同平章事。陸扆，是陜州人。

水部郎中何迎上表推薦說國子監《毛詩》博士襄陽人朱朴的才能和謝安一樣；道士許巖士也推薦說朱朴

有經國濟世的才幹。昭宗一連幾天召見朱朴進行諮詢，朱朴口齒善辯，昭宗很喜歡他，說：「朕雖然不是太宗皇帝，但得到您就好像得到魏徵一樣呀！」賞賜給朱朴金銀布帛，一併賞賜了何迎。

任命徐彥若為大明宮留守，兼任京畿安撫制置等使。○楊行密上表請求昭宗遷都到江淮，王建請昭宗親臨成都。

宰相懼怕韓建，不敢自主決斷政事。八月初八日丙辰，昭宗下詔命令韓建參與商議朝廷政事。韓建上表堅決辭讓，這才作罷。

韓建向各道發出檄文，要求他們共同輸送物資糧食到昭宗所在的地方。李克用聽到這個消息，感慨地說：「去年皇上聽從我的話，怎麼會有今天的災禍！」又說：「韓建是天下最蠢的人，替亂臣賊子削弱大唐帝室，他不被李茂貞捉去的話，就會被朱全忠俘虜！」於是李克用上奏說將要與鄰近各道發兵前來救援。

加封錢鏐兼任中書令。○八月初五日癸丑，任命王建擔任鳳翔西面行營招討使。○初六日甲寅，任命門下侍郎、同平章事王摶擔任同平章事，出任威勝節度使。

上憤天下之亂，思得奇傑之士不次❶用之，國子博士朱朴自言：「得為宰相，月餘可致太平。」上以為然。乙丑❷，以朴為左諫議大夫❸、同平章事。朴為人庸鄙❹迂僻❺，無他長。制出，中外大驚。○丙寅❻，加韓建兼中書令。

九月庚辰❼，升福建為威武軍，以觀察使王潮為節度使。

以湖南留後馬殷判湖南軍府事。殷以高郁為謀主，郁，揚州人也。殷畏楊行密、成汭之彊，議以金帛結之，高郁曰：「成汭不足畏也。行密公之讎❽，雖以萬金賂之，安肯為吾援乎！不若上奉天子，下撫[1]士民，訓卒厲兵，以修霸業，則誰與為敵矣！」殷從之。

崔胤出鎮湖南[9]，韓建之志也。胤密求援於朱全忠，且教之營東都宮闕，表迎車駕。全忠與河南[10]尹張全義[11]表請上遷都洛陽，全忠仍請以兵二萬迎車駕，且言崔胤忠臣，不宜出外。韓建懼，復奏召胤為相，遣使諭全忠以且宜安靜，全忠乃止。乙未[12]，復以胤為中書侍郎、同平章事[13]。以翰林學士承旨、兵部侍郎崔遠[14]同平章事。遠，珙弟璵之孫[15]也。

丁酉[16]，貶中書侍郎、同平章事陸扆為硤州[17]刺史。崔胤恨扆代己，誣扆，云黨於李茂貞而貶之。

己亥[18]，以朱朴兼判戶部，凡軍旅財賦之事，上一以委之。以孫偓[19]為鳳翔四面行營都統，又以前定難[20]節度使李思諫為靜難節度使[21]，兼副都統。以保大留後李思敬為節度使。◯河東將李存信攻臨清[22]，敗汴將葛從周於宗城[23]北，乘勝至魏州北門。

冬，十月壬子[24]，加孫偓行營節度、招討、處置等使。丁巳[25]，以韓建權知京兆尹，兼把截使。戊午[26]，李茂貞上表請罪，願得自新，仍獻助脩宮室錢。韓建復佐佑㉗之，竟不出師。

【章旨】以上為第十三段，寫唐昭宗受制於藩鎮，詔命朝令夕改，一個崔胤小人的去留都做不了主。

【注釋】❶不次　不按尋常的次序，意即破格。❷乙丑　八月十七日。❸諫議大夫　官名，唐時屬門下省，掌侍從規諫。❹庸鄙　平庸粗鄙。❺迂僻　迂腐僻陋。❻丙寅　八月十八日。❼庚辰　九月初二日。❽公之讎　馬殷曾從孫儒攻楊行密，連年交戰，已成仇敵。❾出鎮湖南　指出任武安節度使。❿河南　府名，治所洛陽，在今河南洛陽。⓫張全義　（西元八五一—九二六年）字國維，濮州人，原名言，唐昭宗賜名全義，唐亡，事梁，朱全忠改名宗奭。傳見《舊五代史》卷六十三、《新五代史》卷四十五。⓬乙未　九月十七日。⓭以胤為中書侍郎同平章事　崔胤自此與朱全忠相表裡。⓮崔遠　（？—西元九〇五年）博陵（今河北定州）人，昭宗朝官至中書侍郎，為奸佞柳璨排擠，貶為百州長史，被殺於赴貶所途中白馬驛。傳附《舊唐書》卷一百七十七、《新唐書》卷一百八十二〈崔珙傳〉。⓯遠二句　崔遠是文宗朝宰相崔珙弟弟崔璵的孫子。崔璵，懿宗朝禮部員外郎，傳亦附〈崔珙傳〉。⓰丁酉　九月十九日。⓱硤州　州名，即峽州，治所夷陵，在今湖北宜昌。⓲己亥　九月二十一日。⓳孫偓　字龍光。與朱朴同為昭宗宰相，並與朱朴同時被貶，卒於衡州司馬任上。傳見《新唐書》卷一百八十三。⓴定難　方鎮名，唐僖宗中和二年（西元八八一年）夏州節度賜號定難節度。㉑李思諫為靜難節度使　對孫偓、李思諫的任命是為討伐李茂貞。靜難，方鎮名，唐僖宗光啓元年（西元八八五年）邠寧節度賜號靜難軍節度。㉒臨清　縣名，縣治在今河北臨西縣。㉓宗城　縣名，縣治在今河北威縣東。㉔壬子　十月初五日。㉕丁巳　十月初十日。㉖戊午　十月十一日。㉗佐佑　幫助；輔翼。

【校記】①撫　原作「奉」。據章鈺校，乙十一行本、孔天胤本皆作「撫」，張敦仁《通鑑刊本識誤》同，今從改。

【語譯】昭宗憤慨天下混亂不安，想得到奇異傑出的人才破格任用。國子博士朱朴自己說：「臣能擔任宰相，一個多月可以使天下太平。」昭宗以為真是如此。八月十七日乙丑，任命朱朴為左諫議大夫、同平章事。朱朴為人平庸粗鄙、迂腐僻陋，沒有其他的長處。詔令頒布以後，朝廷內外大為驚訝。〇十八日丙寅，加封韓建兼任中書令。

九月初二日庚辰，提升福建觀察使司為威武軍，任命觀察使王潮為威武軍節度使。

任命湖南留後馬殷兼管湖南軍府事務。馬殷任用高郁為自己的主謀。高郁，是揚州人。馬殷害怕楊行密、成汭的強大，商議用金銀布帛來結交他們，高郁說：「成汭沒有什麼可怕。楊行密是您的仇人，即使送給他一萬兩黃金，他怎麼肯援助我們呢！不如對上尊奉皇上，對下安撫士民，訓練士卒，整修兵器，以此來謀求霸業，這樣還有誰能和我們為敵呢！」馬殷聽從了他的意見。

崔胤被調出京城鎮守湖南，是韓建的想法。崔胤暗中向朱全忠求援，並且教他整修東都洛陽的宮殿，向朝廷上表迎接昭宗到洛陽。朱全忠和河南尹張全義上表請昭宗遷都洛陽，朱全忠還請求派出兩萬名士兵迎接昭宗，並且說崔胤是忠臣，不宜出任外職。韓建害怕了，又上奏叫崔胤擔任宰相，派遣使者告訴朱全忠暫時以安定為宜，朱全忠才停止了行動。九月十七日乙未，又任命崔胤為中書侍郎、同平章事。任命翰林學士承旨、兵部侍郎崔遠為同平章事。崔遠，是崔珙弟弟崔璵的孫子。

九月十九日丁酉，把中書侍郎、同平章事陸扆貶為硤州刺史。崔胤怨恨陸扆取代自己的職位，誣陷陸扆，說他是李茂貞的同黨，所以被貶職。

九月二十一日己亥，任命朱朴兼管戶部，凡是軍隊財政賦稅方面的事務，昭宗全部交給他掌管。任命孫偓擔任鳳翔四面行營都統，又任命前定難節度使李思諫擔任靜難節度使，兼任鳳翔四面行營副都統。

任命保大留後李思敬擔任節度使。〇河東將領李存信進攻臨清，在宗城以北擊敗汴州將領葛從周，乘勝到達魏州北門。

冬，十月初五日壬子，朝廷加封孫偓為行營節度、招討、處置等使。初十日丁巳，任命韓建暫時代理京兆尹，兼任把截使。十一日戊午，李茂貞上表請罪，希望得到改過自新的機會，還獻上協助整修宮殿的錢財。韓建又袒護他，朝廷竟然沒有出兵討伐李茂貞。

錢鏐令兩浙吏民上表，請以鏐兼領浙東。朝廷不得已，復以王摶為吏部尚書、同平章事，以鏐為鎮海❶、威勝❷兩軍節度使。丙子❸，更名威勝曰鎮東軍。

李克用自將攻魏州，敗魏兵於白龍潭❹，追至觀音門❺。朱全忠復遣葛從周救之，屯于洹水，全忠以大軍繼之，克用乃還。◯加河中節度使王珂同平章事。

十一月，朱全忠還大梁，復遣葛從周東會龐師古，攻鄆州。

湖州刺史李師悅求旌節，詔置忠國軍於湖州，以師悅為節度使。賜告身旌節者未入境，戊子❻，師悅卒。楊行密表師悅子前綿州❼刺史彥徽知州事。

淮南將安仁義攻婺州❽。

十二月，東川兵焚掠漢、眉、資、簡❾之境。

清海❿節度使薛王知柔⓫行至湖南，廣州牙將盧琚、譚弘玘據境拒之，使弘玘守端州⓬。弘玘結封州⓭刺史劉隱⓮，許妻以女。隱偽許之，託言親迎，伏甲舟中，夜入端州，斬弘玘，遂襲廣州，斬琚，具軍容⓯迎知柔入視事。知柔表隱為行軍司馬。

【章旨】以上為第十四段，寫錢鏐領鎮海、威勝兩軍節度使，與楊行密分庭抗禮於東南。汴、晉兩軍大戰於魏州。薛王李知柔靖難廣州。

【注　釋】❶鎮海　方鎮名，唐憲宗元和二年（西元八〇七年）升浙江西道團練觀察使為鎮海軍節度使，以後數置數廢。治所蘇州。❷威勝　方鎮名，唐僖宗中和三年（西元八八三年）升浙江東道觀察使為義勝軍節度使，光啓三年改為威勝軍節度使，治所越州。至此，錢鏐跨有浙東、浙西兩鎮。❸丙子　十月二十九日。❹白龍潭　地名，在魏縣西。❺觀音門　魏州羅城西門。❻戊子　十一月十二日。❼綿州　州名，治所在今四川綿陽東北。❽婺州　州名，治所在今浙江金華。❾漢眉資簡　皆州名，西川巡屬。漢州治所在今四川廣漢，眉州治所在今四川眉山市，資州治所在今四川資中，簡州治所在今四川簡陽西。❿清海　方鎮名，乾寧二年賜嶺南東道節度號清海軍節度。⓫知柔　即李知柔，睿宗玄孫，嗣薛王。傳見《新唐書》卷八十一。⓬端州　州名，治所在今廣東肇慶。⓭封州　州名，治所在今廣東封開。⓮劉隱　（西元八七三—九一一年）其祖上蔡（今河南上蔡）人，後徙閩中。父謙為封州刺史，卒，劉隱代為封州刺史。傳見《舊五代史》卷一百三十五、《新五代史》卷六十五。⓯具軍容　整頓好軍士兵隊列；使部隊具備軍容儀貌。

【語　譯】錢鏐命令兩浙的官吏百姓上表朝廷，請求任命錢鏐兼管浙東。朝廷沒有辦法，再次任命王摶為吏部尚書、同平章事，任命錢鏐為鎮海、威勝兩軍節度使。十月二十九日丙子，把威勝軍改名為鎮東軍。

李克用親自率軍進攻魏州，在白龍潭打敗了魏州軍隊，追擊到魏州外城的觀音門。朱全忠又派葛從周救援魏州，駐紮在洹水，他自己帶領大軍繼踵其後，李克用便返回晉陽。〇加封河中節度使王珂為同平章事。

十一月，朱全忠返回大梁，又派遣葛從周向東會合龐師古，進攻鄆州。

湖州刺史李師悅索求節度使的儀仗雙旌雙節，昭宗下詔在湖州設置忠國軍，任命李師悅為節度使。朝廷派出授給他官職憑證和旌節的使者還沒有進入湖州境內，十一月十二日戊子，李師悅去世。楊行密向朝廷上表，請求任命李師悅的兒子前綿州刺史李彥徽掌管湖州事務。

淮南將領安仁義攻打婺州。

十二月，東川軍的士兵在西川節度使王建管轄的漢、眉、資、簡四州境內燒殺搶掠。

清海節度使薛王李知柔走到湖南，廣州牙將盧琚、譚弘玘守住地盤拒絕李知柔入境，派譚弘玘防守端州。譚弘玘聯合封州刺史劉隱，許諾把自己女兒嫁給劉隱為妻。劉隱假裝答應這門親事，以親自迎妻為藉口，把全副武裝的士兵埋伏在船中，夜晚進入端州，殺死了譚弘玘，進而襲擊廣州，又殺死了盧琚，劉隱整頓好軍容迎接李知柔進入廣州治事。李知柔向朝廷上表請求任命劉隱為行軍司馬。

【研　析】本卷研析董昌稱帝、朱李爭河北、昭宗出幸華州三件史事。

董昌稱帝。董昌稱帝是一場鬧劇。董昌，杭州臨安人。起初入籍地方軍戶，以行伍積功為石鏡鎮鎮將。僖宗光啓三年（西元八八七年），董昌官至義勝軍節度使，貢輸朝廷賦稅，額外加二倍，刻期送達，因此之故，累遷加官至檢校太尉、同中書門下平章事，爵隴西郡王。董昌對郡王爵位大為不滿，他要自稱為越王，有人戲之曰：「與其稱越王，何不稱越帝。」董昌興奮至極，於是有投其好者，獻祥瑞者有之，進民謠者有之，勸進請願者有之，董昌飄飄然，五花八門的哄鬧囂囂一片。節度副使黃碣、會稽令吳鐐、山陰令張遜，三人勸諫，董昌將其滿門抄斬，殘暴至極。董昌沾沾自喜對人說：「我董昌殺了這三個人，再沒有人敢違背我的意志了。」西元八九五年，董昌違眾稱越帝，給了錢鏐一個攻城掠地的好機會。錢鏐以誅逆為名，堂皇正大地進兵越州，董昌眾叛親離，去了帝號，錢鏐仍不退兵，抓住時機，一舉攻下越州。董昌被誅，錢鏐據有浙江全境，董昌稱帝，成就了錢鏐的事業。董昌兵不滿萬，割據彈丸之地，十足的一個跳樑小丑，也敢於稱帝，標誌著唐王室氣數已盡，割據稱雄的地方強梁，一個個都是野心家。五代十國的紛爭局面，從董昌稱帝的這一滑稽鬧劇中似乎已露端倪。

朱李爭河北。朱全忠與李克用是唐末北方兩個最大的軍閥，至昭宗即位之時，朱全忠在河南，四圍已無敵手，李克用雄據太原、河東，居高臨下，也只有朱全忠能與之相抗。唐王室在關中，雖衰弱仍擁有天下共主之號，周邊諸鎮雖有覬覦之心而無有操控之力。李克用、朱全忠、唐王室，三者在地理上鼎足而居。朱李交惡，朝廷不辨是非，詔命和解，兩存之以平衡力量。張濬連引朱全忠進討李克用，打破平衡，實乃自取滅亡之道，張濬，禍國之臣也。是役也，朱溫最為主動而竊喜之。張濬勝，李克用敗亡，是朝廷替朱全忠滅一巨敵，為其篡唐野心驅除也。張濬敗，李克用勝，則李克用背負抗拒王師之惡名，亦為朱全忠野心之實現驅除也，而朱全忠則收維護唐王室之美名以欺天下。至於官軍，無論勝與敗，都是加力推墮唐王室於深淵，而於朱全忠，無論勝與敗，皆獲大利，形勢使然。

朱李爭雄，決勝於河北，亦形勢使然。王夫之曰：「河北歸汴，則扼晉之吭；河北歸晉，則壓汴之脊。」（《讀通鑑論》卷二十七）假若朱全忠空其巢穴入長安，李克用渡河襲汴，則朱氏坐斃。若李克用入長安，朱全忠率領洛陽、淮西、山南之眾以扣關，河北諸鎮之兵搗太原，則李克用立亡。河北不安定，朱李後院不穩，故兩人都不敢入關中，或入而不敢久留，長時間用全力爭河北，原因在此。劉仁恭、王鎔、羅弘信、李罕之、朱瑄、朱瑾，橫亙在朱李之間，他們的消漲，決定朱李的興亡。朱全忠必欲吃掉昔日盟友朱瑄、朱瑾，為的是安定後方。劉仁恭、李罕之背叛李克用，使朱全忠在河北的爭奪中佔了上風。但李克用未滅，朱全忠仍不敢西進，他處心積慮要唐王室遷都洛陽，便於就近篡逆。朱李爭河北，沒有了期，那麼唐王室東遷之時，即為滅亡之日。這一形勢的發展，導致李茂貞、韓建陵轢唐王室，起了推波助瀾的作用。

昭宗出幸華州。唐昭宗乾寧三年（西元八九六年）六月，昭宗增置禁軍，選補數萬人，使諸王率領，李茂貞認為是昭宗想要討伐他，再次引軍犯闕。七月，昭宗出奔渭北，遣使告太原，初欲北巡。華州鎮國軍節度使韓建近水樓臺，遣其子韓從允奉表請昭宗幸華州。七月十五日，昭宗在富平召見韓建，面議去留。韓建頓首涕泣，恭敬有加，聲稱車駕渡河遠去，恐無歸期，華州教練士兵，磨礪兵器，積聚十有五年，離長安不遠，願昭宗臨幸華州，再圖復興。其時楊行密表請昭宗遷都江淮，王建請昭宗幸蜀。昭宗及百官隨從都不想遠走，見韓建如此謙恭，於是七月十七日，車駕幸華州。皇帝到手，韓建顯露猙獰，乾寧四年正月，引兵圍行宮，脅迫昭宗下詔，解除諸王領兵，諸王回歸十六宅，諸王所領禁軍及殿後四軍盡行解散，縱歸田里。八月，韓建誣諸王謀反，殺盡十一王。昭宗講武，本來想用以自衛，結果既陷群宗子弟於死地，又使自己更招藩臣之忌，宗子盡而身隨以弒，國隨以亡，真是可悲。

昭宗志欲興唐，然志大才疏，非中興之主，他的所有舉措，看似義正，其實乖張，不合時宜。昭宗初即位之時，天下雖然割裂，黃巢之滅，天下延頸而望治，尚有可為。山南、劍南、河西、嶺南，人猶知有天子，如桀驁之董昌，仍按時貢奉，企求天子之號。如果此時昭宗擇諸王之賢者分領節鎮，收士民，練甲兵，以屏藩王室，京師平衡南司與北司，遣使和解雄猜者之間的爭鬥，天子垂拱以穩定為大局，選賢才以牧民，中興之業未必不可為。昭宗急躁使性，聽張濬之邪說，輕啟干戈討沙陀，一敗而損威矣；繼而不聽杜讓能之諍言，再次興兵討茂貞，再敗而威權掃地以盡，身陷孤城之中；而後講武，使諸王典軍，招藩鎮之疑，無異於玩火自焚。韓建、李茂貞，酣睡於天子臥榻之側，豈容天子自強。昭宗慮不及此，所以舉措乖張，加速了唐王室的滅亡。

卷第二百六十一

唐紀七十七

起彊圉大荒落（丁巳 西元八九七年），盡屠維協洽（己未 西元八九九年），凡三年。

【題解】本卷記事起西元八九七年，迄西元八九九年，載述史事凡三年。當唐昭宗乾寧四年至光化二年。此時期，唐王室為李茂貞、韓建所掌控，昭宗被困華州達兩年之久。韓建跋扈不臣，逼迫唐昭宗解除諸王領兵，又遣散殿後四軍，而後大殺諸王。此三年間，全國混戰形勢，李克用與朱全忠爭奪河北仍是主戰場。魏博依附朱全忠，幽州劉仁恭、潞州李罕之反叛李克用，一時間朱全忠勢力大增，在爭奪邢、洺、磁三州的戰鬥中，李克用為汴軍所敗。隨後劉仁恭與朱全忠交惡，李克用擺脫了困境。西川王建併東川，威服南詔，為唐末西部最大軍閥。馬殷據湖南。朱全忠助錢鏐奪回蘇州，而在大舉進攻淮南之時汴軍全軍覆沒，楊行密站穩淮南，於是與錢鏐和解換俘。王審知繼王潮領福州節鎮。東南楊行密、錢鏐、王審知已形成不可動搖的鼎立之勢。朱全忠滅鄆、兗朱瑄、朱瑾，全據中原，又在河北與李克用爭逐中佔了上風，天下無敵手。韓建、李茂貞唯恐朱全忠奪走唐昭宗，於是轉而與李克用聯手對抗朱氏，唐昭宗才得以返回京都苟延殘喘。

昭宗聖穆景文孝皇帝中之上

乾寧四年（丁巳　西元八九七年）

春，正月甲申❶，韓建奏：「防城將張行思❷等告睦、濟、韶、通、彭、韓、儀、陳八王❸謀殺臣，劫車駕幸河中。」建惡❹諸王典兵❺，故使行思等告之。上大驚，召建諭之，建稱疾不入。令諸王詣建自陳❻，建表稱：「諸王忽詣臣理所❼，不測事端❽。臣詳酌❾事體，不應與諸王相見。」又稱：「諸王當自避嫌疑，不可輕為舉措❿。陛下若以友愛含容⓫，請依舊制，令歸十六宅⓬，妙選師傅，教以詩書，不令典兵預政⓭。」且曰：「乞散彼烏合之兵⓮，用⓯光⓰麟趾之化⓱。」建慮上不從，引麾下精兵圍行宮，表疏連上。上不得已，是夕，詔諸王所領軍士並縱歸⓲田里，諸王勒⓳歸十六宅，其甲兵並委韓建收掌。建又奏：「陛下選賢任能，足清禍亂，何必別置殿後四軍⓴！顯[1]有厚薄[2]之恩，乖無偏無黨之道㉑。且所聚皆坊市無賴姦猾之徒，平居㉒猶思禍變㉓，臨難㉔必不為用，而使之張弓挾刃㉕，密邇皇輿㉖，臣竊寒心㉗，乞皆罷。」遣[3]詔亦從之。於是殿後四軍二萬餘人悉散，天子之親軍盡矣。捧日都頭李筠，石門扈從功㉘第一，建復奏斬於大雲橋㉙。建又奏：「玄宗之末，永王璘㉚暫出江南，遽謀不軌。代宗時吐蕃入寇㉛，光啓中朱玫亂常㉜，皆援立宗支㉝以繫人望。今諸王銜命四方者㉞，乞皆召還。」

又奏：「諸方士[35]出入禁庭，眩惑[36]聖聽，宜皆禁止，無得入宮。」詔悉從之。建既幽諸王於別第，知上意不悅，乃奏請立德王[37]為太子，欲以解之。丁亥[38]，詔立德王祐為皇太子，仍更名裕。

龐師古、葛從周併兵攻鄆州，朱瑄兵少食盡，不復出戰，但引水為深壕以自固。辛卯[39]，師古等營於水西南，命為浮梁[40]。癸巳[41]，潛決濠水[42]。丙申[43]，浮梁成，師古夜以中軍先濟。瑄聞之，棄城奔中都[44]，葛從周逐之，野人[45]執瑄及妻子以獻。

己亥[46]，罷孫偓鳳翔四面行營節度等使，以副都統李思諫為寧塞[47]節度使。○錢鏐使行軍司馬杜稜救婺州。安仁義移兵攻睦州[48]，不克而還。○朱全忠入鄆州，以龐師古為天平留後。

朱瑾留大將康懷貞守兗州，與河東將史儼、李承嗣掠徐州之境以給軍食。全忠聞之，遣葛從周將兵襲兗州。懷貞聞鄆州已失守，汴兵奄至，遂降。二月戊申[49]，從周入兗州，獲瑾妻子。朱瑾還，無所歸，帥其眾趨沂州[50]，刺史尹處賓不納，走保海州[51]，為汴兵所逼，與史儼、李承嗣擁州民度淮，奔楊行密。行密逆[52]之於高郵，表瑾領武寧節度使。

全忠納瑾之妻，引兵還，張夫人逆於封丘(53)，全忠以得瑾妻告之。夫人請見之，瑾妻拜，夫人答拜，且泣曰：「兗、鄆與司空(54)同姓，約為兄弟，以小故恨望(55)，起兵相攻，使吾姒(56)辱於此。它日汴州失守，吾亦如吾姒之今日乎！」全忠乃送瑾妻於佛寺為尼，斬朱瑄於汴橋。於是鄆、齊、曹、棣、兗、沂、密、徐、宿、陳、許、鄭、滑、濮皆入于全忠(57)。惟王師範保淄青一道，亦服於全忠。李存信在魏州，聞兗、鄆皆陷，引兵還。

淮南舊善水戰，不知騎射，及得河東、兗、鄆兵，軍聲大振。史儼、李承嗣皆河東驍將，李克用深惜之，遣使間道(58)詣楊行密請之。行密許之，亦遣使詣克用修好。

【章　旨】以上為第一段，寫韓建解除唐宗室諸王所領之兵。朱全忠滅朱瑄、朱瑾，兼有天平、泰寧、感化、宣義、宣武諸鎮全部領屬之地，獨霸中原。

【注　釋】❶甲申　正月初八日。❷張行思　華州防城將。❸睦濟韶通彭韓儀陳八王　睦、韶、韓三王為代宗之後。彭王，肅宗之後。陳王，文宗之後。史皆逸其名及世系。濟、通、儀三王，不知所出。❹惡　忌恨。❺典兵　掌管軍事。❻自陳　自己陳述解釋。❼理所　辦公地點。❽不測事端　不可測度將要挑起什麼事端。❾詳酌　仔細斟酌。❿舉措　動作。⓫含容　包含寬容。⓬十六宅　唐代中期以後諸王集中居住的住宅區的稱謂，在安國寺東。⓭預政　參與政治。⓮烏合之兵　臨時拼湊缺乏組織的兵眾，如烏鴉之忽聚忽散。⓯用　以。⓰光　光大。⓱麟趾之化　《詩經·周南》有〈麟之趾〉篇，言文王子孫宗族皆化於善，無犯非禮，後因以「麟趾」為頌揚宗室子弟之詞。⑱縱歸　放歸。⑲勒　強制。⑳殿後四軍　即安聖、捧宸、保寧、宣化四軍。㉑顯有厚薄之恩二句　此是指責昭宗不應該別置殿後四軍，表現出對禁軍恩厚，對其他軍隊恩薄，背離了無偏無黨之道。顯，顯示；表現出。乖，背離。無偏無黨，語出《尚書・洪範》：「無偏無黨，王道蕩蕩。」㉒平居　太平安定時。㉓猶思禍變　尚且要惹事生非。㉔臨難　遭遇危難。㉕挾刃　持刀；帶刀。㉖密邇皇輿　在皇帝身邊。㉗寒心　因失望而痛心。㉘石門扈從功　指乾寧二年王行瑜等犯京師時，李筠護駕之功。㉙大雲橋　在華州大雲寺前。㉚永王璘　李璘（？—西元七五七年），唐玄宗子，唐肅宗弟。安史之亂時，璘領山南、江西、嶺南、黔中四道節度使，欲割據江陵，擅自引舟師東巡，分兵襲吳郡、廣陵，兵敗被殺。傳見《舊唐書》卷一百七、《新唐書》卷八十二。㉛吐蕃入寇　自安祿山反，精銳邊兵皆徵發內地，邊境留兵單弱，代宗時，吐蕃連年入擾。㉜朱玫亂常　唐僖宗光啓二年（西元八八六年），邠寧節度使朱玫逼鳳翔百官奉襄王李熅監國，因立襄王，自為宰相專權。㉝援立宗支　吐蕃入寇時立廣武王李承宏為帝，朱玫奉襄王李熅為帝。㉞諸王銜命四方者　指延王李戒丕、覃王李嗣周、通王李滋等分別領兵在近畿各處守衛。銜命，受命；奉命。㉟方士　研習方術之士，此處指許巖士等人。㊱眩惑　迷亂。㊲德王　即李裕（？—西元九〇五年），唐昭宗長子，大順二年（西元八九一年）始王。傳見《新唐書》卷八十二。㊳丁亥　正月十一日。㊴辛卯　正月十五日。㊵浮梁　聯舟而為橋，即浮橋。㊶癸巳　正月十七日。㊷濠水　護城河水。㊸丙申　正月二十日。㊹中都　縣名，在鄆州東南六十里，縣治今山東汶上。㊺野人　農民。㊻己亥　正月二十三日。㊼寧塞　方鎮名，按《新唐書・方鎮表》，昭宗光化元年（西元八九八年）更保塞軍節度為寧塞軍節度。治所延州，在今陝西延安北。㊽睦州　州名，治所在今浙江建德東。㊾戊申　二月初三日。㊿沂州　州名，治所在今山東臨沂。(51)海州　州名，治所在今江蘇連雲港市西。(52)逆　迎接。(53)封丘　縣名，縣治在今河南封丘。(54)司空　指朱全忠。(55)恨望　怨望。(56)吾姒　兄妻為姒，吾姒即吾嫂。互相尊稱之辭。(57)入于全忠　謂鄆、齊等十四州皆為朱全忠所併。其中鄆、齊、曹、棣四州屬天平軍，兗、沂、密三州屬泰寧軍，徐、宿二州屬感化軍，陳、許二州屬忠武軍，鄭、滑、濮三州屬宣義軍，以上十四州共五鎮之地，皆入於朱全忠。(58)間道　走小路。

【校　記】[1]顯　據章鈺校，乙十一行本作「縱」。「顯」字義長。[2]有厚薄　張敦仁《通鑑刊本識誤》作「有厚有薄」。[3]遣　原無此字。據章鈺校，十二行本、乙十一行本皆有此字，張敦仁《通鑑刊本識誤》同，今據補。

【語　譯】昭宗聖穆景文孝皇帝中之上

乾寧四年（丁巳　西元八九七年）

春，正月初八日甲申，韓建上奏說：「華州防城將張行思等控告睦、濟、韶、通、彭、韓、儀、陳八王圖謀殺害臣，劫持皇上到河中去。」韓建厭惡諸王掌管軍隊，所以指使張行思等控告他們。昭宗大驚，召見韓建告諭他，韓建聲稱有病不入朝。昭宗命令諸王到韓建那裡自己去解釋，韓建上表說：「諸王忽然到臣辦事的地方，臣猜測不出會發生什麼事。臣詳細斟酌了這件事情，不應該與諸王見面。」又說：「諸王應當自己避開嫌疑，不可輕舉妄動。陛下如果以友愛之情想要寬容，請依照過去的制度，命令他們回到十六宅，精選師傅，教他們詩、書，不讓他們掌管軍隊干預朝政。」並且說：「請求解散諸王手下臨時拼湊的兵士，用來光大《詩・麟之趾》所稱述的教化。」韓建擔心昭宗不同意，帶領手下精兵包圍了昭宗的行宮，表章奏疏接連送上。昭宗沒有辦法，當天晚上，下詔命令諸王所統領的軍士全部解散，放他們回到田間鄉里，勒令諸王回到十六宅，他們的甲冑、兵器都交給韓建收存掌管。韓建又上奏說：「陛下挑選賢良任用能臣，足以清除禍亂，何必另外設置殿後的安聖、捧宸、保寧、宣化四軍呢！顯得皇恩有厚薄之分，背離了沒有偏向不結私黨的原則。況且所聚集的都是街市中的無賴奸猾小人，在太平盛世時還想著作亂惹禍，當朝廷遭遇危難時一定不會為您效力。而讓他們張開弓箭、手持刀劍，靠近陛下，臣實在擔心，請求把他們全部解散。」昭宗頒下詔聽從了韓建的意見。於是殿後的安聖、捧宸、保寧、宣化四軍二萬多人都被解散，昭宗的親軍全部沒有了。捧日都頭李筠，當初在石門鎮隨從護衛昭宗，功勞數第一，韓建再上奏朝廷把李筠殺死在大雲橋。韓建又上奏說：「玄宗末年，永王李璘暫時出外到江南任職，馬上圖謀不軌。代宗時吐蕃入侵，僖宗光啓年間朱玫作亂，都是靠擁立宗室支屬來籠絡民心。現在諸王奉陛下命令到四處去的，請求把他們都召回來。」還上奏說：「那些方士出入宮廷，迷惑陛下的聽聞，應該都予以禁止，不得進入皇宮。」昭宗下詔全部聽從韓建的奏請。韓建已經把諸王幽禁在別宅，曉得昭宗心裡不高興，於是上奏請立德王為太子，想以此來緩解昭宗的不愉快。十一日丁亥，昭宗下詔立德王李祐為皇太子，並改名為裕。

龐師古、葛從周合併軍隊攻打鄆州，朱瑄士兵很少，糧食也吃完了，不再出城作戰，只是引水作成深深的壕溝來鞏固自己的城防。正月十五日辛卯，龐師古等在水流的西南方紮營，命令建造浮橋。十七日癸巳，暗中挖開壕溝放水。二十日丙申，浮橋建成，龐師古在夜晚派遣中軍首先渡過壕溝。朱瑄得知後，放棄鄆州逃往中都縣，葛從周追趕朱瑄，田野裡的農夫抓住了朱瑄及其妻兒獻給葛從周。

正月二十三日己亥，罷免孫偓鳳翔四面行營節度等使的官職，任命副都統李思諫擔任寧塞節度使。○錢鏐派遣行軍司馬杜稜救援婺州。安仁義調動軍隊進攻睦州，沒有攻克便回來了。○朱全忠進入鄆州，任命龐師古擔任天平軍留後。

朱瑾留下大將康懷貞防守兗州，自己與河東將領史儼、李承嗣到徐州境內搶掠以供給軍隊的糧食需要。朱全忠得知這一情況，派葛從周率軍襲擊兗州。康懷貞得知鄆州已經失守，汴州軍隊突然來到，就投降了。二月初三日戊申，葛從周進入兗州，抓住了朱瑾的妻兒。朱瑾回到兗州，無處歸依，帶領他的部下前往沂州。沂州刺史尹處賓不肯接納，朱瑾奔赴海州防守，受到汴州軍隊的逼迫，與史儼、李承嗣率領海州百姓渡過淮水，投奔楊行密。楊行密在高郵迎接他們，上表請求朝廷委任朱瑾領武寧節度使。

朱全忠收納了朱瑾的妻子，率軍返回汴州，張夫人到封丘縣迎接，朱全忠把得到朱瑾妻子事告訴張夫人。張夫人請求會見朱瑾妻子，朱瑾妻子行拜見禮，張夫人還禮，並且哭著說：「兗州的朱瑾、鄆州的朱瑄和司空是同姓，相互約為兄弟，由於細小的緣故而造成怨恨，起兵互相攻打，使得嫂子受到這樣的侮辱。將來有一天汴州失守了，我也會像嫂子您今天這樣啊！」朱全忠於是把朱瑾的妻子送到佛寺去做尼姑，在汴橋斬殺了朱瑄。於是鄆、齊、曹、棣、兗、沂、密、徐、宿、陳、許、鄭、滑、濮等州，全部落入朱全忠手中。只有王師範保有淄青一個道，也服從於朱全忠。李存信在魏州，得知兗州、鄆州都被朱全忠攻佔，帶軍返回晉陽。

淮南的軍隊以往擅長水戰，不熟悉騎馬射箭，等到楊行密得到了河東、兗州、鄆州的士兵，軍隊聲威大振。史儼、李承嗣都是河東節度使李克用手下驍勇的將領，李克用對失去他們深感惋惜，派遣使者從小路到楊行密處請求放回他們。楊行密同意他的請求，也派遣使者前往李克用處建立友好關係。

戊午❶，王建遣邛州刺史華洪、彭州刺史王宗祐將兵五萬攻東川，以戎州❷刺史王宗謹為鳳翔西面行營先鋒使，敗鳳翔將李繼徽等於玄武❸。繼徽本姓楊，名崇本，茂貞之假子也。

己未❹，赦天下。◯上饗❺行廟❻。

庚申❼，王建以決雲都❽知兵馬使王宗侃為應援開峽都指揮使，將兵八千趨渝州。決勝都知兵馬使王宗阮為開江防送進奉使，將兵七千趨瀘州。辛未❾[1]，宗侃取渝州，降刺史牟崇厚。癸酉❿，宗阮拔瀘州，斬刺史馬敬儒，峽路始通⓫。

鳳翔將李繼昭救梓州，留偏將⓬守劍門，西川將王宗播擊擒之。

乙亥⓭，門下侍郎、同平章事孫偓罷守本官⓮。中書侍郎、同平章事朱朴罷為祕書監⓯。朴既秉政⓰，所言皆不效⓱，外議沸騰⓲。太子詹事⓳馬道殷以天文，將作監⓴許巖士以醫得幸於上，韓建誣二人以罪而殺之，且言偓、朴與二人交通，故罷相。

詔以楊行密為江南諸道行營都統，以討武昌節度使杜洪㉑。◯張佶克邵州，擒蔣勛。

三月丙子㉒，朱全忠表曹州刺史葛從周為泰寧留後，朱友裕為天平留後，龐師古為武寧㉓留後。

保義節度使王珙攻護國節度使王珂㉔，珂求援於李克用，珙求援於朱全忠。宣武將張存敬㉕、楊師厚㉖敗河中兵於猗氏㉗南。河東將李嗣昭㉘敗陝兵於猗氏，又敗之於張店㉙，遂解河東[2]之圍。師厚，斤溝人，嗣昭，克用弟克柔之假子也。更名感義軍曰昭武，治利州，以前靜難節度使蘇文建為節度使。夏，四月，以同州防禦使李繼瑭㉚為匡國㉛節度使。繼瑭，茂貞之養子也。◯以右諫議大夫李洵為兩川宣諭使㉜，和解王建及顧彥暉。◯辛亥㉝，錢鏐遣顧全武等將兵三千自海道救嘉興。己未㉞，至城下，擊淮南兵，大破之。

杜洪為楊行密所攻，求救於朱全忠，全忠遣其將聶金掠泗州，朱友恭攻黃州㉟。行密遣右黑雲都㊱指揮使馬珣等救黃州。黃州刺史瞿章聞友恭至，棄城，擁眾南保武昌寨㊲。

癸亥㊳，兩浙將顧全武等破淮南十八營，虜淮南將士魏約等三千人。淮南將田頵屯驛亭埭㊴，兩浙兵乘勝逐之。甲戌㊵，頵自湖州奔還㊶，兩浙兵追敗之，頵眾死者千餘人。◯韓建惡刑部尚書張禕㊷等數人，皆誣奏，貶之。

五月，加奉國㊸節度使崔洪同平章事。◯辛巳㊹，朱友恭為浮梁於樊港㊺，進攻武昌寨。壬午(46)，拔之，執瞿章，遂取黃州，馬珣等皆敗走。○丙戌(47)，王建以節度副使張琳(48)守成都，自將兵五萬攻東川。更華洪姓名曰王宗滌(49)。

六月己酉(50)，錢鏐如越州，受鎮東節鉞(51)。○李茂貞表：「王建攻東川(52)，連兵累歲，不聽詔命。」甲寅(53)，貶建南州(54)刺史。乙卯(55)，以茂貞為西川節度使。以覃王嗣周為鳳翔節度使。

癸亥(56)，王建克梓州南寨(57)，執其將李繼寧。丙寅(58)，宣諭使李洵至梓州。己巳(59)，見建于張杷砦(60)，建指執旗者曰：「戰士之情，不可奪也。」

覃王赴鎮，李茂貞不受代(61)，圍覃王於奉天(62)。○置寧遠軍於容州(63)，以李克用大將蓋寓領節度使。

秋，七月，加荊南節度使成汭兼侍中。○韓建移書李茂貞；茂貞解奉天之圍，覃王歸華州。○以天雄節度使李繼徽為靜難(64)節度使。

庚戌(65)，錢鏐還杭州，遣顧全武取蘇州。乙未(66)，拔松江(67)。戊戌(68)，拔無錫(69)。辛丑(70)，拔常熟(71)、華亭(72)。

【章旨】以上為第二段，寫東川與西川地區，東南楊行密與錢鏐地區，兩大地區激戰。韓建掌控下的昭宗詔命，不行於諸鎮。

【注釋】❶戊午　二月十三日。❷戎州　州名，治所在今四川宜賓。❸玄武　縣名，縣治在今四川中江縣，時屬梓州。❹己未　二月十四日。❺饗　合祭。❻行廟　天子巡幸或統軍出征臨時設立的廟。當時昭宗駐蹕華州，太常禮院請權立行廟以備告饗。❼庚申　二月十五日。❽決雲都　與下文決勝都皆王建軍隊名。❾辛未　二月二十六日。❿癸酉　二月二十八日。⓫峽路始通　渝州、瀘州皆為東川巡屬，王建藉通峽路進奉為名取二州，實為擴大自己的地盤。⓬偏將　別於主力的偏師之將。⓭乙亥　二月三十日。⓮罷守本官　孫偓原為禮部尚書。這裡指孫偓被罷相，回到原任職位辦事。⓯祕書監　官名，唐時為祕書省長官。⓰秉政　執政。⓱不效　沒有兌現。朱朴拜相時曾誇口「月餘可致太平」。⓲沸騰　眾議激烈；群情激憤。⓳太子詹事　官名，唐代為詹事府長官，總管東宮事務。⓴將作監　官名，唐代為將作大監的省稱。掌土木工程營繕及工匠管理。㉑杜洪　杜洪於光啓二年（西元八八六年）拜武昌節度使，依附朱全忠絕東南貢路，故詔討之。㉒丙子　三月初一日。㉓武寧　方鎮名，唐憲宗元和二年（西元八〇七年）置武寧軍節度使，治徐州。唐懿宗咸通三年（西元八六二年）罷武寧軍節度，十一年賜號感化軍節度，此時復改感化軍為武寧軍。㉔保義節度使王珙攻護國節度使王珂　保義、護國，皆方鎮名，文宗太和元年（西元八二七年）升晉慈觀察使為保義軍節度使。是年罷，以二州隸河中。僖宗光啓元年（西元八八五年）賜河中為護國軍節度使，以褒獎王重榮勤王之功。是時王珙據晉慈與王珂爭河中節度使。㉕張存敬　（？—西元九〇一年）譙郡（今安徽亳州）人，宣武節度使朱全忠部將。傳見《舊五代史》卷二十、《新五代史》卷二十一。㉖楊師厚　（？—西元九一三年）潁州斤溝（今安徽阜陽）人，原為河陽節度使李罕之部將，兵敗降朱全忠，多立戰功，歷數鎮節度使，梁末帝加封為鄴王。傳見《舊五代史》卷二十二、《新五代史》卷二十三。㉗猗氏　縣名，縣治在今山西臨猗。㉘李嗣昭　（？—西元九二二年）汾州太谷縣（今山西太谷）人，本姓韓，為李克用弟李克柔之養子。初名進通，後更名嗣昭。官至司徒、侍中、中書令等職。傳見《舊五代史》卷五十二、《新五代史》卷三十六。㉙張店　鎮名，在今山西平陸北六十里。㉚李繼瑭　李茂貞之養子。㉛匡國　方鎮名，乾寧二年賜同州號匡國軍。㉜宣諭使　官名，專掌奉使宣諭朝廷旨意，完成任務即去職。㉝辛亥　四月初六日。㉞己未　四月十四日。㉟黃州　州名，治所在今湖北新洲。㊱右黑雲都　楊行密的軍隊名。㊲武昌寨　置於武昌縣的軍營。武昌縣治在今湖北鄂城。唐屬鄂州。㊳癸亥　四月十八日。㊴驛亭埭　鎮名，在浙江上虞縣，今浙江餘姚西南。㊵甲戌　四月二十九日。㊶奔還　田頵自嘉興退軍，取道湖州，還宣州。㊷刑部尚書張禕　刑部尚書，官名，刑部長官。刑部為六部之一，掌管國家的法律、刑獄事務。張禕，字冠章，仕僖宗、昭宗兩朝，從昭宗入蜀。歷官吏部、刑部、兵部尚書。傳見《舊唐書》卷一百六十二。㊸奉國　方鎮名，唐僖宗中和二年（西元八八二年）升蔡州防禦使為奉國軍節度。㊹辛巳　五月初七日。(45)樊港　地名，即樊口。武昌西三里有樊山，山下有樊溪，注入長江。入江處謂之樊口。朱友恭跨江為浮橋，抵樊口，以攻武昌。(46)壬午　五月初八日。(47)丙戌　五月十二日。(48)張琳　王建心腹。王建出征，讓他守護核心地區。(49)王宗滌　華洪累戰有功，王建收其為養子，並更改姓名。(50)己酉　六月初五日。(51)節鉞　符節和斧鉞，顯示朝廷所授予的鎮守與征伐的權力。亦泛指節度使儀仗。(52)王建攻東川　王建不只攻東川，李茂貞山南巡屬諸州，也被王建攻取許多。李茂貞力不能制，故上表欲藉天子之命以攻之。(53)甲寅　六月初十日。(54)南州　州名，唐高宗武德三年（西元六二〇年）割渝州之東界，置南州，治所在今重慶市綦江縣。(55)乙卯　六月十一日。(56)癸亥　六月十九日。(57)南寨　鎮名，在梓州南。(58)丙寅　六月二十二日。(59)己巳　六月二十五日。(60)張杷砦　鎮名。砦，同「寨」。(61)不受代　不接受替代。李茂貞不肯以鳳翔節度使授覃王。(62)奉天　縣名，縣治在今陝西乾縣。(63)容州　州名，治所在今廣西北流。李克用平王行瑜，蓋寓以功領容管觀察使，現升為節度使。(64)靜難　方鎮名，光啓元年（西元八八五年）賜邠寧節度使號靜難軍節度。李繼徽自秦州徙邠州，邠寧亦為李茂貞所有。(65)庚戌　七月甲戌朔，無庚戌。庚戌，應為六月初六日。(66)乙未　七月二十二日。(67)松江　寨名，松江在蘇州南四十里，楊行密立寨守之。(68)戊戌　七月二十五日。(69)無錫　縣名，縣治在今江蘇無錫。唐時屬常州。(70)辛丑　七月二十八日。(71)常熟　縣名，縣治在今江蘇常熟。唐時屬蘇州。(72)華亭　縣名，縣治在今上海市松江區。唐時屬蘇州。

【校　記】①辛未　原作「辛酉」。據章鈺校，十二行本、乙十一行本皆作「辛未」，今從改。②河東　原作「河中」。嚴衍《通鑑補》改作「河東」，張敦仁《通鑑刊本識誤》同，今據以校正。

【語　譯】二月十三日戊午，王建派邛州刺史華洪、彭州刺史王宗祐率領軍隊五萬人進攻東川，任命戎州刺史王宗謹擔任鳳翔西面行營先鋒使，在玄武縣擊敗鳳翔節度使李茂貞的部將李繼徽等。李繼徽本來姓楊，名崇本，是李茂貞的養子。

二月十四日己未，大赦天下。〇昭宗到行廟祭獻。

二月十五日庚申，王建任命決雲都知兵馬使王宗侃擔任應援開峽都指揮使，率領軍隊八千人前往渝州。任命決勝都知兵馬使王宗阮擔任開江防送進奉使，率領軍隊七千人前往瀘州。二十六日辛未，王宗侃攻取渝州，渝州刺史牟崇厚投降。二十八日癸酉，王宗阮攻克瀘州，斬殺瀘州刺史馬敬儒。三峽水路開始通行。

鳳翔將領李繼昭救援梓州，留下偏將防守劍門，西川將領王宗播擊敗並活捉李繼昭。

二月三十日乙亥，門下侍郎、同平章事孫偓被免職，保留原來的官位。中書侍郎、同平章事朱朴被免職，出任祕書監。朱朴掌理朝政後，所說過的話都沒有兌現，朝外議論紛紛。太子詹事馬道殷由於通曉天文，將作監許巖士由於醫術受到昭宗寵愛，韓建誣陷他們兩人有罪而殺死他們，並且說孫偓、朱朴與他們兩人互相勾結，所以孫偓、朱朴被罷免宰相的官職。

昭宗下詔任命楊行密擔任江南諸道行營都統，以討伐武昌節度使杜洪。○張佶攻克邵州，活捉邵州刺史蔣勛。

三月初一日丙子，朱全忠上表朝廷，請求任命曹州刺史葛從周擔任泰寧軍留後，朱友裕擔任天平軍留後，龐師古擔任武寧軍留後。

保義節度使王珙進攻護國節度使王珂，王珂向李克用請求援救，王珙向朱全忠請求援助。宣武軍將領張存敬、楊師厚在猗氏縣以南擊敗河中的軍隊。河東軍將領李嗣昭在猗氏縣擊敗陝州的軍隊，又在張店再次打敗他們，於是解除了對河東的圍困。楊師厚，是斤溝人，李嗣昭，是李克用弟弟李克柔的養子。

朝廷改名感義軍為昭武軍，治所設在利州，任命前靜難軍節度使蘇文建擔任昭武軍節度使。

夏，四月，任命同州防禦使李繼瑭擔任匡國節度使。李繼瑭是李茂貞的養子。○任命右諫議大夫李洵擔任兩川宣諭使，勸說西川節度使王建與東川節度使顧彥暉和解。○初六日辛亥，錢鏐派顧全武等率領軍隊三千人從海路救援嘉興。十四日己未，到達嘉興城下，攻打淮南的軍隊，把淮南的軍隊打得大敗。

杜洪被楊行密攻擊，向朱全忠求救。朱全忠派他的部將聶金搶掠泗州，朱友恭攻打黃州。楊行密派右黑雲都指揮使馬珣等救援黃州。黃州刺史瞿章聽到朱友恭到了，放棄了黃州城，率領部眾南去守衛武昌寨。

四月十八日癸亥，兩浙軍將領顧全武等攻破淮南軍隊十八個營寨，俘虜淮南將領、士兵魏約等三千人。淮南軍將領田頵駐守驛亭埭，兩浙軍隊乘勝趕走田頵。二十九日甲戌，田頵從湖州逃回，兩浙軍隊追擊，打敗了田頵，田頵部下死亡的人有一千多。○韓建厭惡刑部尚書張禕等幾個人，上奏誣陷他們。張禕等人被貶職。

五月，加奉國節度使崔洪為同平章事。○初七日辛巳，朱友恭在樊港建造浮橋，進攻武昌寨。初八日壬午，攻取寨子，捉住瞿章，於是進取黃州，馬珣等人都戰敗逃走。○十二日丙戌，王建以節度副使張琳留守成都，親自率軍五萬人攻打東川。王建改華洪的姓名為王宗滌。

六月初五日己酉，錢鏐到達越州，接受鎮東節度使的符節和斧鉞。○李茂貞向朝廷上表說：「王建攻打東川，交戰數年，不聽從朝廷的詔令。」初十日甲寅，貶王建為南州刺史。十一日乙卯，任命李茂貞擔任西川節度使。任命覃王李嗣周擔任鳳翔節度使。

六月十九日癸亥，王建攻取梓州的南寨，抓住南寨守將李繼寧。二十二日丙寅，宣諭使李洵到達梓州。二十五日己巳，李洵在張杷砦會見王建，王建指著手執戰旗的人說：「這次戰事是軍中戰士的意願，不能強行改變。」

覃王李嗣周到鳳翔上任，李茂貞不接受他取代自己的職務，在奉天把李嗣周包圍起來。○朝廷在容州設置寧遠軍，以李克用手下大將蓋寓兼任寧遠軍節度使。

秋，七月，加任荊南節度使成汭兼任侍中。○韓建寫信給李茂貞。李茂貞解除對奉天的圍困，覃王李嗣周返回華州。○以天雄節度使李繼徽為靜難節度使。

庚戌日，錢鏐回到杭州，派顧全武攻打蘇州。七月二十二日乙未，攻克松江。二十五日戊戌，攻克無錫。二十八日辛丑，攻克常熟、華亭。

初，李克用取幽州，表劉仁恭為節度使，留戍兵及腹心將十人典❶其機要。租賦供軍之外，悉輸晉陽。及上幸華州，克用徵兵於仁恭，又遣成德節度使王鎔、義武節度使王郜書，欲與之共定關中，奉天子還長安。仁恭辭以契丹❷入寇，須兵扞禦❸，請俟虜退，然後承命❹。克用屢趣之，使者相繼，數月，兵不出。克用移書責之，仁恭抵❺書於地，慢罵❻，囚其使者，欲殺河東戍將❼，戍將遁逃獲免。克用大怒，八月，自將擊仁恭。

上欲幸奉天親討李茂貞，令宰相議之。宰相切諫❽，乃止。

延王戒丕還自晉陽，韓建奏：「自陛下即位以來，與近輔❾交惡❿，皆因諸王典兵，兇徒樂禍，致鑾輿不安。比者臣奏罷兵權，實慮不測之變。今聞延王、覃王尚苞⓫陰計⓬，願陛下聖斷不疑，制於未亂⓭，則社稷之福。」上曰：「何至於是！」數日不報。建乃與知樞密劉季述⓮矯制⓯發兵圍十六宅，諸王被髮⓰，或⓱緣垣⓲，或登屋，或升木[1]，呼曰：「宅家⓳救兒！」建擁通⓴、沂㉑[2]、睦、濟、韶、彭㉒、韓、陳、覃、延、丹十一王至石隄谷㉓，盡殺之，以謀反聞㉔。

貶禮部尚書孫偓為南州司馬。祕書監朱朴先貶夔州㉕司馬，再貶郴州㉖司戶。朴之為相，何迎騶還㉗至右諫議大夫，至是亦貶湖州司馬。

【章　旨】以上為第三段，寫韓建誅殺諸王，逼迫昭宗貶逐大臣。李克用下勤王之令，幽州劉仁恭拒不從命，李克用往討。

【注釋】❶典　主管；執掌。❷契丹　古族名，北魏以來，在今遼河上游一帶游牧。唐以其地置松漠都督府，並任契丹首領為都督。❸扞禦　捍衛抵禦。扞，同「捍」。❹承命　接受命令。❺抵　擲。❻慢罵　隨口辱罵。慢，通「漫」。❼河東戍將　即本段所言李克用所留戍兵將領與典機要的腹心將領。❽切諫　直言極諫。❾近輔　指邠、岐、同、華等州。❿交惡　結惡。⓫苞　通「包」。⓬陰計　陰謀詭計。⓭制於未亂　在禍亂發生前採取措施。⓮劉季述　（？—西元九〇一年）昭宗時為左軍中尉。傳見《新唐書》卷二百八。⓯矯制　假託皇帝的詔命。⓰被髮　披散頭髮。⓱或　有的。⓲緣垣　爬上短牆。⓳宅家　唐末宮中稱天子為宅家。⓴通　即通王李滋，宣宗子。㉑沂　即沂王李梗，昭宗子。㉒彭　即彭王李煬，憲宗子。其餘睦、濟、韶、韓、陳等王史逸其系胄。㉓石隄谷　地名，在當時華州以西。㉔聞　傳布於世。㉕夔州　州名，治所在今重慶市奉節。㉖郴州　州名，治所在今湖南郴州。㉗何迎驟遷　因為是何迎薦朱朴為相，故朱朴為相後，何迎馬上升遷。驟遷，急速升遷。

【校記】①或登屋或升木　原作「或升屋」。據章鈺校，十二行本、乙十一行本皆作「或登屋或升木」，張敦仁《通鑑刊本識誤》同，今從改。②沂　原作「儀」。據章鈺校，十二行本、乙十一行本皆作「沂」，張敦仁《通鑑刊本識誤》同，今從改。

【語譯】當初，李克用攻取幽州，向朝廷上表請求任命劉仁恭為節度使，留下防守的軍隊和心腹將領十人掌管機要。幽州的租稅貢賦除了供應軍需以外，都要運送到晉陽。等到昭宗到了華州，李克用向劉仁恭徵調軍隊，又寫信給成德節度使王鎔、義武節度使王郜，想要與他們共同平定關中地區的叛亂，侍奉昭宗返回長安。劉仁恭推辭說契丹入境搶劫，需要軍隊防守，請等契丹退走，然後接受命令。李克用多次催促，使者連續不斷地派出，幾個月過去了，幽州軍隊仍沒有出發。李克用寫信去責備他，劉仁恭把信丟在地上，大肆漫罵，把使者囚禁起來，還想殺死留在幽州守衛的河東將領，這些河東將領逃走了才幸免於難。李克用大怒，八月，親自率領軍隊進攻劉仁恭。

昭宗想到奉天去親自討伐李茂貞，命令宰相討論這件事。宰相極力勸說，昭宗才作罷。

延王李戒丕從晉陽回到華州，韓建上奏說：「自從陛下即位以來，與京城附近的藩鎮交惡，都是由於諸王掌管軍隊，一些兇惡的匪徒好亂樂禍，致使陛下不能安穩。近來臣上奏請求罷免諸王的兵權，實在是顧慮會發生難以預測的變亂。如今聽說延王李戒丕、覃王李嗣周正在策劃陰謀詭計，願陛下聖明果斷毫不猶豫，在變亂還沒有發生前就採取措施，則是國家的福氣了。」昭宗說：「哪至於如此呢！」好幾天沒有回答韓建。韓建於是與知樞密劉季述偽造昭宗的命令發兵包圍了諸王居住的十六宅。諸王披頭散髮，有的爬上牆頭，有的登上屋頂，有的爬到樹上，呼叫道：「皇上救救我！」韓建把通王、沂王、睦王、濟王、韶王、彭王、韓王、陳王、覃王、延王、丹王等十一個王抓到華州西邊的石隄谷，全部斬殺，以他們造反為理由向昭宗上告。

朝廷貶謫禮部尚書孫偓為南州司馬。祕書監朱朴先被貶為夔州司馬，再貶為郴州司戶。朱朴任宰相時，何迎驟然升到右諫議大夫，到這時也被貶為湖州司馬。

鍾傳欲討吉州❶刺史襄陽周琲，琲帥其眾奔廣陵❷。

王建與顧彥暉五十餘戰，九月癸酉朔❸，圍梓州。蜀州刺史周德權言於建曰：「公與彥暉爭東川三年，士卒疲於矢石❹，百姓困於輸輓❺。東川羣盜多據州縣，彥暉懦而無謀，欲為偷安❻之計，皆啗❼以厚利，恃其救援，故堅守不下。今若遣人諭賊帥以禍福，來者賞之以官，不服者威之以兵，則彼之所恃，反為我用矣。」建從之，彥暉勢益孤。德權，許州人也。

丁丑❽，李克用至安塞軍❾，辛巳❿，攻之。幽州將單可及引騎兵至，克用方飲酒，前鋒白：「賊至矣！」克用醉，曰：「仁恭何在？」對曰：「但見可及輩。」克用瞋目⓫曰：「可及輩何足為敵！」亟⓬命擊之。是日大霧，不辨人物，幽州將楊師侃伏兵於木瓜澗⑬，河東兵大敗，失亡太半⑭。會大風雨震電⑮，幽州兵解去。克用醒而後知敗，責大將李存信等曰：「吾以醉廢事，汝曹何不力爭！」

湖州刺史李彥徽欲以州附於楊行密，其眾不從。彥徽奔廣陵，都指揮使沈攸以州歸錢鏐。

以彰義節度使張璉為鳳翔西北行營招討使，以討李茂貞。○復以王建為西川節度使、同平章事。加義武節度使王郜同平章事。削奪新西川節度使李茂貞官爵，復姓名宋文通⑯。

朱全忠既得兗、鄆，甲兵益盛，乃大舉擊楊行密，遣龐師古以徐、宿、宋、滑之兵七萬壁⑰清口⑱，將趣[1]揚州。葛從周以兗、鄆、曹、濮之兵壁安豐⑲，將趨壽州，全忠自將屯宿州，淮南震恐。

匡國節度使李繼瑭聞朝廷討李茂貞而懼，韓建復從而搖⑳之，繼瑭奔鳳翔。冬，十月，以建為鎮國、匡國兩軍節度使。

壬子㉑，知遂州㉒侯紹帥眾二萬。乙卯㉓，知合州㉔王仁威帥眾千人。戊午㉕，鳳翔將[2]李繼瑭[3]以援兵二千，皆降於王建。建攻梓州益急。庚申㉖，顧彥暉聚其宗族及假子共飲，遣王宗弼㉗自歸于建，酒酣，命其假子瑤殺己及同飲者，然後自殺。建入梓州，城中兵尚七萬人，建命王宗綰分兵徇昌、普㉘等州，以王宗滌為東川留後。

劉仁恭奏稱：「李克用無故稱兵㉙見討，本道大破其黨于木瓜澗，請自為統帥以討克用。」詔不許。又遺朱全忠書。全忠奏加仁恭同平章事，朝廷從之。仁恭又遣使謝克用，陳去就㉚不自安之意。克用復書略曰：「今公仗鉞控兵㉛，理民立法㉜，擢士㉝則欲其報德，選將則望彼酬恩㉞，己尚不然，人何足信㉟！僕料㊱猜防[4]出於骨肉㊲，嫌忌㊳生於屏帷㊴，持干將㊵而不敢授人，捧盟盤㊶而何詞著誓㊷！」

【章旨】以上為第四段，寫王建併東川。李克用兵敗幽州。朱全忠揚聲大舉攻淮南。

【注釋】❶吉州　州名，治所在今江西吉安。❷廣陵　郡名，治所在今江蘇揚州東北。❸癸酉朔　九月初一日。❹疲於矢石　疲於戰爭。矢石，箭與石。古時作戰，射箭拋石以打擊敵人。❺輸輓　運送物資。❻偷安　苟且求得眼前安全。❼啗　吞食。引申為誘惑。❽丁丑　九月初五日。❾安塞軍　設兵戍守之地名，在唐媯州之西，蔚州之東。❿辛巳　九月初九日。⓫瞋目　睜大眼睛瞪人。⓬亟　急切。⓭木瓜澗　地名，在今河北淶源東南。⓮太半　大半。⓯震電　雷鳴電閃。⓰宋文通　李茂貞原名宋文通，唐僖宗光啓二年賜姓名。⓱壁　屯兵。⓲清口　鎮名，在今山東東平西，一名清河口。⓳安豐　縣名，在今安徽壽縣南，唐時屬壽州。⓴搖　動搖。㉑壬子　十月初十日。㉒遂州　州名，治所在今四川遂寧。㉓乙卯　十月十三日。㉔合州　州名，治所在今重慶市合川區。㉕戊午　十月十六日。㉖庚申　十月十八日。㉗王宗弼　原為王建別將，乾寧二年王建攻東川時被東川兵擒獲，顧彥暉養為假子。㉘徇昌普　攻取昌、普二州。昌州治所在今重慶市大足，普州治所在今四川安岳。㉙稱兵　舉兵。㉚去就　去留；進退。這裡只作偏義離去講。指劉仁恭向李克用陳述自己背離河東後內心一直不安。㉛仗鉞控兵　身為節度，手握兵權。仗鉞，手執斧鉞，指代節度。㉜理民立法　治理百姓，頒布法令。指割據一方。㉝擢士　提拔官吏。㉞酬恩　報答恩情。㉟己尚不然二句　你自己尚且做不到報德酬恩，別人又如何能不背叛你呢。此為李克用指責劉仁恭背信棄義之語。㊱料　測度。㊲猜防出於骨肉　骨肉之間猜疑防範。㊳嫌忌　疑忌仇怨。㊴屏帷　屏風和帷幕。此指劉仁恭的心腹與親信。㊵干將　古劍名，相傳鋒利無比，後來就以干將為利劍的代稱。㊶盟盤　古時結盟割牲牛耳，盛以珠盤。此處以盟盤指誓約結盟。㊷著誓　撰述誓詞。

【校　記】1趣　原作「趨」。據章鈺校，十二行本、乙十一行本皆作「趣」，今從改。2將　原無此字。據章鈺校，十二行本、乙十一行本、孔天胤本皆有此字，張敦仁《通鑑刊本識誤》同，今據補。3李繼瑭　原作「李繼溥」。據章鈺校，乙十一行本作「李繼瑭」，今從改。按，前文作「繼瑭」，尚不誤。4猜防　原作「猜忌」。據章鈺校，十二行本、乙十一行本皆作「猜防」，張敦仁《通鑑刊本識誤》同，今從改。

【語　譯】鍾傳想要討伐吉州刺史襄陽人周琲，周琲率領他的部屬逃往廣陵。

王建和顧彥暉五十多次交戰，九月初一日癸酉，王建包圍梓州。蜀州刺史周德權對王建說：「您和顧彥暉爭奪東川三年，士兵疲於戰事，老百姓因運送軍事物資而貧困不堪。東川的盜賊大多佔據州縣，顧彥暉性格懦弱，又沒有計謀，想要作苟且偷安的打算，全用豐厚的利益來引誘這些盜賊，依仗他們的救援，所以能夠堅守而不被我們攻下。如今假如派人去向盜賊的頭目說明禍福利害，前來投奔的賞給官職，不肯服從的就派出軍隊去威逼，這樣顧彥暉所依仗的力量，反而被我們利用了。」王建聽從了周德權的意見，顧彥暉的勢力就日益孤立。周德權，是許州人。

九月初五日丁丑，李克用到達安塞軍。初九日辛巳，發動進攻。幽州將領單可及帶領騎兵趕到，李克用正在喝酒，前鋒將士報告說：「賊寇到了！」李克用喝醉了，說：「劉仁恭在什麼地方？」回答說：「只看到單可及那些人。」李克用瞪大眼睛說：「單可及那些人哪裡是我的對手呢！」迅速下令攻擊他們。這天大霧瀰漫，看不清楚對面的人物，幽州將領楊師侃在木瓜澗埋伏軍隊，河東軍隊大敗，散失、戰死的有一大半。

正遇上狂風暴雨雷電交加，幽州軍隊解圍離去。李克用酒醒了後才知道自己的軍隊戰敗，責備大將李存信等人說：「我因醉酒耽誤了大事，你們為什麼不竭力爭辯呢！」

湖州刺史李彥徽想要獻出湖州歸附楊行密，他的部眾不聽從。李彥徽逃往廣陵，都指揮使沈攸獻出湖州歸附錢鏐。

任命彰義節度使張璉擔任鳳翔西北行營招討使，以討伐李茂貞。○又任命王建為西川節度使、同平章事。加任義武軍節度使王郜為同平章事。削免新任西川節度使李茂貞的官職爵位，恢復他原來的姓名宋文通。

朱全忠取得兗州、鄆州後，兵力更加強盛，於是大舉進攻楊行密，派龐師古率領徐州、宿州、宋州、滑州的軍隊七萬人在清口設置壁壘，將要進攻揚州。葛從周率領兗州、鄆州、曹州、濮州的軍隊在安豐縣設置壁壘，將要奔赴壽州，朱全忠親自率領軍隊駐紮宿州。淮南境內驚恐。

匡國節度使李繼瑭得知朝廷要討伐李茂貞，非常害怕，韓建又從旁遊說動搖他，李繼瑭逃往鳳翔。冬，十月，任命韓建擔任鎮國、匡國兩軍節度使。

十月初十日壬子，知遂州事侯紹率領部下二萬人。十三日乙卯，知合州事王仁威率領部下一千人。十六日戊午，鳳翔將領李繼瑭帶領救援東川的軍隊二千人，都向王建投降。王建進攻梓州更加急迫。十八日庚申，顧彥暉集合他的宗族和養子們一起喝酒，派以前擒獲的西川將領王宗弼自己返回王建那裡；喝到酣暢時，顧彥暉命令他的義子顧瑤殺死自己以及一同喝酒的人，然後自殺。王建進入梓州，城中的軍隊還有七萬人，王建命令王宗綰分兵巡視安撫昌州、普州等地，任命王宗滌為東川留後。

劉仁恭上奏說：「李克用無故舉兵討伐我，我已在木瓜澗大敗他的黨羽，請讓臣自己擔任統帥去討伐李克用。」昭宗下詔不答應。劉仁恭又寫信給朱全忠。朱全忠向朝廷上奏請求加任劉仁恭為同平章事，朝廷聽從了他的意見。劉仁恭又派遣使者去向李克用道歉，述說離開李克用後自己不能心安的意思。李克用回信，大略說：「如今你手執節鉞掌握軍隊，治理人民，制定法規，提拔人才則想要他們報答你的恩德，選用將領則希望他們酬謝你的恩惠，你自己尚且做不到，別人又怎麼能夠相信呢！我料定你會對自己的骨肉兄弟猜疑防範，會對同一營帳中的文武官員疑心妒忌，手執干將寶劍而不敢授給別人，捧著盟盤又有什麼話可以用來發誓呢！」

甲子❶，立皇子祕❷為景王，祚❸為輝王，祺為祁王。○加彰義節度使張璉同平章事。

楊行密與朱瑾將兵三萬拒汴軍於楚州，別將張訓自漣水❹引兵會之，行密以為前鋒。龐師古營於清口，或曰：「營地汙下❺，不可久處。」不聽。師古恃眾輕敵，居常弈棊❻，朱瑾壅❼淮上流，欲灌之。或以告師古，師古以為惑眾，斬之。十一月癸酉❽，瑾與淮南將侯瓚將五千騎潛度淮，用汴人旗幟，自北來❾趣其中軍，張訓踰柵❿而入，士卒蒼黃⓫拒戰，淮水大至，汴軍駭亂。行密引大軍濟淮，與瑾等夾攻之，汴軍大敗，斬師古及將士首萬餘級，餘眾皆潰。葛從周屯[1]於壽州西北，壽州團練使朱延壽⓬擊破之，退屯濠州⓭，聞師古敗，奔還。行密、瑾、延壽乘勝追之，及於淠水⓮。從周半濟，淮南兵擊之，殺溺⓯殆⓰盡，從周走免⓱。過後都⓲指揮使牛存節⓳棄馬步鬬，諸軍稍得濟淮，凡四日不食，會大雪，汴卒緣道⓴凍餒㉑死，還者不滿千人。全忠聞敗，亦奔還。行密遺全忠書曰：「龐師古、葛從周，非敵也，公宜自來淮上決戰。」

行密大會諸將，謂行軍副使㉒李承嗣㉓曰：「始吾欲先趣壽州，副使云不如先向清口，師古敗，從周自走，今果如所料。」賞之錢萬緡，表承嗣領鎮海節度使。行密待承嗣及史儼甚厚，第舍、姬妾，咸選其尤者㉔賜之，故二人為行密盡力，屢立功，竟卒於淮南。行密由是遂保據江、淮之間，全忠不能與之爭。

戊寅㉕，立淑妃何氏㉖為皇后，后，東川人，生德王、輝王。

威武㉗節度使王潮弟審知，為觀察副使，有過，潮猶加捶撻㉘，審知無怨色。潮寢疾㉙，捨其子延興、延虹、延豐、延休，命審知知軍府事。十二月丁未㉚，潮薨。審知以讓其兄泉州刺史審邽，審邽以審知有功，辭不受。審知自稱福建留後，表于朝廷。

壬戌㉛，王建自梓州還。戊辰㉜，至成都。

是歲，南詔驃信㉝舜化㉞有上皇帝書函㉟及督爽牒中書㊱木夾㊲，年號中興。朝廷欲以詔書報之，王建上言：「南詔小夷，不足辱詔書。臣在西南，彼必不敢犯塞。」從之。

黎、雅㊳間有淺蠻㊴曰劉王、郝王、楊王，各有部落，西川歲賜繒帛三千匹，使覘[40]南詔，亦受南詔賂詗[41]成都虛實。每節度使到官，三王帥酋長[42]詣府，節度使自謂威德所致[43]，表于朝廷。而三王陰[44]與大將相表裏，節度使或[45]失大將心，則教諸蠻紛擾。先是節度使多文臣，不欲生事，故大將常藉[46]此以邀[47]姑息[48]，而南詔亦憑之屢為邊患。及王建鎮西川，絕其舊賜[49]，斬都押牙山行章[50]以懲之。邛崍[51]之南，不置鄣候[52]，不戍[53]一卒，蠻亦不敢侵盜。其後遣王宗播擊南詔，三王漏洩軍事，召而斬之。

右拾遺[54]張道古上疏，稱：「國家有五危、二亂[55]。昔漢文帝即位未幾[56]，明習國家事。今陛下登極[57]已十年，而曾不知為君馭臣[58]之道。太宗[59]內安中原，外開四夷，海表[60]之國，莫不入臣。今先朝封域[61]日蹙[62]幾盡。臣雖微賤，竊傷[63]陛下朝廷社稷始為姦臣所弄，終為賊臣所有也！」上怒，貶道古施州[64]司戶。仍下詔罪狀道古，宣示諫官。道古，青州人也。

【章旨】以上為第五段，寫朱全忠大戰楊行密，全軍覆沒，從此不敢南向爭鋒。王審知繼位福州節鎮，王建威服南詔。

【注釋】❶甲子　十月二十二日。❷祕　李祕，昭宗第八子，下文李祺，昭宗第十子，傳均見《新唐書》卷八十二。❸祚　李祚，昭宗第九子，後改名柷。昭宗崩後即位，史稱哀皇帝，見《新唐書》卷十。❹漣水　縣名，縣治在今江蘇漣水縣。乾寧二年，楊行密始取漣水，令張訓守之。❺汙下　低陷。❻弈棊　下棋。❼壅　堵塞。❽癸酉　十一月初二日。❾北來　朱瑾偷偷渡過淮河，打著汴軍旗幟，從北方而來。❿踰柵　越過軍營柵欄。⓫蒼黃　即倉惶。匆忙而慌張。⓬朱延壽　（？—西元九〇三年）廬州舒城（今安徽舒城）人，楊行密妻弟。傳見《新唐書》卷一百八十九、《舊五代史》卷十七。⓭濠州　州名，治所在今安徽鳳陽北。⓮淠水　水名，源出安徽霍山縣南，北流經六安縣，至正陽關流入淮河。⓯溺　淹死。⓰殆　將近；差不多。⓱走免　逃跑得以免死。⓲遏後都　斷後部隊。⓳牛存節　（？—西元九一五年）青州博昌（今山東博興）人，字贊貞，本名禮，朱全忠改名存節。原為河陽節度使諸葛爽部屬，爽卒，投朱全忠，多立戰功，官至宣武軍都指揮使、宿州刺史、絳州刺史、鄆州節度使，封開國公，食邑一千戶。傳見《舊五代史》卷二十二、《新五代史》卷二十二。⓴緣道　沿途。㉑餒　飢餓。㉒行軍副使　官名，唐制節度使下有行軍副使，位僅次於行軍司馬。㉓李承嗣　（西元八六五—九二〇年）代州雁門（今山西代縣）人，原為李克用部屬，入援淮南而為楊行密所用。傳見《舊五代史》卷五十五。㉔尤者　格外好的；最好的。尤，最；頂尖的。㉕戊寅　十一月初七日。㉖何氏　梓州（今四川三臺）人，系族不顯。昭帝為壽王時得幸，即位後號淑妃。傳見《新唐書》卷七十七。㉗威武　方鎮名，乾寧四年升福建團練觀察處置使為威武軍節度使，治所福州，在今福建福州。㉘捶撻　用棍子、鞭子捶打。㉙寢疾　臥病。㉚丁未　十二月初六日。㉛壬戌　十二月二十一日。㉜戊辰　十二月二十七日。㉝驃信　南詔君主自稱，意為「君主」。㉞舜化　南詔驃信的名字。㉟上皇帝書函　南詔驃信寫給唐昭宗的書信。㊱督爽牒中書　南詔大臣督爽寫給唐中書省的公文。督爽，南詔大臣，相當於宰相。㊲木夾　傳送文書用的木製夾板。㊳黎雅　皆州名，黎州治所在今四川漢源北，雅州治所在今四川雅安。㊴淺蠻　生活在離漢族居住區較近的蠻族。與生活在深山幽谷中的蠻族相對而言。㊵覘　偵視。㊶詗　刺探。㊷酋長　部落首領。㊸自謂威德所致　節度使把三王帥酋長到府拜訪，說成是由於自己的威德所致，向朝廷表功。威德，聲威與德望。㊹陰　暗中。㊺或　有時。㊻藉　借。㊼邀　求。㊽姑息　無原則的寬容。㊾絕其舊賜　斷絕過去每年繒帛三千匹的賞賜。㊿山行章　為陳敬瑄、田令孜舊將，王建因其與淺蠻相表裡而斬之，既示威於諸蠻，又除掉陳、田舊將。(51)邛崍　此指邛崍關，在今四川邛崍。(52)鄣候　要塞和土堡。候，邊境伺望偵察的設置。(53)戍　守邊。(54)右拾遺　官名，武則天垂拱初置，負責侍從、進諫、薦舉。屬中書省，從八品上。(55)五危二亂　言國家有五大危機，二大禍亂，災難深重。(56)未幾　沒多久。(57)登極　登帝位。唐昭宗於文德元年（西元八八八年）繼位，至此時已十年。(58)馭臣　統帥控制臣下。馭，駕御。(59)太宗　指唐太宗李世民。(60)海表　海外。這裡泛指周邊之處。(61)封域　疆域。(62)日蹙　國土被蠶食，一天天地縮小。(63)竊傷　暗自傷心。(64)施州　州名，治所在今湖北恩施。

【校記】①屯 原作「營」。據章鈺校，十二行本、乙十一行本皆作「屯」，今從改。

【語譯】十月二十二日甲子，立皇子李祕為景王，李祚為輝王，李祺為祁王。○加任彰義節度使張璉為同平章事。

楊行密和朱瑾率領軍隊三萬人在楚州抵禦朱全忠的汴州軍隊，別將張訓從漣水帶領軍隊來會合，楊行密任命張訓為前鋒。龐師古在清口建立營寨，有人說：「營寨地勢低陷，不能長久停留。」龐師古不聽。龐師古倚仗兵多輕視敵人，在住處常常下棋作樂。朱瑾堵塞淮水的上游，想要水淹龐師古的營地。有人以此告訴龐師古，龐師古認為他造謠惑眾，把他殺了。十一月初二日癸酉，朱瑾與淮南將領侯瓚率領五千名騎兵暗中渡過淮水，打著汴州軍隊的旗幟，從北面直入龐師古的中軍，張訓越過柵欄衝進營中。龐師古的士兵倉促抵抗，淮水奔瀉而下，汴州軍隊驚恐大亂。楊行密率大軍渡過淮水，與朱瑾等人夾攻龐師古。汴州軍隊大敗，龐師古及將領、士兵一萬多人被殺，其餘部眾都潰散逃跑了。葛從周在壽州西北駐軍，壽州團練使朱延壽擊敗了他的軍隊，葛從周退駐濠州，他聽說龐師古戰敗，就逃了回去。楊行密、朱瑾、朱延壽乘勝追擊葛從周，在淠水追上。葛從周的軍隊剛一半人渡河，淮南軍隊就攻打他們，汴軍幾乎都被殺與溺死，葛從周逃走幸免於難。遏後都指揮使牛存節下馬徒步戰鬥，各路軍隊才得以部分渡過淮水。汴州軍隊一連四天沒有吃飯，又趕上天降大雪，汴軍士卒沿途被凍餓致死，返回的還不到一千人。朱全忠得知戰敗的消息，也逃回去了。楊行密寫信給朱全忠說：「龐師古、葛從周都不是我的對手，你應該親自到淮河邊來和我決戰。」

楊行密召集諸將舉行盛會，他對行軍副使李承嗣說：「開始我想先趕往壽州，你說不如先去清口，龐師古戰敗後，葛從周自會逃走，如今果然像你預料的那樣。」賞給他錢一萬緡，向朝廷上表請求任命李承嗣兼任鎮海節度使。楊行密對待李承嗣和史儼很優厚，府第房舍、愛姬美妾，都挑選最好的賞賜給他們，所以他們兩人對楊行密也盡心竭力，多次建立功勳，最後死在淮南。楊行密因此能夠據有長江、淮水之間，朱全忠不能夠與他爭奪。

十一月初七日戊寅，昭宗立淑妃何氏為皇后。何皇后是東川人，生有德王李裕和輝王李祚。

威武節度使王潮的弟弟王審知，任觀察副使，犯有過錯，王潮對他還加以鞭打棒擊，王審知一點也沒有怨恨的神色。王潮臥病在床，棄用他的兒子王延興、王延虹、王延豐、王延休，命令王審知掌管節度使事務。十二月初六日丁未，王潮去世，王審知把職位讓給他的哥哥泉州刺史王審邽。王審邽認為王審知有功勞，堅決推辭不受。王審知自稱為福建留後，上表報告朝廷。

十二月二十一日壬戌，王建從梓州返回。二十七日戊辰，到達成都。

這一年，南詔的國王舜化有上奏給皇帝的書函以及督爽官送給中書省用木板夾著的公文，上面寫的年號是中興。朝廷想要用詔書來回覆他們，王建上奏說：「南詔不過是小小的蠻夷，用不著賜給他們詔書。臣鎮守在西南，他們一定不敢來侵犯邊塞。」朝廷聽從了王建的意見。

在黎州、雅州之間居住著與漢族比較接近的蠻人，有劉王、郝王、楊王三個王，他們各有自己的部落。西川節度使每年送給他們絲綢布帛三千匹，讓他們監視南詔的活動，他們也接受南詔的賄賂來刺探成都的虛實。每次節度使到任，這三個王就率領酋長們到節度使府中來，節度使自認為這是朝廷的威德所造成的，上表向朝廷報告。而這三個王暗中卻與節度使屬下的大將相互勾結，節度使有時失去大將的心意，大將就教唆各部蠻人擾亂生事。此前朝廷派往西川的節度使多是文臣，不想惹事，所以這些大將常常以此來求得節度使的姑息，而南詔也藉此多次在邊地製造禍患。等到王建擔任西川節度使，斷絕以往對這三個王的賞賜，殺死與這三個王勾結的都押牙山行章來進行懲戒。邛崍關以南，不再設置要塞和派遣偵察敵情的人，不用一兵一卒戍守，蠻人也不敢入侵搶掠。後來王建派遣王宗播進攻南詔，這三個王洩漏了軍事機密，王建就把他們召來斬殺了。

右拾遺張道古上疏說：「現在國家有五個危難、兩個禍亂。過去漢文帝即位不久，就明白熟悉國家事務。如今陛下登臨帝位已有十年，然而仍不知曉國君駕御臣下的方法。太宗皇帝對內安定中原，對外開拓四夷，海外諸國，沒有不入朝稱臣歸附的。如今先代留下來的疆土，日益縮小，幾乎丟盡。我雖然輕微卑賤，私下裡卻擔心皇帝、朝廷、國家開始時受到奸臣的玩弄，最終就要被亂臣賊子所篡奪！」昭宗大怒，把張道古貶為施州司戶。又下詔歷數張道古的罪狀，向諫官們宣示。張道古，是青州人。

光化元年（戊午　西元八九八年）

春，正月，兩浙、江西、武昌、淄青各遣使詣闕，請以朱全忠為都統，討楊行密❶。詔不許。○加平盧節度使王師範同平章事。○以兵部尚書劉崇望同平章事，充東川節度使。以昭信防禦使馮行襲為昭信❷節度使。○上下詔罪己息兵，復李茂貞姓名官爵，應❸諸道討鳳翔兵皆罷之。○壬辰❹，河中節度使王珂親迎於晉陽，李克用遣其將李嗣昭守河中。○李茂貞、韓建皆致書於李克用，言大駕出幸累年❺，乞修和好❻，同獎❼王室，兼乞丁匠❽助修宮室。克用許之。

初，王建攻東川，顧彥暉求救於李茂貞，茂貞命將出兵救之，不暇❾東逼乘輿，詐稱改過，與韓建共翼戴❿天子，及聞朱全忠營洛陽宮，累表迎車駕，茂貞、韓建懼，請修復宮闕，奉上歸長安。詔以韓建為修宮闕使。諸道皆助錢及工材。建使都將蔡敬思督其役⓫。既成，二月，建自往視之。

錢鏐請徙鎮海軍於杭州⓬，從之。○復以李茂貞為鳳翔節度使。

三月己丑⑬，以王審知充威武留後。

朱全忠遣副使萬年⑭韋震⑮入奏事，求兼鎮天平⑯，朝廷未之許，震力爭之。朝廷不得已，以全忠為宣武、宣義、天平三鎮節度使。全忠以震為天平留後，以前台州刺史李振⑰為天平節度副使。振，抱真⑱之曾孫也。

【章旨】以上為第六段，寫朱全忠勢大，李茂貞、韓建恐失昭宗，轉而尊奉朝廷，李克用聯合對抗朱氏。

【注釋】❶兩浙江西三句　兩浙指錢鏐，江西指鍾傳，武昌指杜洪，淄青指王師範。四鎮皆害怕楊行密的強大，故黨附朱全忠，要求討伐楊行密。詣闕，前往宮廷。❷昭信　方鎮名，唐僖宗光啓元年（西元八八五年）升金商都防禦使為節度使，是年罷。置昭信軍防禦使，治所金州，在今陝西安康。❸應　所有。❹壬辰　正月二十二日。❺累年　多年。❻乞修和好　要求重歸和好。❼獎　輔佐。❽丁匠　工匠。❾不暇　無暇；顧不上。❿翼戴　輔佐擁戴。⓫督其役　監督修復宮室的工程。⓬徙鎮海軍於杭州　鎮海軍原治潤州，今徙治所到杭州。杭州，在今浙江杭州。⓭己丑　三月二十日。⓮萬年　縣名，縣治在今陝西西安。⓯韋震　字東卿，萬年人，事朱全忠為都統判官。原名韋肇，因奏事京師，昭宗賜名震。昭宗遷洛，韋震為河南尹。入梁為太子太師，梁末帝加號太師。傳見《新五代史》卷四十三。⓰天平　方鎮名，唐憲宗元和十四年（西元八一九年）置鄆曹濮節度使，治所鄆州，在今山東東平西北。次年，賜號天平軍節度。⓱李振　（？—西元九二三年）字興緒，為金吾衛將軍，拜台州刺史。後為全忠所用，成為朱全忠的主要謀主，在唐末及後梁掌控大權，歷任要職。傳見《舊五代史》卷十八、《新五代史》卷四十三。⓲抱真　李抱真，代、德宗時為昭義軍節度使，鎮潞州，有大功。封義陽王。傳見《舊唐書》卷一百三十二、《新唐書》卷一百三十八。

【語譯】光化元年（戊午　西元八九八年）

春，正月，兩浙的錢鏐、江西的鍾傳、武昌的杜洪、淄青的王師範各自派遣使者到朝廷，請求以朱全忠為都統，討伐楊行密。昭宗下詔不同意。○加任平盧節度使王師範為同平章事。○任命兵部尚書劉崇望為同平章事，充任東川節度使。以昭信防禦使馮行襲為昭信節度使。○昭宗下詔檢討自己的過失，命令各藩鎮停止征戰，恢復李茂貞的姓名、官職、爵位，所有各道討伐鳳翔李茂貞的軍隊全部撤回。○二十二日壬辰，河中節度使王珂親自到晉陽迎娶李克用的女兒，李克用派遣他的部將李嗣昭守衛河中。○李茂貞、韓建都寫書信給李克用，說昭宗離開京城外出巡幸已經好幾年，請求相互和睦相處不再對抗，共同輔佐皇室，並且請李克用派出民夫工匠幫助修築宮室。李克用答應了他們。

當初，王建進攻東川，顧彥暉向李茂貞求救，李茂貞命令部將率領軍隊前去救援，沒有空閒東進迫近昭宗，因此偽稱已改過自新，與韓建一起輔佐擁戴昭宗。等到得知朱全忠營建洛陽宮室，多次上表朝廷要迎接昭宗去洛陽，李茂貞、韓建很害怕，請求修復京城長安的宮殿，侍奉昭宗返回長安。昭宗下詔任命韓建為修宮闕使。各道都援助銀錢及工匠、材料。韓建派都將蔡敬思監督修復宮殿的事務。修復完成後，二月，韓建親自前往長安察看修復情況。

錢鏐請求把鎮海軍治所從潤州遷往杭州，朝廷同意他的請求。○再次任命李茂貞為鳳翔節度使。

三月二十日己丑，以王審知充任威武軍留後。

朱全忠派遣副使萬年人韋震入朝奏事，請求兼任天平節度使，朝廷不同意這一請求，韋震竭力爭取。朝廷迫不得已，任命朱全忠為宣武、宣義、天平三鎮節度使。朱全忠以韋震為天平留後，以前台州刺史李振為天平節度副使。李振，是李抱真的曾孫。

淮南將周本救蘇州，兩浙將顧全武擊破之。淮南將秦裴以兵三千人拔崑山❶而戍之。

以潭州刺史、判湖南軍府事馬殷知武安❷留後。時湖南管內七州，賊帥楊師遠據衡州❸，唐世旻據永州❹，蔡結據道州❺，陳彥謙❻據郴州❼，魯景仁❽據連州❾，殷所得惟潭、邵❿二州[1]而已。

義昌節度使盧彥威，性殘虐，又不禮於鄰道，與盧龍節度使劉仁恭爭鹽利，仁恭遣其子守文將兵襲滄州，彥威棄城，挈⓫家奔魏州。羅弘信不納，乃奔汴州。仁恭遂取滄、景、德三州⓬，以守文為義昌留後。仁恭兵勢益盛⓭，自謂得天助，有併吞河朔⓮之志，為守文請旌節，朝廷未許。會中使⓯至范陽⓰，仁恭語之曰：「旌節吾自有之，但欲得長安本色⓱耳，何為累章見拒⓲！為吾言之！」其悖慢⓳如此。

朱全忠與劉仁恭修好，會魏博兵擊李克用。夏，四月丁未⓴，全忠至鉅鹿㉑城下，敗河東兵萬餘人，逐北㉒至青山口㉓。◯以護國節度使王珂兼侍中。◯丁卯㉔，朱全忠遣葛從周分兵攻洺州。戊辰㉕，拔之，斬刺史邢善益。

五月己巳朔㉖，赦天下。◯葛從周攻邢州，刺史馬師素棄城走。辛未㉗，磁州刺史袁奉滔自剄。全忠以從周為昭義留後，守邢、洺、磁三州而還。

以武定㉘節度使李繼密為山南西道節度使。◯朝廷聞王建已用王宗滌為東川留後，乃召劉崇望還，為兵部尚書，仍以宗滁為留後。

湖南將姚彥章言於馬殷，請取衡、永、道、連、郴五州，仍薦李瓊㉙為將。殷以瓊及秦彥暉為嶺北七州㉚遊弈使㉛，張圖英、李唐副之，將兵攻衡州，斬楊師遠，引兵趣永州，圍之月餘，唐世旻走死。殷以李唐為永州刺史。

六月，以濠州刺史趙珝㉜為忠武㉝節度使。珝，犨之弟也。

秋，七月，加武貞㉞節度使雷滿同平章事，加鎮南節度使鍾傳兼侍中。

忠義㉟節度使趙匡凝聞朱全忠有清口之敗，陰附於楊行密。全忠遣宿州刺史尉氏㊱氏叔琮㊲將兵伐之，丙申㊳，拔唐州㊴，擒隨州㊵刺史趙匡璘，敗襄州兵於鄧城㊶。

八月庚戌㊷，改華州為興德府㊸。○戊午㊹，汴將康懷貞襲鄧州㊺，克之，擒刺史國湘。趙匡凝懼，遣使請服於朱全忠，全忠許之。○己未㊻，車駕發華州，壬戌㊼，至長安。甲子㊽，赦天下，改元㊾。

上欲藩鎮相與輯睦㊿，以太子賓客(51)張有孚為河東、汴州宣慰使，賜李克用、朱全忠詔，又令宰相與之書，使之和解。克用欲奉詔，而恥於先自屈(52)，乃致書王鎔，使通於全忠，全忠不從(53)。

九月乙亥(54)，加韓建守(55)太傅、興德尹(56)。加王鎔兼中書令，羅弘信守侍中。

○己丑(57)，東川留後王宗滌言於王建，以東川封疆(58)五千里，文移(59)往還，動踰(60)數月，請分遂、合(61)、瀘、渝、昌(62)五州別為一鎮。建表言之。

【章　旨】以上為第七段，寫昭宗還京，遣使和解諸鎮。馬殷拓展勢力達於嶺北。劉仁恭侮慢朝廷。

【注　釋】❶崑山　縣名，縣治在今江蘇崑山市，唐朝時屬蘇州。❷武安　方鎮名，唐僖宗中和三年（西元八八三年）湖南觀察使為欽化軍節度，光啓元年（西元八八五年）改為武安軍節度使。治所潭州，在今湖南長沙。❸衡州　州名，治所在今湖南衡陽。❹永州　州名，治所在今湖南零陵。❺道州　州名，治所在今湖南道縣西。❻陳彥謙　桂陽人，殺岳州刺史黃岳，據郴州。❼郴州　州名，治所在今湖南郴州。❽魯景仁　本來跟隨黃巢，因病留連州，遂據之。❾連州　州名，治所在今廣東連州。❿邵　州名，治所在今湖南邵陽。⓫挈　帶；領。⓬滄景德三州　滄州治所清池，在今河北滄州東南；景州治所東光，在今河北東光；德州治所安德，在今山東陵縣。⓭益盛　劉仁恭併幽、滄二鎮之兵，故勢力越來越大。⓮河朔　地區名，相當於今河北及河南黃河以北地區。此處指魏博、成德兩鎮。⓯中使　由宮內派出的使者，皆以宦官充任。⓰范陽　方鎮名，即幽州。唐玄宗天寶元年（西元七四二年）更幽州節度使為范陽節度使。安史之亂平定後，改回。因領盧龍軍，又稱盧龍節度使。但時人仍多以范陽作為這一區域的稱謂。⓱本色　喻正宗、真品。⓲累章見拒　多次上奏章而被拒絕。⓳悖慢　違逆傲慢。⓴丁未　四月初八日。㉑鉅鹿　縣名，縣治在今河北巨鹿。㉒逐北　追逐敗走的敵軍。㉓青山口　鎮名，在今河北邢臺西北。㉔丁卯　四月二十八日。㉕戊辰　四月二十九日。㉖己巳朔　五月初一日。㉗辛未　五月初三日。㉘武定　方鎮名，唐僖宗光啓元年（西元八八五年）置武定軍節度使，治所洋州，在今陝西西鄉。李繼密為山南西道節度使，自洋州徙興元。㉙李瓊　與秦彥暉為馬殷主要將領，攻取連、邵、郴、衡、道、永六州後，馬殷表瓊為桂管觀察使，踰年為武安軍節度使。事略見《新五代史》卷六十六〈馬殷傳〉等。按，《通鑑》把李瓊取衡、永諸州繫於乾寧四年（西元八九七年），《新五代史》則記於乾寧三年（西元八九六年）。又《通鑑》云瓊取五州，《新五代史》言六州。㉚嶺北七州　指五嶺之北的衡、永、道、連、郴、潭、邵七州。㉛游弈使　官名，游弈意為巡邏。㉜趙珝　原忠武軍節度使趙犨之弟。時任濠州刺史，官至同州留後，入後唐為右金吾衛上將軍。傳附《新唐書》卷一百八十九、《舊五代史》卷十四、《新五代史》卷四十二〈趙犨傳〉。㉝忠武　方鎮名，唐德宗貞元十年（西元七九四年）賜陳許節度使號忠武軍節度使，治許州。㉞武貞　方鎮名，光化元年置武貞節度使，領澧、郎、溆三州。治所澧州，在今湖南澧縣東南。㉟忠義　方鎮名，即山南東道，唐僖宗文德元年（西元八八八年）賜山南東道號忠義軍節度。治所襄州，在今湖北襄樊。㊱尉氏　縣名，縣治在河南尉氏。㊲氏叔琮　（？—西元九〇四年）為朱全忠騎將，歷官曹州刺史、保大軍節度使。昭宗遷洛，拜右龍武統軍。他奉朱全忠之命弒昭宗，隨後為朱全忠所誅以塞責。傳見《新唐書》卷二百二十三下、《舊五代史》卷十九、《新五代史》卷四十三。㊳丙申　七月二十八日。㊴唐州　州名，治所在今河南泌陽。㊵隨州　州名，治所在今湖北隨縣。㊶鄧城　縣名，縣治在襄陽北，唐朝時屬襄州。㊷庚戌　八月十三日。㊸興德府　因昭宗車駕駐在華州，故改華州為興德府。㊹戊午　八月二十一日。㊺鄧州　州名，治所在今河南鄧州。㊻己未　八月二十二日。㊼壬戌　八月二十五日。㊽甲子　八月二十七日。㊾改元　改年號。改稱光化。㊿相與輯睦　互相和睦相處。51太子賓客　官名，太子官屬，掌調護、侍從、規諫。52自屈　自己主動屈服。53不從　朱全忠時兵力正強盛，故不從。54乙亥　九月初八日。55守　署理。以低官階任高官稱「守」。56興德尹　官名，興德府最高行政長官。57己丑　九月二十二日。58封疆　疆界。59文移　官府文書。60踰　超過。61合　州名，治所在今重慶市合川區。62昌　州名，治所在今重慶市大足。

【校　記】①二州　原無此二字。據章鈺校，十二行本、乙十一行本皆有此二字，張敦仁《通鑑刊本識誤》同，今據補。

【語　譯】淮南將領周本救援蘇州，兩浙將領顧全武擊敗周本。淮南將領秦裴帶領三千名士兵攻取崑山並就地駐守。

任命潭州刺史、判湖南軍府事馬殷主持武安軍留後事務。當時湖南管轄的範圍內有七個州，賊帥楊師遠佔據衡州，唐世旻佔據永州，蔡結佔據道州，陳彥謙佔據郴州，魯景仁佔據連州，馬殷所掌握的只有潭、邵二州而已。

義昌節度使盧彥威，性情殘忍暴虐，對鄰近各道又不以禮相待，他和盧龍節度使劉仁恭爭奪鹽利，劉仁恭派遣自己的兒子劉守文率領軍隊襲擊滄州。盧彥威放棄滄州城，帶領全家投奔魏州。魏博節度使羅弘信不予接納，於是他又投奔汴州的朱全忠。劉仁恭便奪取了滄、景、德三州，以劉守文為義昌軍留後。劉仁恭的軍隊勢力更加強盛，自認為得到上天的幫助，就有了併吞河朔地區的想法，他向朝廷為兒子劉守文請求節度使的儀仗符節，朝廷沒有同意。正遇上昭宗派出的中使到了范陽，劉仁恭對他說：「節度使的儀仗符節我自己就有，只是想得到朝廷從長安頒賜的真品罷了，為什麼我多次上表朝廷請求卻屢遭拒絕呢！替我向朝廷去說一說！」劉仁恭違逆傲慢到了如此程度。

朱全忠和劉仁恭友好親善，正逢魏博軍隊去攻打李克用。夏，四月初八日丁未，朱全忠到達鉅鹿城下，打敗河東李克用的軍隊一萬多人，追趕潰敗的軍隊一直到達青山口。〇任命護國節度使王珂兼任侍中。〇二十八日丁卯，朱全忠派遣葛從周分兵進攻洺州。二十九日戊辰，攻取洺州，殺了刺史邢善益。

五月初一日己巳，大赦天下。〇葛從周攻打邢州，刺史馬師素放棄邢州城逃走。初三日辛未，磁州刺史袁奉滔自殺。朱全忠以葛從周為昭義軍留後，駐守邢、洺、磁等三州，自己返回汴州。

任命武定節度使李繼密為山南西道節度使。〇朝廷得知王建已任用王宗滌為東川留後，於是召回劉崇望，任命他為兵部尚書，仍以王宗滌為東川留後。

湖南將領姚彥章向馬殷進言，請求攻取衡、永、道、連、郴五州，便推薦李瓊為統軍將領。馬殷以李瓊和秦彥暉為嶺北七州游弈使，張圖英、李唐為副使，率領軍隊攻打衡州，斬殺楊師遠，又帶領軍隊奔赴永州，圍城一個多月，唐世旻逃跑後死去。馬殷以李唐為永州刺史。

六月，任命濠州刺史趙珝為忠武軍節度使。趙珝，是趙犨的弟弟。

秋，七月，加任武貞節度使雷滿為同平章事，加任鎮南節度使鍾傳兼任侍中。

忠義節度使趙匡凝得知朱全忠的軍隊在清口打了敗仗，暗中歸附於楊行密。朱全忠派遣宿州刺史尉氏人氏叔琮率領軍隊去討伐他，七月二十八日丙申，氏叔琮攻取唐州，捉住隨州刺史趙匡璘，在鄧城擊敗襄州的軍隊。

八月十三日庚戌，朝廷把華州改名為興德府。〇二十一日戊午，汴州將領康懷貞襲擊鄧州，攻克城池，捉住刺史國湘。趙匡凝很害怕，派遣使者請求臣服於朱全忠，朱全忠同意了。○二十二日己未，昭宗從華州出發，二十五日壬戌，到達長安。二十七日甲子，大赦天下，改年號為光化。

昭宗想要各地藩鎮之間和睦相處，以太子賓客張有孚為河東、汴州宣慰使，賜給李克用、朱全忠詔書，又命令宰相寫信給他們，讓他們和解。李克用想要遵奉詔書與朱全忠和解，但恥於自己先屈服，於是寫信給王鎔，讓他先和朱全忠溝通，朱全忠不肯聽從。

九月初八日乙亥，加任韓建暫時代理太傅、興德尹。加任王鎔兼任中書令，羅弘信暫時代理侍中。○二十二日己丑，東川留後王宗滌對王建說，東川疆域有五千里，公文往來傳送，動輒超過數月，請求分出遂、合、瀘、渝、昌五州另外設置一個鎮。王建上表向昭宗報告這件事。

顧全武攻蘇州，城中及援兵食皆盡。甲申❶，淮南所署蘇州刺史臺濛棄城走，援兵亦遁。全武克蘇州，追敗周本等于望亭❷。獨秦裴守崑山不下，全武帥萬餘人攻之。裴屢出戰，使弱[1]者被甲執矛，壯者彀❸弓弩❹，全武每為之卻❺。全武檄裴令降❻。全武嘗為僧，裴封函納款❼，全武喜，召諸將發函❽，乃佛經一卷，全武大慚❾，曰：「裴不憂死，何暇戲❿予⓫！」益兵攻城，引水灌之，城壞，食盡，裴乃降。錢鏐設千人饌⓬以待之，及[2]出，羸⓭兵不滿百人。鏐怒曰：「單弱如此，何敢久為旅拒⓮！」對曰：「裴義⓯不負楊公，今力屈而降耳，非心降也。」鏐善其言。顧全武亦勸鏐宥⓰之，鏐從之。時人稱全武長者⓱。

魏博節度使羅弘信薨，軍中推其子節度副使紹威⑱知留後。

汴將朱友恭將兵還自江、淮，過安州⑲，或告刺史武瑜潛與淮南通，謀取汴軍。冬，十月己亥⑳，友恭攻而殺之。

李克用遣其將李嗣昭、周德威㉑將步騎二[3]萬出青山㉒，將復㉓山東三州㉔。壬寅㉕，進攻邢州，葛從周出戰，大破之。嗣昭等引兵退入青山，從周追之，將扼㉖其歸路，步兵自潰，嗣昭不能制。會橫衝都㉗將李嗣源以所部兵至，謂嗣昭曰：「吾輩亦去，則勢不可支矣，我試為公擊之。」嗣昭曰：「善！我請從公後。」嗣源乃解鞍厲鏃㉘，臨[4]高布陳㉙，左右指畫，邢人莫之測㉚。嗣源直前奮擊，嗣昭繼之，從周乃退。德威，馬邑㉛人也。

癸卯㉜，以威武留後王審知為節度使。○以羅紹威知魏博留後。○丁巳㉝，以東川留後王宗滌為節度使。○加佑國節度使張全義兼侍中。○王珙引汴兵寇河中，王珂告急於李克用。克用遣李嗣昭救之，敗汴兵於胡壁㉞，汴人走。

前常州刺史王柷，性剛介㉟，有時望㊱，詔徵之，時人以為且入相。過陝㊲，王珙延奉㊳甚至，請敘子姪之禮㊴拜之，柷固辭不受。珙怒㊵，使送者殺之，并其家人悉㊶投諸㊷河，掠其資裝，以覆舟聞。朝廷不敢詰㊸。

閏月，錢鏐以其將曹圭為蘇州制置使，遣王球攻婺州。

十一月甲寅㊹，立皇子禎㊺為雅王，祥為瓊王。○以魏博留後羅紹威為節度使。○衢州刺史陳岌請降于楊行密，錢鏐使顧全武討之。

朱全忠以奉國㊻節度使崔洪與楊行密交通，遣其將張存敬㊼攻之。洪懼，請以弟都指揮使賢為質㊽，且言：「將士頑悍，不受節制，請遣二千人詣麾下㊾從征伐。」全忠許之，召存敬還。存敬，曹州人也。

【章　旨】以上為第八段，寫李克用與朱全忠均全力爭河北，大戰役不斷。錢鏐從楊行密手中奪回了蘇州。

【注　釋】❶甲申　九月十七日。❷望亭　鎮名，在蘇州北四十五里。唐朝時屬常州無錫縣。❸彀　使勁張弓。❹弓弩都　是射箭的武器。不過弩使用機械發射，力強可以及遠。❺卻　退卻。❻檄裴令降　發檄文給秦裴，令其投降。檄，古代用作徵召、曉諭、申討的文書。❼納款　歸順；降服。❽發函　打開信函。❾慙　羞愧。❿戲　戲弄。⓫予　我。⓬饌　食物。⓭羸　瘦弱。⓮旅拒　聚眾抗拒。⓯義　義氣；信義。⓰宥　寬容；饒恕。⓱長者　道德高尚的人。⓲紹威　羅紹威（西元八八一—九一五年），字端己，繼其父為魏博節度使，昭宗時加拜守侍中，進封鄴王。後仕梁，累拜太師兼中書令。傳見《舊唐書》卷一百八十一、《新唐書》卷二百十、《舊五代史》卷十四、《新五代史》卷三十九。⓳安州　州名，治所在今湖北安陸。⓴己亥　十月初三日。㉑周德威　（？—西元九一八年）字鎮遠，朔州馬邑（今山西朔州東）人，為人勇而多智，是李克用手下重要的軍事將領，梁、晉之際，勇聞天下。傳見《舊五代史》卷五十六、《新五代史》卷二十五。㉒青山　縣名，縣治在今河北內丘西南。㉓復　收復。㉔山東三州　指太行山以東邢、洺、磁三州。是年五月，葛從周取之。㉕壬寅　十月初六日。㉖扼　控制。㉗橫衝都　乾寧三年，李克用遣李存信將兵三萬救朱瑄、朱瑾，羅弘信在莘縣夜襲李存信，而李嗣源奮力殿軍而還，李克用為表彰其功勞，即以他所率五百騎號「橫衝都」。㉘厲鏃 磨礪箭頭。㉙布陳 布置陣勢。陳，通「陣」。㉚莫之測 摸不清李嗣源的兵力。㉛馬邑 縣名，縣治在今山西朔州東，唐朝時屬朔州。㉜癸卯 十月初七日。㉝丁巳 十月二十一日。㉞胡壁 鎮名，唐時屬寶新縣，在今山西萬榮西南。㉟剛介 剛強耿直。㊱時望 當時有威信、有聲望。㊲過陝 王柷應朝廷徵召，路過陝州。㊳延奉 接待侍奉。㊴子姪之禮 王珙與王柷同姓，柷年輩在前行，又將入相，所以王珙要以子姪之禮拜見。此舉既有攀附之意，又欲提高自己的家族地位。㊵珙怒 王柷固辭不受，王珙認為他是嫌自己出身寒微而拒絕，故發怒。㊶悉 都；全部。㊷諸 之於。㊸朝廷不敢詰 唐末朝廷威令不行，藩鎮暴橫，王柷遭王珙虐殺而朝廷不敢問。詰，追問。㊹甲寅 十一月十九日。㊺禎 李禎，與下句李祥均為昭宗之子。傳見《新唐書》卷八十二。㊻奉國 方鎮名，唐僖宗中和二年（西元八八二年）於蔡州置奉國軍節度。蔡州與淮南鄰道。㊼張存敬 譙郡（今安徽亳州）人，官至護國軍留後，加檢校司空。傳見《舊五代史》卷二十、《新五代史》卷二十一。㊽質 人質。㊾詣麾下 到朱全忠處，接受朱的指揮。

【校 記】①弱 原作「病」。張敦仁《通鑑刊本識誤》作「弱」，其義長，今從改。②及 原作「乃」。胡三省注云：「『乃』當作『及』。」據章鈺校，乙十一行本作「及」，今從改。③二 據章鈺校，十二行本作「三」。④臨 原作「乘」。據章鈺校，十二行本、乙十一行本皆作「臨」，今從改。

【語 譯】顧全武攻打蘇州，蘇州城裡以及援軍的糧食都吃光了。九月十七日甲申，淮南楊行密所任命的蘇州刺史臺濛放棄城池逃走，援軍也逃走了。顧全武攻取蘇州，又追擊周本等人，在望亭擊敗他們。只有秦裴守住崑山未被攻下，顧全武率領一萬多人進攻他們。秦裴多次出戰，讓孱弱的士兵穿上鎧甲手執長矛，強壯的士兵張開弓弩，顧全武的軍隊經常因此而退卻。顧全武送檄文給秦裴命令他投降。顧全武曾出家當過和尚，秦裴封好信函表示要投降，顧全武大喜，召集諸將打開信函，裡面卻是一卷佛經。顧全武大為羞惱，說：「秦裴不擔憂死亡，還有空閒來戲弄我！」增派軍隊攻打崑山城，引河水灌城，城牆毀壞，糧食吃盡，秦裴才投降。錢鏐準備好一千個人吃的食物等待他們，等到秦裴出城時，瘦弱疲憊的士兵還不滿一百人。錢鏐氣憤地說：「你的軍隊單薄衰弱到如此地步，為什麼還敢長久地抵抗！」秦裴回答說：「我秦裴出於義氣不辜負楊行密，現在是因為力量窮盡而投降的，並不是真心想要投降你們。」錢鏐很讚賞秦裴所說的話，顧全武也勸錢鏐寬赦秦裴，錢鏐聽從了顧全武的意見。當時人們都稱讚顧全武是忠厚長者。

魏博節度使羅弘信去世，軍中將士推舉他的兒子節度副使羅紹威擔任留後。

汴州將領朱友恭率領軍隊從長江、淮水一帶返回，路過安州，有人告發安州刺史武瑜暗中和淮南楊行密聯絡，陰謀攻打汴州軍隊。冬，十月初三日己亥，朱友恭率領軍隊攻打安州，並殺死武瑜。

李克用派遣他的部將李嗣昭、周德威率領步兵、騎兵二萬人從青山出發，將要收復山東的邢、洺、磁三個州。十月初六日壬寅，進攻邢州，葛從周出城應戰，把他們打得大敗。李嗣昭等人帶領軍隊退入青山，葛從周追趕他們，想要截斷他們返回的道路，李嗣昭的步兵自行潰散，他不能控制，適逢橫衝都將李嗣源率領他的部下到來，對李嗣昭說：「如果我們也退走，那麼形勢就支撐不住了，我試著為你去攻打他們。」李嗣昭說：「好！我請求跟隨在你後面。」李嗣源於是解下馬鞍，磨礪箭頭，來到高處布置戰陣，向左右指指畫畫，邢州軍隊猜測不出他的意圖。李嗣源率領軍隊一直向前奮勇攻擊，李嗣昭緊隨其後，於是葛從周的軍隊撤退。周德威，是馬邑人。

十月初七日癸卯，以威武軍留後王審知為節度使。〇以羅紹威為魏博軍留後。〇二十一日丁巳，以東川留後王宗滌為節度使。〇加任佑國節度使張全義兼侍中。〇王珙率領汴州軍隊進犯河中。王珂向李克用告急。李克用派遣李嗣昭去救援王珂，在胡壁鎮擊敗汴軍，汴軍逃走。

前任常州刺史王柷，性格剛直耿介，當時很有聲望。昭宗下詔書徵召王柷，當時人認為他要擔任宰相了。經過陝州時，王珙侍奉招待王柷非常周到，請求用子姪的禮節來拜見他，王柷堅決推辭不肯接受。王珙大怒，指使送行的人殺死王柷，連同他的家人全部投進黃河，奪取他的資財行裝，然後上報說王柷因為翻船而死亡。朝廷不敢追查這件事。

閏十月，錢鏐以他的部將曹圭為蘇州制置使，派遣王球進攻婺州。

十一月十九日甲寅，立皇子李禎為雅王，李祥為瓊王。〇以魏博軍留後羅紹威為節度使。〇衢州刺史陳岌向楊行密請求投降，錢鏐派遣顧全武去討伐陳岌。

朱全忠因為奉國節度使崔洪和楊行密互相勾結，派遣他的部將張存敬去攻打崔洪。崔洪恐懼，請求讓他的弟弟都指揮使崔賢到朱全忠處作為人質，並且說：「我手下的將士頑固兇悍，不服從我的指揮，請求派遣二千人到您部下隨從征伐。」朱全忠同意了，召張存敬返回。張存敬，是曹州人。

十二月，昭義節度使薛志勤薨。

李克用之平王行瑜也，李罕之❶求邠寧於克用。克用曰：「行瑜恃功邀❷君，故吾與公討而誅之。昨破賊之日，吾首奏❸趣蘇文建赴鎮❹。今纔達天聽❺，遽復二三❻，朝野之論，必喧然謂吾輩復如行瑜所為也。吾與公情如同體❼，固無所愛❽，俟還鎮，當更為公論功賞耳。」罕之不悅而退，私於蓋寓曰：「罕之自河陽失守，依託大庇❾，歲時[1]已深。比來衰老，倦於軍旅，若蒙吾王❿與太傅⓫哀愍，賜一小鎮，使數年之間休兵養疾，然後歸老閭閻⓬，幸矣。」寓為之言，克用不應。每藩鎮缺，議不及罕之，罕之甚鬱鬱⓭。寓恐其有它志，亟⓮為之言，克用曰：「吾於罕之豈愛一鎮！但罕之，鷹也，飢則為用，飽則背飛⓯！」

及志勤薨，旬日無帥，罕之擅引澤州兵夜入潞州，據之，以狀⓰白克用，曰：「薛鐵山⓱死，州民無主，慮不逞者⓲為變，故罕之專命⓳鎮撫，取王裁旨⓴。」克用怒，遣人讓㉑之。罕之遂遣其子顥[2]請降於朱全忠，執河東將馬溉等及沁州㉒

刺史傅瑤送汴州。克用遣李嗣昭將兵討之，嗣昭先取澤州，收罕之家屬送晉陽。

楊行密遣成及等[3]歸兩浙以易㉓魏約等，錢鏐許之。

韶州㉔刺史曾袞舉兵攻廣州，州將王瓌帥戰艦應之，清海㉕行軍司馬劉隱㉖一戰破之。韶州將劉潼復據湞㉗、浛㉘，隱討斬之。

【章　旨】以上為第九段，寫李罕之叛離李克用。楊行密與錢鏐和解換俘。

【注　釋】❶李罕之　陳州項城人，曾為僧乞丐，後從黃巢，降於高駢。在唐末軍閥混戰中，李罕之先後依附李克用、朱全忠，反覆無常。官至節度使、河南尹、東都留守。卒於河陽三城節度使赴任路上。傳見《新唐書》卷一百八十七、《舊五代史》卷十五、《新五代史》卷四十二。❷邀　脅迫。❸首奏　第一個奏議。❹赴鎮　赴邠州為邠寧節度使。❺天聽　皇帝的視聽。❻遽復二三　在短時間內出爾反爾。二三，指反覆無定。❼同體　一個人。❽固無所愛　本沒有什麼吝惜的。❾大庇　保護。❿吾王　指李克用。⓫太傅　指蓋寓。寓時為檢校太傅。⓬閭閻　泛指民間。⓭鬱鬱　鬱悶不快。⓮亟　多次；極力。⓯背飛　背離而飛。⓰狀　文體的一種。向上級陳述事實的文書。⓱薛鐵山　即薛志勤，他從李克用起代北，初名鐵山，後改名為志勤。薛志勤為李克用牙將，守雲州，轉為潞州節度使，死於任所。⓲不逞者　不得志的人。⓳專命　不待請命而行事。⓴裁旨　判斷其可否的意旨。㉑讓　責備。㉒沁州　州名，治所在今山西沁源。㉓易　即交換。錢鏐將成及於乾寧三年被楊行密俘獲，淮南將魏約在去年四月被錢鏐俘獲。楊行密與錢鏐交換戰俘，意在求得和解。㉔韶州　州名，治所在今廣東韶關市。㉕清海　方鎮名，昭宗乾寧二年（西元八九五年）賜嶺南東道節度號清海軍節度使，治所廣州。㉖劉隱　（西元八七三—九一一年）上蔡（今河南上蔡）人，五代十國南漢國的奠基者。劉隱後為清海軍節度使割據嶺南，其弟劉龑繼位稱帝，都廣州。傳見《舊五代史》卷一百三十五、《新五代史》卷六十五。㉗湞　湞陽，縣名，縣治在今廣東英德。㉘浛　浛洭，縣名，縣治在今廣東英德西北。

【校　記】[1]歲時　原作「歲月」。據章鈺校，十二行本、乙十一行本皆作「歲時」，今從改。[2]顛　原無此字。據章鈺校，十二行本、乙十一行本、孔天胤本皆有此字，張敦仁《通鑑刊本識誤》同，今據補。③等 原無此字。據章鈺校，十二行本、乙十一行本皆有此字，今據補。

【語　譯】十二月，昭義節度使薛志勤去世。

李克用平定王行瑜時，李罕之向李克用請求出任邠寧節度使。李克用說：「王行瑜依仗自己的功勞脅迫皇上，所以我和你出兵討伐並將他殺死。昨天打敗王行瑜的時候，我首先上奏催促蘇文建趕赴邠寧就職。現在奏疏剛剛送達皇上，馬上又要改變，朝廷內外的輿論，必然會喧譁吵鬧，說我們所作所為還是和王行瑜一樣。我和你情同手足，本來就沒有什麼吝惜的，等到返回鎮所，應再給你論功行賞。」李罕之不高興地退出去，私下裡和蓋寓說：「我自從河陽失守以後，依靠大王的庇護，已經有很多年時。近來我日漸衰老，對出征作戰已感到厭倦，假如能得到大王和太傅您的憐憫，賜給我一個小鎮，讓我能在幾年之間停止出征作戰，安心養病，然後再返回鄉里養老，那就是我的幸運了。」蓋寓為李罕之說情，李克用不答應。每當藩鎮官出現空缺，商量人選時都沒提到李罕之，李罕之心裡十分鬱鬱不平。蓋寓擔心李罕之會有異心，多次為他說話，李克用說：「我對於李罕之，怎麼會吝惜一個方鎮呢！只是李罕之這個人，像鷹一樣，飢餓的時候能為你效勞，吃飽了以後就背離你飛走了！」

等到薛志勤去世，潞州十天左右沒有主帥，李罕之擅自帶領澤州軍隊在夜裡進入潞州，佔據了潞州城，然後送文書上報給李克用說：「薛志勤死了，潞州老百姓沒有主帥，我擔憂不得志的人發動變亂，所以就擅自進入潞州鎮守安撫，等待大王的裁定。」李克用很生氣，派人責備他。李罕之於是就派遣他的兒子李顥向朱全忠請求投降，抓住河東將領馬溉等以及沁州刺史傅瑤送到汴州。李克用派遣李嗣昭率領軍隊討伐李罕之。李嗣昭先攻取澤州，拘押李罕之的家屬送到晉陽。

楊行密送以前擒獲的將領成及等人返回兩浙，以換回被兩浙軍隊俘獲的淮南將領魏約等，錢鏐同意了。

韶州刺史曾袞發兵攻打廣州，廣州將領王瓌率領戰艦接應他們，清海行軍司馬劉隱一戰就擊敗曾袞的軍隊。韶州將領劉潼又佔據了湞陽、浛洭這兩個縣，劉隱前去討伐，斬殺了劉潼。

二年（己未　西元八九九年）

春，正月丁未❶，中書侍郎兼吏部尚書、同平章事[1]崔胤❷罷守本官❸。以兵部尚書陸扆❹同平章事。

朱全忠表李罕之為昭義節度使，又表權知河陽❺留後丁會❻、武寧❼留後王敬蕘❽、彰義❾留後張珂❿並為節度使。○楊行密與朱瑾將兵數萬攻徐州，軍于呂梁⓫，朱全忠遣騎將張歸厚救之。

劉仁恭發幽、滄等十二州兵⓬十萬，欲兼河朔。攻貝州⓭，拔之，城中萬餘戶，盡屠之，投尸清水⓮。由是諸城各堅守不下。仁恭進攻魏州⓯，營于城北，魏博節度使羅紹威求救於朱全忠。

朱全忠遣崔賢還蔡州⓰，發其兵二千詣大梁。二月，蔡將崔景思等殺賢，劫崔洪，悉驅兵民度淮奔楊行密。兵民稍稍⓱遁歸⓲，至廣陵者不滿二千人。全忠命許州刺史朱友裕守蔡州。

朱全忠自將救徐州，楊行密聞之，引兵去。汴人追及之於下邳⓳，殺千餘人。

全忠行至輝州⑳，聞淮南兵已退，乃還。

三月，朱全忠遣其將李思安㉑、張存敬將兵救魏博，屯于內黃㉒。癸卯㉓，全忠以中軍㉔軍于滑州㉕。劉仁恭謂其子守文曰：「汝勇十倍於思安，當先虜鼠輩，後擒紹威耳！」乃遣守文及其妹婿單可及將精兵五萬擊思安於內黃。丁未㉖，思安使其將袁象先㉗伏兵於清水之右，思安逆戰於繁陽㉘，陽㉙不勝而卻㉚。守文逐之，及內黃之北，思安勒兵㉛還戰，伏兵發，夾擊之。幽州兵大敗，斬可及，殺獲三萬人，守文僅以身免。可及，幽州驍將㉜，號「單無敵」，燕軍失之喪氣㉝。思安，陳留人也。

時葛從周自邢州將精騎八百已入魏州。戊申㉞，仁恭攻上水關㉟、館陶門㊱，從周與宣義牙將賀德倫㊲出戰，顧門者㊳曰：「前有大敵，不可返顧。」命闔其扉㊴。從周等殊死㊵戰，仁恭復大敗，擒其將薛突厥、王鄶郎。明日，汴、魏乘勝合兵擊仁恭，破其八寨，仁恭父子燒營而遁。汴、魏之人長驅追之，至臨清，擁其眾入永濟渠㊶，殺溺不可勝紀㊷。鎮人㊸亦出兵邀擊於東境，自魏至滄五百里間，僵尸相枕㊹。仁恭自是不振，而全忠益橫矣。德倫，河西胡人也。

【章旨】以上為第十段，寫幽州劉仁恭掃境南下侵魏博，朱全忠遣將救援，連敗劉仁恭、劉守文父子，幽州之眾全軍覆沒，至是，劉仁恭一蹶不振。

【注釋】❶丁未 正月十三日。❷崔胤 清河武城人，唐宣宗朝宰相崔慎由之子。乾寧二年（西元八九五年）進士，外結朱全忠，官至宰相，封魏國公。後因重建禁軍事，被朱溫誅殺。傳見《舊唐書》卷一百七十七、《新唐書》卷一百八十三。❸罷守本官 罷相仍任中書侍郎。❹陸扆 字祥文，本名允迪，吳郡人，官至宰相。傳見《舊唐書》卷一百七十九、《新唐書》卷一百八十三。❺河陽 軍鎮名，治所孟縣，在今河南孟州。❻丁會 （?—西元九一〇年）字道隱，壽州壽春（今安徽壽縣）人，初從黃巢起事，當時即為朱溫部將，唐末官至昭義軍節度使。朱全忠弒唐昭宗，丁會與三軍縞素發喪，歸附李克用，位在諸將之上，後曾為都招討使。傳見《舊五代史》卷五十九、《新五代史》卷四十四。❼武寧 軍鎮名，治所徐州。❽王敬蕘 潁州汝陰（今安徽阜陽）人，唐末為潁州牙將，升刺史，保境安民，入梁為武寧軍節度使。傳見《舊五代史》卷二十、《新五代史》卷四十三。❾彰義 軍鎮名，唐昭宗乾寧元年（西元八九四年），賜號涇原節度為彰義軍。治所涇州，在今甘肅涇川縣。❿張珂 彰義軍留後。河陽、武寧二鎮皆附屬於朱全忠，彰義軍留後張珂遠在涇州，朱全忠為之請節鉞，意在拉攏。⓫呂梁 鎮名，在今江蘇徐州東南。⓬發幽滄等十二州兵 指徵發幽、涿、瀛、莫、平、營、薊、嬀、檀、滄、景、德等十二州兵。幽州巡屬還有蔚、新、武三州，劉仁恭留以備河東，故不發其兵。⓭貝州 州名，治所清河，在今河北清河縣西。⓮清水 水名，即清河。⓯魏州 治所在今河北大名東北。⓰遣崔賢還蔡州 崔賢是奉國節度使崔洪之弟，留汴作為人質，故朱全忠遣其還蔡州。⓱稍稍 逐漸。⓲遁歸 逃回。蔡州兵民不願遷離故土，故逐漸逃回。⓳下邳 縣名，縣治在今江蘇邳州南古邳鎮。⓴輝州 州名，治所單父，在今山東單縣。是年，朱全忠表以宋州之碭山、虞城、單父，曹州之成武置輝州。㉑李思安 （?—西元九一二年）陳留張亭里（今河南開封南）人，朱全忠部屬，官至相州刺史。後以失誤被朱全忠賜死。傳見《舊五代史》卷十九。㉒內黃 縣名，縣治在今河南內黃西，在唐朝魏州西南二百一十四里。㉓癸卯 三月初十日。㉔中軍 古時行軍作戰多分左中右三軍，主將一般處於中軍發號施令。㉕滑州 州名，治所白馬，在今河南滑縣東。㉖丁未 三月十四日。㉗袁象先 （西元八六三—九二三年）宋州下邑（今河南夏邑）人，朱全忠之甥。後唐莊宗滅梁，降唐，賜姓名李紹安。傳見《舊五代史》卷五十九、《新五代史》卷四十五。㉘繁陽 漢縣名，唐時併入內黃，故城在內黃西北。㉙陽 佯裝。㉚卻 退卻。㉛勒兵 治軍；統帥部隊。㉜驍將 勇猛戰將。㉝喪氣 喪失士氣。㉞戊申 三月十五日。㉟上水關 在今河北大名北。㊱館陶門　魏州城北門，由此門出，北去館陶縣，故名。㊲賀德倫（？—西元九一五年）河西（今甘肅武威）人，少為滑州牙將，朱全忠領四鎮，以賀德倫為平盧軍節度使，轉魏博節度使。魏軍作亂，賀德倫被脅迫投晉王，授雲州節度使，行次河東，為晉王監軍張承業所殺。傳見《舊五代史》卷二十一、《新五代史》卷四十四。㊳門者　門衛；守門的人。㊴命闔其扉　命守門人關閉城門，意在背城一戰。闔，關閉。扉，門扇。㊵殊死　拼死；決死。㊶永濟渠　隋大業四年（西元六〇八年）開鑿的運河，一名御河或南運河，即今衛河。源出河南輝縣西北蘇門山，流經臨清，合運河至天津，會海河入渤海。㊷不可勝紀　不計其數。㊸鎮人　指鎮州王鎔之兵。時王鎔為成德節度使，領鎮、冀、深等州，冀、深二州正是邢州之東境。㊹僵尸相枕　死屍互相枕藉，形容死人數量之多。

【校記】①同平章事　原無此四字。據章鈺校，十二行本、乙十一行本、孔天胤本皆有此四字，張敦仁《通鑑刊本識誤》同，今據補。

【語譯】二年（己未　西元八九九年）

春，正月十三日丁未，中書侍郎兼吏部尚書、同平章事崔胤被罷免相職，仍任原來官職。以兵部尚書陸扆為同平章事。

朱全忠上表請求朝廷任命李罕之為昭義節度使，又上表請求朝廷將暫時代理河陽軍留後的丁會、武寧軍留後的王敬蕘、彰義軍留後的張珂都任命為節度使。〇楊行密和朱瑾率領軍隊幾萬人進攻徐州，駐軍在呂梁。朱全忠派遣騎兵將領張歸厚救援徐州。

劉仁恭徵發幽、滄、涿、瀛、莫、平、營、薊、媯、檀、景、德等十二個州的軍隊十萬人，想要兼併河朔地區。先進攻貝州，攻了下來，城中一萬多戶居民，全部被屠殺，屍體扔進清河水中。因此諸城各自堅守不降。劉仁恭進攻魏州，在城北紮營，魏博節度使羅紹威向朱全忠求援。

朱全忠把崔洪的弟弟崔賢送回蔡州，徵發蔡州軍隊二千人到大梁。二月，蔡州將領崔景思等人殺死崔賢，劫持崔洪，驅趕蔡州的全部士兵和百姓渡過淮水投奔楊行密。士兵和百姓逐漸逃回蔡州，到達廣陵的士兵和百姓還不足二千人。朱全忠命令許州刺史朱友裕守衛蔡州。

朱全忠親自率領軍隊救援徐州，楊行密得知這一消息，率軍離去。汴軍在下邳縣追上淮南兵，殺死一千多人。朱全忠行進到輝州時，得知淮南軍隊已經退走，於是返回汴州。

三月，朱全忠派遣他的部將李思安、張存敬率領軍隊去救援魏博，駐軍在內黃縣。初十日癸卯，朱全忠率中軍駐紮在滑州。劉仁恭對他兒子劉守文說：「你的勇敢十倍於李思安，應當先俘虜這些鼠輩，然後再擒獲羅紹威！」於是派遣劉守文和他的妹夫單可及率領精兵五萬人到內黃去攻打李思安。十四日丁未，李思安讓他的部將袁象先在清河水右側埋伏士兵，李思安自己在繁陽迎戰，假裝打不贏而後退。劉守文隨後追趕，到達內黃的北邊，李思安率軍反攻，伏兵同時發動，夾擊劉守文。幽州軍大敗，殺了單可及，殺死和俘獲將士三萬人，劉守文僅僅自身逃脫，幸免於難。單可及，是幽州驍勇過人的將領，號稱「單無敵」，劉仁恭的軍隊失去了他，士氣大為低落。李思安，是陳留人。

這時，葛從周從邢州率領精銳的騎兵八百人已進入魏州。三月十五日戊申，劉仁恭攻打上水關、館陶門，葛從周和宣義牙將賀德倫出城迎敵，看著守城門的士兵說：「前面有強大的敵人，不能讓出戰將士有回城的打算。」命令關閉城門。葛從周等拼死作戰，劉仁恭的軍隊再次大敗，擒獲劉仁恭的部將薛突厥、王鄶郎。第二天，汴州、魏州的軍隊乘勝聯合起來進擊劉仁恭，攻破他八個營寨，劉仁恭父子燒毀營寨逃走。汴州、魏州的軍隊長驅直入，隨後追趕他們，到了臨清，把劉仁恭的軍隊逼到永濟渠裡，被斬殺和溺死的人無法計算。鎮州的王鎔也派出軍隊在東邊的深州、冀州一帶截擊劉仁恭，從魏州到滄州五百里的範圍內，死屍縱橫重疊。劉仁恭從此以後一蹶不振，而朱全忠更加橫行。賀德倫，是河西的胡人。

劉仁恭之攻魏州也，羅紹威遣使修好於河東，且求救。壬午❶，李克用遣李嗣昭將兵救之。會仁恭已為汴兵所敗，紹威復與河東絕❷，嗣昭引還。

葛從周乘破幽州之勢，自土門❸攻河東，拔承天軍❹。別將氏叔琮自馬嶺❺入，拔遼州❻樂平❼，進軍榆次❽。李克用遣內牙軍❾副周德威擊之。叔琮有驍將陳章，號「陳夜叉❿」，為前鋒，請於叔琮曰：「河東所恃者周楊五⓫，請擒之，求一州為賞。」克用聞之，以戒德威，德威曰：「彼大言⓬耳。」戰于洞渦⓭，德威微服⓮往挑戰，謂其屬曰：「汝見陳夜叉即走。」章果逐之，德威奮鐵檛⓯擊之墜馬，生擒以獻。因⓰擊叔琮，大破之，斬首三千級。叔琮棄營走，德威追之，出石會關⓱，又斬千餘級。從周亦引還。

丁巳⓲，朱全忠遣河陽節度使丁會攻澤州，下之。

婺州刺史王壇為兩浙所圍，求救於宣歙觀察使⓳田頵，夏，四月，頵遣行營都指揮使康儒等救之。

五月甲午⓴，置武信軍㉑於遂州，以遂、合等五州隸之。

李克用遣蕃漢馬步都指揮使李君慶將兵攻李罕之。己亥㉒，圍潞州。朱全忠出屯河陽。辛丑㉓，遣其將張存敬救之。壬寅㉔，又遣丁會將兵繼之，大破河東兵，君慶解圍去。克用誅君慶及其裨將伊審、李弘襲，以李嗣昭為蕃漢馬步都指揮使，代之攻潞州。

庚戌㉕，康儒等敗兩浙兵於龍丘㉖，擒其將王球等[1]，遂取婺州。

六月乙丑㉗，李罕之疾亟㉘。丁卯㉙，全忠表罕之為河陽節度使，以丁會為昭義節度使。未幾，又以其將張歸霸守邢州，遣葛從周代會守潞州。○以西川大將王宗佶為武信節度使。宗佶，本姓甘，洪州人也。○丁丑㉚，李罕之薨于懷州㉛。

【章旨】以上為第十一段，寫河北諸鎮依違朱全忠、李克用之間，叛離無常，引發朱李大戰，互有勝敗。

【注釋】❶壬午　三月甲午朔，無壬午。壬午，二月十九日。❷復與河東絕　自李存信莘縣之敗，魏與河東絕，現因求救而通好，而河東兵尚未到，劉仁恭已為汴兵打敗，故羅紹威復與河東絕。❸土門　鎮名，即井陘口，在今河北鹿泉西南。❹承天軍　軍鎮名，在今山西平定東北。❺馬嶺　山名，在今山西太谷東南。❻遼州　州名，治所在今山西左權。❼樂平　縣名，縣治在今山西昔陽。❽榆次　縣名，縣治在今山西榆次。❾內牙軍　主帥隨身的親軍。❿陳夜叉　俗言陰間有鬼使名叫夜叉。因陳章勇悍可畏如夜叉，故時人以夜叉稱之。⓫周楊五　即周德威，因其小字楊五，故稱。⓬大言　說大話；吹牛。⓭洞渦　水名，源出山西平定東南陡泉山，西流經壽陽、榆次、徐溝至太原界內入汾。⓮微服　一般指高官為隱蔽身分更換平民服裝，使人不識。⓯檛　或作「撾」、「抓」。古代兵器。有人認為十八般兵器之一。⓰因　趁勢。⓱石會關　關名，在今山西榆社西。⓲丁巳　三月二十四日。⓳宣歙觀察使　景福元年（西元八九二年）已升宣歙觀察為寧國軍節度，以田頵為節度使。⓴甲午　五月初二日。㉑武信軍　方鎮名，為王建所請。領遂、合、昌、渝、瀘五州，治所遂州，在今四川遂寧。按《新唐書》卷六十八〈方鎮表〉，置武信軍在乾寧四年（西元八九七年）。㉒己亥　五月初七日。㉓辛丑　五月初九日。㉔壬寅　五月初十日。㉕庚戌　五月十八日。㉖龍丘　縣名，縣治在今浙江衢州東，唐時屬衢州。㉗乙丑　六月初三日。㉘疾亟　病危。㉙丁卯　六月初五日。㉚丁丑　六月十五日。㉛懷州　州名，治所在今河南沁陽。

【校記】[1]等　原無此字。據章鈺校，十二行本、乙十一行本皆有此字，今據補。

【語　譯】劉仁恭進攻魏州時，羅紹威派遣使者到河東去和李克用重新建立友好關係，並且向李克用求救。王午日，李克用派遣李嗣昭率領軍隊去救援羅紹威。這時劉仁恭已被汴軍打敗，羅紹威又與河東李克用斷絕關係，李嗣昭帶領軍隊返回。

葛從周乘著打敗幽州軍的聲勢，從土門進攻河東，攻取承天軍。別將氏叔琮從馬嶺攻入，攻取遼州樂平縣，進軍到榆次縣。李克用派遣內牙軍副周德威去迎擊他們。

氏叔琮部下有勇將陳章，外號「陳夜叉」，是軍中前鋒。他向氏叔琮請求說：「河東軍隊所依仗的是周德威，請讓我去捉住他，請求給我一個州作為賞賜。」李克用聽說後，以此告誡周德威。周德威說：「他不過是說大話罷了。」兩軍在洞渦交戰，周德威改換服裝前往挑戰，對他部下說：「你們看到陳夜叉就跑。」陳章果然前往追趕，周德威用鐵檛奮力猛擊，陳章被擊下馬來，被周德威活捉獻給李克用。周德威就乘勢攻打氏叔琮，大敗他的軍隊，斬下的頭顱有三千個。氏叔琮放棄營寨逃走，周德威隨後追趕，出了石會關，又斬下一千多個頭顱。葛從周也帶領軍隊撤了回去。

三月二十四日丁巳，朱全忠派遣河陽節度使丁會攻打澤州，攻了下來。

婺州刺史王壇被兩浙軍隊圍困，向宣歙觀察使田頵求救。夏，四月，田頵派遣行營都指揮使康儒等去救援王壇。

五月初二日甲午，在遂州設置武信軍，以遂、合等五州隸屬它。

李克用派遣蕃漢馬步都指揮使李君慶率領軍隊進攻李罕之。五月初七日己亥，包圍潞州。朱全忠出兵屯駐河陽。初九日辛丑，朱全忠派遣他的部將張存敬前去救援。初十日壬寅，又派丁會率軍前往增援，大敗河東軍，李君慶解除對潞州的包圍退走。李克用誅殺李君慶及其裨將伊審、李弘襲，任命李嗣昭為蕃漢馬步都指揮使，代替李君慶進攻潞州。

五月十八日庚戌，康儒等在龍丘縣打敗兩浙錢鏐的軍隊，擒獲兩浙將領王球等人，於是攻取婺州。

六月初三日乙丑，李罕之病重。初五日丁卯，朱全忠向朝廷上表請求以李罕之為河陽節度使，以丁會為昭義節度使。沒多久，又派遣他的部將張歸霸守衛邢州，派遣葛從周代替丁會守衛潞州。〇任命西川大將王宗佶為武信軍節度使。王宗佶，本姓甘，是洪州人。〇十五日丁丑，李罕之在懷州去世。

保義節度使王珙，性猜忍，雖妻子親近，常不自保。至是軍亂，為麾下所殺，推都將李璠為留後。

秋，七月，朱全忠海州❶戍將陳漢賓請降于楊行密。淮海遊弈使張訓以漢賓心未可知，與漣水防遏使廬江❷王綰將兵二千直趣海州，遂據其城。〇加荊南節度使成汭兼中書令。

馬殷遣其將李唐攻道州❸，蔡結聚羣蠻，伏兵于隘❹以擊之，大破唐兵，唐曰：「蠻所恃者山林耳，若戰平地，安能敗我！」乃命因風❺燔❻林，火光[1]天地，羣蠻驚遁❼，遂拔道州，擒結，斬之。

朱全忠召葛從周於潞州，使賀德倫守之。八月丙寅❽，李嗣昭引兵至潞州城下，分兵攻澤州。己巳❾，汴將劉玘❿棄澤州走，河東兵進拔天井關⓫，以李孝璋⓬為澤州刺史。賀德倫閉城不出，李嗣昭日以鐵騎⓭環其城，捕芻牧者⓮，附城⓯三十里禾黍皆刈⓰之。乙酉⓱，德倫等棄城宵遁⓲，趣壺關⓳，河東將李存審⓴伏兵邀擊之，殺獲甚眾。葛從周以援兵至，聞德倫等已敗，乃還。

九月癸卯㉑，以鳳翔節度使李茂貞為鳳翔、彰義節度使。◯李克用表汾州㉒刺史孟遷㉓為昭義留後。

淄青節度使王師範以沂、密㉔內叛㉕，乞師于楊行密。冬，十月，行密遣海州刺史臺濛、副使王綰將兵助之，拔密州，歸于師範。將攻沂州，先使覘之，曰：「城中皆偃旗息鼓㉖。」綰曰：「此必有備，而救兵近，不可擊也。」諸將曰：「密已下矣，沂何能為！」綰不能止，乃伏兵林中以待之。諸將攻沂州不克，救兵至，引退。州兵乘之，綰發伏擊敗之。

十一月，陝州都將朱簡殺李璠，自稱留後，附朱全忠，仍請更名友謙㉗，預㉘於子姪。◯加忠義節度使趙匡凝兼中書令。◯馬殷遣其將李瓊攻郴州，執陳彥謙，斬之。進攻連州，魯景仁自殺，湖南皆平。

十二月，加魏博節度使羅紹威同平章事。

【章旨】以上為第十二段，寫馬殷全據湖南，楊行密救援王師範。晉軍呼應在澤、潞攻擊汴軍，獲得勝利。

【注釋】❶海州　州名，治所在今江蘇連雲港市西。❷廬江　縣名，縣治在今安徽廬江縣。❸道州　州名，治所在今湖南道縣西。❹隘　險要之地。❺因風　順風。❻燔　焚燒。❼驚遁　驚慌逃跑。❽丙寅　八月初五日。❾己巳　八月初八日。❿劉玘　（?—西元九二六年）汴州雍丘（今河南杞縣）人，世為宣武牙將，朱全忠鎮宣武，玘積功官至復州刺史，梁末帝遷為晉州觀察留後。梁亡降唐，歷數鎮節度使。傳見《舊五代史》卷六十四、《新五代史》卷四十五。⓫天井關　關名，在今山西晉城南。⓬李孝璋　應為李存璋（?—西元九二二年），字德璜，李克用義兒軍使。後以功加檢校太傅、大同軍節度使等職。傳見《舊五代史》卷五十三、《新五代史》卷三十六。⓭鐵騎　披掛鐵甲的戰馬，亦可指精銳騎兵。⓮芻牧者　割草放牧的人。⓯附城　城池附近。⓰刈　割除。⓱乙酉　八月二十四日。⓲宵遁　夜間逃跑。賀德倫之兵不得出城割草放牧，城外又無禾黍，糧草俱絕，空城難守，故夜遁。⓳壺關　縣名，縣治在今山西長治東南。⓴李存審　（西元八六一—九二四年）字德詳，陳州宛丘（今河南淮陽）人，本姓符，初名存，從李罕之歸晉，李克用以為義兒軍使，賜姓李，名存審。為將有機略，官至盧龍軍節度使。傳見《舊五代史》卷五十六、《新五代史》卷二十五。㉑癸卯　九月十二日。㉒汾州　州名，治所在今山西汾陽。㉓孟遷　昭義節度使孟方立之從弟。孟遷任洺州刺史，繼方立為留後，投晉為汾州刺史，後為澤潞節度使。傳附《新唐書》卷一百八十七〈孟方立傳〉、《舊五代史》卷六十二、《新五代史》卷四十二。㉔沂密　皆州名，淄青巡屬。沂州治所在今山東臨沂，密州治所在今山東諸城。㉕內叛　內部叛亂。㉖偃旗息鼓　收捲軍旗，停止擊鼓，軍中肅靜無聲。㉗友謙　朱友謙（?—西元九二四年），字德光，許州（今河南許昌）人，初名簡，朱全忠更其名友謙，錄以為子。朱全忠即位，封為冀王。傳見《舊五代史》卷六十三、《新五代史》卷四十五。㉘預　參與；加入到裡邊去。

【校　記】①火光　原作「火燭」。據章鈺校，十二行本、乙十一行本、孔天胤本皆作「火光」，今從改。

【語　譯】保義軍節度使王珙，生性猜忌殘忍，即使是妻子、兒子和親近的人，常常不能自保性命。這時，軍中發生變亂，王珙被部下殺死，大家推舉都將李璠為留後。

秋，七月，朱全忠的海州戍守將領陳漢賓請求投降楊行密。楊行密的淮海遊弈使張訓認為陳漢賓的意圖不得而知，與漣水防遏使廬江人王綰率軍二千人直接前往海州，於是佔據了海州城。〇加任荊南節度使成汭兼中書令。

馬殷派遣他的部將李唐進攻道州。蔡結聚集眾多蠻人，埋伏軍隊在險要地帶以攻擊李唐，大敗李唐的軍隊。李唐說：「蠻人所倚仗的只是山林而已，假如在平地交戰，怎麼能打敗我呢！」於是下命令借助風勢放火焚燒山林，火光照亮天地，蠻人驚慌失措地逃走，因此攻取了道州，擒獲蔡結，把他殺了。

朱全忠從潞州召回葛從周，派遣賀德倫去守潞州。八月初五日丙寅，李嗣昭帶領軍隊到達潞州城下，分兵進攻澤州。初八日己巳，汴州將領劉玘放棄澤州逃走，河東軍隊進兵攻取天井關，以李孝璋為澤州刺史。賀德倫關閉城門不出戰，李嗣昭每天派出精銳騎兵環繞潞州城巡行，捕捉割草放牧的人，把潞州城附近三十里的稻穀和黍子全部割光。二十四日乙酉，賀德倫等人棄城夜遁，直奔壺關縣。河東將領李存審埋伏軍隊截擊他們，殺死、俘獲的很多。葛從周帶領援軍到來，得知賀德倫等人已經戰敗，便率軍返回。

九月十二日癸卯，任命鳳翔節度使李茂貞為鳳翔、彰義節度使。○李克用向朝廷上表請求以汾州刺史孟遷為昭義軍留後。

淄青節度使王師範因為沂州、密州發生內亂，向楊行密請求派軍隊救援。冬，十月，楊行密派遣海州刺史臺濛、副使王綰帶兵前去援助，攻取密州，歸還王師範。準備進攻沂州，先派人前去偵察，回來報告說：「城裡全部偃旗息鼓。」王綰說：「這一定是有了準備，而且援軍又很近，不能去進攻。」各位將領說：「密州已經攻下，沂州還能有什麼作為呢！」王綰不能阻止，於是在樹林中埋伏軍隊等待他們。各位將領進攻沂州未能攻克，援軍也已趕到，只得帶領士兵後退。沂州的軍隊乘勢攻擊，王綰發動伏兵打敗了他們。

十一月，陝州都將朱簡殺死李璠，自稱為留後，依附朱全忠，還請求改名為友謙，列入朱全忠子姪的行列。○加任忠義節度使趙匡凝兼中書令。○馬殷派遣他的部將李瓊進攻郴州，抓住陳彥謙，把他殺了。進軍攻打連州，魯景仁自殺。湖南全部平定。

十二月，加任魏博節度使羅紹威為同平章事。

【研　析】本卷研析朱全忠兵敗淮南，楊行密與錢鏐和解換俘兩件史事。

朱全忠兵敗淮南。朱全忠與李克用長年爭河北。李克用南聯楊行密夾攻朱全忠，楊行密要立腳淮南，亦不能容忍北邊有強鄰，北聯李克用是必然之勢。錢鏐據蘇、浙，楊行密是最大的競爭對手，朱、錢聯合夾擊楊行密也是必然之勢。楊行密要站穩腳跟，實現割據淮南，北抗朱全忠，南擊錢鏐，都要立於不敗之地。楊行密面對南北兩個敵手，北強南弱，所以楊行密的對敵方針是南守北爭。所謂南守，即對錢鏐的鬥爭以進為守，和解、和睦為首位，爭城爭地伺機而行。所謂北爭，即對朱全忠的鬥爭以守為進，爭城爭地寸土不讓，乃至於主動向北進攻。一是救援朱瑄、朱瑾、王師範，二是配合太原李克用進兵河北，遙為之聲援。西元九○三年，楊行密派遣大將王茂章救援王師範，大敗汴軍，殺了朱全忠之子朱友寧。朱全忠南犯，楊行密堅決抗擊。西元八九五年、八九七年、九○三年朱全忠三次進攻淮南三次敗北。西元八九七年，朱全忠大發兵分兩路進攻淮南。大將龐師古率七萬大軍突進至清口，葛從周率主力突進至壽州西北為龐師古後繼。楊行密集中兵力打擊龐師古，又引淮水為助，大破龐師古軍，汴軍七萬之眾被水淹沒，全軍潰散，被殺溺殆盡，生還者不滿一千人，龐師古喪身。葛從周聞風喪膽，不戰而退，朱全忠也聞訊逃走。此役，淮南大勝，朱全忠大敗，從此汴軍不再大舉南犯。楊行密由此站穩淮南，成為保衛江南的一道長城，使江南士民在五代走馬燈換代的亂世得以休養生息，具有重大的歷史意義。

楊行密大勝朱全忠是以弱抗強，以少勝眾。楊行密與朱瑾率領淮南三萬餘人，加上別將張訓所領漣水之眾，合計四萬多人，數量只及龐師古七萬大軍之半。楊行密取勝原因有三。其一，楊行密所領淮南，北起海州，南至虔州，東起常州，西至沔口，淮水南部、長江東部諸州均為淮南所有，是一個大鎮。楊行密輕徭薄賦，撫愛士眾，在當時眾多軍閥中是一個比較得民心的首領。所以淮南之眾，是萬眾一心，為保衛鄉土而戰，作戰英勇，這是取勝的第一個原因。其二，楊行密取得對孫儒的勝利，士氣正盛。孫儒所領蔡州兵兇悍好戰，多經戰陣，是一支精兵。楊行密從中挑選了五千人組建了一支突擊隊，號稱「黑雲都」，善於攻堅。此外，朱瑾失敗，帶來了他的精銳衛隊。李克用所遣悍將李承嗣、史儼、史建章，帶來一支沙陀精銳騎兵。從此，楊行密步騎配合作戰，江南無敵手。李承嗣長期與汴軍作戰，知彼知己，清口之戰的方略指畫就出自李承嗣。兵精，策略周詳，是楊行密取勝的第二個原因。其三，楊行密採用水攻，又由朱瑾與淮南將侯瓚率領五千名淮南兵化裝為汴兵，直插敵人心臟。即巧用計謀，這是取勝的第三個原因。反觀汴兵，將驕卒惰，主將不知彼不知己，還濫殺情報兵，不打敗仗才是怪事。楊行密遺書朱全忠說：「龐師古、葛從周，不是我的對手，朱公不服，那就親自來淮南決一勝負。」

楊行密與錢鏐和解換俘。錢鏐字具美，杭州臨安人，無賴，不喜事生業，以販鹽為盜治生。西元八七五年，浙西狼山守將王郢叛亂，攻掠浙東、浙西諸州，臨安人董昌募土團抵抗王郢，錢鏐從軍為董昌土團偏將。西元八八一年，鎮海節度使周寶任董昌為杭州刺史，董昌任錢鏐為都指揮使。西元八八七年，唐僖宗任董昌為浙東觀察使，錢鏐為杭州刺史。西元八九三年，錢鏐升任為鎮海節度使，駐杭州，有兵十三都，成為浙西強鎮。西元八九五年，董昌在越州稱帝，錢鏐得到機會攻殺董昌，全據浙江，仍然地小兵弱，北聯朱全忠以求生存。西元九〇七年，朱全忠代唐後封錢鏐為吳越王。

錢鏐為董昌一手培植，最後抓住時機一舉滅董昌，也是一個雄略人物。楊行密面對強大的朱全忠，也無力吞掉錢鏐，更何況錢鏐也曾解危楊行密，幫助自己擊敗孫儒。於是楊行密對錢鏐採取睦鄰政策，使吳、越並存。西元八九六年，楊行密俘獲錢鏐將成及；西元八九七年，錢鏐俘獲了淮南將魏約。西元八九八年，楊行密主動放回成及，用成及交換魏約，示好於錢鏐。其後淮南將田頵攻錢鏐，楊行密制止，甚至逼反了田頵也在所不辭。人貴自知，在事業成功或順境之時，善於自處，保持清醒，才是一個智勇雙全的人。楊行密爭天下的大局觀和氣量勝人一籌，說明他就是這樣一個智勇雙全的人。

新譯范文正公選集
新譯蘇洵文選
新譯蘇軾文選
新譯蘇軾詞選
新譯蘇軾詩選
新譯蘇轍文選
新譯曾鞏文選
新譯王安石文選
新譯唐宋八大家文選
新譯柳永詞集
新譯李清照集
新譯辛棄疾詞選
新譯陸游詩文選
新譯歸有光文選
新譯唐順之詩文選
新譯徐渭詩文選
新譯袁宏道詩文選
新譯薑齋文集
新譯顧亭林文集
新譯納蘭性德詞
新譯方苞文選
新譯閒情偶寄
新譯鄭板橋集
新譯袁枚詩文選
新譯李慈銘詩文選
新譯聊齋誌異選
新譯閱微草堂筆記
新譯浮生六記
新譯弘一大師詩詞全編

教育類

新譯爾雅讀本
新譯顏氏家訓
新譯聰訓齋語
新譯曾文正公家書
新譯三字經
新譯百家姓
新譯幼學瓊林
新譯增廣賢文・千字文
新譯格言聯璧

歷史類

新譯史記
新譯漢書
新譯後漢書
新譯三國志
新譯資治通鑑
新譯史記——名篇精選
新譯尚書讀本
新譯周禮讀本
新譯逸周書
新譯左傳讀本
新譯公羊傳
新譯穀梁傳
新譯春秋穀梁傳
新譯戰國策
新譯國語讀本
新譯說苑讀本
新譯新序讀本
新譯吳越春秋
新譯西京雜記
新譯列女傳
新譯越絕書
新譯燕丹子
新譯東萊博議
新譯唐六典
新譯唐摭言

宗教類

新譯金剛經
新譯高僧傳
新譯碧巖集
新譯百喻經
新譯楞嚴經
新譯梵網經
新譯圓覺經
新譯法句經
新譯六祖壇經
新譯禪林寶訓
新譯維摩詰經
新譯經律異相
新譯阿彌陀經
新譯無量壽經
新譯妙法蓮華經
新譯景德傳燈錄
新譯大乘起信論
新譯釋禪波羅蜜
新譯八識規矩頌
新譯永嘉大師證道歌
新譯華嚴經入法界品
新譯地藏菩薩本願經
新譯悟真篇
新譯无能子
新譯坐忘論
新譯列仙傳
新譯抱朴子
新譯神仙傳
新譯性命圭旨
新譯老子想爾注
新譯周易參同契
新譯道門觀心經
新譯養性延命錄
新譯樂育堂語錄
新譯沖虛至德真經
新譯長春真人西遊記
新譯黃庭經・陰符經

地志類

新譯山海經
新譯水經注
新譯佛國記
新譯大唐西域記
新譯洛陽伽藍記
新譯徐霞客遊記
新譯東京夢華錄

政事類

新譯商君書
新譯鹽鐵論
新譯貞觀政要

軍事類

新譯孫子讀本
新譯司馬法
新譯尉繚子
新譯三略讀本
新譯六韜讀本
新譯吳子讀本
新譯李衛公問對

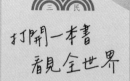

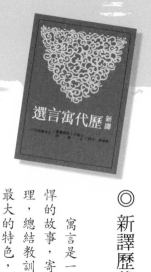